本书由中国海洋大学"985工程"海洋发展人文社会科学研究基地建设经费资助出版

新记《大公报》再研究

俞凡◎著

中国社会科学出版社

图书在版编目（CIP）数据

新记《大公报》再研究／俞凡著 . —北京：中国社会科学出版社，
2016.8

ISBN 978 - 7 - 5161 - 8408 - 0

I. ①新… II. ①俞… III. ①《大公报》—研究 IV. ①G219.296

中国版本图书馆 CIP 数据核字（2016）第 138283 号

出 版 人　赵剑英
责任编辑　李炳青
责任校对　闫　萃
责任印制　李寡寡

出　　　版　中国社会科学出版社
社　　　址　北京鼓楼西大街甲 158 号
邮　　　编　100720
网　　　址　http://www.csspw.cn
发 行 部　010 - 84083685
门 市 部　010 - 84029450
经　　　销　新华书店及其他书店

印刷装订　三河市君旺印务有限公司
版　　　次　2016 年 8 月第 1 版
印　　　次　2016 年 8 月第 1 次印刷

开　　　本　710 × 1000　1/16
印　　　张　28.75
插　　　页　2
字　　　数　489 千字
定　　　价　108.00 元

目　录

序　一

　　呈现在读者面前的《新记〈大公报〉再研究》（以下简称《再研究》）是俞凡的新作，也是有关《大公报》史研究的新作。俞凡是我认识的认真做学问、做真学问的青年学者之一，《再研究》很好地体现了这一点。

　　认真做学问、做真学问首先要心仪自己的研究对象，如俞凡所言就是要同它"结缘"。俞凡大学本科学的是计算数学及应用软件专业，但是他从小就特别仰慕那些"铁肩担道义，妙手著文章"的新闻记者，所以在考研时毫不犹豫地选择了新闻学专业；备考时，开始接触新记《大公报》及其主要负责人张季鸾、胡政之、王芸生等，阅读张季鸾等人写的社评，由此对这份报纸及这些人物产生了浓厚的兴趣。后来入厦门大学新闻学院读研。在导师许清茂教授指导下，系统阅读相关研究成果，于是萌发了将《大公报》作为硕士论文选题的想法，后因种种原因，其硕士论文并没能如愿做《大公报》研究。硕士毕业后，俞凡仍然一直关注《大公报》研究的最新进展，直到2009年再入厦大攻博，跟许教授旧话重提，想把《大公报》研究作为毕业论文的选题。许老师对他的执着感到欣赏，但是考虑到相关领域的研究成果业已汗牛充栋，一个年轻人想要取得一点突破真是难比登天，没有同意。俞凡却不愿放弃。经过半年反复申述，许老师最终同意了，并确定博士论文选题为《海峡两岸〈大公报〉研究批判》。我就是在评阅他的博士论文时"认识"他的（当时是匿评，不知道作者和导师姓名）。说实在的，俞凡那篇博士论文在我所接触到的博士论文中不算是最好的，但是有亮点，就是有不少我没有见过的新史料。我评阅论文的标准是，不求形式完备，但求有所创新。于是，我对俞凡的论文给了较高的评价，也指出了其中的不足，并希望他沿着现有的研究路子继续前行。多少年之后，俞凡见到我，还说起当年听到博士论文送到我这里评审的消息时心里如何惴惴不安，生怕被我"枪毙"，后来看到我的评语和分数窃喜的心情。

后来，我得知俞凡博士学位拿到后并没有停歇，而是继续进行《大公报》研究，看到他一篇篇运用新史料、得出新观点论文的发表，我由衷高兴。俞凡做研究，不仅仅是为了评职称，更不仅仅是为稻粱谋，完全是兴趣所致。一个年轻人，如果不是钟爱他的研究"对象"，不可能如此执着。

当今学界，愿意做历史研究的人不多。做历史研究一则枯燥，二则难出成果。历史研究必须凭史料说话，谁占有史料谁就有发言权，而史料的发掘、甄别、整理是一个十分艰难、枯燥而又痛苦的过程。这就要求研究者一是要做有心人，二是要耐得住寂寞。这两方面，俞凡都有很好的表现。2011年，为了做博士论文到台湾收集资料，不到几天就完成了原定计划，正准备做"欢乐环岛游"时，一个意外的发现改变了他的行程。他在调阅10年前毕业的高郁雅博士论文《国民党的新闻宣传与战后中国政局的变动（1945—1949）》时，发现了其中引自"大溪档案"的几条材料，虽然不多，但是凭研究者的直觉，他感觉到，一个重大的发现可能就在面前。所谓"大溪档案"乃"蒋介石档案"的别称，其中藏有大量蒋的手令、公文、函电、笔记等，具有极高的史料价值。但是，要找到它，谈何容易！时隔多年，"大溪档案"馆藏地变换数地。几经周折，俞凡终于打听到资料全部移到了"国史馆"保存。俞凡对我说起他打听到资料下落时的心情，"我的兴奋真的是难以用语言形容"。此后的一个多月，俞凡过着"苦行僧"的日子——每天早上6点半左右起床，洗漱之后，吃一个面包（访学地铭传大学暑假食堂全部休息），然后背起电脑，走1000多级台阶下山，7点半左右坐上地铁，经过16站地铁，转乘14站公交，再加上一公里左右的步行，9点左右到达"国史馆"；然后就在档案里沉浸一天。中午靠一个外卖便当解决问题，下午5点半闭馆后，在新店地铁站吃一份卤肉饭，然后晚上8点左右回到宿舍，开始整理一天的收获。虽然丰富多彩的旅行规划被搁置，每天的生活变得单调而枯燥，但是看到积累的资料日见丰厚，内心的喜悦只有自己才知道。尤其是回味游弋于档案资料中的感觉，更有几分滋味。馆中那些档案全都是手稿，连笔、简写、草写之处比比皆是，特别是蒋、张等人的手迹，一份短短的几十字的电稿，能认得出的也就几个字而已，这种满篇的拦路虎并没有使他望而却步，而是硬着头皮啃下去，终于熟能生巧，查阅、抄录的速度也大大加快。俞凡启程返校时，背回来十余万字的资料。这个事例足可说明，一个人只要"有心"，便能于"无意"中发现有价值的东西，真可谓"众里寻他千百度，蓦然回首，那人却在，灯火阑珊处"。从中也可看到，一个真心做学问的人是如何以苦为乐的情怀。俞凡背回来这"十余万字的资料"，是他自己一个多月的心血，更是他往后做研究的基石。

发现、抄录，这只是"万里长征走了第一步"，后面还有辨析、考证、甄别、缝合等工作要做。与发现、抄录相较，后面的工作更加艰难与枯燥。即使是原始记录，其中难免存在错误，这就需要研究者根据相近、相关资料反复比较、鉴别。俞凡在这方面也是下了功夫的。比如，有一份张季鸾致函蒋介石推荐黄少谷任职一事函，原件落款时间无年份，只有"二月二日"。黄是国民党后期的重要人物之一，20世纪80年代时在台湾甚至可以与蒋经国一较高下，而此函也是所有档案中唯一的一份张仅向蒋推荐一个人的文件（其余几件都是推荐多人），所以搞清楚其具体年代，至关重要。为了确认年份，俞凡费了很多工夫，先是从黄的履历入手，发现其1934年卸任国民党中央宣传委员会委员职务后赋闲三年余，直至1938年2月始任国民政府湖南省彬县政府县长、第八区公署专员等职，便初步将此函年代确定在1938年，又加上此函系书写在题头印刷着"汉口大公报"的专用信笺上，而《大公报》汉版仅存在于1937年9月18日—1938年10月17日，"二月二日"正好落在这个时间段内，所以便确定此函具体年份为1938年。凡此种种，不一而足。谈到这一段的工作，俞凡说："我每天都在为新的发现兴奋，每天都会有难以抑制的创作欲望，我真的看到了一扇宝库的大门，正在向我徐徐敞开。"

年轻人做研究，选准一个自己感兴趣的、有发展前途和拓展空间的研究方向很重要。一旦确定，必须持之以恒，切忌"赶场子"，哪里热闹往哪里赶，"打一枪换个地方"。俞凡对自己研究方向不仅情有独钟，而且矢志不渝。博士论文写完了，答辩也通过了，他没有万事大吉，也没有急于成书出版，而是定出目标，加以补充完善，甚至改写。这本《再研究》可以说是他博士论文的脱胎换骨的重构。正如他在本书后记中所说的，对《大公报》的关注长达13年之久，"直到今天拿出这一份难说满意的答卷"。十年磨一剑，心力铸辉煌。这部《再研究》是俞凡13年劳心劳力的结晶，完全可以称得上是《大公报》研究的"干将莫邪"！

俞凡先将《再研究》书稿电子版发给我，说希望我提点修改意见。后又来信嘱我为书作序。我从心里喜欢这个做点真学问的年轻人，不好推脱。为了写序，我又将书稿仔细阅读了一遍，个别地方还以微信方式同他反复核实。我之所以称《再研究》为《大公报》研究的新成果，不仅仅是指时间新近，更指内容创新。首先是史料新。本书基本上将"蒋档"中与《大公报》及其报人有关的所有材料一网打尽，并且基本都是以第一手的档案文献为基础进行研究的。其次是研究视角新。该书以《大公报》与蒋介石及其领导的南京国民政府的关系作为主线建构篇章。诚如俞凡所说，在近、现代史上，新记《大公报》是一份与政府关系最为密切的报纸。不过，这种"密切"，非政党、政府机关报那种"密切"。我曾经说过："'小骂大帮忙'就是新记《大公报》所创造的处理民营报纸与政府间关系的一种理想模式，它不以颠覆、推翻政府为鹄的，而将拥护和维护现存制度作为报纸合法生存的基础，在此基础上寻求与政府进行良性互动与合作的可能性。"（《合法媒体与政府关系的理想模式——对"小骂大帮忙"的新解读》，《北大新闻与传播评论》2010 年版）创造这种模式，是新记《大公报》对中国新闻业发展的最大贡献。《再研究》将新记《大公报》与蒋介石政府的关系，从纵向梳理成"相互试探时期"（1926—1933 年）、"密切合流时期"（1933—1941 年）、"出现分歧时期"（1941—1946 年）和"最终决裂时期"（1946—1949 年），是很有见地的，也是能站得住的。概言之，这部书的出版，标志着新记《大公报》研究上了一个新台阶！

以上的话是我对俞凡和他大作的认识，权且为书序。

吴廷俊

2015. 6. 18

序二：正本清源，论从史出

——读俞凡《新记〈大公报〉再研究》

俞凡博士所著《新记〈大公报〉再研究》（以下简称《再研究》）由中国社会科学出版社付梓之际，来函嘱我作序。之前听他谈及这一研究，也读到一些有关成果，并为其翁郁蓬勃的学术活力所感染，可打开书稿还是不免惊异于其中的万千气象。适逢期末，诸务繁杂，依然忍不住一气读完，掩卷而思，感触良多。

会当凌绝顶，长啸气若兰。这部十年磨一剑的《再研究》，才、学、识无不可圈可点，才学固然丰盈，识见更觉不凡。孙正聿教授认为："一篇好的学术论文，一部好的学术著作，既要有深刻的思想，又要有厚重的论证，还要有优雅的叙述。"类似清季桐城派的三位一体说：义理、考据、辞章。以此衡量，这部新闻学新作既有竭泽而渔、无征不信的考据，又有抽丝剥茧、步步为营的论证与义理，还有严谨而不失鲜活、科学而不失优雅的辞章。拿辞章来说，《大公报》早期与蒋政府"就像一对新婚夫妻，在磕磕碰碰中相互了解，最终走到一起"，而晚期则是"哀其不幸，怒其不争"。再比如，"《大公报》所经历的年代，恰好是中国近代史上最为风云诡谲的年代。皇亲国戚、军阀官僚、各路神仙你方唱罢我登场，城头变幻大王旗，言论控制时松时紧，报人一会儿是众星捧月的无冕之王，一会儿又成了噤若寒蝉的秋扇流萤"……凡此种种，都让我不由勾连起当初拜读方汉奇教授《中国近代报刊史》的印象。说起来，历史上不少名山之作大多出自血气方刚的青春岁月，虽然伟人大家不好简单比附，但在我的有限专业阅读内，诸多新闻传播代表作确实成于而立不惑之年，这部《再研究》同样如此。

既然名为"再研究"，那么显然是针对已有研究及其不足而展开的。关于新记《大公报》研究，近二三十年来不断升温，早已炙手可热，仅看博士、硕士乃至学士论文的相关题目就可略见一斑。但凡一种学术思潮的潮起潮涌，都可以说既有学科自身演化的内因，包括李金铨提到的"学术猎狗转而追逐更鲜美的新猎物"（《在地研究，全球视野：国际传播研究的文化性》），更有社会政治变迁的外因，新闻传播学研究更是如此，因为新闻传播与社会政治息息相关，形同一体。力主新闻的阶级性与政治性的"无产阶级新闻学"固然是高度政治化的学术思想，如一代新闻学家、法学家张友渔的论断——"报纸是阶级斗争工具"，而貌似不讲政治、不论阶级的"新闻专业主义"又何尝不是高度政治化的理论说辞呢？其中一整套现代性逻辑如市场经济、选举政治、公民社会、自由至上等，大抵属于中产阶级的意识形态（"中产阶级"这一话语就是意识形态的表征）。赵月枝所举的一个例子耐人寻味：

> 在我熟悉的西方批判学术界，诸如"意识形态斗争"、"资本主义"、"阶级"这些词，现在都还常见。但是在国内的语境下，这些词汇却变得特别刺眼。比如我的一篇文章在某大学新闻学院一个学术刊物上发表的过程中，审稿的编辑一定要我把"资本主义"改成"市场经济"，"阶级"改成"阶层"。[1]

新记《大公报》研究的火热，归根结底也在于这种新的、所谓"去政治化的政治"。举例来说，相对当年对《大公报》的定性——"小骂大帮忙"，当下喜谈新记《大公报》标举的"四不主义"——不党、不卖、不私、不盲；针对当年党报的"四性一统"——党性、群众性、战斗性、指导性而统一于党性实即政治性，当下研究几乎无不将"专业主义"奉为圭臬，乃至为《大公报》戴上大公无私超政治的桂冠。俞凡不仅以实事求是的考据、义理、辞章，以其才、学、识对新记《大公报》进行再研究，而且也隐含着对时下学术思潮的批判性反思。借用马克思的用语，可谓"批判的批判之批判""否定的否定之否定"。什么意思呢？新中国成立前三十年，鉴于新记《大公报》与"蒋家王朝"的关联，各界的态度自然是"批判"与"否定"，"小骂大帮忙"的定性更是广为人知。随着 20 世纪 80 年代"新启蒙"以及西方新闻思潮的起伏涌动，包括史学

----

[1]　赵月枝：《被劫持的"新闻自由"与文化领导权》，《经济导刊》2014 年第 7 期。

的"现代化范式消解革命范式"与新闻学的"人民性高于党性论"，对《大公报》的认识逐渐发生变化，乃至最后完全逆转，是为"批判的批判""否定的否定"。而今，《再研究》以一人之力，穷十年之功，凭借大卫对阵歌利亚的学术勇气与担当，力争将颠倒的历史颠倒过来，故曰"批判的批判之批判""否定的否定之否定"。

全书以新记《大公报》与蒋介石政府的关系为主线，以吴鼎昌、胡政之、张季鸾、王芸生等新闻巨头在国、共、日三方关系中的重要事件为节点，借助一手的档案、精审的辨析、严谨的方法，合情合理地阐述了一系列既关乎新闻史，更涉及新闻学的重大命题，通过分析《大公报》以及一系列新闻与社会历史，澄清了近代私营报刊与政府的复杂关系，包括"四不主义""文人论政""小骂大帮忙""新闻专业主义"等关键问题，达到历史与逻辑的有机统一。具体说来，《再研究》将《大公报》与蒋政府二十四年的"爱恨情仇"分为四个时期：

试探时期（1926—1933）；

合流时期（1933—1941）；

分歧时期（1941—1946）；

决裂时期（1946—1949）。

经过由此及彼、由表及里的实证研究与理论分析，作者最后在结论部分表达了四个核心思想：第一，不能抛开政治的影响而单纯谈新闻观念；第二，《大公报》大体经历了从疑蒋反共到拥蒋反共再到反蒋反共三个阶段，对蒋介石的态度虽有变化，但反共却一以贯之；第三，"小骂大帮忙"是客观事实，而"文人论政"和"四不主义"则是虚幻的标榜；第四，所谓"新闻专业主义"，对新记《大公报》而言只是一个附会的概念。下面不妨看看书中论述的几个具体问题。

一　四维互动模式

从1939年1月吴鼎昌与蒋介石就"热河事变"初次互动开始，到1941年年底王芸生发表《拥护修明政治案》引起蒋介石暴怒为止，是《大公报》与蒋政府热络合流的蜜月时期。这一时期，双方互动频繁，通过热河事变、福建事变、华北事变等一系列问题上的频繁函电往来，形成一种四维互动模式，即一方面是公开的政府与《大公报》互动，另一方面是私下的蒋介石与吴鼎昌、胡政之、张季鸾等互动：

> 具体来说，有些纯属台下交易，如蒋有时需要《大公报》为其政策帮忙，便会直接指示，吴接令后，便会在该报发文回应；有些则是从台上到台下，比如吴对当时北方时局、中日中苏关系等问题有些意见，不便或不及向蒋直接汇报时，便会在该报撰文，蒋看到后会酌情考虑采纳，发电回复，从而由台上的"吾人以为"进入台下的暗箱操作；也有从台下到台上，比如蒋有些政策即将执行，需要试探外界意见，或幕后交易引起坊议汹汹，需要平息舆论，又或是蒋在对日交涉中难以承受日方压力，需要制造舆论以利谈判，这些时候便需要有人对外适当吹风，而台下的交易，究竟有哪些可以对外明言，又究竟说到何种程度合适，此中机微，甚难把握，而对新闻工作谙熟于心的吴、胡、张正是最合适的人选，三人正可以在其中长袖善舞。

二　国家中心论

马克思在《路易·波拿巴的雾月十八日》中写道："正如在日常生活中应当把一个人对自己的想法和品评同他的实际人品和实际行动区别开来一样，在历史的斗争中更应该把各个党派的言辞和幻想同它们的本来面目和实际利益区别开来，把它们对自己的看法同它们的真实本质区别开来。"[1] 纵观《大公报》的历史，特别是"三驾马车"与南京政府的关系，支撑其立身行事的思想基础并非津津乐道的"四不主义""文人论政"，而是国家中心论。《再研究》揭示了不党、不卖之自欺欺人，不私、不盲也形同虚设，至于"文人论政"更像一种理想姿态[2]。与之相对，国家中心论倒是《大公报》切实践行的核心价值观，其中又集中体现为对蒋政府的拥戴和对共产党的拒斥：

---

[1]　《马克思恩格斯文集》第 2 卷，人民出版社 2009 年版，第 498—499 页。

[2]　北京大学新闻学院博士李杰琼在其学位论文中，也对此做了专题研究和深刻阐述，她以"报格断裂"概括这一半殖民主义语境中的现象，认为根本上是由资本主义新闻商品化的内在矛盾造成的。见《半殖民主义语境中的"断裂"报格：北方小型报先驱〈实报〉与报人管翼贤》，中国社会科学出版社 2015 年版。

抗战期间，《大公报》坚定地支持政府抗战到底，决不妥协，功不可没，而就当时中国的形势来看，也的确需要维护一个"国家中心"团结全民族共同抗战，但是该报的"国家中心论"却并不仅限于抗战时期，在该报24年的历史中，除了初期和后期的一小段时间外，这种主张可以说是一以贯之的。1935—1936年，该报在东北沦陷、平津危急的情况下，仍然坚定地支持蒋政府"围剿"红军的行动；在"七君子事件"和"西安事变"中，该报旗帜鲜明地反对建立抗日民族统一战线，坚决"拥护国家中心组织，为建国御侮之前提条件"；抗战胜利后，该报总编王芸生面劝毛泽东"不要另起炉灶"，并且发表包括《东北的阴云》《为交通着急！》《质中共》等多篇文章，在国共内战中为蒋政府摇旗呐喊，所有这些表现，恐怕很难说是"渴望团结、共御外侮"。

三　对日和谈问题

抗战期间，张季鸾、胡政之屡受蒋介石委托，前往香港、日本同日方代表进行秘密的"和谈"，几乎达成内含承认"满洲国"意向的停战协议，如1938年的"张季鸾—神尾路线"、1939年的"小川平吉路线"。对此，作者在《抗战初期中日和谈"张季鸾—神尾路线"始末析》《1939年中日和谈"小川路线"始末析》等文章中做出翔实论述，并投寄一些重要学术杂志。这也是《再研究》及其前期成果引人注目的一个亮点。当然，作者也分析了这些"路线"与汪伪投敌的本质区别，指出其中爱国的底线所在，同方汉奇主编《中国新闻事业通史》对《大公报》的评价所见略同：爱国、拥蒋、反共。

四　官价外汇事件

1945年4月，胡政之向蒋介石申请购买20万美元的官价外汇，并迅速得到批复，成为《大公报》历史上最具争议的事件。按照过去的历史叙事，这一事件显然是《大公报》依附蒋家王朝、为虎作伥的铁证。而随着《大公报》研究的逆转，官价外汇事件渐渐淡化为"正常的商业行为"。《再研究》也对此进行了专题考察，以期弄清楚：这一事件的经过；这一事件的性质；这一事件的结果，最后得出的结论如下所示。

1. 《大公报》申请这笔官价外汇，未循正常渠道申请，乃是靠胡走"上层路线"所得，并在其中获得了巨大的利益。

2. 蒋批准这一申请，乃是出于维护双方良好关系的考虑，也是政府关照该报诸多行动中的一例。

3. 胡申请这笔外汇，既有发展该报事业的考虑，也有其政治态度的影响。

4. 《大公报》在接受这笔外汇前后，对共产党的态度发生了明显的变化，虽然我们无法确定这一事件在其中起了多大作用，但该报却难脱瓜田李下之嫌。

五 "小骂大帮忙"

如前所述，关于这一点，眼下时论多予否认。大略说，《大公报》对蒋政府既有小骂，也有大骂；同时，对共产党也有骂有帮忙。换言之，无论对谁，《大公报》都是客观的、公正的、不偏不倚的，是所谓新闻专业主义。对此，《再研究》一书进行了系统的而非零碎的、联系的而非孤立的、总体的而非局部的、演变的而非静止的辨析，从而发现如下普遍问题，并得出令人服膺的科学结论：

在该报24年历史上的绝大部分时间里，《大公报》关注国民党方面的频率要远高于中共；该报对中共的负态度也远高于对国民党；中共阵营中，毛、周、朱等人物都曾被"骂"，而国民党方面的蒋介石却始终幸免；《大公报》对国民党的批评，多针对具体政策，且多是出于一种"恨铁不成钢"的心态，而对中共则多次声明反对其意识形态，并一再宣称共产主义不适于中国；至少在1933年至1940年间，《大公报》与蒋介石之间一直存在密切互动，双方就该报言论问题多有探讨，而中共则从未有类似待遇。

基于以上分析，笔者认为，我们似乎可以得出如下结论：

1. 就"骂"而言，《大公报》骂国民党比骂共产党更频繁，但这并非是由于该报对中共更加友善，而是由于其对中共的轻视与漠视；同时，《大公报》骂共产党人物的级别更高，用词更狠，且直指其意识形态基础。

2. 就"帮忙"而言，除了最后很短的一段时间之外，《大公报》

一直在积极地向国民党当局提出建议，同时在很长一段时间里与其最高层人物保持密切互动，甚至主动要求其对言论方针加以指导。

3. 基于前述 1、2 两点，笔者认为，所谓"小骂大帮忙"，在《大公报》历史上的绝大部分时间里，确实存在。

道可道，非常道。有非常之功，自有非常之道。这里所谓"道"，不仅指达至目标的路径，而且指为文立论的道义。如果说前者这些年借研究方法畅通无阻，那么后者则被一套价值中立的说辞一步步流放远方。然而，看似矛盾的一点是，就在"热情维护自己自由的人民精神的千呼万应的喉舌"（马克思）、"集体的宣传员、鼓动员、组织者"（列宁）、"为人民服务"（毛泽东为《大公报》的题词）等道义渐行渐远时，"独立报刊""专业主义""文人论政"等价值又日益高视阔步。而不管路径，还是道义，《再研究》都无愧非常道。就研究方法而言，《再研究》在两点上尤为突出。一是定量实证方法。量化统计在传播学中屡见不鲜，有时甚至走火入魔，但在新闻学中运用得恰如其分尚不多见。《再研究》既科学地、有效地、适度地采用了这种方法，又具有明确的问题意识与方法自觉。也就是说，不是为方法而方法，而是基于特定问题而选用相应方法，就像作者说的，"定量只是手段，定性才是目的"。他在全书最后采用定量方法，对新记《大公报》1926 年续刊到 1949 年在大陆终刊的 24 年报纸进行了抽样、编码、统计，为的是进一步验证"小骂大帮忙"问题，使自己的研究及其结论更有科学性、更具说服力。

二是档案文献的发掘与运用。《再研究》作者以上穷碧落下黄泉、动手动脚找材料的钻劲儿，以蚂蚁啃骨头的韧劲儿，搜集了一批前所未闻的档案资料，包括日本、中国台湾等地的档案，然后，参酌互证，去伪存真，从而见前人所未见、发前人所未发。目前海峡两岸关于《大公报》的研究，主要基于三种史料：报纸原件、时人评述和回忆录。这三种史料，都各有缺陷：作为公开出版物的报纸虽然内含办报人的思想，但毕竟隔了一层；时人述评各有立场，不免偏颇，而且云里雾里，让人不得要领；回忆、自传更是免不了有所选择、遗忘、隐藏、美化、自圆其说。因此，档案文献就显现首屈一指的价值，正如作者所言，"我们必须从档案入手，去理清作者与各方间复杂的关系，才可能真正读懂文章"，也才可能真切把握《大公报》在风云变幻的民国年月长袖善舞的一招一式。这些年，我审阅的一些复旦大学、暨南大学等新闻学博士论文，也都采用了这一方法，取得同样"不凡"的研究进展。《再研究》在几近汗牛充栋的《大公报》研究中脱颖而出，应该说首先得益于同一研究路径，也印证了海德格尔的论断："最有价值的洞见最迟被发现：而最有价值的洞见乃是方法。"（《在通向语言的途中》）

　　一手档案与量化统计固然是此项成果在方法上的突出特征，但《再研究》超越林林总总的《大公报》研究，我以为关键还在于唯物史观及其"立场、观点和方法"，包括总体史的视野以及阶级分析法、具体问题具体分析的认识论，以及联系的、变动的、对立统一的辩证法。正是由于作者一方面掌握了闻所未闻、见所未见的档案文献以及科学的研究方法；另一方面将《大公报》置于现代中国勾连繁复的社会政治语境中，综合考察当时政治的、经济的、文化的、社会的等多重因素，加之十分明确的政治意识与问题意识，也就是卓南生教授谈及新闻史研究时所说的"为何研究"和"为谁研究"，《再研究》才得以对横看成岭侧成峰的问题作出实事求是的研究与论述，进而对批判的批判进行再批判，对否定的否定进行再否定。当然，按照辩证法，这一批判与否定不是简单地推翻，而是对既往研究的扬弃和对前人成果的超越。恰似批判的批判之批判还是批判，否定的否定之否定还是否定，只不过是在更开阔的学术视野上，在更深邃的思想认识上的批判与否定。同理，按照辩证法，也需特别厘清若干界限：《大公报》的总体倾向并不意味着——落实在具体新闻人的具体行为上；《大公报》特定阶段的政治立场并不意味着体现在每篇新闻与评论中；《大公报》的舆论导向并不意味着其他方面的内容也随之"舆论一律"；对新记《大公报》的"再研究"更不意味着其他论说失去意义。相反，正是在"解放思想、实事求是、与时俱进"的背景下，在百花齐放、百家争鸣的对话中，才能不断推进和深化《大公报》以及新闻学研究。

　　之所以提及唯物史观辩证法，也是因为随着马克思主义事实上的边缘化，思想文化领域包括新闻学中形而上学日见流行。比如，抓住一点，不及其余，习见手法就是用小细节模糊、混乱、颠覆大道理。举例来说，袁世凯如何孝顺，民国学术如何发达（许多不过是想当然），大学教授（其实只是少数精英教授）如何自由，诸如此类，不一而足，以表明袁世凯并非"窃国大盗"，民国乃是"黄金时代"。同样，以往对蒋介石早有定论，如"三座大山""四大家族"，而如今一些翻案文章恨不得奉之为

"民族英雄"，更有文人盛赞认贼作父的汪精卫与所谓"才情人品"。与此相似，一部谈论传教士在华所办中文报刊的新著，把鸦片战争前后至新中国成立这 100 年的传教士报刊活动，差不多说成了一部科学民主的启蒙史，一部推动中国社会进步的文明史，如同央视一度热播的《大国崛起》。新记《大公报》从蒋政府的"诤友"或"帮闲"，一步步走上"独立之精神，自由之思想"的圣坛，也同这种形而上学之风不无关系。有个流行的说法就认为，由于《大公报》里有中共地下党员，如浦熙修、杨刚、彭子冈、李纯清等，《大公报》就俨然一大二公而非"小骂大帮忙"。照此逻辑，蒋政府中埋伏了一批共产党"卧底"，岂不也成为共产党的天下吗？列宁关于辩证法的一段名言说得好：

> 如果从事实的整体上、从它们的联系中去掌握事实，那么，事实不仅是"顽强的东西"，而且是绝对确凿的证据。如果不是从整体上、不是从联系中去掌握事实，如果事实是零碎的和随意挑出来的，那么它们就只能是一种儿戏，或者连儿戏也不如。(《统计学与社会学》)

虽然我对《大公报》没有研究，但相信诸多历史亲历者与当事人，包括毛泽东、周恩来、范长江、徐铸成对《大公报》的不良印象，不仅不是空穴来风、无稽之谈，而且由于切身感受而使其判断更为真实，更为可靠。当然，他们的感受与判断由于历史上的敌我之分与你死我活难免极端，对新记《大公报》的评价也自然不够全面，但纵然如此，还是不能不承认与事实相去不远。所以，拙著《中国新闻社会史》在一片《大公报》的莺歌燕舞声中，依然坚信"小骂大帮忙"的定性，而这一定性如今再次得到《再研究》的有力确证：

> 笔者以为，《大公报》对于推动国家近代化进程所做出的努力，绝大部分都是通过依附于蒋政府的形式而完成的，换句话说，在它 24 年的历史中，在大部分时间里，《大公报》是坚定地奉蒋政府为正朔，希望通过对它的建议、批评、扶掖来实现中国的独立、自强和复兴，从而实现自己"文人论政"的理想追求。所以对蒋政府的决策，无论对错，该报在大部分时间里都是坚决支持的，而只要我们承认蒋

政府"攘外必先安内"的政策是错误的，只要我们承认抗战胜利后共产党政权是比国民党政权更加进步、更加民主、更能代表人民愿望的，我们就不能对《大公报》的历史作出如此简单的评价，更不可将该报简单地视为"公正""独立"的代名词。

或许，值得深思的还不在于新记《大公报》的研究，也不在于与此相关的新闻学思潮，而在于更广阔的社会政治以及文化政治问题。当李公朴、闻一多、杨杏佛、史量才等惨死于法西斯之手的文化人，以切身感悟与生死经历不断昭示中国的"两种命运、两种前途"之际，自诩文人论政翘楚的《大公报》，特别是胡政之、张季鸾却一方面对蒋政府抱有幻想，另一方面对共产党深怀敌意，就让人不能不质疑究竟是认识水平使然，还是阶级立场使然。与此相似，如今高谈阔论的文人论政、新闻独立、专业主义等，究竟是就事论事的实然判断，还是政治价值的应然判断呢？在《马克思的事业：从布鲁塞尔到北京》一书中，韩毓海教授对中国社会与历史文化有段透辟论述，对理解这一问题提供了一种深切洞明的启示。

当论及马克思主义中国化即《马克思与毛泽东》一章内容时，韩毓海分析了中国社会传统中的"三重结构"——上层朝廷，中层文人，基层宗法："数千年的基本统治结构：宗法—科举—朝廷，或曰士绅—士大夫—王朝。"以往历次革命包括洪秀全、孙中山领导的太平天国、辛亥革命之所以归于失败，就在于仅把目标对准上层的朝廷，而根本没有也不可能触动中层与基层。为此，毛泽东把再造基层社会和改造士大夫阶级视为中国革命的两大目标："长期垄断中国基层的士绅—胥吏阶级，为在中国革命中诞生的基层劳动者组织（青抗会、妇救会、儿童团，社、队）所取代——而这便是新民主主义革命成功的要害。"[①] 而改造中层则不顺利，尽管有得有失，但最终还是遭遇巨大挫折。明代思想家中，毛泽东尤其推崇王阳明，《实践论》深受王阳明知行合一论的影响。同王阳明一样，毛泽东看到士大夫的两大缺点：脱离现实、脱离群众。而恰恰这个文人士大夫阶级又构成统治结构的中坚，成为文化的垄断者与文明的立法者，向上

---

① 韩毓海：《马克思的事业：从布鲁塞尔到北京》，中国人民大学出版社 2012 年版，第273—274 页。

则为庙堂的后备军，向下则为宗法的常备军。针对这一痼疾，毛泽东把"理论联系实际、密切联系群众、批评与自我批评"视为共产党人区别文人士大夫的最优秀品质，并希望借此改造这个蒋廷黻所谓"肩不能担、手不能提"，还自视甚高、自以为是的阶级，造就一个新社会的中坚力量或中间阶层，一个"有社会主义觉悟的、有文化的劳动者"。邓小平1978年提出知识分子是工人阶级一部分的思想，即使含有纠正极"左"路线的权宜考虑，但内在逻辑与"有社会主义觉悟的、有文化的劳动者"显然一脉相通。就像一位法国学者在"文革"后期出版的《论中国》一书中从哲学层面概括的，"使'智慧的人'和'劳动的人'统一为一个完整的存在，成为一个完全的人"（玛丽娅·安托瓦内特·马希奥西）①。只是受制于或超前于种种主客观条件，这一宏韬伟略留下的败绩似乎多于战果：

> 毛泽东在建国后力图以"劳动人民知识化，知识分子劳动化"去改造中国社会的中层，即数千年来"君子动口不动手"的士大夫阶级，触动这个阶级的必然产物"官僚集团"，并以马克思主义和现代科学实践向以儒教为核心的中国传统意识形态宣战的时候，这再次证明了他所领导的革命是"真正的革命"，毛泽东要走的，乃是我们的前人从来没有走过的道路。在这场面向旧的统治结构的"中层"或"中坚"而进行的艰辛改革过程中，毛泽东当然取得了伟大的成就（劳动者素质的迅速提高，以及与之伴随的中国迅速工业化），但是，他更遭遇了巨大的挫折（"文化大革命"），留下了极其沉重的历史教训。②

也正因如此，毛泽东最为担心的"身后事"，就是为人民服务的共产党人蜕变为脱离实际、脱离生产劳动、脱离人民群众、脱离世界大势的"新的士大夫阶级"："他当然不愿看到：新的士大夫阶级靠'半部《论语》'、

---

① 张世明：《被忽视的理论旅行：以法国五月风暴为例》，《中华读书报》2015年6月17日。

② 韩毓海：《马克思的事业：从布鲁塞尔到北京》，中国人民大学出版社2012年版，第274页。

一个市场‘治天下’，重新成为脱离现实的精英。"① 而如今，知识精英（已经漫漶了邓小平所谓工人阶级一部分）、文人论政、传媒领袖……仅从这一脉蛛丝马迹中，就不难感受历史的顿挫，也更能体味陆定一当年《我们对于新闻学的基本观点》：千万要有群众观点，不要有"报阀"观点，脱离人民，脱离现实，还自以为是，唯我独尊……

　　历史不会自动讲述，而必须经过今人转述。因此，历史既是凝固的事实，又是流动的书写或叙事，所谓一切历史都是当代史。然而，书写或叙事是不是就可以"真理在胸笔在手，无私无畏即自由"呢？法国年鉴学派宗师马克·布洛赫讲述的一个故事，常常萦绕我心。有位中世纪农夫拿着法院裁决所依据的文书抗辩道：任何人都可以在纸上想怎么写就怎么写！（《历史学家的技艺》）如果说前人的作为是作曲家谱写的乐谱，那么后人的转述就是演奏家的演奏与演绎，即使高手的发挥与华彩也不能"离谱"，或者说想怎么演就怎么演。为此，就需要正本清源，用一句流行语来说：不论走多远，都别忘了为什么出发。巧的是，俞凡博士"材识兼茂，体裁凝远"的《再研究》与卓南生教授的《中国近代报业发展史：1815—1874》（增订新版）几乎同时到手，读至后者《增订新版自序》的结语，感到格外心有戚戚焉，那么就用此收束吧！

　　正本清源，论从史出。

李　彬

乙未端午于清华

---

① 同上书，第313页。

序　三

俞凡博士的力作《新记〈大公报〉再研究》一书出版了，这是我国新闻史学界的一件好事，可喜可贺！

早在 20 世纪 80 年代初，我国新闻史学界泰斗方汉奇教授就指出："海峡两岸的新闻史研究工作者，在双方都投入力量进行研究的课题上，特别是古代近代报刊历史的研究上，有很多共同语言。在实行祖国统一的过程中，加强彼此之间的学术交流和协作，取长补短，互通有无，对整个中国新闻史研究和这门学科的提高，都是有好处的。"二十几年来，两岸新闻史研究工作者交流频繁，但就两岸新闻史研究成果进行比较研究的，可谓凤毛麟角。该书将两岸各个时期对《大公报》研究的成果进行了对比分析，对不同研究者的取向、关注点、方法、结论等各个方面的辨析，让人耳目一新。将两岸新闻学研究成果进行比较研究，可以推动两岸新闻学研究的学术交流和协作。俞凡博士在这方面做了很有意义的尝试。

在新闻传播学史、论、业务三大研究领域中，新闻史的研究可以说是基础研究。新闻史是前人流血流汗艰辛新闻实践的记录，新闻理论的创新，新闻业务的改进，离不开新闻史研究的成果。新闻事业的发展呼唤新闻传播学的发展，包括新闻史研究的发展。而新闻史研究的发展有很多方面的问题，除了坚持科学理论的指导外，我以为有两个问题特别应当引起重视。一是需要不断努力挖掘各种新的历史文献资料；二是研究方法上应有所改进和创新。该书的作者正是在这两点上有突出的贡献。

作者遍览各种专著、回忆录、期刊论文、学位论文中的相关资料和提法，一一进行细致比对和分析，还用整整一个月时间，起早贪黑在台北"中华民国国史馆""中国国民党党史馆"埋头查找相关档案资料，并一字一句仔仔细细抄录下来。尤其难能可贵的是，他还克服各种困难，想尽各种办法，查找了日本已解密的各种相关档案资料。所以书中澄清了以往

《大公报》研究中的不少误解，令人信服地解决了一些长期争议的问题。

台北"中华民国国史馆"中所藏之"蒋介石档案"已于1997年2月26日正式对外开放，但两岸新闻史学者鲜有引用其中的文献。引用日本已解密的档案资料，在两岸新闻史学界更是鲜有所见。该书的成就启示我们各种原始档案资料，各图书馆资料室的旧书、报、刊和老新闻工作者及其亲属、友人，历史上各种新闻事件的亲历者、见证者，这些都是我们新闻史研究工作者的宝贵财富。

以往报刊个案研究，鲜少严格的定量分析，《大公报》研究也是如此。该书作者以定性研究为主，结合一定的定量研究，通过对报纸进行科学抽样、填写编码表，得出一些具体的数据，无可辩驳地说明了自己的结论。当然具体数据的解剖、分析，也是颇需功力的。

新闻传播学是一门新兴学科，也是一门交叉学科、边缘学科。因此，像历史学中的定量历史学及其他一些学科如语言学、人类学等许多学科新的研究方法，是值得新闻史学者借鉴的。研究方法的改进和创新，始终是新闻史研究必须密切关注的重要问题。

俞凡博士长期对新闻史有浓厚的兴趣，有执着的追求。他做起文章常不休不眠，一鼓作气，完稿后放一段时间，再重新审视修改，反复琢磨。该书是在系列论文的基础上形成的一本专著。其中的一些内容，已在《新闻与传播研究》《国际新闻界》等学术刊物上发表。这也是该书取得不少新成果的又一重要原因。

《再研究》一书我是一气读完的，过后还翻看了几遍。作者的研究是实事求是的，他的许多论述鞭辟入里。学术专著能写得如此好看、耐看，着实不易。可以说，该著是站在众多新记《大公报》研究巨人的肩膀上达到了新的高度。

作为俞凡的硕士、博士导师，看了这本书，我为自己当年选择教师为毕生职业深感欣慰。

许清茂

2015.6.22

前　言

新记《大公报》的历史地位及
学术价值

　　新记《大公报》（以下简称《大公报》）是中国近代史上的一份重要报纸，长期以来，在新闻界及新闻史学界，它一直以三"最"著称：首先，它是近代史上影响最大的报纸之一。虽然它复刊于1926年9月，比起《申报》《新闻报》等，只能算是个晚生、后辈，但它却以自己的努力与机缘一举超越诸多前辈，蒋介石每天要看《大公报》，毛泽东会见过《大公报》主笔王芸生，而"中间道路"的代表人物许多也都与该报过从甚密，它的社评，曾经影响美国社会舆论，密苏里新闻学院也曾将该院1941年度"新闻事业杰出贡献荣誉奖章"授予该报，以表彰其在抗战宣传中的贡献，所有这些，都使它在20世纪三四十年代中国的舆论界侪类同群。其次，它是近代史上人才最盛的报纸之一。创业"三巨头"中，张季鸾堪称社评圣手，胡政之也不愧新闻全才；后辈人才中，王芸生、徐铸成堪称双璧，曹谷冰、金诚夫、李子宽等谙熟经营，李纯青、杨历樵、贺善徽等写社评入木三分，孔昭恺、徐盈、彭子冈做通讯描摹毕现，范长江追红军踏遍西北，萧乾探欧战远赴英伦，乱世出新闻，民国乃是中国新闻界人才辈出的一个时期，各报都有自己的"镇宅之宝"，但像《大公报》人才之密集、水平之高者，却似乎未见，该报同人中，仅列名《中国新闻年鉴》之"中国新闻界名人简介"栏目的便有60余人，足见该报当时人才之盛。最后，它还是新闻史及新闻学研究领域受关注最多、成果最丰富、争议最大最久的报纸。海峡两岸对《大公报》的关注都始于20世纪50年代，直到今天，《大公报》及其主要报人仍然是大陆新闻学及新闻史学界关注的热点，对于该报历史上许多重要问题如"小骂大帮忙""文人论政""明耻教战论""20万美元官价外汇事件"的争论，也从50年代一直延续至今；两岸三地许多著名学者如台湾的李瞻、赖光临、王洪钧，香港的李金铨，大陆的方汉奇、吴廷俊等都对该报有过专门研究，特别是吴廷俊先生的《新记〈大公报〉史稿》曾获吴玉章奖，表明了学界对《大公报》研究成果的认可，也证明了《大公报》的重要学术价值。

除了前述三"最"之外，在笔者看来，《大公报》还应当有一个"最"，那就是近代史上与政府关系最密切的报纸。从现在发现的"蒋介石档案""国民政府档案"以及日本外务省档案、军部档案来看，该报与国民政府及日本当局有很深的交往，特别是张季鸾与蒋介石的关系非同一般，吴、胡、张三人都曾深入地涉入国民政府内政外交等诸多政策的制定与运作，并且在中日交涉过程中出力甚巨，至少就现存档案的数量来看，该报要远远超过与它同时期的所有民营报纸，而从受最高当局关注程度、与最高领导人关系密切程度及在事件中地位的重要程度三点来看，该报及其主持人甚至超过了国民党官办的《中央日报》《扫荡报》等报纸，在20世纪三四十年代的中国舆论界，就与政府关系的密切程度及对当局政策的影响力而言，该报也足以蟾宫折桂、独占鳌头。而这一点也是此前研究者们多少忽视了的问题。

有鉴于此，笔者以《大公报》与蒋介石及其领导的南京国民政府的关系为主线，以档案文献为基础材料，配合时人笔记、日记、回忆录及《大公报》新闻与社评等材料，力图对该报历史进行再研究，并对该报自身的性质及其历史上一系列重大问题进行再评价。按照这一主线，本书共分为六章内容：

第一章是对《大公报》学术史的梳理与述评，主要针对自20世纪50年代以来海峡两岸《大公报》研究史进行分期、介绍与评价。

第二章是对《大公报》与国民政府间自1926年至1933年相互试探时期的研究，主要还原该报与蒋介石及南京国民政府的早期关系，探讨双方从试探走向合流的原因。

第三章是对《大公报》与国民政府间自1933年至1941年密切合流时期的研究，主要通过对双方在热河事变、福建事变、华北事变及汪精卫叛国事件几个典型案例中互动过程及方式的研究，探讨双方合作的模式、方法及目的。

第四章是对《大公报》与国民政府自1941年至1946年出现分歧时期的研究，主要考察王芸生接手后双方关系的变化以及在抗战后期至胜利初期双方互动模式的新特点。

　　第五章是对《大公报》与国民政府自 1946 年至 1949 年最终决裂时期的研究，由于这一时期档案文献极少，主要通过对该报社评的分析，考察该报与当局关系逐渐恶化直至最终决裂的过程，并探讨该报最终"转向"的原因。

　　第六章是全书的总结部分，首先对海峡两岸《大公报》学术史做一总结，分析异同并探讨其对新闻史学研究的启示；其次对《大公报》24 年的报纸进行抽样定量分析，以图更精确地考察该报历史上对国共双方言论态度的变化；最后是对"小骂大帮忙""论政而不参政""四不原则"等重要问题进行分析，并力图对该报与蒋政府之关系问题作出客观公正的评价。

第 一 章

新记《大公报》学术史

第一节　大陆地区研究史述评

1949 年 10 月 1 日，中华人民共和国成立，中国历史掀开了新的一页，大陆对于《大公报》的研究，也就此拉开了帷幕。自此之后，大陆的相关研究以"文革"结束及 2000 年前后为界，大体可以划分为三个阶段，兹分别述评之：

一　全面否定阶段（1949—1980）
（一）《〈进步日报〉职工同人宣言》和《大公报新生宣言》

《大公报》续刊于第一次国共合作高潮期的 1926 年 9 月，此后至 1949 年的 24 年间，几乎每个国共关系的重要关节点上，都会出现《大公报》的影子。总的来看，1949 年之前的《大公报》，其总体政治态度，是拥蒋反共的，而该报历史上也曾与共产党阵营多次发生龃龉乃至论战①；但是，该报历史上也对传播共产党的政治观念及正面形象有过一些贡献②，并得到了毛泽东等中共领袖的高度评价③，这种双方历史上复杂的关系也决定了新中国成立之初中共中央对《大公报》的基本态度。1949 年 1 月 15 日天津解放后，《大公报》暂时停刊，19 日、23 日两日，中共

---

① 如 1941 年 5 月"中条山事件"、1945 年 10—11 月《大公报》（《为交通着急！》《质中共》）与《新华日报》（《与大公报论国是》）、1946 年 4 月《大公报》（《可耻的长春之战》）与《新华日报》（《可耻的大公报社论》）的三次论战。

② 如 1930 年曹谷冰访苏的系列通讯促进了当时国人对社会主义与马列主义的了解，1935 年 5 月至 1936 年 6 月范长江的西北采访系列通讯在一定程度上传播了共产党和红军的正面形象。

③ 如 1941 年 9 月 6 日张季鸾去世时，毛泽东、周恩来、王明等中共领导人都发去唁电，对张评价极高；1945 年 8 月重庆谈判时，毛泽东曾三次会见该报主要领导人，并亲笔题词"为人民服务"。

中央就处理《大公报》等报刊问题两次指示天津市委及总前委，认为"该报过去对蒋一贯小骂大帮忙"决定"如不改组不能出版"①。这种环境为批判《大公报》的历史定下了基调，而该报同人在这一时期的两篇重要文章《〈进步日报〉职工同人宣言》和《大公报新生宣言》集中体现了这一态度。

《同人宣言》对《大公报》做了如下评价：

在北洋军阀时代，《大公报》是依附于军阀官僚买办统治集团而生长起来的。等到蒋介石代替了北洋军阀，建立了卖国独裁的反动政权以后，它就很快的投到蒋介石的门下，成为国民党政学系的机关报。……他们懂得如果完全正面为罪恶昭著的反动统治者说话，是徒劳无功的，因此，他们总是竭力装成"在野派"的身份，用"在野派"的口气来说出官僚家要说而不便直说的话……小骂大捧是大公报的得意手法。它所骂的是无关痛痒的枝节问题，和二、三等的法西斯小喽啰，它所捧的是反动统治者的基本政策和统治国家地位的法西斯匪首，即其所谓的"国家中心"。……大公报在蒋介石御用宣传机关中，取得特殊优异的地位，成为反动政权一日不可缺少的帮手。②

《新生宣言》中则认为：

大公报有将近五十年的历史……1926年大革命开始之年续刊，一部资本出于官僚，政治意识渊源于封建政客及新兴资产阶级。大公报的根源如此，它的政治属性自然不会跳出这个范畴。……大公报虽然始终穿着"民间"、"独立"的外衣，实际是与蒋政权发生着血肉因缘的。大公报始终维持着一种改良主义者的面貌，它在中上层社会中曾有一定影响，即由如此。但是，历史上所有改良主

① 《中共中央关于对天津〈大公报〉、〈新星报〉、〈益世报〉三报处理办法复天津市委电》，1949年1月23日，载中国社会科学院新闻研究所编《中国共产党新闻工作文件汇编·上》，新华出版社1980年版，第270页。

② 《〈进步日报〉职工同人宣言——代发刊词》，转引自方汉奇等《〈大公报〉百年史》，中国人民大学出版社2004年版，第329—330页，着重号系笔者所加。

义者在实质上无不成为反动统治阶级的帮闲甚至帮凶。在过去二十几年的人民革命浪潮中，大公报虽然不断若隐若现地表露着某些进步的姿态，而细加分析，在每个大阶段，它基本上都站在反动方面。……大公报基本上属于官僚资产阶级，与过去的反动政权是难以分离的，总的方向是跟着国民党反动统治走的。①

在当时那种特殊的政治环境下，这两份"宣言"中对《大公报》的界定，应该说是明显言过其实。中华人民共和国的成立，无论是对于当时身在天津的张琴南、赵恩源等人，还是身在上海的王芸生、曹谷冰等人来说，都是一件令他们且喜且忧的事情。喜的是反动腐朽的蒋介石专制政府终于被推翻，忧的是他们这些对"马列主义"等新名词一窍不通的"旧知识分子"能否适应新的时代要求，尤其是《大公报》和它所倡导的"文人论政""独立报人"理念，是否能见容于新政权。在这种情况下，一旦被新政权接受，他们内心的感激与惶恐之情，可想而知，正如《进步日报》出版一周后所发表的社论《新闻事业的新方向》中所言：

> 新闻事业的方向就不能不有两种分歧。一个是压迫阶级的方向，另一个是人民的方向……我们以为解放了的新闻记者和读者，应该认识这样一个新的方向。虽然太阳在它突破了乌云忽然出现的时候，是难以看清，似乎生疏的，但是热与光的吸引力却会使我们自动的欢迎它，跟随它。我们的新方向就是我们的太阳，它会引导我们走向更丰富更广阔的人民的世界。②

在这种心态的作用下，《大公报》同人，一方面加倍努力工作以报效政府，另一方面则不吝以最尖刻的笔调，对自己及《大公报》的过去进行批判，以示"切割"。同时，由于《大公报》所主张的"超阶级""独立""文人论政"等论调，与新政权的主张格格不入，所以许

①　《大公报新生宣言》，转引自方汉奇等《〈大公报〉百年史》，中国人民大学出版社2004年版，第334—335页，着重号系笔者所加。

②　《新闻事业的新方向》，《进步日报》1949年3月7日第2版，着重号系笔者所加。

多非《大公报》系或与《大公报》关系并不深的人士也加入了批判队伍。随着政治形势的逐渐变化，"左"风渐盛，这种批判也逐渐开始断章取义，上纲上线，脱离了正常的轨道。

（二）《要"招"旧大公报之"魂"么?》和《旧大公报剖视》

1957年10月7日，原《大公报》著名记者范长江在《人民日报》上发表《要"招"旧大公报之"魂"么?》，对该报的"灵魂"做了如下界定：

> 旧大公报的灵魂是什么？表面上是"独立的民间报纸"，就它的主要历史阶段说，实际上是一张善于投机、善于伪装的忠于蒋介石政权的报纸。这个报的工作人员中有些进步和中间人士，但那时报纸的最主要的领导人的立场是十分反动的。①

如果说范的这篇文章的口气还是比较客气的话，那么1958年1月在《新闻战线》上发表的《旧大公报剖视》一文，则近乎一篇讨伐《大公报》的檄文。此文开篇便写道：

> 新闻界右派分子向党猖狂进攻，企图推翻党对新闻事业的领导，其中有一个幌子是复辟旧大公报。……旧大公报被说得天花乱坠，像煞有介事；其实是右派分子给它擦胭脂抹粉，拿它当做武器向党进攻。
> 因此，我们要在旧大公报这个问题上，分清大是大非，以击退右派分子的进攻，粉碎右派分子企图篡夺领导权的阴谋。②

纵观此文，几乎完全是一副将《大公报》及其主要领导人视为阶级敌人的口气，如文中对《大公报》的界定是：

> 旧大公报是国民党政学系的报纸；是国民党反动派头子蒋介石

---

① 长江：《要"招"旧大公报之"魂"么?》，《人民日报》1957年10月7日第4版，着重号系笔者所加。

② 德山：《旧大公报剖视》，《新闻战线》1958年第1期，着重号系笔者所加。

的帮凶；是在什么"文人论政"、"不党不卖不私不盲"、"超政治"、"中间路线"种种烟幕下，通过"小骂大帮忙"的鬼蜮伎俩，帮着国民党反动派统治集团为非作歹的。①

（三）《1926 至 1949 的旧大公报》

1962 年，《大公报》原沪馆主笔王芸生、总经理曹谷冰合写的《1926 至 1949 的旧大公报》在《文史资料选辑》第 25—28 辑上发表，此文共 273 页，凡二十余万言。王、曹二人，均在《大公报》供职有年，一主编务、一主经营，资深望重，并且于《大公报》历史上许多事件都是亲历者。由他们来写《大公报》的历史，自然是再合适不过。此文为后来研究者们提供了大量珍贵的史料，乃是研究《大公报》者所必读，也是这一时期《大公报》研究的最重要成果。原文未分章节，根据其各部分标题字号大小不同，大体可以分为"1926—1949""吴胡张三人""新记公司旧大公报的经营"和"各个关键时期的言论"四大部分。此文对《大公报》及吴鼎昌、胡政之、张季鸾、王芸生等该报主要干部及该报经营管理及规章制度以及历史上一些主要问题，如与政学系及蒋介石的关系、"四不"原则、"小骂大帮忙"等都进行了评价，其中第四部分为最主要部分，占全部篇幅的 3/4 以上，对该报 24 年来历史上各个关键时期的言论倾向做了评价和分析。从整体上来看，此文明显受到了当时"左"倾思潮的影响，对该报及其主要干部的评价也显得过于苛刻，而据舒展所言，王本人临终前也对写作此文极为悔恨②。也正由于此，一直以来学界对此文评价不高，普遍认为是特殊政治环境下的违心之作，如周葆华便认为"这些文章大多产生于非常时期，且极少具体的阐释，因而参考性不高"③；而方汉奇先生也认为此文"是 60 年代初期'以阶级斗争为纲'的特定历史条件下的产物"，

---

① 德山：《旧大公报剖视》，《新闻战线》1958 年第 1 期。

② 舒展在《国共两党斗争中的〈大公报〉》一文中记述："王芸生在他临终前大彻大悟。他说，无论有多大压力，有多么悲痛，我都不该写那篇'自我讨伐'式的长文，即《1926 至 1949 的旧大公报》。"参见舒展《国共两党斗争中的〈大公报〉》，《炎黄春秋》2002 年第 2 期。

③ 周葆华：《质疑新记〈大公报〉的"小骂大帮忙"》，《新闻与传播研究》2002 年第 3 期。

"虽然为研究原《大公报》的历史提供了比较翔实的素材和清晰的发展脉络，但分析评论未必允当"。①

但是，笔者认为，虽然此文确系在特定历史条件下所作，文中也确有许多言过其实之处，但以现在发现的史料来看，此文中对于许多事件特别是二人所亲历的事件（如20万美元官价外汇事件等）的记述，大多可信；而其对一些事件及人物的评价，虽略显苛刻，但仍不失合理，所以，不能简单地以其成文时代而否定此文价值，对于这一问题，后文将有专门论述。

总之，自1949年新中国成立至"文化大革命"结束的近30年里，大陆对于《大公报》及其主要干部的评价，可谓一概否定，并且随着政治空气的逐渐恶化，这种否定一再上纲上线，最终将之上升为敌我矛盾问题，这种倾向，以我们现在的眼光来看，是在"左"的错误思想指导下的一种严重的言过其实的行为，也是应该予以否定的。纵观这一时期的成果，除《1926》等少数文章之外，大多都是采用阶级论的观点，以简单的非黑即白的二分法来对问题定性，缺乏客观全面的分析和严谨的学术风度，"帽子"满天飞，口号震天响，学术价值不高。

二　80—90年代末的研究②

1976年，"文化大革命"结束。其后，通过广泛的真理标准问题的大讨论，拨乱反正的工作逐渐在全国各个领域开展起来，在《大公报》研究领域，则开始改变原来那种以简单的二分法和阶级论来进行分析的做法，评价开始逐渐趋向客观公正。

（一）回忆文章及回忆录

这一时期对《大公报》的研究，首先是由幸存老报人发表的回忆文章开始的。以笔者所见，最早的回忆录是徐铸成先生所作的《国闻通讯社和旧大公报》，发表于《新闻研究资料》1979年第1期上。此后，一些曾在《大公报》工作过的老报人如张蓬舟、杨纪、王文彬、曹世瑛等人，纷纷著文，对《大公报》的历史进行回忆（表1—1）。

---

① 方汉奇等：《〈大公报〉百年史》，中国人民大学出版社2004年版，第351页。
② 本文中所有"××年代"除特殊注明处均指20世纪。

表1—1   80—90年代《大公报》回忆文章

时间/刊期	作者	题目	刊物
1979.1	徐铸成	国闻通讯社和旧大公报	新闻研究资料
1981.2	张蓬舟	大公报大事记（1902—1966）	新闻研究资料
1981.2	杨纪	大公报香港版回忆	新闻研究资料
1981.2	王文彬	桂林大公报记事	新闻研究资料
1983.1	王文彬	上海《大公报》工作琐记	新闻研究资料
1984.1	曹世瑛	大公报的资金究竟是谁的？	新闻研究资料
1984.1	金慎夫	回忆在文汇报、大公报的工作	新闻研究资料
1984.4	汪习麟	《大公报·现代儿童》纪略	新文学史料
1985	曹世瑛	《大公报》与胡政之	文史资料选辑
1988.4	萧乾	我与《大公报》	新闻研究资料
1989.3	曹世瑛	新记《大公报》是托拉斯吗？	新闻研究资料
1989.8	周雨	不拘一格降人才——大公报杂记	新闻记者
1990.4	周雨	王芸生的幸遇	新闻记者
1990.11	周雨	大公报的经营之道	新闻记者
1991.9	周雨	大公报独家发表日伪"密约"经过	新闻记者
1992.8	冯英子	长江为什么离开《大公报》？	新闻记者
1993.1	刘北汜	最后三年的《大公报·文艺》	新文学史料

　　除此之外，在这一时期，《大公报》的老报人们还出版了许多回忆录，举其大者有：《报海旧闻》（徐铸成，1981）、《旧闻杂忆》（徐铸成，1981）、《报人张季鸾先生传》（徐铸成，1986）、《旧大公报坐科记》（孔昭恺，1991）、《大公报人忆旧》（周雨，1991）等。此外，这一时期的一些新闻史及新闻学专著中，也多有专章介绍《大公报》及其主要人物，如1984年出版的10册本《新闻界人物》中，便对胡政之、张季鸾、王芸生等人进行了专门介绍，而从1984年开始出版的《中国新闻年鉴》中的人物专条中，也有胡、张、王、徐等人物，1991年出版的《中国大百科全书·新闻出版卷》中，不仅有《大公报》专条，在108位人物专条中，还有属于《大公报》系列者共12人，除英敛之外，全部属于新记

《大公报》时期①。

在这一时期出版的回忆专著中，尤以《报海旧闻》和《大公报人忆旧》最为重要。前者主要系徐铸成先生对其在国闻通讯社及《大公报》工作的往事的记述，后者则是老报人的回忆文章的合集，凡38篇，除《新记公司大公报的经营（1926—1949）》一文系从《1926》一文中截取之外，基本全系新作，为文者如曹谷冰、金诚夫、贺善徽、曹世瑛等，均为在《大公报》供职有年的老报人，为研究该报提供了许多珍贵的史料。

这些回忆录的一个突出的特点，就是逐渐摆脱了以前"左"的思想的影响，无论是对《大公报》，还是对其主要干部的评价，都开始渐趋客观公正。在对《大公报》及吴、胡、张等人的阶级属性的界定，《大公报》与政学系的关系等重要问题上，表现出了与此前截然不同的态度，如《国闻通讯社和旧大公报》一文中认为，吴鼎昌投资续办《大公报》的原因是：

> 简单说，吴鼎昌为了要搭造重登政治舞台的梯阶，在一手抓住银行以外，还必须抓一个舆论工具，而张季鸾和胡政之有写文章、办报的才能，又都在穷途失意之际，因此，吴抓住这个机会，出钱收盘了旧《大公报》，并和他们两人订了三年合同，全力把这个报办好。②

而同样的问题，在《1926》中的记载则是：

> 到一九二六年，在他（吴鼎昌）投资接办大公报的前夕，安福系倒了，整个的北洋军阀也就要土崩瓦解了。在这时候，这个热心做官的吴鼎昌什么官都没有了，只剩下一个盐业银行总经理作他的基础。这时候，南方的新兴势力起来了，划时代的大革命开始了，北伐也就要出师了。吴鼎昌是善观气象的，他观察到他所立足的北洋军阀

---

①   这些文章和专著，严格来讲不能算作回忆录，但是由于它们主要是对《大公报》及其主要干部进行述评，内容与回忆录接近，所以笔者也将其归入此类。

②   徐铸成：《国闻通讯社和旧大公报》，《新闻研究资料》1979年第1期。

集团的气数尽了，必须面向南方，另靠新主。……张季鸾正无事可干，技痒难熬，胡政之的国闻通信社和国闻周报都病恹恹地没有起色，对在自己手上办垮了的旧大公报也不甘心；吴鼎昌原有拿五万块钱办报的计划，这时正在无官寡居，大为寂寞，也愿意借胡张两个熟手办起一张报来，作为自己再挤上政治舞台的政治资本，于是一谈就"三人同心"了。①

　　两相比较，不难看出，虽然所述事实相同，但徐文明显剔除了王文中那些阶级批判式的语句。这一时期言论倾向的转变，还可以从两个细节得见一斑：首先是对《大公报》称呼的改变，80 年代之前，凡提到《大公报》的文章，几乎一概冠以"旧"字，而 80 年代之后，除 1979 年徐铸成文之外，基本不再见"旧大公报"之说；其次是对《大公报》主要人物称呼的改变，80 年代之前的文章，在提到吴、胡、张、王等人时，均是直呼其名，而这一时期的文章，虽对吴、胡、张等人仍是直呼其名，而个别人如金慎夫等，则已开始对王芸生冠以"先生"之名，而到了 1992 年冯英子文中，则对胡政之也开始以"先生"相称了。

　　但是，虽然言论倾向有所转变，但对于诸如"小骂大帮忙""国家中心论"以及"20 万美元官价外汇"等重要问题的认识上，这些文章仍大多沿袭了前一时期的论断，如王文彬在回忆《大公报》桂馆时便写道：

　　　　抗日战争时期，很多报纸经常谈国际问题。桂林大公报的社评与短评，也是评论国际问题比较多；但是到了国民党需要"大帮忙"的时候，大公报的反共谬论就出现了。②

　　再如曹世瑛在论及 20 万美元官价外汇事件时写道：

　　　　胡政之购买官价外汇是犯了一次严重的错误，因为购买官价外汇是一种不等价交换。……美元官价外汇每元牌价为"法币"二十元，

　　①　王芸生、曹谷冰：《1926 至 1949 的旧大公报》，载中国人民政治协商会议全国委员会文史资料研究委员会编《文史资料选辑（第二十五辑）》，中华书局 1962 年版，第 9 页。
　　②　王文彬：《桂林大公报记事》，《新闻研究资料》1981 年第 2 期。

黑市时时波动，要高一二十倍不等。这样大的数字《大公报》是担负不了的。①

笔者以为，出现这种现象的原因有二：首先自然是由于长期以来的思维惯性导致他们不会轻易推翻这些已有定评的问题；其次，则似是因为虽有政治因素影响，但这些评价却并不像前述那样，纯属"左"倾产物，而是有其事实依据的。对于这些问题，作为《大公报》老报人的他们，其实是有自己的判断的。所以，他们在对诸如"政学系机关报""大资产阶级的报纸""官僚资产阶级企业"等界定提出不同看法的同时，却依然对这些问题保留了之前的认识。

（二）研究工作的开始

大陆对于《大公报》的研究，就笔者目力所及，乃是始于 1985 年，这一年的第 11 期《新闻大学》上，发表了谢国明先生的《试论新记大公报的报业机制》一文，谢由此成为进入这一领域的第一个"外人"，此文也是笔者所见到的大陆地区最早对《大公报》进行研究的文章。此后，相关文章逐渐增多（表 1—2）。

表 1—2   80—90 年代《大公报》研究文章

时间/刊期	作者	题目	刊物
1985.11	谢国明	试论新记大公报的报业机制	新闻大学
1986.3	谢国明	论新记《大公报》的"四不主义"	新闻研究资料
1991.5	黄锡景	《大公报》育人用人之道	新闻爱好者
1991.8	袁尘影	张季鸾和《大公报》的"小骂大帮忙"	新闻爱好者
1993.1	穆欣	四十年代《新华日报》和《大公报》三次论战述评	中共党史研究
1993.1	吴廷俊	开报纸社会服务版先河的《大公报·摩登》周刊	新闻与传播研究
1994.10	盛沛林	张季鸾与《大公报》	新闻爱好者

① 曹世瑛：《〈大公报〉与胡政之》，载中国人民政治协商会议全国委员会文史资料研究委员会编《文史资料选辑（第九十七辑）》，文史资料出版社 1985 年版，第 103—104 页。

时间/刊期	作者	题目	刊物
1995.2	盛沛林	小骂大帮忙的《大公报》——评析新记《大公报》办报的政治倾向	南京政治学院学报
1995.3	李端生	沈从文与《大公报》	吉首大学学报（社会科学版）
1995.3	吴廷俊	杨刚与《大公报》	华中理工大学学报（社会科学版）
1995.3	牛济	毛泽东眼中的张季鸾和《大公报》	新闻知识
1996.4	吴廷俊	评重庆谈判期间《大公报》的立场	华中理工大学学报（社会科学版）
1997.1	吴廷俊	重庆谈判期间《大公报》评析	新闻大学
1997.5	宋梅	我们需要什么样的总编辑——新纪（记）大公报用人经验的借鉴与思考	现代传播
1998.3	张鸿慰	漓水觅踪影 星岩历艰辛——记王文彬创办桂版《大公报》	新文化史料
1998.3	石建国	对皖南事变的另一种反应——《大公报》《申报》有关报道评析	抗日战争研究
1998.4	穆欣	周恩来《致大公报书》发表前后——纪念周恩来同志诞辰一百周年（上）	新闻界
1998.5	穆欣	周恩来《致大公报书》发表前后——纪念周恩来同志诞辰一百周年（中）	新闻界
1998.6	穆欣	周恩来《致大公报书》发表前后——纪念周恩来同志诞辰一百周年（下）	新闻界
1999.5	张颂甲	为《大公报》讨还公道	新闻记者

纵观这些论文，大体上体现出以下四个特点。

第一，从数量上来看，整体上呈现出一种上升的趋势。这一方面是因为我国新闻学研究特别是新闻史研究开始逐渐走上正轨并逐渐丰富起来；另一方面也是由于《大公报》及其主要干部，特别是张季鸾特殊的历史地位，使得《大公报》研究几乎在近代中国新闻史特别是报刊史研究中处在非常重要的位置。

第二，从内容上来看，整体呈现出一种逐渐中性化的趋势。与回忆录一样，这一时期的研究文章对于《大公报》的评价开始逐渐改变了之前的那种论调，逐渐趋向中性化，如对于被《1926》斥为"虚伪"的"四不主义"，谢国明认为：

> 新记《大公报》提出的"四不主义"办报方针，从理论意义上分析，反映了资产阶级报业成长发展的必然进程，反映出中国资产阶级希冀舆论机关能够独立于政治权力之外，成为制约政治权力的"第四权力"的企图。用《大公报》的实践来检验，我们看到"四不主义"作为资产阶级的办报方针，不可避免地带有阶级的局限性和虚伪性……同时我们也应看到社会历史条件的限制，这种局限性和虚伪性，可以说是"其原于环境者半，原于己身者亦半"。《大公报》主持人确实认真贯彻过"四不主义"原则，并在中国资产阶级报业发展史上取得了前所罕见的成功，对中国现代社会政治产生过重大影响。[①]

再如，对于《1926》文中一再自责的"小骂大帮忙"问题，张颂甲认为：

> 平心而论，旧中国的《大公报》对国民党既有小骂，又有大骂，还有一些不能简单地以小大来区分的怒骂、痛骂。它确实为统治者帮过忙，甚至帮过大忙，但它也有不帮忙甚至拆台的表现。这些都有白纸黑字留下的事实，不是凭空而论。在旧社会，《大公报》不可能办成《新华日报》，但它也绝对不是《中央日报》，这是历史的真实。[②]

纵观这些文章，一个明显的事实是，这一时期的文章中，对《大公报》评价相对正面的文章大多有意无意地避开了对《大公报》整体定性的问题；而评价相对负面的文章则基本延续了前一时期的定性。可以说，

---

① 谢国明：《论新记〈大公报〉的"四不主义"》，《新闻研究资料》1986 年第 3 期。
② 张颂甲：《为〈大公报〉讨还公道》，《新闻记者》1999 年第 5 期。

这一时期学术界对《大公报》定性的主流是渐趋正面，但反对的声音依然存在。

第三，从材料及研究方法上来看，这一时期学界对于《大公报》研究的材料来源，基本上局限于报纸原件、回忆文章及其主持人的文章三个部分，没有其他新材料的加入，其中报纸原件是主要材料来源，基本上属于就报论报的阶段。研究方法则基本采取定性研究法，基本没有定量研究。这就造成了各说各话的现象，缺乏辩驳和交锋。

第四，从研究的领域上来看，对《大公报》的研究范围开始逐渐突破新闻史的局限，进入党史、文化史等更为广阔的领域。《大公报》以其丰富的内容和巨大的社会影响力，逐渐被其他史学领域的研究者所重视，成为史学研究的重要资料来源之一。

（三）《大公报史》和《新记〈大公报〉史稿》

这一时期的各种新闻史专著中，大多对《大公报》辟有专门章节，同时，这一时期也出现了研究《大公报》史的学术专著，举其大者，有《大公报史》与《新记〈大公报〉史稿》。

1. 《大公报史》

《大公报史》出版于 1993 年，是大陆地区研究《大公报》史的第一部专著。作者周雨，天津人，1941 年进入重庆《益世报》开始新闻工作生涯，后进入《大公报》沪馆，历任记者、采访主任、政治组长、北京《大公报》群众工作部副主任等职，是《大公报》后期主要干部之一。"文革"后，周雨先生一直致力于《大公报》史整理研究工作，在《大公报》老报人中，他是发表论文最多的。

《大公报史》时间跨度从 1902 年英敛之创报起至 1949 年止，分为"大公报创始时期（1902—1925）""新记公司大公报时期（1926—1949）"以及"附录"三部分，其中第二部分是重点，约占 4/5 的篇幅。该书第一部分简要介绍了《大公报》初创时期的时代背景及报纸特色，创始人英敛之的情况以及王郅隆接手后报纸的状况。第二部分分 13 个主题介绍了吴、胡、张三人续办时期的各种情况，包括续办经过、"四不主义"、发展历程、各版概况、各个时期的言论方针、新闻报道特色、专刊副刊、报馆经营管理情况以及"大公报人物谱"。第三部分"附录"收录了《大公报》的一些重要社评，张季鸾、胡政之两人的讲话、专论，于右任、王芸生等人对张、胡二人的回忆文章以及王芸生、曹谷冰、金诚夫、萧乾、李纯青等人撰写的《大公报》回忆文章。

该书在《旧大公报》文后，第一次全面地对《大公报》的历史进行了梳理和评述，由于政治环境的变化，该书基本改变了《旧大公报》文中那种泛政治化的论断，相对比较客观公允地对《大公报》进行了评价。本书最大的特色在于"大公报人物谱"及"附录"部分。"人物谱"中分6个部分记录了几乎所有《大公报》重要人物的生平事迹，"附录"部分则收录了一些重要的回忆和评论文章，为后来的研究者提供了重要的史料依据。

但是，笔者认为，该书也存在一些问题。首先是对《大公报》的分期似乎不太合理，本书将英敛之和王郅隆统称为"创始时期"，时间自1902年至1925年，这显然有些不妥。其次，本书对《大公报》历史上一些重要史实的记述可谓详细，但是分析和评价却略显不足，似乎稍有些重史轻论之嫌，这恐怕是由于作者颇有些"只缘身在此山中"之故吧。不过瑕不掩瑜，该书作为《大公报》史研究领域的开创者，其地位和作用是不容低估的。

2. 《新记〈大公报〉史稿》

本书初版于1994年12月，作者吴廷俊先生是中国新闻史学界著名的学者之一，本书是吴先生穷六载之功写成，分为"绪论""创业篇（1926.9—1928.9）""发展篇（1928.9—1936.9）""鼎盛篇（1936.9—1945.8）""转折篇（1945.8—1949.6）"五个部分，凡17章，近40万字，对新记《大公报》的历史进行了系统的梳理与评述，笔者以为，此书在以下几个方面有了突破。

（1）评述更加丰富客观

从篇幅上来看，较之此前的两份《大公报》史研究成果《1926》文及《大公报史》，《新记〈大公报〉史稿》（以下简称《史稿》）并没有太大的增加，但是评述的内容却丰富了许多，也更加客观。对于《大公报》研究来说，最重要的问题显然是要结合当时的历史现实，分析其言论倾向及由此产生的社会影响。《1926》文的重点便在于此。但是，由于当时的政治环境所限，文中不可避免地充斥着泛政治化的论断和过度的自我批评；而《大公报史》的重点则在于记述《大公报》历史上的重要事件及人物，对于言论倾向的分析和评述较少（本书正文共447页，第六部分"大公报的言论"共74页，只占正文的16.5%）。而《史稿》则在这两个方面超越了前人。《史稿》秉承"论从史出、以史带论"的方法，详细地对《大公报》各个不同历史时期的言论倾向进行了分析梳理，在对于原文及其所属历史背景进行充分分析的基础上得出结论，从而更加令人信服。

（2）扭转了对《大公报》的评价倾向

如前所述，20世纪80年代之前，大陆学术界对《大公报》的历史几乎持一概否定的态度。80年代以来，评价渐趋客观，但截至《史稿》出版的1994年，整体评价仍然是贬多于褒，特别是对《大公报》史上一些重要的问题，如"小骂大帮忙""国家中心论""四不主义"等，从整体上来看，仍然倾向于批判。而《史稿》则较早地扭转了这种倾向。在"绪论"中，吴廷俊先生提出了五个问题：第一，如何看待"小骂大帮忙"？第二，如何看待"国家中心论"？第三，《大公报》是官僚资本企业，还是民族资本企业？第四，《大公报》是政学系机关报，还是民间报纸？第五，《大公报》在历史上是一张反动的报纸，还是一张爱国的报纸？对于这五个问题的回答，实际上就是如何从根本上对《大公报》定性的问题。吴廷俊先生通过对《大公报》史上一些重要问题的分析，结合当时的历史实际，对上述问题做出了客观公正的回答，从而为《大公报》做出了这样的定性："既非政治阶梯，亦非营利企业，是为文人论政的场所。"① 应该说，这个定性较之前人更加符合《大公报》的历史实际。

（3）内容更加丰富系统

此前的《大公报》研究，大多集中于对其社评内容的分析，而对于其他报纸组件，如新闻、副刊、广告等则相对忽略。《大公报史》中虽有内容涉及，但篇幅甚少（第十部分"建立国内外通讯网和具有特色的新闻报道"共36页，第十一部分"内容多样的专刊和文艺副刊"共14页，分别仅占全书篇幅的8.1%和3.1%）。而《史稿》则改变了这种做法：首先，《史稿》将《大公报》不同时期的新闻报道与其言论结合进行评述，虽然仍以社评为主，但却不再仅限于社评；其次，对于《大公报》不同时期的专刊与副刊，《史稿》辟专章予以介绍（第三章"社内社外结合，副刊专刊齐全"，第七章"为国事而创设，因形势而变化"，第十二章"形式多种，主题一个"），合计占全书篇幅的13.6%，大大超过了《大公报史》；最后，对于《大公报》在不同时期发起的社会运动，《史

---

① 吴廷俊：《新记〈大公报〉史稿》，武汉出版社2002年版，第2页。

稿》也均辟专章介绍。这些做法，都突破了前人的局限，从而能够更加全面地分析和把握《大公报》在不同历史时期的发展变化，也有助于对其进行更加客观全面的评价。

（4）分析和概括了不同时期的办报理念

作为近代中国最具影响力的报纸之一，《大公报》及其主持人的新闻理念也是该报为我们留下的重要财富之一。由于《大公报》及其主持人的历史地位，可以说，该报办报理念的发展，从某种程度上来说折射了中国新闻理论的发展。但对此问题，前人少有论及，而《史稿》则在这方面做了开创性的贡献。《大公报》续刊之初提出的"四不"原则乃是其办报宗旨，但是在不同的历史时期，对于"四不"的具体执行也体现出很大的不同。同时，在民国时期那种复杂的政治形势下，作为民营报纸的《大公报》与政府的关系也是研究该报历史的重要问题之一。《史稿》分创业时期（1926.9—1928.9）、发展时期（1928.9—1936.9）、鼎盛时期（1936.9—1945.8）和转折时期（1945.8—1949.6），对《大公报》的新闻理念进行了介绍、分析和评论，成为此书的亮点之一。

总之，《史稿》在《大公报》史研究方面，做了许多开创性的工作，正因为如此，该书于1997年荣获吴玉章奖，2001年，徐培汀教授在他所著的《20世纪中国新闻学与传播学——新闻史学史卷》中，又专以一节内容介绍此书。所有这些荣誉，可谓当之无愧。虽然从现在的角度来看，此书中有些观点仍有可待商榷之处，同时研究方法也有改进的余地，但是此书在《大公报》史及中国新闻学研究历史上的地位，却是不容忽视的。

三　2000年至今的研究

自21世纪以来，大陆对《大公报》的研究工作，开始出现了百花齐放的局面。从总体来看，这一时期的《大公报》研究，体现出以下几个特点：首先是范围的扩大，《大公报》逐渐走出新闻史的范畴，开始成为更多近代史研究领域的重要材料；其次是成果的丰富，据笔者不完全统计，自2000年至2010年，以《大公报》及其主要人物为主要研究对象和材料的论文便有近百篇之多，其中不乏《近代史研究》《中国经济史研究》等著名刊物；最后是评价的转向，纵观这一时期学界对《大公报》的评价，负面的声音逐渐消失，褒扬逐渐成为主流。

（一）研究领域的拓展

1. 学术论文

自 2000 年以来，《大公报》的研究领域得到了极大的拓宽。与之前仅仅局限在新闻史领域不同，这一时期诸多近代史领域的研究者开始从中取材进行研究，其中主要包括以下方面。

（1）文学史

《大公报》的多种副刊是近代文学的重要阵地之一。"'新记'《大公报》时期，是它最为辉煌和鼎盛的时期，也是与中国现代文学的关系最为密切的时期，在这二十三年间，相继推出了几个重要的文学副刊，在中国现代文学的发展史上有着不容忽视的作用。"[①] 研究者们从《大公报》的著名副刊如《小公园》《文学副刊》《文艺》的主要作者和内容特点及其编辑吴宓、杨振声、沈从文、陈纪滢等的文学思想和编辑手法入手，结合当时中国的社会现实，对《大公报》在中国近代文学史上的贡献进行了研究，这方面的成果如《大公报与中国现代文学》（刘淑玲，2004.3）、《大公报·文艺对日出主题思想的集体评论》（李群，2010.5）等。

（2）外交史

近代中国，外患频仍，特别是 1931 年"九·一八事变"后，日本帝国主义侵略的铁蹄步步紧逼，外交问题成了中国政府所要面临的一大难题。作为民国时期的舆论重镇，《大公报》对于中国外交问题的看法，不仅在一定程度上代表了中国人特别是知识精英阶层的态度，而且也在很大程度上左右了民国政府的外交政策。这方面的成果如《1928—1937 年〈大公报〉等报刊对中苏关系认识的演变》（陈廷湘，2006.3）、《大公报视野下的 1945 年的中苏谈判》（廖芳芳，2010.2）和《中国时人对苏联签订〈苏德互不侵犯条约〉的看法——以〈大公报（天津版）〉和〈东方杂志〉为主的考察》（魏原，2010.9）等。

（3）文化史

作为近代中国最有影响力的民营报刊之一，《大公报》在中国文化史上也具有重要地位。特别是自 1934 年 1 月开设"星期论文"栏之后，包括胡适、傅斯年、丁文江、翁文灏、蒋廷黻等一系列著名学者成为该报的经常撰稿人，从而为此前受限于同人刊物的自由派知识分子议政开辟了全

---

① 刘淑玲：《大公报与中国现代文学》，《新文学史料》2004 年第 3 期。

国性的公共平台。学界在此方面的研究主要也集中于"星期论文"及其主要作者对公共舆论的塑造及其与政治权力之间的关系问题。这方面的研究成果主要有《徜徉在问学与论政之间的知识人——以 1930 年代〈大公报〉"星期论文"作者群体为例的分析》(唐小兵,2009.1)、《公共舆论与权力网络——以 1930 年代前期大公报、申报为例的考察》(唐小兵,2010.1)等。

(4)社会史

《大公报》热心推动社会运动,同时,由于它巨大的社会影响力,使其在近代中国历史上许多重要的社会事件如裁兵运动、现代化运动、妇女解放运动及农村合作运动中,都发挥了一定的作用,从而成为学界研究的热点。从整体来看,这方面的研究成果可谓最为丰富,如《〈大公报〉与中国 20 世纪 30 年代的现代化运动》(贾晓慧,2001.6)、《论〈大公报〉和平裁兵言论的民本主义倾向》(任桐,2002.6)、《工业化·科学化·中国现代化——〈大公报〉提倡的科学化思想及其意义》(贾晓慧,2003.1)、《近代知识女性的双重角色:以〈大公报〉著名女编辑、记者为中心的考察》(侯杰、秦方,2005.1)、《报纸媒体与女性都市文化的呈现——对大公报副刊家庭与妇女的解读》(侯杰,2007.2)、《大公报的教育广告与近代中国社会》(孙会、张文洲,2008.3)、《从两性对立到两性超越——对〈大公报·家庭与妇女〉的妇女解放观》(李秀云,2008.4)、《从期望到绝望:舆论视野中的编遣运动——以〈大公报〉社评为中心的考察》(石涛,2008.8)、《1930 年代关于中国农村合作道路问题的讨论——以〈大公报〉为中心的考察》(岳谦厚、许永峰,2008.3)、《理性民族主义之一例:"九·一八事变"后的天津〈大公报〉》(郑大华,2009.4)、《〈大公报〉与中国近代高校学生受教育主体形象塑造》(洪芳,2010.5)等。

2. 代表性的学术著作

这一时期出现的新闻史领域之外的《大公报》研究著作,主要集中在文学史和社会史两个方面,兹分别叙述如下。

文学史方面代表性学术著作如下。

(1)《大公报与中国现代文学》

本书是由刘淑玲于 2004 年完成的一部关于《大公报》与中国现代文学发展之间关系的著作。本书以《大公报》文学类副刊的发展及主持人的变化为据，将该报与文学的关系分为四个不同的历史时期，分别为"与新文学的对话"（1928—1934）、"辉煌的 30 年代"（1935—1937）、"民族战争中的文学选择"（1938—1946）和"京派作家的文学选择"（1946—1948），在各个不同的历史时期，本书着重于从这一时期《大公报》文艺副刊的核心编者入手，以其文学态度、文艺观点等对于副刊发展的影响为主要内容进行了详细的阐述，从而较为全面地对《大公报》文艺副刊的流变进行了梳理，并且由于这些副刊主编吴宓、沈从文、萧乾等人在文学史上的地位，使得本书在梳理中国近现代文学史上也做出了很大的贡献。

（2）《沈从文与〈大公报〉》

本书是由杜素娟于 2006 年完成的一部研究沈从文与《大公报·文艺副刊》的著作。《大公报·文艺副刊》先由国学大师吴宓主持，后改由著名作家沈从文主编，并且在 30 年代成为中国文坛举足轻重的文学重镇，对于"京派文学"的形成，具有重要的价值。本书由 40 篇独立的文章组成，对于《大公报》及"文艺副刊"的基本情况、沈从文在《大公报·文艺副刊》的经历、"京派文学"的出现和发展、"大公报文艺奖金"的设立，以及 30 年代许多著名作家如朱自清、金岳霖、徐志摩、胡适、丁玲、曹禺、鲁迅等人与沈从文及其主编的《大公报·文艺副刊》之间的逸闻趣事，进行了深入翔实的描绘，塑造了许多鲜明的形象。

社会史方面代表性学术著作如下。

（1）《"大公报"新论——20 世纪 30 年"大公报"与中国现代化》

本书是贾晓慧于 2002 年出版的一部研究《大公报》与中国社会现代化进程之间关系的著作。该书选择了《大公报》自 1931 年至抗战全面爆发之前这段时间进行研究。全书共分 7 章，除第 1 章"绪论"外，其余 6 章分别就《大公报》的"明耻教战"论、对"攘外必先安内"政策的态度、对中国出路的探讨、对政治现代化意识的倡导、对舆论观的态度以及对社会服务的贡献等方面，分析了 30 年代《大公报》作为一家民营报纸对于推动中国社会现代化进程的作用。该书虽然也谈到了《大公报》与国民党政府的关系，并且在这一问题上基本延续了自 2000 年以来学界普遍的看法，但是从整体上来看，该书却跳出了既有的两极对决的常见架构，"不是从政治态度方面探讨，也不是放在为某个党派服务的狭隘的观念中，而是放在国人为现代化奋斗的历史主题中去研究，不囿旧说，探讨

《大公报》与中国现代化的关系，具有较大的开拓和创新意义。"① 从这个意义上来说，笔者以为，该书为《大公报》研究开辟了一条新路，这也是本书最大的意义之所在。

（2）《徘徊于民本与民主之间：〈大公报〉政治改良言论述评（1927—1937）》

本书系由任桐所著，于2004年出版的一本研究《大公报》在1927—1937年间，亦即自该报续刊直至抗战全面爆发之间的政治改良言论的专著。全书凡6章，就《大公报》在这一时期有关和平裁兵、乡村建设、民主法治、"国家中心"和"明耻教战"等社会政治改革的重要问题方面的言论进行了深入的分析和研究。著者出身于南京大学中华民国史研究中心，有良好的历史学功底，该书出版时，正值大陆学界对《大公报》评价整体转向的时期，对于《大公报》的定性成了最核心的问题之一，本书通过对《大公报》在不同历史时期与蒋政府的关系、对社会重大事件的态度等方面的综合分析，认为该报"始终是以文人办报的特色、见地独到的言论以及对于社会舆论的引导而著称，正因如此，本书认为《大公报》是一份泛政治化的民营报纸"。这一界定，既突破了以往"左"倾思想影响下一概否定的窠臼，又没有在当时一片褒扬之声中跟风而动，乃是一个比较中性的界定。笔者认为，这一定义较为公允地体现了《大公报》的基本特点。"以民为本"和"追求民主"乃是当时中国社会知识分子中普遍存在的两种相互纠缠的认识，也是这一时期《大公报》言论所体现的两大基本特点。本书以这两条线索为轴，综合同时期各家主要报纸言论进行对比分析，得出了较为令人信服的结论。总之，本书达到了相当的学术水平，在《大公报》研究史上具有一定的地位。

（3）《媒体·社会与国家：〈大公报〉与20世纪初期之中国》

本书系由岳谦厚、段彪瑞编著，于2008年出版的一本研究《大公报》与中国近代社会关系的著作。全书的历史时期从1902年《大公报》创刊至1937年全面抗战爆发，共涉及《大公报》的三个时期，共分为9个专题进行研究，包括防灾救灾（第一章：1902年天津霍乱防治及其社会影响；第三章：1932年鄂豫皖三省大水）、农村问题（第二章：20世

① 魏宏运：《〈大公报〉新论·序》，载贾晓慧《〈大公报〉新论：20世纪30年代〈大公报〉与中国现代化》，天津人民出版社2002年版，序言第2页。

纪 30 年代关于中国农村合作运动之讨论；第四章：阎锡山"土地村公有"理论及其实践办法；第六章：20 世纪 30 年代初期陕南"交农"现象）、内战问题（第五章："客军入晋"与晋南社会；第七章：南京国民政府初期之裁兵运动）和外交问题（第八章："九·一八事变"后关于中国抗战问题之讨论；第九章：1937 年上海"纱交风潮"）。该书以《大公报》的社评、新闻等内容为主要研究对象，以 1902—1937 年中国社会发生的重大历史事件为研究范畴，考察了《大公报》在这些历史事件中的表现及其与社会的互动，呈现了这一时期中国社会的一个剖面，具有较强的学术价值。

（二）新闻史领域的研究

1. 学术论文

这段时期内，《大公报》研究的领域虽有了较大的拓展，但新闻史领域的研究仍然是其最主要的阵地。特别是 2002 年《大公报》百年华诞之际，包括《新闻与传播研究》《新闻大学》等新闻学界著名学术刊物都为《大公报》研究组织了专门文章。除了方汉奇、吴廷俊等前辈学者之外，刘宪阁、王咏梅、朱至刚等中青年学者的研究，也颇见功力。研究者从《大公报》及其主持人的新闻思想等各个方面，对该报进行了深入、细致、全面的研究，从而使得对于《大公报》的研究成了近年来中国近代新闻史领域中最为热门的命题之一，也使得大陆地区的《大公报》研究较之以往呈现出更加系统化、科学化的特点。这首先是由于史料的丰富，随着一些档案材料的逐渐解密，新的史料不断出现，为研究者们提供了较之以前更加丰富的材料，从而也使得研究的结论更加客观可信；其次则是由于定量研究方法的引入，使得新闻史研究较之以前更为科学化。

2.《〈大公报〉百年史》

这一时期在新闻史领域有关《大公报》的学术专著，较之以前无论从质上还是量上都有了很大发展，而其中最重要的，当首推《〈大公报〉百年史》。

《〈大公报〉百年史》（以下简称《百年史》）一书，是中国人民大学纪宝成校长应香港《大公报》社长王国华先生之请，为了庆祝该报百年华诞，于 2002 年编写完成的。该书由新闻史学界泰斗方汉奇先生主编，编写队伍中既有像吴廷俊先生这种资深望重的学界前辈，也有涂光晋、陈昌凤、彭兰这些中生代学者，还有陈彤旭、史媛媛、宋晖这种小荷才露尖尖角的在读博士生，更有王鹏、吴葆等业界学人，可谓老中青结合，使得此书达到了很高的学术水准。笔者以为，此书的贡献和突破，主要在于以下几点。

（1）第一次将《大公报》100 年来的历史进行了系统完整的梳理

《大公报》创刊至今已逾百年，纵观百年《大公报》史，大致可以分为五个时期，即英敛之时期（1902.6—1916.9）、王郅隆时期（1916.9—1925.11）、新记公司《大公报》时期（1926.9—1949.6）、《大公报》新生时期（1949.6—1966.9）和香港《大公报》时期（1948.3—　）。在此之前，学界对于《大公报》历史的研究，大多集中在第一和第三时期，而对其他时期着墨甚少，这当然是由于这两个时期乃是该报历史上最重要的和影响最大的两个时期，并且这两个时期的《大公报》也确能自成体系，但是就整体来看，这种有意无意地厚此薄彼却不能不说是一种缺憾。《百年史》第一次将研究的视野拓展到《大公报》100 年历史的各个时期，第一次将该报 100 年的历史完整系统地进行了梳理，使得百年《大公报》史真正地连贯起来。并且就内容和篇幅来看，在《百年史》总共11 章，533 页的内容中，所占部分最多的是第五时期（4 章，176 页），其次依次是第三时期（3 章，151 页）、第一时期（2 章，104 页）、第二时期（1 章，65 页）和第四时期（1 章，37 页），基本符合该报的历史特点，做到了统筹兼顾。

（2）对王郅隆时期和香港《大公报》时期的研究，填补了空白

如前所述，此前国内学界对《大公报》史的研究，大多集中在英敛之时期和新记《大公报》时期，而对于《大公报》新生时期，也有论及，但对于王郅隆时期和香港《大公报》时期的研究，则基本处于空白。《百年史》对于这两个时期的研究，则恰好填补了这个空白。本书第三章"王郅隆时期的《大公报》"中，对于王购买《大公报》原因，王时期该报与皖系军阀、银行界及日本的关系，与《益世报》的竞争，胡政之的采访和经营管理，最后停刊的原因等方面的研究，均有独到之处。第八至十一章分复刊至"文化大革命"、"文化大革命"期间、香港回归过渡时期和"走向新世纪"四个阶段，介绍了《大公报》在香港从复刊至 2002 年共 54 年的历史，将《大公报》的发展与时代背景和香港的社会状况相结合进行综合分析，几乎是一部微缩版的《香港当代新闻史》。

（3）方汉奇先生撰写的前言在《大公报》研究史上具有重要地位

本书在《大公报》研究史上的另一意义，在于方汉奇先生撰写的前言《再论大公报的历史地位》。在《大公报》研究史上，有许多问题一直存在争议，虽然自90年代以来，在诸如"小骂大帮忙"、《大公报》与安福系和蒋政府关系、《大公报》的阶级性质等问题上，学界的评价开始渐趋正面，但总的来说仍未能达成共识。方汉奇先生以其多年治《大公报》史的积累，撰写此文，对于以上种种问题进行了深入的分析和评价，可以说对于许多长期以来争论不休的问题起到了"盖棺定论"的作用。自此之后，学界对《大公报》的评价便基本以正面为主。可以说，方老此文，堪称《大公报》研究史上一篇承上启下的重要文献，既总结了前人研究的成果，又在事实的基础上，对存在争议的关键问题提出了自己的见解，对以后的研究起到了奠定基调的作用。

当然，《百年史》也存在着一些不足之处，比如与《史稿》等专门研究某一时期《大公报》的专著相比，本书对于各个时期的研究，特别是重要时期的研究略显粗疏；同时，方老在前言中的某些论断，以现在的眼光来看，不免有值得商榷之处，然而瑕不掩瑜，此书在《大公报》研究史上的重要地位是不言而喻的。

3. 其他重要著作

除了《〈大公报〉百年史》之外，这一时期的新闻史领域中，在《大公报》研究方面还出现了其他一些重要著作，兹按时间顺序录评如次。

（1）《百年沧桑：王芸生与大公报》和《1949年以前的大公报》

上述两本书是王芸生先生的次子王芝琛先生分别于2001年和2002年出版的，前者辑录了王芝琛在不同时期发表的有关《大公报》及王芸生研究的文章43篇；后者则主要辑录了《大公报》在不同时期发表的多篇重要社评与"星期论文"，同时还有王芝琛、谢泳、智效民和吴学昭等几位当代学者研究《大公报》及相关人物的文章。这两部著作，兼有回忆录和评述的性质，提供了许多珍贵的史料，所以颇受新闻史学界看重，但是在笔者看来，由于王芝琛与王芸生的特殊关系，这两本书中间也或多或少地存在着"为尊者讳"的现象，对于一些史实的记录与历史真实之间存在着一定的出入，评述也难言完全客观。

（2）《大公报一百周年报庆丛书》

2002年6月17日，《大公报》迎来了她的百岁华诞，为了庆祝这个特殊的日子，香港大公报社决定出版《大公报一百周年报庆丛书》，丛书共分 10 册，分别为：《大公报一百年》《大公报一百年社评选》《大公报一百年头条新闻选》《大公报一百年副刊文粹》《大公报一百年新闻案例选》《大公报环球特写选》《大公报人物》《我与大公报》《大公报特约专家文选》《大公报小故事》。其中新记《大公报》时期也占了非常重要的位置：以《社评选》为例，全书共辑录《大公报》百年来社评 203 篇，其中新记时期 48 篇。《大公报》历经百年风雨，其间可值一叙之事可谓恒河沙数，该丛书删繁就简，为读者及研究者提供了大量精心选择过的材料，所以这套丛书在《大公报》研究史上具有特殊的价值。但是笔者以为，编者在对材料进行选择时也存在着一定的问题，仍然以《社评选》为例，该书进行选择的标准，似乎隐然是以是否批蒋为指针，而对于一些不符合此标准的重要社评，如张季鸾的《给西安军界的公开信》和王芸生的《质中共》《为交通着急！》和《可耻的长春之战！》等，则并未收录。而这些社评，无论从重要性还是从文字上来看，都没有不被收录的道理，这不能不说是一种遗憾。

（3）《〈大公报〉专刊研究》

此书系李秀云于 2007 年完成的一部对于 1927—1937 年《大公报》各专刊及副刊研究的专著。长期以来，在报纸的四大配件中，《大公报》的社评和新闻一直颇受研究者重视，而对于副刊和广告却相对忽视。李秀云的这部专著，对于《大公报》自 1927 年至 1937 年多达 39 个专刊进行了系统的分析研究，对于这些林林总总的专刊与社会生活、科学普及和学术研究等方面的关系进行了较为深入细致的阐述，填补了当前大陆学界《大公报》研究的一个空白。

（4）《张季鸾与〈大公报〉》

本书系王润泽于 2008 年出版的一部张季鸾研究的著作。《大公报》的辉煌，离不开张季鸾的贡献，而张的思想及其所起到的作用，与他的成长历程和人生经历是密不可分的，所以研究张季鸾的生平思想，对于推动《大公报》研究工作，具有非常重要的价值。本书以《大公报》和张季鸾的生平作为两条主线，相互交织，着重于论述张早年的成长经历对于他后来主持《大公报》之后的影响，同时又致力于揭示张及《大公报》在不同的历史时期对于国家、政府和社会的影响，从而有助于使读者了解这样一个卓越的报人的人生经历和心路历程。

（5）《大公报广告与近代社会（1902—1936）》

长期以来，《大公报》的广告也是被学界所忽视的一个重要问题。孙会的这部著作，是在他的博士论文基础上形成的，对于1902—1936年的《大公报》广告进行研究的一部具有填补空白意义的专著。该书共五章（含绪论），对英敛之时期（1902—1916）、王郅隆时期（1917—1925）和新记时期（1926—1936）三个不同时期的《大公报》广告进行了分析研究，该书将《大公报》的广告分为商务类（外商、国货）、娱乐类（影戏）、文教类（招生、书籍）、社会类（另类、征文、征婚）四大类，通过解剖个案的手法，分别从社会转型的大背景入手，对各类广告演进的不同特点进行了深入的分析研究。同时本书还着重于分析了《大公报》广告在近代社会变迁中发挥的影响和起到的作用，从经济、社会、文化等各方面探讨广告对于近代社会生活各方面的影响。此外，为了说明近代中国社会广告的区域性特点，该书还将地处北方的《大公报》与处在上海的《申报》广告进行了对比研究。该书史料丰富，论断严谨，达到了较高的学术水平。

第二节　台湾地区研究史述评

1949年以后，台湾学者对于《大公报》也进行了深入而独特的研究。审视台湾《大公报》研究史，虽然由于材料等局限，台湾地区在此方面的研究，在数量上无法与大陆相比，但是一个非常值得关注的现象是：与大陆类似，台湾地区的研究也可以分为回忆录时期和研究时期，其中后者以1972年及1988年"报禁"解除为界，又可以分为三个时期。

需要特别指出的是，台湾地区的回忆录时期与研究时期之间，并不存在明显的时间分界点。与大陆曾出现过许多曾经写过回忆录的《大公报》老报人后来又有研究文章（如李纯青、周雨等）的情况不同，台湾地区的回忆录和研究文章体现出泾渭分明的特点：首先是作者少有重叠，回忆录的作者以陈纪滢、于衡、林墨农等《大公报》老报人和王军余、吴相湘、王学曾等《大公报》主持人（主要是张季鸾）的旧友和亲属为主，而研究文章的作者则以赖光临、曾虚白、李瞻等新闻学者为主，彼此间少有通连；其次是发表刊物也少有重叠，回忆录最主要的发表阵地是《传记文学》杂志，所有回忆录几乎全部发表于该刊，而研究文章的发表阵地则以《报学》《新闻学研究》《中华军史学会会刊》等新闻学或史学专业刊物为主。台湾的《大公报》回忆录，以笔者目力所及，最早见于1952年，最晚则要到2005年，跨度逾半个世纪；而研究文章及专著则最早见于1966年，最晚见于2007年，时间跨度也超过40年，除了回忆录时期要较早一些之外，二者在大部分时间里几乎重合，虽然与大陆一样，随着时间的推移，回忆录的数量逐渐减少，但研究文章却并没有像大陆一样大量增加，二者都是在20世纪70—80年代达到鼎盛，所以笔者以为对台湾《大公报》研究史的划分，并不能像大陆一样以时间为分界点，而是以不同的文章形式以及不同的研究倾向和特点为分界点。由于从整体上来看，各个时期的回忆录并无太明显的区别，而研究文章则以1988年"解禁"为界，体现出不同的倾向和特点，所以以此为标准，笔者将台湾地区《大公报》研究史划分为回忆录部分（1953—2005）、"解禁"前的研究（1966—1988）和"解禁"后的研究（1988年至今）三个部分。

一　回忆录

（一）台湾地区《大公报》回忆录概况

与大陆地区类似，台湾地区的《大公报》研究，也始于老报人的回忆录。从1952年至2005年，台湾地区共计发表《大公报》回忆录56篇，出版书籍5本（见表1—3、表1—4）。

表1—3　　　　　　　　　台湾地区《大公报》回忆文章①

时间/刊期	作者	题目
1952.1	刘光炎	抗战期大后方新闻界追忆②
1962.12	王军余	追念同学张季鸾君
1964.9	吴相湘	张季鸾先生
1972.4	于衡	沈阳的繁华梦
1972.9、10	陈纪滢	一代论宗哀荣余墨（正、续）
1972.11	彭学沛	陈布雷与张季鸾
1973.12	陈纪滢	重庆时代的大公报

---

① 本表中所列文章，除特别注明外，全部发表于《传记文学》。
② 本文发表于《报学》第1卷第2期。

时间/刊期	作者	题目
1976.9	陈纪滢	三十年岁首献词与米苏里奖章
1977.6	曾虚白	很少得我钦佩者中的一个人
1977.6	陈纪滢	范长江与大公报
1977.6	陈纪滢	我对季鸾先生及大公报的体认
1977.6	成舍我	我所接触的季鸾先生
1977.6	程沧波	我所认识的张季鸾先生
1977.6	胡健中	我对张季鸾先生的观感
1977.6	沈云龙	从书生论政谈到报纸的企业经营
1977.6	陶希圣	遨游于公卿之间的张季鸾先生
1977.6	陶希圣	关于张季鸾与王芸生的几件事
1977.6	刘光炎	一个新闻工作者对季鸾先生的印象
1977.9	卜少夫	张季鸾先生座谈会后
1978.4	陈纪滢	张季鸾先生的逝世
1978.5	陈纪滢	季鸾先生逝世后的大公报
1978.7	姚保中	"重庆时代的大公报"别记
1979.1	陈纪滢	论大公报
1979.3	陈纪滢	吴达诠先生与大公报
1979.3	胡光尘	我记忆中的吴鼎昌（达诠）先生
1979.3	沈云龙	清末民初的吴达诠先生
1979.5	陈纪滢	哀长江
1980.1、3	林墨农	纪（记）大公报（一、二）
1980.8	林墨农	我怎样侧（厕）身大公报
1980.9、10	陈纪滢	记王芸生（上、下）
1980.11	陈纪滢	记徐盈子冈

续表

时间/刊期	作者	题目
1980.11	刘绍唐	民国人物小传①
1981.2	李秋生	我所知道的王芸生
1981.2	林墨农	抗战前的大公报津馆
1983.7	王学曾	忆报人张季鸾先生
1983.8	王学曾	吴鼎昌赠张季鸾诗（书简）
1985.3	李秋生	上海孤岛报业奋斗史（七）②
1987.4	陈纪滢	张季鸾先生百年诞辰纪念
1987.4	阮毅成	我与张季鸾先生的一面之缘
1987.4	朱民威	张季鸾先生与先总统蒋公的关系
1987.4	陈纪滢	一代报人张季鸾③
1987.6	陈纪滢	张季鸾先生小传④
1987.8	张佛千	张季鸾先生公葬大典私记
1988.8	冉茂华	费彝民之死
1989.3	郑仁佳	大公报三巨头之一胡霖
1992.4	关国煊	被打成右派的左派报人徐铸成
1997.6	袁暌九	敬悼文坛宿将陈纪滢
1998.7	朱传誉	大公报阴魂不散，王芸生死不瞑目
2001.9	牛济	张季鸾与于右任
2004.7	熊锡阶	一片冰心为玉壶——记"大公王"王芸生的曲折人生
2005.3	李伟	临风怀想报人徐铸成
2005.4	文洁若	萧乾与大公报

---

① 此传中含王芸生传。

② 此文主要介绍《文汇报》与《大公报》之关系，故此列入。

③ 本文发表于《中外杂志》第41期。

④ 本文发表于《报学》第7卷第8期。

表1—4 台湾地区《大公报》回忆书籍

作者	书名	出版社	出版时间
陈纪滢	报人张季鸾	台北文友出版社	1957.9
陈纪滢	胡政之与大公报	香港掌故月刊社①	1974.12
陈纪滢	抗战期间的大公报	台北黎明文化事业公司	1981.12
陈纪滢	我的邮员与记者生活	台湾商务印书馆	1988.8
徐铸成	徐铸成回忆录	台湾商务印书馆	1999.6

（二）台湾地区《大公报》回忆录构成特点

第一，从时间上来看，这些回忆录相对集中地发表于 70—80 年代（图1—1），特别是 1977 年 6 月和 1979 年 3 月，《传记文学》分别以张季鸾和吴鼎昌为专题人物，组织了一批文章；而 1987 年适逢张季鸾百年诞辰，《传记文学》又组织了一些专题文章进行纪念。这主要是由于国民党政府迁台之后，在最初的十几年里一直忙于巩固统治和建设"反共文艺体制"，而这些回忆录的作者大多属于台湾文艺界的活跃分子，所以无暇回忆；再者，这些回忆录的作者大多是《大公报》的老报人或与该报主要人物有过密切接触者，在五六十年代，这些人大多年纪还不算太大，似乎也还没有开始"回忆"的需要。②70 年代以后，随着这批人年齿渐增，逐渐退出一线工作，同时"反攻大陆"的梦想也已事实上破灭，所以在人生暮年，开始撰写回忆录，也成了自然的事情。

---

① 本书虽在香港出版，但作者陈纪滢乃是 1949 年后台湾地区撰写《大公报》回忆录的主将，故列入。

② 以写作回忆录最多的陈纪滢为例，1950 年 5 月，陈纪滢 42 岁，就任"中国文艺协会"的常务理事，同时兼任立法委员和国民党文协党团干事长，成为"反共文艺体制"的核心成员之一，整个 50 年代，陈先是发起以"反对'赤'（即共产党）、黄（即色情）、黑（即所谓内幕报道）"为口号的"文化清洁运动"，后又积极投身反共文艺创作，出版了《荻村传》（1951）、《蓝天》（1954）、《赤地》（1955）、《贾云儿前传》（1957）、《华夏八年》（1960）等以反共为主要题材的小说；60 年代中，又多次以公职身份出"国""访问"，为国民党政府"文化'外交'"服务，其间写作了大量介绍欧美情况的书籍，如《欧游剪影》（1960）、《美国的新闻事业》（1965）、《美国访问》（上、中、下）（1965）、《西德小驻》（1969）等；直到 70 年代退出"文协"核心之后，才逐渐淡出国民党文艺工作，而他所撰写的《大公报》回忆录，也大多自此开始。

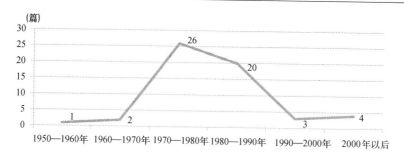

图1—1　台湾地区《大公报》回忆录时间分布

第二，从题材上来看，这些回忆录大多以《大公报》主要人物为题材，其中又以张季鸾为最多，其他主要人物，诸如胡政之、吴鼎昌、王芸生、范长江等，也有涉及（图1—2），这当然是由于《大公报》最为辉煌的乃是张季鸾主持笔政的时期，而同为文人的这些回忆录作者，对于张写作文章的功夫，也大多非常敬佩。而笔者以为，出现这种情况的原因，更因为张季鸾与蒋介石有着良好的私人关系，这一点是该报其他主要人物所不具备的，在台湾"戒严"时期，特别是在蒋介石统治台湾的时期，追忆张季鸾与蒋的交往以及蒋对张和《大公报》的关照，自然是一件能够使"领袖"满意的事情。而其他主要人物中，王芸生、范长江等人，由于"投共"，自然为这些"忠党爱国"之士所不齿；同为"三驾马车"的吴鼎昌则是由于其自1935年12月13日就任南京国民政府实业部长之后便公开辞去《大公报》社长一职，此后与该报关系便不再像张、胡等人一样密切，故在《大公报》回忆录中对他提及不多；而胡政之的问题则比较复杂，后文将有详细分析。

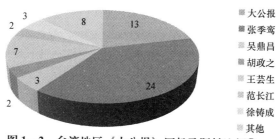

图1—2　台湾地区《大公报》回忆录题材比例①

① 陶希圣所作之《关于张季鸾与王芸生的几件事》中，分别记载了张、王各两件逸事，故算作同时以两人为主题。

　　第三，从作者构成上来看，在所有这些回忆录中，以陈纪滢所撰为最多，共计文章 17 篇，书 4 本，占了总共 61 篇（本）的 1/3 强，而如果从篇幅上来看则更要超过一半。除陈外撰文较多的作者还有林墨农①（4 篇）、王学曾②（2 篇）、刘光炎③（2 篇）等，此外绝大部分作者只有一篇文章。这主要是由于《大公报》在新中国成立后投向了共产党阵营，其老报人，除已经去世的如胡、张等人之外，包括王芸生、曹谷冰、李纯青、范长江等人均留在了大陆，而陈纪滢则是不多的去台的该报老报人中之一，他以"客卿"身份为《大公报》服务有年，与张、胡、王、范等人均有过深入的接触，较之他人自然对该报更有感情，也更有话可说。而陈本人也有旺盛的创作欲望和精力，去台之后出版了大量小说、文集等作品，直到 82 岁仍完成了《松花江畔百年传》的创作，所以他成为台湾地区《大公报》回忆录最主要的创作人，自然也就不奇怪了。

　　在这一问题上还有一点需要特别指出的是，2000 年前后，一些大陆地区的作者，如文洁若、李伟等人开始加入台湾地区《大公报》回忆录的创作中，这当然是由于随着海峡两岸关系的逐渐缓和，包括政治、经济、文化等各方面交流逐渐增多的缘故，可以设想，在台湾的"戒严"时期，这些属于"共匪"阵营的作者的文章，是无论如何也不可能发表在台湾的杂志上的。

（三）"解严"前台湾地区《大公报》回忆录政治态度特点

　　1949 年国民党政府败退台湾，从此海峡两岸开始了长达 40 年的对峙时期。为了完成所谓"光复大陆"的"国策"，"反共抗俄"成了这一时期台湾一切工作的核心。在这种形势下，台湾地区迅速建立起了所谓

---

　　①　林墨农，天津人，中学时曾向各报投稿开始接触新闻工作，1933—1939 年、1945—1948 年两度任《大公报》津版记者，据林墨农《我怎样侧（厕）身大公报》，《传记文学》1980 年第 8 期。

　　②　王学曾，山东人，1934 年就读北大外文系时与张季鸾原配叔伯姐妹之女杜阴棠恋爱，由此结识。据王学曾《忆报人张季鸾先生》，《传记文学》1983 年第 7 期。

　　③　刘光炎，字厚安，1904 年生于浙江绍兴，复旦大学文学系毕业，1931 年起任《中央日报》主笔，抗战期间任重庆《中央日报》总编辑兼主笔，兼任战时新闻检查官，1949 年后去台。据刘国铭主编《中国国民党百年人物全书》"刘光炎"条，团结出版社 2005 年版，第 476 页。

"反共文艺体制"①，并成了"解严"之前台湾文艺工作的核心指导思想。而这种体制也深深地影响了台湾地区《大公报》回忆录的政治态度，使其体现出了以下几个鲜明的特点。

1. 强烈的反共倾向

纵观台湾地区90年代以前的《大公报》回忆录，给人印象最深的，便是贯穿其间的强烈反共倾向，这主要表现在以下几点。

（1）痛惜《大公报》"失身投共"

1949年6月17日，王芸生在《大公报》沪版上发表《大公报新生宣言》，正式宣告该报投向人民怀抱。对于《大公报》的这一行动，几乎所有提及此事的回忆录作者都表现出了强烈的反对态度，痛惜者有之，怒骂者亦有之，总之一句话，对于《大公报》"失身投共"，乃是一件极大的憾事。如程沧波②即云：

> 我们国家因国难几濒于亡国，但是"大公报"是交的国难运！"大公报"不逢着"九一八"，那（哪）能交进那一步红运？"大公报"交国难运，而遭遇的当国者是宽仁厚德的中国国民党，"大公报"由是左右逢源而欣欣向荣。等到大战结束，大陆鱼烂，"大公报"望风而靡。奴颜求容于暴君独夫，永为言论青史的污点。③

林墨农亦云：

> （张季鸾）身未得亲见抗战胜利，当然饮恨。但张氏一死，胡先生照顾就不免失神，以致大公报在重庆已经变了样。后来终于在国内

① "反共文艺体制"最早于1949年11月16日孙陵主编的《民族报》副刊《民族副刊》发刊词《文艺工作者底当前任务：展开战斗，反击敌人》中提出，至1954年"立法院院长"张道藩发表《三民主义文艺论》及《略述民生主义社会的文艺政策》最终形成，其核心是通过"消极的'统制'"及"积极的'倡导'"两种方式，在台湾社会积极推行以"暴露敌人，暴露奸细"，"配合战斗，配合建设，配合革命"的"反共文学"，以完成其"反共复国"的任务。
② 程沧波，原名程中行，江苏武进人，1903年出生，复旦大学毕业，1930年留英，归国后一直从事新闻工作，为《中央日报》首任社长，1931年任立法委员，1942年任中央党部宣传部副部长。据刘国铭主编《中国国民党百年人物全书》"程中行"条，团结出版社2005年版，第2285页。
③ 程沧波：《我所认识的张季鸾先生》，《传记文学》1977年第6期。

五地的大公报相继先后沦亡。张先生虽不能瞑目于泉下，但不像胡先生那样眼看一手栽培的事业萎谢了，毁灭了，还好一点。①

这种对《大公报》"失身投共"的痛惜，无疑是"反共文艺体制"的产物。而这种认识，也成了贯穿90年代以前台湾地区《大公报》回忆录的最主要基调之一。

（2）认为王芸生是《大公报》"投共"的"罪魁祸首"

对于《大公报》的"投共"，几乎所有的作者都认为王芸生是"罪魁祸首"，如于衡②云：

> 当时的上海"大公报"和天津"大公报"，重庆"大公报"，都是属于国民党政学系的系统。是支持政府的报纸。后来胡政之先生逝世，才给王芸生抓到手里，带着报纸向共匪投降。共匪窃据大陆后，上海"大公报"和重庆"大公报"关闭，仅剩下天津的"大公报"和香港的"大公报"，十足的成为"匪报"。……因此人们相信，假如胡政之和张季鸾先生还在的话，各地的大公报，都不致变节投匪，而且也必然是一张支持政府反共的报纸。③

又如陈纪滢云：

> 他（王芸生）操有人事大权，经过十年来的人事布置，大公报充满了大批与中共勾结，其行言接近共产党的所谓名记者……还有许多红色小细胞。这些人是大公报的前锋中军，王芸生一倒戈，这些人便乘机回师把大公报拆了台，使许多镇守军营老将措手无策，祇得束手被擒了！所以这次行动完全是王芸生一手造成的。王芸生写坦白

① 林墨农：《纪（记）大公报（一）》，《传记文学》1980年第1期。

② 于衡，1921年生，长春法政大学、日本法政大学毕业，1946年起历任吉林省教育厅秘书、长春大学讲师、长春《中正日报》采访主任、沈阳《东北前锋报》特派员、《东北报》总编辑、上海《大公报》驻沈阳记者等职，1949年去台。据刘国铭主编《中国国民党百年人物全书》"于衡"条，团结出版社2005年版，第18页。

③ 于衡：《沈阳的繁华梦》，《传记文学》1972年第4期。

书，穿工人装，为共产党大模大样效忠效死，正是他的杰作。①

但是，对于王芸生在新闻工作方面的才能与贡献，这些回忆录的作者还是给出了很高的评价，如陈纪滢认为：

> 他（王芸生）入馆后，除因编撰"六十年来中国与日本"充实了他的日本知识外，其他史书涉猎也极广泛。季鸾先生是经学家、史学家，对于世界知识，尤为丰富。第二代大公报人都跟他走，加王船山（夫之）之论史与明清两代的大学问家的著作，都是他求学的对象。他的行文简赅、扼要有气势、有条理，尤其善于模仿季鸾先生的笔调，文字具有充分感情；有时也夹杂着政之先生的笔致，如行文喜用仗句子，都是大公报同人一致所竞鹜的文体。又因为大公报首创"社评"不署名制度，所以"季鸾文存"选稿时，颇费了一番功夫，因不辨究系何人所写也。②

李秋生亦云：

> 无论如何，芸生在近代中国报业史上的贡献是不容低估的。最难得的，是他从早年即以新闻事业为职志，不愿他骛。据闻当汪精卫兼任外交部长时，正是中日关系最紧张关头，汪有意邀王到外交部，协助应付对日外交，他却不肯离开新闻岗位，予以谢绝……③

总之，除了对王带领《大公报》"投共"的批评外，这些回忆录的作者仍然肯定了王在新闻事业上的才华与成就以及他对《大公报》事业的贡献。对于他与国民党政府的几次冲突，也基本没有上纲上线地进行批判，应当说，他们对王的评价，基本上还是比较客观的。

（3）批判范长江

对于《大公报》另一个重要干部范长江，由于他比王芸生"投共"

---

① 陈纪滢：《吊大公报》，载陈纪滢《报人张季鸾》，文友出版社1967年版，第44页。
② 陈纪滢：《记王芸生（下）》，《传记文学》1980年第10期。
③ 李秋生：《我所知道的王芸生》，《传记文学》1981年第2期。

更早，所以回忆录的作者们对他的态度，则是几乎一概否定，特别是对他的人品多有抨击，其中以陈纪滢最为典型。在《范长江与大公报》一文中，陈记载了这样一件事情：在汉口时期，有一次他请范长江去看话剧，"舞台上人物的一言一语、一举一动，都会引起他的狂笑与惊异"。引起了周围观众的不满，他却依然我行我素，如是者几，陈评价道：

> 总而言之，我绝对没料想到一个写得一手好文章的人，他的修养是如是浅薄、轻率！我更没料到，观众对于他的怒目相视，以及嘘声制止，他反而视若无睹、充耳不闻。何其敏锐与迟钝之矛盾若是！①

不仅如此，陈更进一步批评范有"不法行为"。1938 年秋，范长江离开《大公报》，乃是中国新闻史上一段著名公案。对于他离开的原因，据陈的记载，乃是有"远""近"二因。"近因"是因为范在汉馆时期要求值夜班做编辑工作，但仅值班两天便熬不住，声称"不能再出卖健康了"，由此引起了张季鸾的不满；"远因"则是因为他 1937 年在察绥一带采访时，"有时，报馆不能按时接济他的费用，他遂向当地机关暂借一些零钱维持生活"②，后来他打算在察哈尔招兵买马，想成立游击队，被时任察哈尔省主席兼省保安司令部司令的刘汝明驱逐出境，因此怀恨在心，在抗战爆发后写过一篇通讯大骂刘汝明。此事被张季鸾得知，认为范有"敲竹杠"的嫌疑，品德有亏，大为光火。同时"还有一种传言，二十五四、年（即 1935—1936 年，原文如此），他跟随胡宗南大军追踪共匪西窜的那个时代，曾接受胡将军的赠与（予），多少钱不知道。这也是大公报传统的违规行为"③。再加上范浅薄浮躁，举止狂妄，对王芸生、孔昭恺等编辑修改他的稿件大为不满④，由是"报馆想革掉他，已非一日，只是不好意思"⑤，适逢夜班事发，遂令其走人。

笔者以为，对于陈有关范不愿值夜班及与报馆人员有矛盾之说，应为

---

① 陈纪滢：《范长江与大公报》，《传记文学》1977 年第 6 期。
② 陈纪滢：《哀长江》，《传记文学》1979 年第 5 期。
③ 同上。
④ 陈纪滢：《范长江与大公报》，《传记文学》1977 年第 6 期。
⑤ 同上。

事实，而其后许多学者如吴廷俊（《史稿》）、方蒙（《范长江传》）中亦皆然此说，但所谓"敲竹杠"一事，则似乎颇值得怀疑了。因为陈文中亦提到他亲自向刘汝明询问此事，而刘也亲口否认了所谓"敲竹杠未遂导致携私报复"之说，而所谓"接受胡宗南赠与（予）"之说，据陈自己说，乃属"传言"，而"在胡将军在世之日，我（陈纪滢）虽与胡将军往还多次，但都因场合不对，没曾查证这桩事"①。也就是说两件事其实都做不得准。而据陈所言，唯一能做得准的乃是范在察绥一带组织民团而被刘驱逐一事，但陈却又对此事的来龙去脉以及范之所以有此举动的原因语焉不详，而就算此事属实，也与"敲竹杠"的性质相去甚远。陈以此两件未经证实的所谓"劣迹"和一桩原因不明的行为，就断定范"品德有亏"，实在是难以令人信服。而究其原因，则还是"反共"心态作祟。范作为《大公报》主要工作人员中最早的"投共"者，较之王芸生，恐怕更令陈厌恶。而一个非常明显的证据便是，在陈所作的《大公报》回忆录中，对王芸生虽不乏指责，但一般还是称之为"芸生"或"芸生兄"；而对范则一律直呼其名，甚至以"范老二"的外号称之，其对范的反感，一望可知。

但是，对于范在新闻采访方面的能力，陈还是表示了肯定，认为"论长江这个人的写作天才，不能谓为不高"，"他也很有胆量、吃苦耐劳，都是他的长处。笔头子快，文字简洁生动，都是他的长处，足为青年一辈初出茅庐的记者学习"，"长江不愧是三十年代的名记者之一"。但即便是在此时，也还是要强调"至于深远见解，则迄他离开大公报，以及以前所出版的几本书，都未发现。因为那个年代出版物太少，只要出一本书，就会立刻畅销，不像现在有选择了"②。

总之，强烈的反共情绪，贯穿90年代之前的台湾地区《大公报》回忆录，成为这一时期这些回忆录的第一个显著特点。在这种情绪的统领下，这些回忆录作者对于《大公报》和王芸生等人的"变节投敌"，无不表现出了非常明显的惋惜甚至是攻击的态度，更有为了抹黑"投共者"而不惜以道听途说和未加证实的事件入文并以此为据臧否人物的做法。这种做法，自然难言其客观公正。而对于这一时期的台湾地区《大公报》

---

① 陈纪滢：《哀长江》，《传记文学》1979年第5期。
② 同上。

回忆录中所载之内容，则更需详加分析，辨其真伪。

2. 强烈的拥蒋情绪

"国民政府"迁往台湾后，蒋介石于 1950 年宣布"复职视事"，此后直到 1988 年 1 月蒋经国去世，台湾始终处于蒋氏父子的专制统治之下。在这种体制之下，蒋介石作为"中华民国""总统"和国民党总裁，实际上就成了"党国"的象征，拥护蒋介石，就等于拥护"党国"。再者，蒋介石在去台以后，为巩固自己的独裁统治，始终在文化上施行高压政策，压制异己，"警总"权力极大，文人动辄得咎，而通过文字向"总统"输诚，自然是最安全，也最能表示忠心的一种方法。所以 90 年代以前的台湾地区《大公报》回忆录，除了强烈的反共倾向外，还同时体现出了强烈的拥蒋情绪，这主要表现在以下两点。

（1）高度评价张季鸾及其主持的《大公报》

张季鸾作为《大公报》的第一任主笔，在近代中国的新闻界享有极高的声誉，而《大公报》在中国新闻史上的地位更自不待言，故对他有较高评价，本属正常。但这一时期回忆录的作者褒扬张的原因，却并非如此简单。他们虽然也从其品德、文章、新闻工作成就等方面对张进行了褒扬，但他们最关注的，却是张蒋的关系以及张对蒋的支持等问题。如：

> 他（张季鸾）加入过同盟会，可是后来一直没有党籍，但他一生拥护国民政府和蒋委员长，他对当时现状虽有批评，甚至不无严峻之辞，但在精神上却是始终是站在蒋委员长一边，他不是国民党党员，而是国民党的一个诤友。①

又如：

> 张炽章是民国史上最能代表民意最能宣达民族意志的一位报人。自民国元年起献身于报业，即以养成独立的舆论为己任。两度入狱，其志益坚。民国十五年与胡霖（政之）等接办天津大公报，更努力迈向这一目标。他所撰写的评论，不仅深入社会各阶层，且渗透政治里面，蒋委员长亦尊之为诤友。树立报人人格，创造新闻道德，更是

---

① 胡健中：《我对张季鸾先生的观感》，《传记文学》1977 年第 6 期。

张三十年平凡有恒的努力，对国家社会所作的重大贡献。①

这种视张及其主持时期的《大公报》为"党国诤友"的态度，乃是这一时期回忆录作者们对其进行评价的基点。以此为出发点，他们对于历史上张及《大公报》的拥蒋表现，以及二人之间的关系等问题，进行了大量生动的记述，如胡健中②在谈到蒋张关系时云：

> 众所周知，总统蒋公礼贤下士，对党外的新闻记者如陈景韩（冷血）和张季鸾尤为推重。蒋公常约季鸾先生便餐，面对面谈谈，季鸾先生回去后就写文章，除在字里行间透露一些消息外，并对政府有所主张。那些主张有的自属出之于季鸾先生的创见，有些则是蒋公借张氏之笔，微露政府行将采取重要措施之端倪，借以探测民意，或为重大政策铺路。③

而杨尔瑛④则更是认为，《大公报》和张季鸾取得如此成就的根本原因，就在于跟紧了蒋政府：

> 刚才大家分析"大公报"所以取得特出的成就，是由于政情很灵通，立论很正确。归纳起来，是什么原因呢？我觉得季鸾先生把握了两样东西，一是要求社会的民主与法治，一是要求国家的独立和统一，所以他在民主的立场，站到中央政府和蒋委员长这一边，他判断中国的政治前途，一是求中国之独立，另一是求国家之统一。所以他

---

① 吴相湘：《张季鸾先生》，载传记文学社编《传记文学》1964年9月。吴相湘，著名历史学家，1912年生于湖南常德，1949年后去台。

② 胡健中，浙江杭州人，1902年生，复旦大学毕业，曾任国民党浙江省党部秘书，1931年当选国民会议浙江省代表，1934年任杭州民国日报社社长，1937年创办《东南日报》任社长，1944年任重庆中央日报社社长兼评论部主任，1949年去台。据刘国铭主编《中国国民党百年人物全书》"胡健中"条，团结出版社2005年版，第1732—1733页。

③ 胡健中：《我对张季鸾先生的观感》，《传记文学》1977年第6期。

④ 杨尔瑛，陕西榆林人，1909年生，曾任哈尔滨东省特别区教育厅俄文督学，"九·一八"后回陕从事党团工作，1944年3月任山西省政府委员，1946年9月任三青团中央干事会干事兼陕西支团干事长，并任《建国日报》发行人，1949年去台。据刘国铭主编《中国国民党百年人物全书》"杨尔瑛"条，团结出版社2005年版，第968页。

的言论能够在社会上领导群伦，影响社会，我觉得季鸾先生的思想能够把握这两个宗旨，是一个关键原因。①

王学曾则颇为生动地记述了蒋张交往中的一件逸事，以此说明蒋的"礼贤下士"和对张的敬重：

> 有一次我们去看他（张季鸾），他说：每星期五蒋先生都派滑杆（两人抬的简单的轿子）接他上山吃晚饭，谈战局和国际问题，他每次带烟都忘记带火柴，他掏出烟来，蒋夫人忙着替他找火柴，足见蒋先总统和夫人对张先生的敬重。②

1936年12月，西安事变爆发。18日，《大公报》发表张撰写的著名社评——《给西安军界的公开信》，对事变解决起了很大作用，此事乃是张及《大公报》历史上拥蒋的最得力之作，于是更是得到了大书特书，如：

> 双十二西安事变时，我尚在东京，日文报纸逐日以头条刊载，留日学生无不忧形于色，惶惶无以为计，及至看到大公报社评季鸾先生所写"西安事变之善后"、"再论西安事变"，尤其"给西安军界的公开信"，剖析利害，晓以大义，语出至诚，入情入理，张杨祸首，决不能丝毫无动于衷，后来蒋公果安然回京，我想季鸾先生这封信，无可否认有其相当影响力的。像东汉陈琳为曹操草檄，可愈其头风，唐骆宾王为徐敬业草檄，可使武则天矍然震惊，文人健笔，有时胜于百万雄师，史书不乏其例。③

而朱民威对此事的评述，则更近乎谀辞：

---

① 杨尔瑛：《季鸾先生的思想与轶事》，《传记文学》1977年第6期。
② 王学曾：《忆报人张季鸾先生》，《传记文学》1983年第7期。
③ 沈云龙：《从书生论政谈到报纸的企业经营》，《传记文学》1977年第6期。沈云龙，1910年生于江苏东台，日本明治大学、日本新闻学院毕业，1937年任《国论》月刊编辑，1949年去台。据刘国铭主编《中国国民党百年人物全书》"沈云龙"条，团结出版社2005年版，第712页。

先总统对张季鸾先生的直接接触，那真是世界各大国元首和新闻界重要人物直接关系绝无仅有的一例。罗斯福不曾如此，丘吉尔也未有这一位新闻界好友可和他在重要关头，谈谈心中话。……就是这位一袭长衫的社论圣手，在民二十五年十二月西安事变时，写的几篇社论直斥张学良应早日悔过，送千年难逢的国家元首还京，以结束所谓"兵谏"。刊载季鸾先生那几天社论的大公报，是由南京派飞机空投到西安，对西安事变之化乖戾为祥和，是一因素。蒋先生当然会细读这几篇季鸾先生手笔的社论，而铭心感赞：北方竟有这样勇智的国士。①

总之，这些回忆录的作者，对张季鸾及其主持下的《大公报》均给予了很高的评价，而这种褒扬，则是以张的坚决拥蒋为核心的，可以这样说，正是因为张及其主持下的《大公报》对蒋政府的不遗余力的支持，才使得他在这些回忆录作者那里得到了如此高的评价。

（2）盛赞《大公报》的"四不主义"和"文人论政"

这些回忆录的作者们除了对张季鸾有极高的评价外，还对《大公报》所揭标的"四不主义"和"文人论政"予以盛赞，并以此为据，将《大公报》视为"无党无派，公正无私"的典型代表，如杨尔瑛便认为：

大家都知道，吴达诠、胡政之和张季鸾三位先生的结合是"大公报"的基础。吴先生在政治上是有大抱负的人……他说："政治资本有三个法宝，第一是银行，二是报纸，三是学校，缺一不可。"……他一语道破了政治上的诀窍。而"大公报"的"四不"主张，就是"大公报"能够成功开花结果的基础。②

沈云龙则更进一步认为：

但季鸾先生接办"大公报"之初，深感于中国独立的舆论之亟待养成，即首揭"不党、不卖、不私、不盲"，为自守自励之最小限

---

① 朱民威：《张季鸾先生与先总统蒋公的关系》，《传记文学》1987年第4期。
② 杨尔瑛：《季鸾先生的思想与轶事》，《传记文学》1977年第6期。

度，是其本人已完全摆脱政治党派关系，纯取超然立场，其对"党外无党，党内无派"之说，则又未尝苟同，而于坚持"民治"反对"党治"的政治集团，转寄予同情，多方勖勉。……其对在野党人的期许，和渴望巩固团结的殷切，冀能发挥真正政党政治的功能，纳民主政制于正轨，确乎保持公正无私、不党不盲的立场，这是季鸾先生眼光深远见解独到的地方，值得我们新闻界向他效法。①

　　总而言之，"四不主义"和"文人论政"受到了这些回忆录作者们一致的推崇，而笔者以为，这种推崇也是与他们强烈的拥蒋情绪密切相关的。因为在他们看来，既然《大公报》是"无党无派、公正无私"的民间报纸，是"纯以公民立场，代表民众讲话"的典范，那么如果这样一张报纸都坚定地拥护蒋委员长及其领导的国民党和国民政府，也就自然意味着蒋政府也是真正代表国民利益的，从而也就从一个侧面证明了蒋政府统治的合法性以及"共匪窃国"的非法。

　　应当说，《大公报》所揭标的"四不主义"和"文人论政"，在当时中国的新闻界，确实有一定的进步意义，而在它24年的历史上，其主持人也确实在很大程度上努力实践着这些诺言，但从实际情况来看，该报及其主持人与当时的国民政府特别是蒋本人的关系非常密切，特别是在《大公报》言论倾向问题上，蒋对该报主持人屡有指示，而这些指示大多也都得到了积极的回应，在该报后期，政府还在许多特殊资源上对其特别关照，所以笔者以为，该报与蒋政府之间的关系，其实绝非这些作者们所说的那样简单，而该报的实际情况，也绝非他们所说的那样"独立"（对于这一问题后文将有详细分析）。这种在强烈的拥蒋情绪作用下所作的回忆，其客观性很值得怀疑。特别是个别作者为了说明《大公报》的"公正、独立"，甚至不惜歪曲事实，如刘光炎在记载"七·七事变"后《大公报》的经历时便云：

　　　　在七七抗战前夕，共产党到处鼓动学潮，要求抗日，但是敌强我弱，政府要争取时间，先安内而后攘外。话虽如此，谁敢说这句话？……在那种民气激昂的情绪之下，若有人主张延缓抗日，准定挨

①　沈云龙：《从书生论政谈到报纸的企业经营》，《传记文学》1977年第6期。

揍。只有"大公报"却主张先安内后攘外，学生就不打，在那学运弥漫，暴力事件迭次发生的情况下，能使学生不打报馆，那是多大的力量！证明"大公报"得到广大民众的爱戴，民众知道"大公报"是不说假话的。"大公报"之所以能如此，季鸾先生"四不"的主张很有关系，老百姓相信"大公报"，成为一种无形的力量，所以学生对"大公报"不敢妄动。①

事实上，"九·一八事变"之后，《大公报》因其"明耻教战"的宣传，已引起了社会的极大不满，所谓"学生不打报馆"或许是事实，但《大公报》绝不是没有被学生攻击过。胡政之在《回首一十七年》中便记载了有东北学生在报馆后门抛掷炸弹一事，可见当时《大公报》并没能在举国上下要求抗日，反对"缓抗"的怒潮中独善其身。对于这一事件，刘自然不可能不知道，但是却做此表述，自然是政治倾向性作祟。

（3）忽视胡政之

纵观这些回忆录，一个很有意思的现象是，作为《大公报》创始"三驾马车"之一的胡政之却很少被提及。在所有61篇（本）中，以胡政之为题的仅有文、书各一，分别是《大公报三巨头之一胡霖》（郑仁佳，1989）和《胡政之与大公报》（陈纪滢，1974），其他文章中涉及胡的，也只有《季鸾先生逝世后的大公报》（陈纪滢，1978），其余文章或书籍则要么对胡只字不提，要么只是一带而过，这不仅与张季鸾形成了鲜明的对照，甚至较之王芸生等尚有所不及，与胡在《大公报》的地位极不相称，不能不说是一个很值得研究的现象。

笔者以为，出现这种现象的原因，首先在于这些回忆录作者对胡的认识。与他们普遍认为张是在言论上"领导群伦"的"社论圣手"不同，这些回忆录的作者们对胡的看法，则大多认为他是一个出色的经理人才，如陈纪滢云：

> 惟有胡氏，毕生尽瘁于新闻事业，从未旁骛。他于民国十五年九月一日与张季鸾、吴达诠两位先生接办天津大公报以后，以科学管理、现代经营，把一个报馆歇业已久、营业不振、规模甚小、籍籍无

---

① 陈纪滢：《胡政之与大公报》，掌故月刊社1974年版，第16页。

名的新闻机构，于数年之内，便跻于全国报业之林，销行之广，影响之大，实属空前。……在全国报业中，转徙之勤，开辟之多，即是唯一，也是独见。①

由此可见，在陈看来，胡对于《大公报》的贡献，主要是在于"科学管理、现代经营"，而真正"影响了中国重要的时期，使大公报的地位抬高"的，则是"季鸾先生的如椽大笔"。虽然他也认为"大公报的所以成功……完全靠他（张季鸾），也不尽然"，"胡氏写作能力之强，绝对与张相颉颃"，但胡的作用，仍然主要是"擘画经营，使报纸销行全国"②。所以，相对于张来说，胡对于《大公报》的贡献以及对于当时中国社会的影响力，还是要差一些，这也是当时这些回忆录作者们的一个共识。

在这些回忆录中谈到胡政之的内容中，成舍我有一段记载颇堪玩味：1932 年，《大公报》购置新型轮转印刷机后，拟将原有旧机器转让，胡乃就商于成，要价一万银元，于是成数次赴津商谈价格。"虽然谈判对象是政之先生，但多半时间，季鸾先生也在座，而议价结果，由一万银元减到八千银元，这两千元的减让，季鸾先生帮忙很大。季鸾先生还笑着说，大公报是靠这部机器起家的，盼望你今后，更能报运昌隆。……这部机器是德国名厂出品，新的价格（当然比旧的已有许多改良进步）当时最少约须五万银元。由于使用时间已在十年以上（大公报购入时已是旧品），过去大公报曾经常发生故障。我是一向欢喜收买破铜烂铁的，由于我的办报，多是匹马单枪，无本起家，一切不能不精打细算。……此次大公报旧机运到以后，经过彻底整修，效能与新机已相差不远……先后约二十余年，故障很少。"③

从成的记述中，我们不难发现他对张帮忙砍价的感谢之情和对胡将一部"购入时已是旧品""使用十年以上"且"经常发生故障"的"破铜烂铁"售得高价的"生意精"的不满。众所周知，成在中国新闻史上是以"吝啬"著名的，而就连成也对胡有此观感，则时人对胡的印象，更

---

① 陈纪滢：《胡政之与大公报》，掌故月刊社 1974 年版，第 16 页。
② 同上书，第 12—13 页。
③ 成舍我：《我所接触的季鸾先生》，《传记文学》1977 年第 6 期。

是不言而喻。所以在台湾地区《大公报》的回忆录中，凡涉及胡的部分，大多仅提到他在经营管理方面的成绩，比如打通编经二部、放手使用人才等，而这些贡献，较之张的"如椽巨笔"，显然大有不及，这应当是胡被忽视的第一个原因。

除了"生意精"之外，胡被忽视的更重要的原因，则应当是他与蒋的关系问题。胡较之张更像一个纯粹的生意人，他与蒋虽也有接触，但远不如蒋张关系之密切，蒋胡间的关系，一直是若即若离的。自1947年下半年起，《大公报》言论倾向出现明显变化，对蒋渐渐失望，与"政府"龃龉渐多，许多文章虽由王芸生等人所写，但胡不可能不知情，以他当时在报馆的地位，若无他的支持或默许，想来这些文章也不太可能见报。特别是1948年以后，胡看出蒋政府摇摇欲坠、大厦将倾，曾面见美驻华大使司徒雷登，言其代表上海教育文化界、银行界及商界"六十余人""拟请蒋主席下野，以六个月为期，在此期间政府由张岳军负责支撑，未识大使意见如何"①，蒋对此大为光火，怒斥胡"本阴险之政客，却不料其卑劣无耻至此，是诚媚外成性，不知国家为何物"②。以此推断，蒋对胡的评价，想来不会太好，而在当时普遍的拥蒋情绪的作用下，胡的被忽视，也自然不难理解了。

（4）曹谷冰、徐盈、彭子冈等人评价为正面

一个很有意思的现象是，虽然这些回忆录的作者们对王芸生、范长江等人的"投共"行为进行了口诛笔伐，但对与《大公报》"投共"亦有很大关系的曹谷冰以及比范长江更早入党的徐盈和彭子冈，却表现出了截然不同的态度。

曹谷冰于1948年5月起任《大公报》沪馆代总经理，在总经理胡政之身染重病、无法理事的情况下，实际上负责起了报馆的经营工作，可谓与王芸生同掌《大公报》帅印，对于该报的"投共"，曹应当也起了很大作用。而曹更于1962年与王合写《1926至1949的旧大公报》一文，对"旧大公报"和吴、胡、张三人大加批判，按理说应当被当作王芸生"出

---

① 《毛人凤致蒋介石电》，1948年1月14日，台北"国史馆"藏蒋介石档案，档案号：002—080102—00038—011。

② 《事略稿本》，1948年1月4日，台北"国史馆"藏蒋介石档案，档案号：002—060100—00233—004。

卖"《大公报》的"帮凶"才是，但是这些回忆录的作者们却并没有这样
做，反而给予了他相当正面的评价，如：

> 当时（重庆时期）还有一位曹谷冰先生，他更是无名英雄，他
> 资格老，学问好，但（单）管经理。大公报有一个优良传统，经编
> 合一，谁资格老听谁的话。曹谷冰兄因此常到编辑部看标题和社论，
> 有不妥的地方，提笔就改，所以大公报那时态度很好，从不走板。曹
> 谷冰兄的党性极强，记得朱骝先先生曾委托笔者负责报界党团组织，
> 其中委员，预定有谷冰兄，笔者通知他以后，每会必到，始终虔恭其
> 事，其丰（风）度真使人怀念。①

刘光炎此文，作于 1952 年，此时"反共文艺体制"虽尚未正式确
立，但以其曾任国民党中央宣传部宣传委员的身份，想来不会对"共匪"
有何好感。《大公报》素以"不党"相标榜，也一直以社内人员特别是重
要干部从未加入任何党派而自豪，但陈纪滢曾经言及"谷冰、诚夫、君
远且都有国民党籍"②，而刘文中对曹亦以"党性极强"相赞，但笔者曾
在"国史馆"查阅曹谷冰材料，却不见任何曹曾经加入国民党的记载。
笔者以为，造成这种现象的原因，首先应当是由于曹、王二人各自的性格
所致。比较而言，曹谷冰性格相对温和，属于绵里藏针；而王芸生则性格
孤傲，属于锋芒毕露③，王、曹两人这种性格上的差异，应当是造成这些
回忆录作者对二人不同评价的重要原因。

无独有偶，陈纪滢对徐盈、子冈二人的评价，也是相当正面。如陈对
徐盈评价云：

> 在抗战八年中，我还没遇到像徐盈这样肯钻研、肯下功夫、以及
> 有广泛智识的记者，能与他并行当时。……他的个性谦虚，既能容
> 人，又能容物。对于长辈绝对恭顺，而时常怀由诚意地请教；对于平
> 辈绝对和气，从无骄矜之状；对比他年轻的，更是爱护有加，扶持有

---

① 刘光炎：《抗战期大后方新闻界追忆》，《报学》1952 年第 1 期。
② 陈纪滢：《吊大公报》，载陈纪滢《报人张季鸾》，文友出版社 1967 年版，第 49 页。
③ 对于王的性格问题，后文将有详细分析。

力，这是专只新闻界而言。对于外界，他人缘好，甚受人欢迎。他也绝不因为自己是"大公报"记者，露出丝毫特殊之相。由于他作人基本态度好，所以无往不利。①

又评子冈的特写云：

子冈的特写，在抗战期间驰名遐迩，是一特色。因为那种写法新鲜，不平铺直叙，要加重描写，并且还强调内容；写景写意，当事人心理状态、事情发生的背景等等，都用文学笔法、文学用语，加以刻划。所以写出来格外生动，有可读性。②

徐盈、子冈均系 1938 年 8 月在汉口入党的老党员，而陈写作此文时已经是 1980 年，对此事不可能不知情，却对此二人有如此评价，实在颇堪玩味。笔者以为此举原因有三：首先，陈写作此文已是 1980 年，虽然当时海峡两岸关系仍未出现实质性变化，但蒋介石已经去世，金门炮战停止，全国人大《告台湾同胞书》业已发表，两岸关系已经出现缓和的趋向，而这种政治大环境，不可能对台湾文艺创作不产生影响，所以在这一时期论调趋缓，也在情理之中；其次，徐、彭二人与陈私交不错，特别是在渝馆时期，除了工作关系之外，两家人还曾在新丰里同住一楼，日常交往自然不少；最后，二人虽早已入党，但在陈看来，他们对于《大公报》的"沦陷"，并未有过什么"贡献"，而他对二人的工作能力及人品也颇多赞许。有此三点原因，陈对二人有这种评价，也是情理之中。

（5）反思了国民党新闻政策

1949 年国民党政府败退台湾，到台之初，朝野间从上到下普遍展开了反思，检讨自己为何会在占尽优势的情况下如此之快地失掉政权，而这种反思也体现在《大公报》回忆录中。在这些回忆录的作者看来，国民党政府在新闻宣传上的失误，使得类似《大公报》和王芸生这种本来忠于"党国"，又在社会上有着巨大影响力的报纸和报人"投共"，乃是导致其失败的一个重要原因，如陈纪滢云：

---

① 陈纪滢：《记徐盈子冈》，《传记文学》1980 年第 11 期。
② 同上。

今天党部有人专司党政关系，在以前没有；过去只听见说共产党争取国民党，很少（注意不是没有之谓）听说国民党争取共产党。政府当局与中国国民党在大陆时代有许多失策，今天已不必讳言；最大失策，恐怕没有如共产党那样之争取"反对派"、"中间份子"与若干"动摇报人"、"专家学者"，不能不说是其中之一。我相信，如果那时当局肯争取曹谷冰，他必能"制服"王芸生，大公报可能移台出版；当局不但不争取他们，反而以"三查"相逼，岂不逼上梁山几希？事已过去，说也无益，不过借此得一教训，可能为处理今后政务之准绳，其然乎？其不然乎？愿邦人君子有以教之！①

当然，国民党政府对新闻宣传的不够重视以及在对《大公报》及王芸生等一些具体问题的处理上的失策之处，确实对于推动《大公报》的转向起了一定的作用，但笔者以为，这显然不是根本原因。造成《大公报》及王、曹等人"转向"的根本原因，乃是他们对国民党政府以及蒋本人的失望乃至绝望。抗战胜利以后，国民党政府官场腐化横行，政治专制独裁，经济民生凋敝，从而迅速民心丧尽。面对这种形势，《大公报》及其主持人是看得很清楚的，也是有自己的判断的。所以《大公报》由最初的坚决支持"国家中心"，到力劝国府"勿失尽人心"，再到认为"和平无望"，最终发表"新生宣言"。自1948年起，《大公报》开始积极鼓吹"自由主义道路"，希望在国共双方之外找到"第三条道路"，但是在两级决斗的大背景下，仅靠一批无权、无枪的知识分子是不可能实现所谓"第三条道路"的。如此《大公报》和王芸生就面临着选边站的问题。而在当时的情况下，国民党政权日薄西山、大势已去；而共产党政权则是蒸蒸日上、欣欣向荣。面对这样的情况，王及《大公报》做出的选择，不过是任何一个明眼人都会做出的自然选择而已。从历史上来看，王芸生主持笔政之后，国民党政府对《大公报》不仅不是"不争取"，反而给予了比张季鸾时期更多的物资援助（详析见后文），而王却仍然坚定地弃之而去，所以王及《大公报》的转向，乃是由于蒋政府独裁专制的本质所致，这绝不能简单地以"没有如共产党那样之争取'反对派'、'中间份

---

① 陈纪滢：《记王芸生（下）》，《传记文学》1980年第10期。

子'与若干'动摇报人'、'专家学者'"一言以蔽之。

（四）"解严"后台湾地区《大公报》回忆录特点

"文化大革命"后，大陆对台政策发生了根本转变。1979 年元旦，金门炮击停止；1982 年，邓小平同志首次提出"一国两制"解决台湾问题的概念，"和平统一、一国两制"成了大陆对台基本方针政策。面对这种转变，台湾蒋经国当局虽然仍坚持"不接触、不谈判、不妥协"的"三不政策"，强调"三民主义统一中国"目标决不改变，但海峡两岸关系毕竟开始走向缓和，1987 年 10 月，台湾当局终于同意有限度开放台湾居民到大陆探亲，这标志着两岸长期隔绝的局面被正式打破。自此后两岸官方和民间的交流日益频繁，相互了解逐渐加深，这也导致这一时期台湾地区的《大公报》回忆录意识形态化的趋势有所减弱，并且出现了颇可玩味的转向。

如果说之前的回忆录中意识形态色彩的表现是拥蒋反共的话，那么这一时期的表现则是对大陆地区自 50 年代中期以来包括"反右""文化大革命"等一系列政治运动的反思。众所周知，反右倾运动的严重扩大化和"文化大革命"对大陆地区的知识分子造成了极大的冲击，《大公报》及其主要干部因其与新政权在历史上的种种恩怨纠葛，在一系列运动中更是首当其冲，几无遗类，包括王芸生、徐铸成等在内的几乎所有老报人均被"打倒"，遭到批判。"文革"后，随着政治空气的逐渐转向，大陆地区逐渐开始了对"文革"错误的反思，但是由于客观条件的原因，这种反思在很多地方受到了相当的限制，而台湾地区则可以抛却这种顾忌，所以在言论上也更为开放。这一时期的台湾地区《大公报》回忆录的意识形态色彩，主要表现在对于王芸生、徐铸成、萧乾等老报人在新中国成立后一系列政治运动中的遭遇的评价上，对于他们在新中国成立后的际遇，这些回忆录的作者大多表示了深深的同情，如文洁若在《萧乾与大公报》中写道：

> 比起杨刚、范长江、刘克林来，萧乾能在改革开放后活上二十年，写了二十载，是天大的幸运。一九五七年十月七日，杨刚在北京家中自杀身亡。一九七〇年十二月二十三日，范长江在河南确山干校自杀身亡。孟秋江于一九六六年"文革"方起的"红八月"，突然跳楼自杀。而这三位都被公认为《大公报》的"左派记者"。①

---

① 文洁若：《萧乾与大公报》，《传记文学》2005 年第 4 期。

笔者认为，这种转向，首先当然是这些作者对于新中国成立以来一系列政治运动错误的反思所致。但是更为关键的，则是由于台湾地区固有的"反共"心态的影响。如前所述，长期以来，台湾当局以"反共复国"为号召，将大陆治下的方方面面形容得"暗无天日"，然而 90 年代之后，随着两岸交流的逐渐增多，大陆地区的许多情况开始真实地呈现在台湾人民面前，原有的所谓"暗无天日"说自然不攻自破，但是长时间以来形成的反共心态却是很难消除的。在这种情况下，台湾当局开始转而批评大陆地区政治独裁、缺乏民主、言论统制等问题，并试图以"解禁"特别是"普选"后的台湾社会作为"民主样板"来反衬大陆。在这方面，朱传誉的这番表述，最具代表性：

> 后期作为自由主义代言人的《大公报》，它的停刊是王芸生和大公报人心中的痛，但在中共领导人的心目中，《大公报》不只是毒草，而且是共产社会的毒树。《大公报》改为《进步日报》时，毛、周就已决定"在揭发批判大公报的基础上，以全社职工同仁名义发表宣言，代发刊词，公诸社会，借以肃清大公报在广大读者中的思想影响"。只要人性不泯，自由思想都会成长、苗壮，《大公报》在大陆也会阴魂不散。①

笔者以为，对于 90 年代以后台湾地区的《大公报》回忆录，也应当审慎地加以分析辨别。这些作者的文字，固然提供了许多史料，其评述也有相当的价值，但是首先，对于大陆地区的作者来说，他们大多都是事件的直接或间接当事人，他们对于事件过程的记述，不可避免地会带有相当的主观色彩，对于事件的评价也自然会带有强烈的本位主义。一个最为明显的例子就是，这些作者大多对新中国成立以来王芸生等人在历次政治运动中受到的迫害等问题着墨甚多，而对这些运动发动和王等被批判的原因等关键问题，则要么不置一词，要么一带而过，而这些时代大背景的问题，对于台湾地区的读者来说，是相当陌生的，而离开了这些背景，孤立

---

① 朱传誉：《大公报阴魂不散，王芸生死不瞑目》，《传记文学》1998 年第 7 期。着重号系笔者所加。

地看待王等人在政治运动中的境遇，则是不完整的。其次，如前所述，对于大陆地区以外的作者来说，长期的反共思维仍然在很大程度上左右着他们的价值取向，所以他们的评价和结论，也很难说得上完全客观。总之，对于他们的记述和评论，既要给予足够的重视，却也不能不问青红皂白地一概接受，而是应当综合各方面的材料，审慎地加以辨析，才能使其为《大公报》的研究所用。

二　1972年之前的台湾地区《大公报》研究

台湾地区对《大公报》的研究工作，以笔者目力所及，始于1966年，这一年曾虚白先生出版了他的皇皇巨著——《中国新闻史》，自此，《大公报》及其主要人物开始进入台湾新闻学界的研究视野。由于这段时期台湾地区新闻学教育与研究工作尚未普遍开展，专业期刊也很少①，所以这一时期的《大公报》研究成果，仅有1篇论文（皇甫河旺：《张季鸾之生平及其影响》，《新闻学研究》1968年5月）及1本专著（曾虚白：《中国新闻史》，1966年4月），但由于《新闻学研究》的地位及《中国新闻史》的编写特点②，笔者认为，它们仍能代表这一时期台湾学者的普遍态度。如前所述，自50年代初起，"反共文艺体制"便统摄了台湾地区的一切思想及文艺工作，新闻史研究自然也难独善其身。所以，这一时期台湾的《大公报》研究一直遵循以"反共建国"为核心的价值取向，"反共抗俄""拥护领袖"成了这一时期台湾《大公报》研究的主要特征。

（一）重视《大公报》远在同时期其他报之上

通过与同时期其他重要报纸的比对，我们不难发现，《大公报》成了台湾学者研究中国近代新闻史的重心。以曾虚白《中国新闻史》中的词条索引数量为例，有关《大公报》的词条共计16条（含英敛之时期、王

---

①　从1951年到1971年，台湾地区仅有政治作战学校、政治大学、台湾师范大学、中国文化大学及辅仁大学5所高校具有新闻学本科专业，而只有政治大学新闻研究所具有硕士生招生资格；新闻学专业刊物也只有《新闻学研究》及《报学》两本。据中国新闻学会编《中华民国新闻年鉴》，中国新闻学会1991年版，第301—363页相关内容。

②　该书自成书之日起多年来一直作为台湾各大学中国新闻史教科书，并不断再版，该书采取各人分章撰写，最后由曾虚白统一编订的方式写作而成，所以各个不同章节内容，从某种意义上来说可以被看作作者学术思想的体现。无论是主编曾虚白，还是各章作者如阎沁恒、陈圣士、李瞻、朱传誉等，都是当时及以后很长时间里台湾新闻学界的著名学者，所以此书可说是当时台湾中国新闻史研究的集大成之作。

郅隆时期各一条），远远超过同时期的其他重要报纸如《时事新报》（10条）、《文汇报》（6条）、《新民报》（5条），而仅比《中央日报》（17条）、《申报》（18条）略少，而如果将时间范围限定在新记《大公报》时期的1926—1949年，则《大公报》的词条数量便超过所有报纸，如果加上其主要人员如张季鸾、胡政之、王芸生等的相关词条内容，则更是远在其他报纸之上。

通过更进一步的分析，笔者以为，这一时期台湾新闻学界对《大公报》的评价，主要有以下三个特点。

第一，认为《大公报》是"无党无派""大公无私"的民营报纸，并对其所揭标的"四不主义"给予高度评价。如朱传誉①在谈到该报在抗战时期的贡献时认为：

> 从北伐到抗战，拥护国策、为宣传国策而努力的报纸很多，其中以"中央日报"和"大公报"贡献最大。"中央日报"是国民党党报，它为政府发言，即使意见很正确，影响力却很有限，尤其是对日政策，得不到一般人的谅解；"大公报"是一个纯粹的民营报纸，尤其是它过去在言论方面的贡献，已经给国人很深的印象，它的意见自然容易受到重视。②

皇甫河旺③也认为：

> 大公报既立此四项公开誓约（即"四不主义"），又表明其办报方针，从复刊之日即战战兢兢地实行遵守，真正做到了"贫贱不能移、富贵不能淫、威武不能屈"。④

---

① 此部分为《中国新闻史》第九章"抗战时的报业"中内容，此章为朱传誉所撰。

② 曾虚白主编：《中国新闻史》，商务印书馆1966年版，第406页。

③ 皇甫河旺，毕业于政治大学新闻研究所，获硕士学位，1967—1974年任台北的《中央日报》记者，1974—1977年任台北《综合月刊》主编，后投身新闻教育工作，历任香港中文大学新闻传播系教师、辅仁大学大众传播系及大众传播研究所主任、世新大学教务长兼新闻系教授等职，现任香港珠海学院新闻系主任。

④ 皇甫河旺：《张季鸾之生平及其影响》，《新闻学研究》1968年第5期。

第二，认为《大公报》的成功之处在于言论与经营的结合，是近代中国报界企业与政论合流的典范。如曾虚白认为：

> 大公报在天津创造了企业与政论合流的典型。……三人创办时曾作协议，吴负责基金，张主持笔政，胡担当业务，但在事实上，三位一体，遇事协商决定，充分表现了企业与政论合流的精神。……张季鸾始终坚守大公报的岗位，可说是鞠躬尽瘁，其企业精神足为报人的表率。同时，大公报的社训是"不党、不私、不卖、不盲"，他们以此为原则，积极发挥大公无私的精神而博得了广大读者的拥护，而其政论精神更足为报人的楷模。大公报的成功，奠定了中国报界企业与政论合流的信心。[1]

张玉法[2]也认为：

> 在名义上，吴氏为董事长兼社长，张氏为总编辑，胡氏为总经理。事实上，他们三位一体，和衷共济，使大公报的组织日益完善，业务日益进展。大公报最大的特征是言论稳健，具影响力。……该报的社训是"不党、不卖、不私、不盲"，言论大公无私，深获读者同情。[3]

第三，对《大公报》"失身投共"的惋惜。对于《大公报》最后倒向共产党阵营，这一时期的研究者无不深表痛惜，并且无一例外地将责任归咎到"王芸生等野心份子"头上。如常崇宝[4]认为：

> （抗战胜利后，《大公报》）在全国四版同时发刊，影响力颇大，尤以对一般智识分子为然。其立场最初尚称公允，后来主持大权落入野心者王芸生手中，言论立场日渐左倾。卅七、八年间，其主持人胡

---

① 曾虚白主编：《中国新闻史》，商务印书馆1966年版，第15页。
② 此部分为《中国新闻史》第八章《从"北伐"到"抗战"的报业》中内容，此章为张玉法所撰。
③ 曾虚白主编：《中国新闻史》，商务印书馆1966年版，第373页。
④ 此部分为《中国新闻史》第十章"抗战胜利后的报业"中内容，此章为常崇宝所撰。

霖卧病，共党渗透深入报社上下中层，具有灿烂光辉历史的"大公报"，逐渐沦为没有灵魂的应声虫。①

朱传誉亦云：

> 张氏去世后，吴鼎昌、胡霖也于胜利后相继去世，"大公报"失去了两个主力，名存实亡，终因共党渗透而变质。这是"大公报"的悲哀，也是中国新闻史上的一个沉痛记录。②

（二）张季鸾成为研究中心

与回忆录部分一样，在对《大公报》的研究中，张季鸾也成了学者们研究的中心问题。全部三篇论文均以张为主题，而在各新闻史专著中，张也占据了非常重要的地位。仍然以曾虚白《中国新闻史》中的词条索引数量为例，有关张的词条索引数量在所有该书所列人名中位列第8（表1—5），大大超过与他同时期的史量才、汪伯奇、陈铭德等报人，而考虑到张的报纸活动时间要少于位列他之前的叶楚伧、成舍我、程沧波等人的事实，则当时台湾新闻学界对张的重视程度，可见一斑。

表1—5　　　曾虚白《中国新闻史》中主要人物人名索引数量　　（单位：条）

人名	索引数	人名	索引数	人名	索引数
孙中山	14	董显光	13	叶楚伧	13
马星野	12	梁启超	11	程沧波	11
成舍我	11	张季鸾	10	胡政之	9
张竹平	7	王芸生	7	史量才	6
汪伯奇	4	陈铭德	3		

通过更进一步的分析，笔者以为，这一时期台湾新闻学界对张季鸾的评价，主要有以下两个特点。

---

① 曾虚白主编：《中国新闻史》，商务印书馆1966年版，第466页。
② 同上书，第421页。

第一，热烈赞颂张的"文人论政""文章报国"，并且认为张是《大公报》的核心。

如朱传誉认为：

> 张氏是"大公报"的支柱，最初该报的三个创办人相约三年内不兼其他职务。三年期满，吴达诠、胡霖二人各在政治金融上另求发展。只有张氏仍专心办报。他办事上的"诚"打定了该报业务行政的基础；他公忠国家的至诚，得到广大读者的支持，打定了该报的政治基础。①

皇甫河旺亦云：

> 季鸾先生始终本独立报人之操守，以尽文人报国之责。《大公报》的诸方面成就固然赖于全体同人的努力，然而自始掌舵历险，代表《大公报》在社论中因忧国忧民而呐喊的，实由季鸾先生亲自领导。当然，吴、胡、张三人通力合作，也是《大公报》成功的因素。②

第二，高度评价张的"报恩思想"以及他对"领袖"的热爱，对"共匪"的痛恨。

如皇甫河旺云：

> 季鸾先生由报恩为出发点的爱国思想，在国难当前，时局紊乱之时，充分地表现出来……他痛恨破坏国家统一的特殊势力，不低于侵犯我国独立自由的侵略力量；痛恨蛊惑青年蹂躏科学教育的共产党，不下于卖国求荣的汉奸。他虽然绝意仕途，只一度参加同盟会以后就不党，但是他十分同情革命及统一的进展，竭力拥护政府与领袖。③

---

① 曾虚白主编：《中国新闻史》，商务印书馆 1966 年版，第 420—421 页。
② 皇甫河旺：《张季鸾之生平及其影响》，《新闻学研究》1968 年第 5 期。
③ 同上。

　　纵观这一时期台湾地区的《大公报》研究，笔者以为，这些研究者们普遍致力于塑造《大公报》和张季鸾的"独立""公正""无私""爱国""反共"的形象。这种研究倾向很明显是受到了当时的政治环境的影响。国民党政府迁台之初，最迫切的任务之一就是证明自己统治的合法性问题。所以国民党政府一方面在将共产党政权描绘成"毁灭中国文化"的"窃国匪徒"，号召民众进行"反共抗俄"的"圣战"的同时，还需要从历史上证明自己统治的正义性。而从这个意义上来说，张季鸾及其所主持的《大公报》越"独立""无私"，便越能证明蒋政府统治的正义性。因为此二者在历史上对蒋政府的拥护乃是人尽皆知的事实，那么既然如此"大公无私""无党无派"的著名报纸与报人都心心以"拥护党国""拥护领袖"为念，那么"党国"的正义和"领袖"的英明；"野心者"的卑劣和"共匪窃国"的非法，自然也就不言自明。所以对于这一时期的研究者们来说，如何证明张及《大公报》的"独立""公正"，便成了最重要的问题。

　　但是，在强烈的意识形态观主导下的历史研究，必然在很大程度上脱离客观性这一历史研究的基本准则。这一时期台湾地区的《大公报》研究者们，在"反共复国"的大旗下，采用的是根据观点寻找材料的方法，而不是根据材料总结观点。一个非常明显的例子是：对于王芸生主持下的1941—1949年的《大公报》与蒋政府发生的多次龃龉，研究者们大都视而不见，因为一旦提到《拥护修明政治案》，便一定要涉及孔祥熙的贪腐；提到《看重庆，念中原!》便一定要涉及汤恩伯1942年河南大灾时的横征暴敛；提到《黄金案的处理》，便一定要涉及国民党政府在金融上的黑暗与腐败。凡此种种，恐怕很难以"共党渗透"和"野心者篡权"一言以蔽之，而所有这些，对于"党国"和"领袖"的光辉形象，都是大有损害的。虽然对于国民党内严重的派系倾轧和贪污腐化，包括蒋本人在内的"党国"高层全都心知肚明，并且也在去台之初进行了有针对性的整改①，但是在当时的情况下，这些问题却是

---

　　① 比如蒋介石在1950年提出的改造国民党的方针与纲领中包括："排除派系观念""整肃党的纪律""铲除官僚""改变党的作风"；国民党中央制定的《本党改造纲要》中亦明确规定，对旧有党员应予彻底整肃之条件中包括："有贪污渎职之行为者""生活腐化，劣迹显著者""作不正当经营，以取暴利为目的者"，参见张其昀主编《先"总统"蒋公全集·第二册》，中国文化大学出版社1984年版；中国国民党中央改造委员会秘书处编《一年来工作报告》，1951年版。

无法摆到台面上公开讨论的。所以这一时期台湾地区的《大公报》研究，在强烈的意识形态观作用下体现出了明显的主观色彩，以现在的眼光来看，他们的结论大多存在偏颇之处，对于《大公报》和张季鸾的评价，更是颇多过誉，但是他们毕竟开启了一个研究的时代，特别是他们对《大公报》和张季鸾的态度，更是奠定了以后台湾地区相关研究的基调。

三　1972—1988 年的台湾地区《大公报》研究

1972 年对台湾来说是非常特殊的一年。岛外，前一年 10 月，台湾代表被逐出联合国，中华人民共和国恢复了联合国的合法席位；该年 2 月18 日，美国总统尼克松访华，双方于 28 日发表联合公报，美国声明"在台湾海峡两边的所有中国人都认为只有一个中国，台湾是中国的一部分。美国政府对这一立场不提出异议"，并且承诺"确认从台湾撤出全部美国武装力量和军事设施的最终目标"；9 月 25 日，日本首相田中角荣访华，中日复交。而与此同时，日本、联邦德国等世界主要国家纷纷与"中华民国"断交。岛内，85 岁高龄的蒋介石第 5 次当选"中华民国总统"，但此时的实际权力已经掌握在"行政院长"蒋经国手中，台湾政坛开始进入蒋经国时代；经过 60 年代的积累，台湾经济开始起飞，民营经济超过了公营经济，中产阶级大量出现，民众参政意识逐渐增强，国民党的地位受到了越来越多的质疑，民权运动此起彼伏；《联合报》和《中国时报》两大报系垄断地位正式形成，报业商业化程度日益加深；具有欧美留学背景的教师成为台湾地区主要高校新闻传播学教育的主力军①，美国新闻观念对台湾影响日深。凡此种种，都对这一时期台湾地区的《大公报》研究产生了重要影响。

（一）1972—1988 年台湾地区《大公报》研究情况概述

经笔者搜索筛选，得到 1972—1988 年台湾地区《大公报》研究论文6 篇、专著 6 本、硕士学位论文 1 篇（表 1—6）。

---

①　以这一时期台湾具有新闻传播学硕士招生权的四所高校为例，政治大学共有教授/副教授 19 人，其中 17 人曾赴美留学或进修，2 人赴欧；政治作战学校共有教授/副教授 4 人，3 人曾赴美；中国文化大学共有教授/副教授 4 人，2 人曾赴美；辅仁大学共有教授/副教授 7 人，5 人曾赴美，由此足见这一时期美国对台湾新闻学教学研究影响之深。据中国新闻学会编《中华民国新闻年鉴》，中国新闻学会 1991 年版，第 301—363 页相关内容。

表1—6　　　　　　1972—1988 年台湾地区《大公报》研究成果

期刊论文部分

时间	作者	篇名	发表杂志
1972.12	赖光临	张季鸾办报之事功研究	报学
1975.6	赖光临	中国报坛先驱张季鸾	报学
1980.12	秦保民	张季鸾之死与大公报之亡	报学①
1987.1	张若苹	名报人张季鸾	中外杂志
1987.4	李瞻	张季鸾先生传	近代中国
1987.4	秦孝仪	"国民报国"的典型——光明俊伟的张季鸾先生百年诞辰纪念	中央月刊
1976.3	冯爱群	中国新闻史	台湾学生书局②
1981.3	赖光临	七十年中国报业史	台北中央日报社
1983.9	赖光临	中国新闻传播史	台北三民书局③
1984.3	赖光临	新闻史	台北允晨文化有限公司
1986.5	李炳炎	中国新闻史	台北陶氏出版社④
1987.10	赖光临	中国近代报人与报业	台北商务印书馆

学位论文部分

时间	作者	题目	所在学校
1977	程菁	大公报对抗战国策言论态度之研究	中国文化大学新闻组

　　这一时期的台湾地区《大公报》研究，较之以前，成果大为丰富，乃是台湾地区《大公报》研究史上最重要的一个时期。其基本特点有以下两点。

---

　　①　此文经笔者详细比对，系由陈纪滢以笔名将其于 1949 年 9 月 6 日发表于香港《新闻天地》杂志的《吊大公报》一文，略作改动再次发表的，内容几无变化，而此文已在前文中分析过，故此处仅作存录，不再进行分析。

　　②　本书内容经笔者详细比对，在涉及《大公报》内容上，几与曾虚白 1966 年《中国新闻史》无异，仅略有删减，原因不明，故此处仅作存录，不再进行分析。

　　③　本书初版于 1980 年 3 月，笔者使用的是第二版，经比对分析，内容并无太大差异。

　　④　本书内容经笔者详细比对，在涉及《大公报》内容上，几与曾虚白 1966 年《中国新闻史》无异，仅略有删减，原因不明，故此处仅作存录，不再进行分析。

1. 研究对象仍以张季鸾为主

这一时期台湾地区的《大公报》研究者们，仍然延续了前一个时期的研究取向，以张季鸾为主要研究对象，6篇论文皆以张为主题，而在专著中涉及《大公报》的部分，也无一例外地把张作为核心人物。同时，这一时期的研究者们仍然将《大公报》作为那个时期中国报界最重要的报纸，以这一时期新闻史代表著作——赖光临先生的《中国近代报人与报业》为例，该书以时间为序，在每一时期选择一位报人或一份报纸进行评述，其中1926—1941年中国报界仅选张季鸾与《大公报》为代表，赖光临解释这种选择云：

> 民国十五年至卅年期间，为中华民国建国史上一段最艰苦之时日，内忧未已，而外患侵凌，国民苦痛烦闷挣扎奋斗之状，实表现于社会一切方面。大公报于此际发刊，揭标"不党、不私、不卖、不盲"四项原则。主持人一秉爱国志怀与敬业信守，力求表达国民心声，尽报人天职，大公报乃成为领导全国舆论之权威，由之树立文人论政之典范，并对国事产生决定性影响，为中国报业放一异采（彩）。①

赖光临乃是这一时期台湾《大公报》研究界的主将，著述最多，他的选择，可以说代表了这一时期台湾新闻史学界的研究取向。所以，这一时期的张季鸾与《大公报》，仍然是台湾新闻史学界研究的重心之一。

2. 研究者以大陆赴台学者为主

这一时期台湾地区的《大公报》研究者，以大陆赴台学者为主，其中最为典型的代表便是赖光临②。他代表了这一时期台湾地区《大公报》研究者的许多共同特点：他们都是生于大陆，赴台时业已成年（如李瞻先生生于1926年，赴台时23岁），他们成长在战火纷飞、两级决斗的垄

---

①　赖光临：《中国近代报人与报业》，商务印书馆1987年版，自序第2页。

②　赖光临，1927年出生于福建长汀，1949年后赴台入政治大学新闻系学习，1960年6月毕业后留校任教，曾赴美国圣若望大学亚洲研究中心研究，历任政治大学新闻系教授、系主任、广告系首任系主任等职，是70—80年代台湾新闻学界的核心人物之一，主要从事近代中国新闻史的研究工作，所著《中国新闻传播史》一书曾获台湾新闻学界最高奖之一——曾虚白新闻学术奖。

偬岁月,成熟于战后两岸对峙、专制独裁的台湾岛内,又都有过赴美研修的经验(李瞻先生曾赴斯坦福大学及哥伦比亚大学进行研究工作)。青少年时期的强国梦想、中青年时期的党化教育、美国新闻学理论的影响和70年代后岛内要求民权的呼声,都不可避免地影响到了这一批学人的研究取向。所以70—80年代台湾地区《大公报》研究,在他们的推动下,既在一定程度上继承了前人的思路,又有根据当时的时代特点而有所发展的新的特点。

(二) 1972—1988 年台湾地区《大公报》研究特点

1. 意识形态的逐渐弱化

这一时期的台湾地区《大公报》研究成果中,已经很明显地出现了逐渐弱化意识形态色彩的倾向。类似60年代那种动辄以"匪共""奸党"称呼共产党,而对蒋介石冠以"伟大领袖""古今完人"的用词,已经逐渐少见。这当然是由于这一时期台湾地区从整体上逐渐淡化"反共复国"的意识形态宣传所致,也是这一时期民权意识觉醒的结果。一个非常明显的证明是,在60年代的文章及书籍中,凡是提到孙中山及蒋介石的地方,如"国父""蒋公""总统"等,均要空一格以示尊崇,这颇有点古代王朝时期大臣写奏章的意思。而到了70年代,除个别文章之外,大多数作者行文至此均不再空格。又如在60年代的文章中,虽然研究的主体是张季鸾,但是总是要加上一段诸如《大公报》在张先生去世后,"失身投共""为虎作伥"云云的文字,以表达对"匪共"的愤慨;而70年代以后,这种情况也逐渐减少。

当然,这一时期也有部分文章仍然延续了60年代强烈的意识形态色彩,如秦孝仪①即云:"他(张季鸾)对于'中共匪党'的罪恶本质,认识最为透澈(彻)。"② 李瞻亦云:"因为他(张季鸾)受中国传统伦理思想的影响很深,在先天上就反苏俄、反共产。因为共产主义是毁家灭性,

---

① 秦孝仪,1921年生于湖南衡山,早年在中国国民党中央党部任职,去台后曾任"总统府"侍从秘书、国民党中央委员会第四组(即原宣传部)副主任、国民党中央委员会副秘书长、台北"故宫博物院"院长等职,系国民党第九至第十三届中央委员。据刘国铭主编《中国国民党百年人物全书》"秦孝仪"条,团结出版社2005年版,第1882页。

② 秦孝仪:《"国民报国"的典型——光明俊伟的张季鸾先生百年诞辰纪念》,《中央月刊》1987年第4期。

完全背弃中国传统伦理的政治制度。"① 笔者以为，出现这种情况的原因，除了"反共复国"的意识形态宣传教育仍有很大影响之外，更重要的是秦、李二人与国民党的关系问题。李瞻先生赴台前曾在军中任职，到台湾之后也甚为蒋经国所看重；秦孝仪去台后更是曾任"总统府秘书""国民党中央委员会文宣组副组长"、蒋介石文学侍从等诸多要职，且奉命记录了蒋临终前的口授遗嘱。此二人与"党国"的关系之深，远非赖光临所能相比。所以在李、秦二人的文章中，仍然有这种表述，也是很自然的事情。不过纵观这一时期台湾地区的《大公报》研究情况，著述最多、成就最大的，仍然是赖光临，而赖的文章和著作中，意识形态色彩已经非常淡化，所以笔者以为，这种趋势可以被看作这一时期台湾地区《大公报》研究的主流特点之一。

2. 盛赞张季鸾

与 60 年代一样，这一时期的研究者们仍然对张季鸾给予了极高的评价。总的来看，这一时期对张的评价，在很大程度上继承了 60 年代的价值取向，但又由于社会历史条件的变化而有所发展。这一时期学者们对张的赞誉，主要表现在以下几个方面。

（1）张季鸾的舆论地位被推崇备至，并提出所谓"张季鸾精神"

《大公报》和张季鸾在近代中国史上的舆论地位人所共知，这一时期的研究者们，首先延续了 60 年代对这一问题的推崇，并且仍然认为张是《大公报》的核心，如赖光临便认为："大公报是三人合作的一份事业，但张季鸾应更充分的代表大公报。"② 张若苹也认为："古人有谓立德、立功、立言的三不朽，而张季鸾真可当之无愧了。"③ 李瞻更认为："他（张季鸾）不但是中国报人的典范，也应该说是中国现代史上伟大的人物之一。"④

但是，与 60 年代不同的是，这一时期的研究者对张的言论贡献的推崇，已经渐渐脱离了以拥蒋为核心的价值取向，转而以张对国家和民族的贡献为核心。虽然在当时的体制下，他们仍然认为在近代中国史

---

① 李瞻：《张季鸾先生传》，《近代中国》1987 年第 4 期。

② 赖光临：《张季鸾办报之事功研究》，《报学》1972 年第 12 期。

③ 张若苹：《名报人张季鸾》，《中外杂志》1987 年第 1 期。

④ 李瞻：《张季鸾先生传》，《近代中国》1987 年第 4 期。

上，蒋介石、国民党、国民政府乃是三位一体的，而他们代表了中国正确的道路，拥护蒋介石这个"国家中心"，就是拥护国民党和国民政府，也就是代表民众的要求，在这一点上，他们与前人并无太大差别，但是这一时期的研究者们，首先逐渐淡化了意识形态色彩，改变了原来谈到张的言论贡献时必然要突出强调反共的做法；其次则是逐渐淡化了原来过分强化蒋介石个人色彩的做法，代之以"国家"的概念，如秦孝仪云：

> 张先生的文章报国，曾揭标出他显明的立场，就是要报效中华民国。[1]

李瞻也认为：

> 他（张季鸾）景仰创导国民革命的国父孙中山先生，和继承孙先生革命事业的蒋中正先生，为反共、为抗日、为民主政治、为现代社会改革，默默贡献了他的一生。[2]

更重要的是，这一时期的研究者已经突破了 60 年代的一些"禁区"，比如赖光临即云：

> 张氏注重吏治，扫除贪污，以造成廉洁有能的政府。他曾屡次申论，强调中央政府必须表示雷霆万钧的决心，使奸吏知所敛止。[3]

大陆学界对《大公报》和张季鸾屡有"小骂大帮忙"之谓，纵观张主持该报笔政的 15 年间，这种"小处批评、大处帮忙"的做法也确实存在，不过在 60 年代的台湾，《大公报》和张季鸾一直被塑造成一个坚定地支持蒋政府的形象，"帮忙"被大书特书，而"小骂"则被刻意地忽略

---

① 秦孝仪：《"国民报国"的典型——光明俊伟的张季鸾先生百年诞辰纪念》，《中央月刊》1987 年第 4 期。

② 李瞻：《张季鸾先生传》，《近代中国》1987 年第 4 期。

③ 赖光临：《中国近代报人与报业·下》，商务印书馆 1987 年版，第 614 页。

了，因为既然有"骂"，就必然有可骂之处，这就要谈到国民党政府在大陆时期的种种施政失败之处，而这是之前的台湾当局所不愿提及的。70年代的研究者们对张"小骂"的评述，虽然仍然是轻描淡写、一带而过，但是较之以前完全不谈，显然是一种进步。他们对蒋介石个人色彩的淡化，以及重提张对政府的批评，都表现了在70年代台湾社会政治、经济等形势的变化对新闻史研究取向的影响。

在此基础上，赖光临先生提出了"张季鸾精神"的概念。他解释所谓"张季鸾精神"的含义云：

> 张氏一介书生，在十五年办大公报期间，以他的人格与心血，渗透于报纸，为中国文人论政树立典型，并熔铸成"张季鸾精神"——爱国的志怀，高尚的操持，敬业的信守。①

总的来看，所谓"张季鸾精神"，实际上是对"文人论政"的总结和升华，笔者以为，这一时期的研究者之所以较之60年代更为强调这种理念，主要是由于台湾报业的现实情况所致。如前所述，在长期的"报禁"形势下，台湾的报业逐渐在70年代形成了两大报系垄断的格局，商业化程度逐渐加深，新闻理念的追求却被渐渐抛弃，知识分子们所推崇的那种"执七寸管而为天下师"的报人，更是踪迹不见。在这种形势下，出于对现实的不满，研究者们开始呼唤这种"文人论政"精神的回归，如赖光临云：

> 中国知识份子具有一项开明传统，以国事为己任，他们在物质上，寒素窘迫，贫无立锥；在精神上，则意气激扬，富有全人类。故当国势阢陧之际，常凛于自己使命的重大，而主动担起应负的责任。季鸾先生爱国心炽热，显然继承并发扬了这一传统，这也是文人论政的神髓。②

而在《中国近代报人与报业》中，赖更明确指出：

---

① 赖光临：《张季鸾办报之事功研究》，《报学》1972年第12期。
② 同上。

这时代，商业利益高于一切，已浸蚀新闻事业的灵魂，文人论政精神已趋消沉，因而前贤瑰伟的心志与风范，更值得缅怀。①

（2）强调民权和新闻自由

对张季鸾历史上呼吁民权、强调新闻自由的言论和思想的重视，乃是这一时期研究者们区别于前人的一个突出特点。在此方面，着力最多的乃是赖光临先生。在维护民权方面，赖光临认为："对于维护民权，张氏可说是大声疾呼，他依据民主政治的基本观念，解释人民与政府之间是属权利与义务的平衡关系。"②并引述张历史上的《贡献于审查委员会》《望人人牢记约法第八条》等社评，加以评述分析，从而凸显张对保障民权的重视。而对言论自由的呼吁，则更是他所着力论述的一个方面。对于张的新闻自由理念，赖光临认为："张氏崇尚自由主义，肯定言论自由的积极价值，他认为政府奖励言论自由愈早，所灭除社会危机愈多。国家处于紧急时期，有'不得已及必要之理由'，限制言论自由，但应限于最重大的事项，如破坏国体，妨碍国防，扰乱公安秩序的宣传等。'取缔的标准应极狭，开放之范围应极宽。'""他对言论自由，另提出一项重要观念，强调责任。'凡有关国家大事之言论，其本身皆负有严重责任。'言论自由为立宪国民必需之武器，然不知用或滥用，则不能取得。"③

在赖看来，张季鸾对于言论自由的态度，乃是源自西方自由主义思想，又受到中国传统文化的影响，与近代西方兴起不久的社会责任论暗合却又有超出之处：

张季鸾标揭的言论自由，一方面含寓西方自由主义思想，一方面又具有近代社会责任论观念。而社会责任论（Theory of Social Responsibility）着重核查传播事业的作为，强调自由与所连带的责任俱来；报纸在宪法保障下有着一种特权的地位，因此有义务来完成大众传播

---

① 赖光临：《中国近代报人与报业·下》，商务印书馆1987年版，第614页。
② 同上。
③ 赖光临：《七十年中国报业史》，"中央"日报社1981年版，第119页。

的主要功能，以对社会克尽责任。这份观念与张氏的责任观念，在出
发点上则多少有所不同。西方社会责任论倡于廿世纪中叶，针对新闻
事业滥用新闻自由而发，基于权利与义务相对待，因而呼吁课以责
任。张氏的责任观念，则是报人基于对国家的忠诚，自觉地对工作产
生一份庄敬之心，表现了一份崇高的国士精神，显然具有更高的精神
境界。①

这种对于民权和新闻自由的强调，乃是 60 年代的研究者们所不具备
的特点。笔者以为，之所以会出现这种转变，主要是由当时的社会形势的
影响所致：首先，如前所述，呼吁民权在这一时期的台湾社会渐成趋势，
这种状况对于新闻学研究者必然会产生很大的影响，而张作为已有定评的
近代著名报人，借他之口来因应这种社会要求，乃是再自然不过的事情；
其次，美国新闻学的理念对于台湾学界有着深远的影响，"社会责任理
论"自 50 年代中期提出后，一直颇受美国新闻学界重视，在这种情况
下，作为深受美国影响的台湾学者，在中国近代史上寻找一个与这种理论
相契合的例子，自然也是题中之义。

（3）称颂张季鸾新闻工作能力及态度

除了上述两点之外，对张季鸾新闻工作能力和态度的称颂，也是这
一时期研究者们所非常重视的一点。在这一点上，研究者们主要集中在
两个方面：一是张的社评写作能力；二是他的专心办报、心无旁骛的
精神。

张素以"社评圣手"闻名于世，对于他的社评写作能力，研究者们
普遍给予了很高评价，赖光临总结张社评写作的三个特点，乃是"要公、
要诚、要勇"，"要公：指的是动机无私"；"要诚：指的是诚意"；"要
勇：指的是勇于发表"，"不畏强权""不媚时尚"②。他甚至认为，即使
是戊戌时期名动天下的梁启超和五四时期的"白话圣人"胡适，较之张
也颇有不及之处。他认为"近八九十年来，政论文章勃起，新会梁启超
是其中最为杰出的一位"，"其文条理明析（晰），笔锋常带感情，对于读
者别有一种魔力"，但却借胡适之口批评梁"条理是属于帖扩式的，而且

---

① 赖光临：《七十年中国报业史》，"中央"日报社 1981 年版，第 119—120 页。
② 赖光临：《张季鸾办报之事功研究》，《报学》1972 年第 12 期。

多堆砌，缺少逻辑伦理的谨严"，而"张季鸾的文字，论理谨严，而析薪破理，鞭辟入里，因而精密仆茂，避免了'策士文学'的堆砌与浮泛"。同时，虽然"梁启超与胡适的文章都富于感情，有扣人心弦的力量"且擅用排语与对称，但"张氏文章……文字朴实，字里行间洋溢的恻款心意，使人感受一份真挚情感，达到了修辞立诚的最高境界"①。这种评价，不可谓不高。

而对于张季鸾心无旁骛、专心办报的专业精神，赖也给予了很高的评价。他认为"中国知识份子对报业初无认识，甲午之后为国耻观念刺激，佗际悲愤投身于报业思有以自效，但极少以新闻为专业。……（这是因为）士人身受儒家教育，把从政当作了分内事的缘故"。"七十年来，知识份子从事报业，能恬退自甘，抛弃从政念头，专一心志的……入民国后，便推张季鸾，他以嶙峋风骨，渗入于报业之中，蔚成我国近代报业'文人论政'的崇高风格。季鸾先生言论能对国事产生决定性影响，这该是最重要的因素之一。这也是季鸾先生对报业所作的最大贡献。"②

3. 有关《大公报》的评价

这一时期的研究者们对于《大公报》的评价，也在继承前人的基础上有所发展，其中最突出的特点是：他们已经逐渐改变了前人将《大公报》作为张季鸾的附庸的研究取向。虽然如前所述，在他们看来，张季鸾仍然是《大公报》的最核心人物，但是对于其他重要干部如胡政之等以及该报在历史上的许多开创性的举措，都进行了较为深入的研究，从而使得台湾地区的《大公报》研究更加丰满。此外，对于该报"失身投共"的评价，较之60年代也更加温和。这一时期的研究与60年代的不同，主要表现在以下几个方面。

（1）胡政之的评价

作为《大公报》的总经理兼副总编辑，胡政之对于该报的贡献，也是不容忽视的，但是由于种种原因，在60年代的研究中，较之张季鸾所受到的众星捧月般的关注，胡政之却一直是一个可有可无的角色。在70年代以后的研究中，胡政之则开始逐渐摆脱这种尴尬的地位，研究者们对

---

① 赖光临：《中国近代报人与报业·下》，商务印书馆1987年版，第605—606页。

② 同上书，第643页。

于他的贡献开始逐渐给予重视。赖光临认为胡政之"治事严谨，不苟言笑，以气魄宏大，手腕高明见誉"①。他"主持大公报业务，及对外交际，兼写社评，多论国际时事"，"一生尽瘁于报业"，堪称"报界巨子"②。并特别指出他对该报制度管理方面的贡献：

> 胡政之以多年主持新闻业务的经验，建立大公报内部制度，表现多项特色：一是以编辑部领导经理部，使两部人事交流，促进业务配合，以争取进步。二是通讯课受特别重视，负责与全国各地通讯员联系，指示采访事宜，从而激励了士气。三是人事制度健全，人员录用、派职、叙级、定薪俸、升迁和黜降等，都有明文规定，保障了人事安定。而诸种制度都成为大公报成功的要件。③

虽然相对于张季鸾，胡政之在这一时期的研究中仍然处于一个绝对配角的地位，但较之以前的近乎完全无视，则已经是一种进步。而且研究者们对于胡政之的贡献和地位的评述，也基本公允，这表现了这一时期台湾地区新闻史研究开始逐渐趋向更加客观、全面的特点。

（2）《大公报》的评价

这一时期的研究中对于《大公报》的评价，同样开始表现出更加全面、客观的特点。60年代的研究中，对于《大公报》的评述，主要集中在其"客观、独立、公正"等方面，在这一问题上，70年代以后的研究者们仍然延续了这一取向，对"四不主义"等问题，也给予了极高的评价。但是这一时期的研究还是表现出了与之前的许多不同。

首先，这一时期的研究者对《大公报》的介绍更加全面。60年代的介绍主要集中在社评部分，70年代后，对于该报在新闻工作、社会事业等诸多方面的贡献，则都有提及。赖光临认为："该报通讯网密布，重要都市如南京、上海、北平、武汉等地，都设置办事处，驻有特派员；各省大城市设特约记者和通讯员。对国际通讯社的电讯，有专人选译。所以，大公报国内国际新闻，均繁富胜于别报。""大公报的政治通讯和旅行

① 赖光临：《新闻史》，允晨文化实业股份有限公司1984年版，第139页。

② 赖光临：《七十年中国报业史》，"中央"日报社1981年版，第117页。

③ 同上。

通讯，构成另一特色。""大公报开辟各种周刊，战前天津版辟有哲学、医学、文艺、经济、图书、文史、科学等专门性质周刊七、八种，网罗学者专家写稿，自民国十五年至廿五年，迄未间断。""此外，大公报热心社会服务，民国廿四年首创文学奖，公开征稿，严格审查，每名奖金银元五千元，……不仅轰动全国，也惊动外国文坛，……大公报又倡导体育与戏剧，战前在上海组织'大公篮球队'，与南北各著名球队对抗，称雄一时。抗战时在汉口组织'大公剧团'，演出抗战话剧。至于遇着全国灾难、地方不幸，或个人、团体事故，大公报常发起救灾与代金援助。"①

其次，对于该报"失身投共"的评价，这一时期的研究者也在逐渐淡化意识形态色彩。一个突出的表现是：在这一时期的文章里，类似60年代那种"匪共"之类的词汇已经很少见到，而代之以"共党"一词。赖光临在谈到该报左转的问题时，仅作"（抗战）胜利后共党武装叛乱，展开猛烈宣传攻势，新闻界左倾风气盛行，……左倾的大公报、民生报的态度，'比匪报甚至还要恶劣'。②另外一些报人则'以悲观灰色为超然，以无所是非为公正。'③国内如此，国际亦然，于是对国民政府造成'内外交谪'的局面，民心士气堕失，共党得以席卷整个大陆"。④而在对1949年之后的《大公报》进行评价时，也仅以"名存实亡"一词概之，而不再像60年代那样认为该报"沦为没有灵魂的应声虫"⑤。

最后，这一时期的研究者们还对《大公报》设立"星期论文"专栏一事予以了特殊的关注。赖光临认为："大公报并对大众开放，作公共的论坛。张季鸾认为，报纸为表现舆论的工具，必也集全国最高知识的权威，而辩论研究之，最后锻炼而成的结晶体，才是舆论。国家果有此等舆论，始可永免内乱，可不受障碍而迈进。"于是，该报"于民国廿二年秋辟'星期论文'，有胡适之等数十位教授供应稿件。延至战后，为这一专栏写过文章的学者专家，不下数百位。这显示了大公报负责人视报纸为

①　赖光临：《七十年中国报业史》，"中央"日报社1981年版，第113—115页。

②　刘光炎：《报业甘苦谈》，报学三卷九期，原文注。

③　姚朋：《中国报业发展经纬》，载《民国五十年中华民国新闻年鉴》，原文注。

④　赖光临：《中国新闻传播史》，三民书局1983年版，第263页。

⑤　曾虚白主编：《中国新闻史》，商务印书馆1966年版，第466页。

'公器'的廓然大公的胸怀"。①

（三）"解禁"后的台湾地区《大公报》研究

1987年7月14日，"总统"蒋经国正式宣布解除在台湾和澎湖地区实行了长达38年之久的"戒严令"；1988年元旦，又宣布取消"报禁"；同年1月13日，蒋经国去世，台籍"副总统"李登辉继任"总统"。自此，台湾地区政治、经济、文化形势发生了巨大的变化。岛外，自1974年葡萄牙"康乃馨革命"而始的民主化浪潮已经波及亚洲：1986年2月，菲律宾爆发军事政变，马科斯总统下台流亡海外；1987年，韩国军政府倒台，实现总统直选，这些发生在台湾地区周围的独裁政府倒台的事例给了台湾当局极大震撼。岛内，"江南案"迫使蒋经国于1985年宣布蒋家人不会竞选下任"总统"，随着蒋经国的突然去世，岛内"强人政治"也就此终结；联合了各派"党外人士"组成的"民主进步党"于"解严"前一年"抢滩登陆"并迅速成长为能与国民党分庭抗礼的政治势力，经过李登辉、陈水扁两位"总统"长达20年②的不懈"努力"，原本在岛内处于非法地位的"台独"势力逐渐甚嚣尘上，"去中国化""本土意识"等言论日渐猖獗；在报界则经历了从《联合报》《中国时报》两分天下到两大报与《自由时报》三足鼎立再到《苹果日报》异军突起，两大报逐渐式微的剧烈转变；在新闻学界，50—60年代出生的新一辈学人逐渐成为中坚，他们成长于两岸隔绝对抗的时期，对大陆没有像李瞻、赖光临那种直接的亲近感，而70—80年代盛行于大学校园里的民运多与"台独"运动相互勾连③，也不可避免地对他们产生影响，同时，商业化大潮的影响使得台湾地区的新闻学教

---

① 赖光临：《七十年中国报业史》，"中央"日报社1981年版，第114—115页。

② 1988年1月13日蒋经国突然去世后，时任"副总统"的李登辉依"宪法"继任"总统"，此后李又于1990与1996年两度连任（当时"宪法"规定"总统"一任6年，只准连任一次，但1960年通过的"动员戡乱时期临时条款"冻结了对于"总统"连任的限制，李于1991年宣布废止"动员戡乱时期临时条款"并多次"修宪"，实现"总统"直选并改任期为4年，恢复只准连任一次的限制，而李第一任期系于非常状态下继任，故可参选两次，且第一任期为6年，第二任期为4年）；李卸任后，民进党候选人陈水扁于2000年、2004年两度当选"总统"，最终于2008年卸任。

③ 一个最明显的证据是：在台湾地区民运史上的标志性事件——"美丽岛事件"中，受审的施明德、吕秀莲、陈菊以及辩护律师团的陈水扁、谢长廷等人，后来都成了民进党的核心人物。

学与研究开始逐渐转向以经营管理为主的实用主义，所以，这一时期台湾新闻史研究开始遇冷，其主流也开始转向台湾史研究①。而所有这些，都对《大公报》研究产生了深刻的影响。

1．"解禁"后台湾地区《大公报》研究情况概述

经笔者搜索筛选，得到"解禁"后台湾地区《大公报》研究相关期刊论文7篇、会议论文1篇、硕士论文2篇、博士论文2篇、专著5本（表1—7）。

表1—7 　　　　　　"解禁"后台湾地区《大公报》研究成果

期刊论文部分

时间	作者	篇名	发表杂志
1989.6	赖光临	评析中国独立报业	报学
1990.10	郑贞铭	张季鸾"报恩思想"的时代意义	近代中国
1990.12	王洪钧	书生办报——张季鸾的风范	中外杂志
1997.1	石永贵	报纸因得人而异——试以申报、大公报、台湾新生报、中央日报为例	新闻镜周刊
1997.12	李朝津	由抗战胜利前后之大公报言论看美苏冷战的源起	中华军史学会会刊
2001.8	邵铭煌	捐客乎，闲棋乎：张季鸾在抗战期间的媾和角色	中华军史学会会刊
2007.9	高郁雅	北伐情势下的北方报纸舆论（1926—1928）——以大公报、晨报为中心	中华军史学会会刊

① 在研究方面，以台湾地区最著名的新闻学术杂志，政治大学新闻研究所主办的《新闻学研究》为例，从1995年7月的第51期至2009年7月的第100期中，共发表历史研究相关论文（书评）17篇，其中有关大陆及港澳地区历史的论文仅有6篇（含香港、澳门地区各1篇），而有关台湾地区历史的论文则有8篇。在教学方面，以政治大学传播学院为例，90年代以后中国新闻史课程由3学分减为2学分，授课内容也转为以台湾史为主，基本取消了大陆地区新闻史的部分。

学术专著部分

时间	作者	书名	出版社
1991.4	文讯杂志社	知识分子的良心：连横、严复、张季鸾	文讯杂志社
1998.3	王洪钧	新闻理论的中国历史观	远流出版公司
1999.3	高郁雅	北方报纸舆论对北伐之反应——以天津《大公报》、北京《晨报》为代表的探讨	台湾学生书局
1999.9	林瀚	中外新闻传播史 Q&A	风云论坛出版社
2008.12	李金铨	文人论政：民国知识分子与报刊	政治大学出版社

硕士论文部分

时间	作者	题目	所在学校
1996	郑静敏	"九·一八事变"后张季鸾的社评——三〇年代文人论政研究之一	政治大学历史研究所
1996	高郁雅	北方报纸舆论对北伐之反应——以天津《大公报》、北京《晨报》为代表的探讨	台湾大学历史研究所

博士论文部分

时间	作者	题目	所在学校
1995	车雄焕	战前平津地区知识分子对日本侵华反应之研究（1931—1937）：以《独立评论》《大公报》《国闻周报》为中心之探讨	政治大学历史研究所
2001	高郁雅	国民党的新闻宣传与战后中国政局变动1945—1949	台湾大学历史研究所

会议论文部分

时间	作者	题目	会议名称
2003.6	高郁雅	1949年中国报界的政治转向——以大公报为例	天主教辅仁大学历史学系成立四十周年学术研讨会

　　从表1—7中，我们可以明显地看出"解禁"后台湾地区《大公报》研究的几个基本特点。

　　（1）研究方向的转移

　　"解禁"后的台湾地区《大公报》研究的方向，开始逐渐地由新闻史领域转向社会史领域。与之相应的是，《大公报》研究中的传统热点如张季鸾等，开始逐渐淡出研究者的视野。90年代初的一段时间里，赖光临等老一辈学人仍然活跃在学术界，这一时期的研究仍然沿着之前以"文人办报""独立报业"和张季鸾为中心的道路。但是，随着赖光临等学界耆宿逐渐淡出，代之而起的是高郁雅、李朝津、邵铭煌等新一代学人。作为战后在台湾出生的一代新人，他们没有经历过中国近代史上那段风云诡谲的岁月，先贤所看重的"文人论政"，对于他们并没有切身感受，所以在他们眼中，《大公报》和张季鸾身上长期笼罩的光环开始逐渐褪去，他们不再把张季鸾和《大公报》视为所谓"独立报业"的代表，甚至"独立报业""文人论政"等问题本身都已不再是他们所关注的重点。在他们的眼里，《大公报》和张季鸾业已走下神坛，乃是一份同其他同时期报纸一样的普通民营报纸。他们所关注的，已经不再是张季鸾和《大公报》在中国近代史上为"拥护领袖""热爱党国"所做出的贡献，而是他们作为这一时期的舆论重镇，对于社会舆论，特别是重大事件中的社会舆论的影响，进而试图揭示在1926—1949年，国民政府的内政外交政策与社会舆论之间的关系。

　　（2）研究者的转变

　　一个非常明显的事实在于，"解禁"之前的台湾地区《大公报》研究者，基本以新闻学界为主；而"解禁"之后，则基本以历史学界为主。在"解禁"之初的几年里，仍然有一些新闻史方面的成果问世，此后，《大公报》便不再被台湾地区新闻学界所重视。笔者以为，这首先是由于台湾地区新闻学界的转向，如前所述，"解禁"后，中国新闻史的研究工作在台湾地区新闻学界逐渐被忽视，专注于激烈的报业竞争的业界更是对所谓"独立报业"缺乏兴趣。其次应当是由于史学界的转向，报纸乃是历史研究的重要材料来源之一，但是在"解禁"之前的漫长岁月里，研究国民党的内政、外交等政策的问题一直是一个比较敏感的话题，在国民党政府的独裁统治之下，研究上述问题的学者颇有些"本朝人写本朝史"的尴尬：要么严格按照官方口径，要么就要冒着被"约谈"的危险秉笔直书，所以对于"解禁"前的学者而言，对于国民党各项政策的研究成果并不多见。①"解禁"后，原有的禁区被逐渐打破，特别是2000年政党轮替后，国民党政府的统治，特别是在大陆地区的时期在时人看来已经是"前朝"之事，所以相关研究逐渐增多，也是自然之事了。

通过进一步的分析，笔者发现，"解禁"之后的台湾地区《大公报》研究，较之前人出现了明显的不同，而这种改变，则很明显地带上了时代的印记。

2．"解禁"后台湾地区《大公报》研究特点

如前所述，"解禁"后的台湾地区《大公报》研究，主要在新闻学与历史学两个领域中进行，兹分别评述之。

新闻学领域的研究特点如下。

"解禁"后台湾地区新闻学领域对《大公报》的研究工作，主要集中在"解禁"之初的几年，研究者仍以70—80年代的赖光临等人为主，其研究取向也与之前大致相同，但是这一时期的研究，仍然体现出了与70—80年代的不同，这主要表现在以下两个方面。

（1）强调社会责任

对于张季鸾及《大公报》所代表的报纸社会责任的研究，在70年代的论著中已有较为详尽的论述，"解禁"后的台湾新闻学界在这一问题上的研究，则开始逐渐淡化70年代对于"倡导民权"和"呼吁新闻自由"的研究，转而更加强调报纸的社会责任。由于"解禁"后原来束缚报业发展的种种政治限条均已不复存在，所以再呼吁"民权"和"新闻自由"自然也就失去了意义，而他们对于社会责任的强调，则有其深厚的时代意义。

如前所述，"解禁"之前，在"报禁"的格局下，台湾地区的报业被束缚在政府的威权之下，报人缺少自由，动辄得咎，噤若寒蝉。随着70年代民主化运动的兴起，这种制度越来越成为千夫所指的恶政，无论学界还是业界，都把台湾地区报界的几乎一切问题全部归咎于这种制度，于是他们借张季鸾与《大公报》呼吁民权和新闻自由，仿佛只要这种制度一

_____

① 一个很明显的例子是：在1988年以前，在台湾地区所有的新闻学硕博士论文中，研究国民党新闻政策的文章仅有一篇，即政治作战学校政治研究所陈顺枝所作的《抗战时期宣传政策之研究》，1985年。

被废除，他们所向往的那种"独立报业""文人论政"的美好时代就会到来。但是，当这个愿望真的实现了之后，他们却发现事情远没有当初想象的那么简单。政治上的"报禁"是废除了，但是"走了警总，来了MBA"①，"解禁"后的台湾地区报业，非但没有迎来一个光明的新时代，反而进入了两大报系垄断和恶性竞争的时代。"戒严报禁时期，媒体是统治者的侍臣、政治的打手，虽然媒体工作气氛肃杀，但他们觉得至少当记者有尊严；现在自由了，专业却受到践踏，他们反而人前羞提自己是记者。这是一个尚待历史学家论证、命名、盖棺的世代。它的特征是传媒不问是非、只问利益——包括商业利益。"②

商业利益对传媒的控制和操纵，使得台湾地区报业在"解禁"后乱象丛生，在一切向"钱"看的趋势下，传媒的社会责任被彻底忽略了。这种情况是之前热情呼吁"解禁"的学者们所始料未及的，也使得他们为之痛心疾首。在这种情况下，他们转而再度向中国新闻史上寻求事例，试图借助先贤的成功经验，唤起报界的社会责任意识，进而改变当前报业经济利益至上的现状，实现他们理想中的那种报业体系，在1990年9月《文讯》杂志社举办的张季鸾思想研讨会上，主席楚崧秋③开宗明义：

> 我国报业史上有不少名报人和评论家，如就志节、远见、贡献与影响而言，在民国一、二十年代，以办大公报而名噪一时的陕西榆林张季鸾先生，恐怕要算第一人了。……（举办研讨会的目的）一方面固在缅怀先哲，见贤思齐，同时更有见于目前国内新闻界颇显紊乱现象，大家如能对张先生的人格风范、报业思想与办报方针有多所了

---

① 陈世敏：《台湾传媒再解构：前言》，载卓越新闻奖基金会主编《台湾传媒再解构》，巨流图书股份有限公司2009年版，第184页。

② 陈世敏：《前言：为了见证历史》，载卓越新闻奖基金会主编《关键力量的沉沦——回首报禁解除二十年》，巨流图书股份有限公司2008年版，前言第5页。

③ 楚崧秋，1920年生于湖南湘潭，中央大学政治系毕业，历任青年军编练总监部政治部秘书、蒋经国私人机要秘书等职，1946年赴美留学，去台后，历任"总统府"秘书、国民党中央委员会第四组副主任、《中央日报》社长、中国国民党中央文化工作会主任、中国国民党第九至第十三届中央委员等职，并兼任台湾师范大学、政治大学、中国文化大学等校新闻学教授。据刘国铭主编《中国国民党百年人物全书》"楚崧秋"条，团结出版社2005年版，第2321—2322页。

解，相信又有助于乱象的导正与澄清。①

曾任"开放报禁专案研究小组"召集人的王洪钧②先生更明确指出：

> 及报禁解除，经营权利开放，言论自由放宽；虽然报纸之页数、内容均见丰厚，新增报纸与资金雄厚的商业及官方报团则互相陷于苦战，使报业市场出现了一片紊乱。供求机能全失，以耸动内容及优惠条件"强销"作风极为普遍。公众对报纸开始产生了厌食症。……报业自救呼声此起彼落。咸认为倘任凭商业主义及无节制的新闻自由诱引报业，自构成国家重要体系的地位，向外游离，倘使今日报业背弃中国传统报业的忧患意识及文化之使命感，流为庸俗的新闻贩卖业，不独将造成中国报业之悲剧，且终不免残化报业对国家和社会的舆论功能。
>
> 如何使今日报业重振开国前后报纸创机造势之磅礴气概，导引国家社会渡过黎明前的黑暗时期，似唯有自先进报人中寻求其风范，以供师法。开国报人，有笔如枪，义无反顾，鼓励风潮，递嬗政体之时代背景虽已不存，其为民前锋觉醒天下的悲愤情怀，仍是为今日仁人志士之榜样。
>
> 置身此际，念及报业地位之衰微，舆论功能之不彰，国事混沌，人心惴惴；其能树立卓然独立之中国报人风范，足使现代新闻记者心向往之者，唯有榆林张季鸾先生。因为自民国十五年到民国三十年，由张季鸾先生主持言论及新闻之大公报，于民国达成统一，国民产生共识，以迄全民抵抗侵略，提升国家地位方面充分发扬了舆论报国的中国报业传统！③

---

① 楚崧秋：《主席致词》，载文讯杂志社编《知识分子的良心：连横、严复、张季鸾》，文讯杂志社1991年版，第260页。

② 王洪钧，1922年生于天津，政治大学新闻学院毕业，曾任中央通讯社编译兼《益世报》撰述，抗战胜利后任《中央日报》平津特派员，去台后，历任《中央日报》采访部主任、"行政院"参议、政治大学新闻系主任、《中央日报》主笔、"教育部"高等教育司司长、文化局局长、"中华民国大众传播教育协会"理事长等职，系这一时期台湾地区新闻学高等教育的领军人物之一。据刘国铭主编《中国国民党百年人物全书》"王洪钧"条，团结出版社2005年版，第196页。

③ 王洪钧：《书生办报——张季鸾的风范》，《中外杂志》1990年第12期。

赖光临先生更热情地呼吁：

> 报业商业化的发展，正腐蚀新闻事业的灵魂，使独立报业日趋式微。
>
> 只是独立报人留给后人的遗产，终将永存，在现实黑暗的夜空中，熠熠闪亮，给年轻后继者一个明确的指标，及无与伦比的精神激励！①

2. 强调"报恩思想"

对于张季鸾的"报恩思想"，台湾新闻学界一直给予了很高的评价，并且认为这是张人生哲学的核心，在这一点上，"解禁"前后并无太大差别；所不同的是，"解禁"后的学者们更着重于论述这种思想的时代意义与它同中华传统文化之间的关系。对于这一问题，"解禁"前的论述中，也有提及，但大多只是一带而过，如赖光临认为"季鸾先生的报恩人生观，其根源就是这种传统伦理观念"②；李瞻先生也认为"季鸾的思想源于他的'报恩的人生观'。……这不需要什么理论，这是中国传统伦理思想的一部分"③。而在"解禁"之后的学者们对这一问题的论述中，这种思想与中华传统文化的关系被特别地强调了出来，如郑贞铭④先生云：

> 中国传统"报"的观念，不但源远流长，且扎深根于最基层之社会组织与人伦关系；因此，张季鸾的"报恩主义"并不能说是他所发明创见的，而是传统中华文化长期孕育的结果。⑤

---

① 赖光临：《评析中国独立报业》，《报学》1989 年第 6 期。

② 赖光临：《中国报坛先驱张季鸾》，《报学》1975 年第 6 期。

③ 李瞻：《张季鸾先生传》，《近代中国》1987 年第 4 期。

④ 郑贞铭，1936 年生于福建闽侯，政治大学新闻研究所硕士，曾赴美进修，历任《中央日报》国际新闻主编、资料组副主任、"行政院经济合作委员会"专员、《台湾新闻报》及《中华日报》兼任主笔、中国国民党"中央"青年工作会总干事、中国国民党"中央"文化工作会副主任等职，并曾任中国文化学院新闻系副教授、教授、系主任，是继李瞻、赖光临等人之后台湾地区新闻学教育中生代的代表人物。据刘国铭主编《中国国民党百年人物全书》"郑贞铭"条，团结出版社 2005 年版，第 1445 页。

⑤ 郑贞铭：《张季鸾"报恩思想"的时代意义》，《近代中国》1990 年第 10 期。

　　在这篇文章中，郑贞铭先生用了 1/4 的篇幅专事探讨这种"报恩思想"与中国传统"报"的观念之间的关系。他认为，这种交互报偿的原则"在每一个社会中都是被接受的"，而"中国的这种思想或原则有源远流长的历史背景与孕育过程，一般人均高度意识到其存在，并广泛地运用到人际关系、人伦关系以及家庭社会制度上，而且产生相当实用与实际的影响"①。他更进一步认为，这种"报"的观念，在当下具有强烈的时代意义：

　　　　过去数十年中，我国社会同时面临经济、社会、政治、文化、教育等一连串之巨变，连带地也影响了中国社会之道德规范与伦理文化之运作，我们有理由怀疑中国传统中交互报偿的报的观念，是否已因社会结构之改变与价值体系之递嬗，而限制其运用之范围与频率，或者人们已不再高度自觉这项报的义务原则的存在，尤其中国社会在西方文化与科技文明的冲击下，报的原则已不如过往般地行使，或左右人们之行为；因此，不论是报的观念或张季鸾先生的报恩主义，在今天这个时空与社会背景下，更有发扬光大的必要与价值。因为，个人深信"人人报恩，民德归厚矣"！②

　　笔者以为，出现这种变化的原因，很明显是由于当时的社会环境所致。"解严"后岛内甚嚣尘上的"台独"言论，自然会引起学界有识之士的忧愤之情。在这种情况下，重提"报恩思想"与中华传统文化的密切联系，并且论述这种思想对于解决当前台湾地区种种社会问题的重要价值，乃是对于这种谬论的有效反击。在郑贞铭先生看来，要解决当时岛内的各种社会问题，就应当回归先贤的"报恩思想"，而这种思想，则是渊源于深厚的中华传统文化的，这自然证明了台湾人的"包括意识形态在内的上层建筑"恰恰与中国大大相同。"台独"分子的谬论，自然不攻自破。

　　总之，"解禁"之初，台湾地区新闻学界对于《大公报》的研究取

---

①　郑贞铭：《张季鸾"报恩思想"的时代意义》，《近代中国》1990 年第 10 期。

②　同上。

向，一方面承袭了"解禁"之前的趋势，另一方面也因应岛内种种客观形势的变化而在侧重点上有所不同。作为学养深厚、经验丰富的前辈学人，赖光临、王洪钧、郑贞铭们对于纠正岛内报界过度商业化、反对"台独"谬论的拳拳之心，一望可知，而他们所提出的建议，也都确是真知灼见。但是可惜的是，他们的意见并没有被时人接受，岛内媒体过度商业化的趋势非但没有得到扭转，反而愈演愈烈；"台独"的声音也不仅没有消沉，反而更加猖獗。在经济利益和激进的"主权意识"的刺激下，这些冷静的声音被社会忽略了，这不能不说是一种遗憾。

历史学领域的研究特点如下。

自90年代中期以来，《大公报》开始逐渐进入台湾历史学界的研究视野，史学界与新闻界的研究，从取向上来看，既有相同点，又体现出了很多相异之处。具体说来，这段时间里台湾史学界对于《大公报》的研究，主要体现出以下几个特点。

（1）《大公报》和张季鸾的舆论地位评价很高

如前所述，长时间以来，《大公报》并没有进入台湾地区历史学界的研究视野，所以当90年代后期以来史学界开始将该报作为历史研究的重要材料时，他们很自然地沿袭了之前新闻学界对于该报的界定——"独立""客观""无党无派"，具有重要舆论地位的民营媒体，如车雄焕认为：

> 当时（1931—1937年）平津地区的各种媒体当中，为知识分子主要利用，并且因而最有影响力的媒体，在杂志方面则是《独立评论》、《国闻周报》，而新闻方面则主要为《大公报》。吾人在分析平津地区知识分子的对日反应上，采用这三种媒体的理由，首先是因为这三种媒体有较知名的知识分子的代表人物参与其中。……除此之外，吾人选择这三份媒体作为分析的另一个重要的原因是，这三份媒体有一共同的超党派的特点，而且它们共同坚持公正报导的态度。……在观察和分析北方地区知识分子的反应上，如上所述的公正的、不偏不党的言论媒体，是吾人据以观察"理性的爱国救国者"对于日本的侵略一事上的反应，最为有效的取径。[1]

---

[1]　车雄焕：《战前平津地区知识分子对日本侵华反应之研究（1931—1937）——以〈独立评论〉、〈大公报〉、〈国闻周报〉为中心之探讨》，博士学位论文，政治大学，1996年，第4—5页。

郑静敏亦云：

> 大公报让张（季鸾）发挥出对新闻的抱负与各种主张，也由于
> 张正气充沛、睿智精辟、委婉忧国的笔调，使大公报声誉日隆。尤其
> 在九一八事变后至抗战时期，张撰的时事评论，深中肯綮，为全国所
> 重视，其以文章报国，达到巅峰……他执笔起草参政会宣言，参与抗
> 战精神总动员口号的拟定，宣达"拥护抗战建国纲领"、"国家至上，
> 民族至上"、"军事第一，胜利第一"等意念以凝聚全民共识，故对
> 鼓舞人心士气，团结抗战，贡献极大。①

（2）着重于对《大公报》及张季鸾在重大历史事件中对社会舆论影
响的研究

由于在研究重大历史事件的问题时，社会舆论乃是考察的重点，所
以这方面也是学者们研究的重点。兹分别介绍如下。

高郁雅通过对北平《晨报》和天津《大公报》的对比和内容定量，
从"军阀评价""外交正统""南北心结""新旧文化""党政问题"
"联共问题""时局压力"等几个方面，分析了当时北方地区主要报纸
对北伐战争的态度，指出"北方民众……对南方北伐亦无多大好感。对
普遍具有厌战心理的北方报纸舆论来说，号召结束军阀混战的北伐本身
也是一场战争，同样会让北方民众受到战火的摧残"。而虽然两报"对
南方北伐均心怀芥蒂"，但"北伐末期当南军兵临城下时，无力回天的
北方报纸舆论也只有从恐惧排斥改为接受与期待，甚至在今后生存利益
的最佳竞争考虑下，各种附和新政权的表态言词也大量出现"②。

车雄焕在对从"九·一八"到"七七"之间平津地区的主要报刊
（《独立评论》《大公报》《国闻周报》）的言论倾向进行研究后认为，
"九·一八"之后，"知识分子们所主张的为解决国难必备的先决条件，

---

① 郑静敏：《九一八事变后张季鸾的社评——三〇年代文人论政研究之一》，硕士学位论
文，政治大学，1996年，第19页。
② 高郁雅：《北方报纸舆论对北伐之反应——以天津〈大公报〉、北京〈晨报〉为代表的
探讨》，台湾学生书局1999年版，第270—273页。

亦即国内团结与统一，……与蒋中正所主张的'先安内后攘外'，可以说是同一件事……而这一点，直至发生"七七事变"之前，一直都是知识分子们认为要救亡图存的重要前提条件"。由于这种思想的影响，所以此后虽然国民政府一再对日妥协退让，但知识分子对政府的决定仍然保持了相当的理解与支持，但是直到"七·七事变"发生，"知识分子们在心理上，似乎仍没有准备好要包容共产党"。而西安事变的和平解决，则是他们在对日态度上的一个转折点，一方面日本的步步紧逼已经使得中国亡国之祸近在眼前，另一方面西安事变的和平解决和第二次国共合作的实现也使得中国在抗战的大旗下实现了形式上的统一，所以他们"认为中国已达成政治上的统一。……中国虽仍力量薄弱，但至少已做好抗战的准备。也因此，他们敦促政府，再也不能对日本让步，现在已是最后关头，政府必须勇往直前收复失地。……在这样的情况下，日本发卢沟桥事变，全面战争于焉展开。这时，知识分子们除了抵抗之外已别无选择。不论是左派或右派，在将中国自日本的侵略中救出来，全国上下已经意见一致，同心协力勇往直前"。而这些知识分子的言论"也的确能做到公正、理性、客观而能不失民族大利大义之前提，所以，始终能撑起民族爱国之大旗，以领先一步的突创见解，对中国的政治领袖和群众发出循循善诱和抨击督责的作用"①。

郑静敏则通过对"九·一八事变"之后张季鸾的社评的研究，认为张的社评，乃是这一时期文人论政的代表，这段时间内张的政论，首先表现出了"传统主义的复苏"：由于他的"报恩观产生的义务感，更使其文常策勉当局及个人，发挥牺牲小我，成全大我的春秋大义，期达国家民族独立自由的使命"，而这种报恩哲学，也使他"能够不同于同时代中人们内心所具有'恨、怨、仇'的观念，而持论中和，摒除谩骂、煽动以及破坏性的政见，从理解、同情、建设、督促入手评议，图化解中日纠纷，促进政治团结"；此外，张季鸾认为，"因时势需要，中国现行一党独裁的变态政治，这是一个事实的问题"，而"要实现议会政党政治，也是不符现实利益的想法"，"然而实施民主政治又是国家统一、政治团结的基本要件，故如何在现有体制内，逐步推动民主化的实

① 车雄焕：《战前平津地区知识分子对日本侵华反应之研究（1931—1937）——以〈独立评论〉、〈大公报〉、〈国闻周报〉为中心之探讨》，博士论文，政治大学，1996 年，第 154—159 页。

现，并为远大的建国目标，确立精神基础，方能创造出适合本国政治文化与生态的民主体制"。这种思想，在当时"较具效能的独裁政制，受到知识份子相当热烈的讨论与一定程度的拥戴"的情况下，体现出"民主论者中，出现融入本土意识的论政势力"，对于维护民主思想具有积极的意义。①

李朝津则从抗战胜利前后《大公报》的言论分析入手，试图揭示第二次世界大战后美苏冷战的源起。李将这段时期内《大公报》对美苏两国的言论分为三个阶段：1943—1944年，该报在对外关系问题上主张独立平等的"协和万邦政策"；在对外经济政策问题上主张在提高"国民的自觉性"的基础上的"开放门户政策"；在意识形态上主张"右者左倾，左者右倾"的调和论，充满乐观态度。1944—1945年，由于国际形势的变化，英、美、苏三强间利益矛盾的逐渐暴露，该报的主张开始在前期的基础上有所调整，在处理战后各国关系问题上主张"用公正持平的态度""一切国家，不论大小，或战败国与战胜国之别的利益，予以一般顾及"；在联合国的一系列具体问题上，主张建立安全理事会，且认为联合国应当拥有一支常备武力，"只有在一个有实力的国际组织下，才可以防止未来战争"，在中国的国际地位问题上，该报极力鼓吹中国应当进入四强，这段时间内，该报虽对美、苏、英等大国的举措有所失望，但"仍觉事有可为"；1945—1946年，随着美苏关系的公开破裂，加之双方对中国的态度问题，该报"采取一个反美亲苏的路线"，在被占领地托管、雅尔塔协议对华条文、驻华美军滞留不归、中美商约签订等问题上，"对美国政策提出严厉批评"。最终李认为，由该报社评分析，美苏冲突原因有二："首先是两国都不能放弃其对国防安全之重视"，"其次是要把其生活方式强加在其他国家身上"。虽然该报对双方都有批评，但由于它认为"美国是大战后世界中最强大之国家"，"更有实行和平的能力与责任"，所以"对美国之指责更重"。②

---

① 郑静敏：《九一八事变后张季鸾的社评——三〇年代文人论政研究之一》，硕士学位论文，政治大学，1996年，第197—201页。

② 李朝津：《由抗战胜利前后之大公报言论看美苏冷战的源起》，《中华军史学会会刊》1997年第12期。

（3）《大公报》与国民政府关系及国民政府新闻政策的研究也是学者关注的重点

这方面的成果以高郁雅为主。国民党失守大陆这一问题，乃是中国近现代史研究的焦点问题。高郁雅认为，除了传统学界看法之外，"新闻界的反应也是重要的一环。战后国民党尽管在军事、政治、经济、外交上逐渐处于劣势，但若非新闻媒体的推波助澜，这些挫败的扩散效应也不至如此迅速"①。所以在她的博士论文中，高对于国民党新闻宣传政策与战后中国政局变动之间的关系进行了深入的研究，而《大公报》作为"销量甚高的一份民营报纸，在舆论界享有盛名"②，自然成了研究的重点内容。高郁雅认为，国民党党营的《中央日报》和"中央社"等新闻机构中，"没有自由发展新闻专长的空间，记者与党员的角色冲突，遂常在党报宣传人员心中挣扎"③。同时，战局的不利使得国民党愈加严格地控制舆论，在"中央社"中，"说谎成为普通常识"④，这就造成了对社会对党营新闻机构的普遍不信任，于是"官方发布消息舍党营的中央社而就民营的《大公报》"⑤，而虽然此前该报与政府关系一直不错，政府也对该报不乏支持，但由于战后国民党新闻自由名存实亡，金融危机造成报馆营运困难，该报同情学生运动，以及王芸生等第二代报馆领导人的个人政治倾向等问题，造成了该报与政府日渐离心，加上共产党阵营的不断渗透，最终导致该报彻底"转向"，投向共产党阵营。

（4）有关张季鸾在抗战时期特殊作用的钩沉

1938—1940年，重庆政府曾经与日本高层进行过许多秘密媾和的谈判活动，张季鸾在其中起到了非常重要的作用。但是对于这一问题，长期以来，无论是在大陆抑或台湾地区，一直乏人问津，这并不是因为这个问题不重要，而是因为特殊的政治原因。对于大陆方面来说，虽然很想进行研究，但是苦于缺乏材料，无从下手；而对于台湾地区方面来说，这一问

---

①　高郁雅：《1949年中国报界的政治转向》，载《天主教辅仁大学历史学系成立四十周年学术研讨会论文集》，2003年。

②　高郁雅：《国民党的新闻宣传与战后中国政局变动（1945—1949）》，博士学位论文，台湾大学，2001年，第109—110页。

③　同上书，第87页。

④　同上书，第109页。

⑤　同上书，第110页。

题则是对于"蒋公"坚持抗战的形象大有妨碍，所以也是讳莫如深。"解禁"后，随着"大溪档案"的逐步开放，这一问题也开始进入了研究者的视野。国民党党史馆主任邵铭煌先生就此问题进行了深入的研究，他通过对国民党党史馆、"中华民国国史馆"以及日本外务省三方所藏相关档案的辨析，分析了张在整个议和过程中的作用——自认"闲棋"，人谓"掮客"，实则"身处暗流之中，展现文人坚持理念的风骨，不趋炎附势，行事谨守分寸，讲究原则，不为急求表现，而失诸躁进。其心心念者，不外乎伺机掌握敌情，破解日本的和平攻势，期有裨益于抗战大局。故以棋局之一闲子自居，毫不以为意，在尔虞我诈的情报战场上，保持清醒，进退有则，绝不苟同于那些穿梭敌我之间，打着和平招牌实则暗地谋求私利之辈"①。

总之，"解禁"之后的台湾地区《大公报》研究，开始呈现出与之前大不相同的状况。就新闻学界来说，处于研究第一线的仍然是80年代乃至70年代的学界耆宿，他们针对"解禁"后岛内新闻界的种种乱象，希望通过对《大公报》和张季鸾的研究，唤起报界的社会责任观，并且借此与"台独"谬论相抗衡，但是他们的建议，并没有得到当时台湾地区社会各界的重视，而在他们逐渐退休之后，台湾地区新闻学界对于《大公报》的研究，也后继乏人；就史学界来说，一批新兴学人开始对《大公报》产生兴趣，他们借助该报的材料以及公开的档案文件等，对历史上许多重大问题进行了较为深入的研究，但是由于岛内对历史研究的轻视以及"本土化意识"的甚嚣尘上，他们大多只是以个人的兴趣与力量，各自为战，并没有能够在台湾地区历史学界形成一股潮流，这也是非常遗憾的事情。

第三节　新史料的出现及本书研究方法

一　现有研究的局限

通过前述分析，我们不难发现，在《大公报》研究领域，海峡两岸学者已经取得了丰硕的成果，但笔者认为，前述研究仍有可更进一步之

---

① 邵铭煌：《掮客乎，闲棋乎：张季鸾在抗战期间的谈和角色》，《中华军史学会会刊》2001年第8期。

处，这主要体现在史观及史料及研究方法的选择等方面。

（一）史料的局限

如前所述，之前两岸的《大公报》研究，其所用史料大多有三种，即报纸原件、时人评述以及回忆录，但是三种材料却各有缺失。报纸自然是最基础的史料，但它毕竟是公开出版物，虽然在一定程度上可以反映出办报人的思想，但是毕竟隔了一层；时人评述则往往是雾里看花，兼之各有立场，所论难免偏颇；回忆录虽然可以提供许多第一手的史料，但是我们必须注意到，这些记忆并非过去的反映。记忆如一本珍藏的相簿，我们在整理相簿时，往往会把美好的、引以为荣的、对自己有利的集合起来，再加些美工与图案来润饰与美化，并把它们仔细排好，同时舍弃或销毁那些不堪入目的、不欲人知的部分。同样地，写传记与自传也可能包含了选择、遗忘、美化、隐藏与自圆其说，以保护自己及内团体（Maurois，1986：113—137；Baumeister and Hastings，1997）。所以，要真正全面地读懂报纸，还需要档案的帮助。

档案文献对于历史学研究的意义不言而喻，但长期以来，这一重要材料却未能引起新闻史学界的足够重视。笔者以为，档案文献对新闻史研究具有重要价值。新闻、社评等文章都是人的作品，而作者在写作时不可避免地会根据自己的判断对事实加以选择、裁剪、编辑，也会将自己对事件的态度或明或暗地夹杂进去。他们并非生活在真空中，他们的成长经历、交往圈子以及来自方方面面的影响，都会体现在文稿中。作为当时具有重要影响力的报纸，《大公报》在历史上便屡屡受到当时政府高层乃至蒋本人的直接影响，而报纸主持人如吴、胡、张、王等人与蒋、孔等政府要人的关系，也在很大程度上左右着报纸的选择。所以我们必须从档案入手，去厘清作者与各方间复杂的关系，才可能真正读懂文章，而《大公报》1938 年 12 月对汪精卫叛国事件的报道及 1941 年 12 月的"飞机洋狗事件"，便是典型代表。

（二）史观的局限

通过对海峡两岸《大公报》研究史的简单梳理，我们不难发现，意识形态的影响在很长时间里左右了研究者的取向，乃至于左右了他们对事实的选择。90 年代以来，虽然意识形态化倾向逐渐减弱，但两岸的研究却又被其他问题所影响。

就大陆而言，这一时期学界对《大公报》的评价渐趋正面直至完全肯定，而该报与其主要干部如张、王等人则逐渐被捧上神坛，成为"独立报业""新闻专业主义"的代表。如李金铨认为：

> 在二十年代，中国报业已经发展出一套相当成熟的新闻理念，与西方报业追求新闻客观、言论独立的意识互通，其中以天津《大公报》所揭橥的"不党、不私、不盲、不卖"等四大原则为翘楚，实则效法《纽约时报》"无私，无惧"（without favor，without fear）的纲领。这正是今天所谓"媒介专业主义"（media professionalism）的基本精神。①

李金铨先生此文，自发表至今，多次被引用，可谓影响深远，但笔者却认为此说似有待商榷。近年来史学界开始逐渐走出传统的阶级斗争史观的束缚，开始"重新建立一个包括革命在内而不是排斥革命的新的综合分析框架"，"以现代生产力、经济发展、政治民主、社会进步、国际性整合等综合标志对近一个半世纪的中国大变革给予新的客观定位"②。在这种思路下，《大公报》研究者们开始逐渐抛弃传统的以国共两极斗争为主要判断标准的研究模式，转而以"自由主义""发展工业"和"民主政治"等标准来衡量《大公报》的历史地位。但是，正如李彬教授所指出的，这种模式"的确给人耳目一新的感觉，但是又难免陷入西方中心论的怪圈，从而忽略中国国情的大背景"③。单纯以拥共还是拥蒋，"革命"抑或"反动"为标准，自然难以客观公正地衡量《大公报》的历史地位，但是完全抛弃两极斗争的时代大背景，单纯从国家发展的角度来衡量，也不可能做出合理的判断。此外，近年来史学界还有一个研究倾向，即认为"近代历史的要义首先还不在于'革命'或'现代化'，而在于从'文化主义'到'民族主义'、从'文化国家'到'民族—国家'的转型，而'革命'或'现代化'都只是推动这种转型的方式与手段"④。以此为标

---

① 李金铨：《香港媒介专业主义与政治过渡》，《新闻与传播研究》1997 年第 2 期。

② 罗荣渠：《走向现代化的中国道路——有关近百年中国大变革的一些理论问题》，《中国社会科学季刊》1996 年冬季号。

③ 李彬、杨芳：《试论中国新闻史研究的范式演变——以〈大公报〉研究为例》，《中国传媒报告》2005 年第 4 期。

④ 同上。

准,《大公报》历史上的许多已有定评的问题,便获得了与此前完全不同的解释。比如对于其一直坚持的"国家中心论",以前一直被认为是"以'拥蒋反共'为核心的",现在却被认为是"存在着明显的阶级局限性和历史局限性,但应当肯定的是,其很大程度上出于渴望团结、共御外侮的良好愿望"①。诚然,在抗战期间,《大公报》坚定地支持政府抗战到底,决不妥协,功不可没,而就当时中国的形势来看,也的确需要维护一个"国家中心"团结全民族共同抗战,但是该报的"国家中心论"却并不仅限于抗战时期,在该报 24 年的历史中,除了初期和后期的一小段时间外,这种主张可以说是一以贯之的。1935—1936 年,该报在东北沦陷、平津危急的情况下,仍然坚定地支持蒋政府"围剿"红军的行动;在"七君子事件"和"西安事变"中,该报旗帜鲜明地反对建立抗日民族统一战线,坚决"拥护国家中心组织,为建国御侮之前提条件"②;抗战胜利后,该报总编王芸生面劝毛泽东"不要另起炉灶",并且发表包括《东北的阴云》《为交通着急!》《质中共》等多篇文章,在国共内战中为蒋政府摇旗呐喊,所有这些表现,恐怕很难说是"渴望团结、共御外侮"。

笔者认为,西方新闻理论传入我国之后,"独立报业""新闻专业主义"等观点在我国影响甚广,而《大公报》作为近代史上一家有重大影响的民营报纸,则恰可以成为这些理论的最好例证。所以近年来学界对该报的评价开始出现了一边倒的赞扬,研究者纷纷寻找材料来证明它的"独立""客观""公正",而似乎忽视了这样一个显而易见的问题:新闻事业具有社会、政治、经济的三重属性,但是在某些特定的历史条件下,某个属性会特别突出,制约乃至决定着其他属性。近代中国内乱频仍、外敌虎视,阶级矛盾和民族矛盾均十分尖锐,这时候,新闻事业的政治属性便特别突出。在这种情况下,期待一份完全独立于政府之外的报纸出现,不啻镜花水月。我们不可否认,《大公报》在历史上确实为推动中国的工业化、民主化、法制化进程做出了巨大贡献,但是身处近代中国的时代大背景下,作为一家民营报纸,《大公报》自然不可能脱离时代而单独存在。笔者以为,《大公报》对于推动国家近代化进程所做出的努力,绝大

---

① 任桐:《徘徊于民本与民主之间——〈大公报〉政治改良言论评述(1927—1937)》,三联书店 2004 年版,第 254 页。

② 《对于国事之共同认识》,《大公报·沪版》1937 年 6 月 23 日第 2 版。

部分都是通过依附于蒋政府的形式而完成的，换句话来说，在它24年的历史中，在大部分时间里，《大公报》是坚定地奉蒋政府为正朔，希望通过对它的建议、批评、扶掖来实现中国的独立、自强和复兴，从而实现自己"文人论政"的理想追求。所以对蒋政府的决策，无论对错，该报在大部分时间里都是坚决支持的，而只要我们承认蒋政府"攘外必先安内"的政策是错误的，只要我们承认抗战胜利后共产党政权是比国民党政权更加进步、更加民主、更能代表人民愿望的，我们就不能对《大公报》的历史做出如此简单的评价，更不可将该报简单地视为"公正""独立"的代名词。

就台湾而言，"解禁"后所谓"本土化意识"的兴起，并不能说完全没有积极意义。首先，在两蒋时期，由于政府对"台独"意识的严防死守，连带着使得台湾地区新闻史的研究工作都成了禁区。"这段时间在台湾出版的本国新闻史著作中，台湾新闻事业位居边陲。……主要的新闻史书籍很少讨论台湾新闻事业。以台湾新闻事业为研究主体的书籍更是付之阙如。"①"解禁"后台湾地区新闻史研究的兴起，对于弥补之前研究的不足，完善整个中国新闻史体系，是有积极意义的。但是如果过分强调"本土化"，甚至试图以"台独意识"为指导，生硬地割裂台湾地区与中国大陆的一切联系，那就会走入歧途。相对于大陆地区丰富灿烂的历史资源，台湾地区新闻史实在是少得可怜；且不说古代史上大陆文化对台湾地区深远的影响，单就从光复之初到"解禁"的台湾新闻史来说，无论学界或是业界的领军人物，绝大部分也都是大陆赴台人士，而即便是所谓"本土报人"，也不可避免地受到了中国传统文化的极大影响。如果说两岸自50年代以来长达近40年的隔离对峙使得青年人对"神州故国"的印象逐渐模糊的话，那么近年来两岸各界特别是青年人之间的交流日益频繁，则可以在很大程度上弥补这种缺憾，当以前只能在历史和地理课本上看到的黄河长江、青藏高原、天坛故宫等景象可以真实地展现在当代台湾青年们面前时，曾经模糊的"神州故国"的形象，必将会再度逐渐清晰起来。所以，任何妄图以"本土化"为号召割裂台湾与中国的历史联系的"努力"，都必将是徒劳无功的。其次，实证主义和定量研究对于改变社会科学定性研究的模糊性缺陷有

---

① 林丽卿：《台湾的新闻史研究回顾与前瞻》，中华传播学年会论文，台北，2000年。

一定的积极意义，但是在目前的台湾学界，定量研究"昂首天外"，定性研究却寂寂无声，甚至出现了不做定量就不成其为学术研究的趋势，这不能不说是走入了一个误区。笔者始终认为，定量只是手段，定性才是目的。当前陆台新闻学界过分重视定量而忽视定性，甚至为定量而定量的研究取向，造成了大量毫无意义的重复验证，这种趋势应当得到改变。最后，新闻学科毕竟是一门实践性很强的学科，商业化思潮的引入，对于改变学术界"两耳不闻窗外事，一心只读圣贤书"的缺陷，对于加强学界与业界的联系，提高"学以致用"的能力，具有一定的积极意义。但是二者的关系，应当是学界领导业界，而不是相反。当前的台湾新闻学术界却恰恰存在着这样的尴尬：一方面学界的许多有识之士对于当前台湾地区新闻业界的种种乱象痛心不已，大力抨击却不见任何效果；另一方面大量的学校和学者却迫于经济的压力而向金钱低头，以商业利益为研究导向，造成了学术研究的功利化。

（三）研究方法的局限

如前所述，近年来学界对定量研究方法的推崇似有失偏颇，但具体到《大公报》研究领域，却是恰恰相反——审视海峡两岸相关研究成果，笔者发现，除了高郁雅在《北方报纸舆论对北伐之反应——以天津〈大公报〉、北京〈晨报〉为代表的探讨》一书中采用了定量研究方法对《大公报》在1926—1928年的言论倾向进行分析之外，几乎再没有任何人采取类似方法。这就造成了在《大公报》研究领域中明显的各说各话的现象，缺乏辩驳和交锋。纵观这些研究成果，一个非常明显的问题在于，研究者大多仅从自己的观点出发寻找材料，如社评是《大公报》研究的重要领域，但批评者往往只举《可耻的长春之战！》《东北的阴云》等例，而褒扬者则往往只举《看重庆、念中原》《拥护修明政治案》等例。在《大公报》24年的历史中，要找出几篇支持自己论断的社评和新闻，自是不难，但是，无论正反双方都没有能够对《大公报》的新闻和评论进行严谨的抽样分析，这不能不说是一种遗憾。

二 本书所采用的主要史料

（一）档案部分

近年来，中国大陆、中国台湾、日本、美国等国家和地区相继解密了大量1949年之前的机密档案，其中有大量与《大公报》有关的部分，这些材料也是本书除《大公报》原件之外最为倚重的部分。

1. 大陆档案

本书所采用的大陆地区档案主要来自南京第二历史档案馆藏的国民政府"行政院""立法院""外交部""社会部""交通部"档案，国民党"中央宣传部"档案以及汪精卫伪政府档案，主要包括国民党中宣部在抗战时发布的《每周宣传纪要》《战时宣传方略》，抗战前中、日两国就查禁报刊等问题交涉记录以及战时国民党"中央"及国民政府高层就宣传问题历次会议记录及决议案等。

2. 台湾档案

本书所采用的台湾地区档案主要来自于台北"中华民国国史馆"藏"蒋介石档案""国民政府档案"，"中国国民党党史馆"藏"中国国民党档案"，"中央研究院近代史研究所"藏"北洋政府外交部档案""国民政府外交部档案"，"中央研究院台湾史研究所"藏"台湾总督府档案"等，主要包括蒋介石、汪精卫、阎锡山等国民党高层及王世杰、陈布雷等人与吴鼎昌、胡政之、张季鸾、王芸生等人来往的函电以及"国民政府"对《大公报》一些问题的处理意见等。

3. 日本档案

本书所采用的日本档案主要来自于日本外务省公开的"战前档案"及防卫省公开的"军部档案"，主要包括近代日本要人如清水八百一①、船津辰一郎②、林权助③、芳泽谦吉④、川越茂⑤等人与胡、张等人的交往记录，日本外务省对中国舆论状况调查中有关《大公报》部分等。

4. 其他档案

本书所采用的其他档案主要包括美国国家档案与文件署及英国国家档案局公布的第二次世界大战时期对华外交档案，美国中央情报局（CIA）

---

① 清水八百一，日本近代外交官，曾任驻长沙总领事，任上与胡霖有过交往。

② 船津辰一郎，近代日本外交官及社会活动人士，著名的"中国通"，在胡霖主持王郅隆《大公报》时期与胡有过交往，其后在抗战期间曾主持过中日"和谈"中之所谓"船津路线"。

③ 林权助，近代日本著名外交官，曾任日本驻上海公使（晚清）、日本驻华公使（民初），并曾任日本在旅大地区的殖民地关东厅"长官"，与胡霖有过交往。

④ 芳泽谦吉，近代日本著名外交官，历任外务省欧美局长、亚细亚局长、驻华特命全权公使等职，并曾于1932年1月出任犬养毅内阁外相，与胡、张等有长时间交往。

⑤ 川越茂，近代日本著名外交官，曾历任日本驻吉林、青岛、广东、天津等地总领事，1936年5月接替有吉明出任第二任日本驻华大使，与胡、张等人有长期交往。

公布的战时及战后对华状况评估报告等，其中 CIA 报告中将《大公报》作为衡量当时中国舆论倾向的重要参照。

（二）日记、文集及回忆录部分

除档案外，日记、文集、回忆录等也是新闻史研究的重要史料，本书所采用的这部分史料主要包括以下部分。

1. 中文部分

本书所采用的中文史料，除前述列举过的外，还包括与《大公报》主要干部有过密切交往的如周佛海、胡适、徐永昌、王世杰等近代名人的日记、回忆录、传记等。

2. 日文部分

本书所采用的日文史料，除档案外，主要包括近代史上与《大公报》主要干部有过密切交往的日本报人、外交官的日记、文集及回忆录等，如神尾茂《香港日記》，芳泽谦吉《外交六十年》，币原喜重郎《外交五十年》，松本重治《近衛時代》《上海時代》，宇垣一成《宇垣一成關係文書》《宇垣一成日記》，小川平吉《小川平吉關係文書》，石射猪太狼《外交官の一生》《石射豬太狼日記》等。

除了使用上述史料结合报纸原件对《大公报》历史进行研究之外，本书还将制定编码表，对 1926—1949 年的《大公报》进行构造轴抽样，对其在不同时间的主要新闻及言论进行定量分析。由于《大公报》历史上不同时期言论倾向的变化，早已"前人之述备矣"，笔者自忖无法超越前哲，故此藏拙。本书将以时间顺序为轴，以该报与蒋介石及其领导的南京国民政府之间的关系为主线，辅之以该报与日本当局及共产党阵营关系的演变，以各个不同时期该报与国、共、日三方关系中的重要事件为关节点，渐次展开，并将以该报为例，分析近代史上的民营报刊与政府间关系、"四不主义"与"小骂大帮忙"的评价以及"文人论政"与"新闻专业主义"的关系等问题。

根据前述原则，本书将该报 24 年的历史分为试探（1926—1933）、合流（1933—1941）、分歧（1941—1946）以及决裂（1946—1949）四个历史时期。

第 二 章

试探时期（1926—1933）

1926年5月21日，国民党二届二中全会通过北伐决议案；7月9日，蒋介石就职国民革命军总司令，在广州誓师北伐；9月1日，吴鼎昌、胡政之、张季鸾三人合组之新记公司接办的《大公报》在天津复刊。这一人（指蒋介石） 报（指大公报）的关系，出此开始。

《大公报》与蒋介石早期的关系相对淡漠，伴随着北伐硝烟诞生的新记《大公报》在其复刊之初并未对蒋有任何"帮忙"之举，其原因自然是蒋当时的控制力尚未能达到北方，对该报鞭长莫及；而《大公报》身在北洋政府治下的天津，自然有人在矮檐下之虑，加之对广州当局缺乏了解，所以双方关系并不密切。更重要的是，作为久历人生沧桑的吴、胡、张三人，对于这份来之不易的事业倍加珍惜，他们目睹了许多报人、报馆动辄横遭劫难的事实，深谙"秀才遇到兵，有理说不清"的道理，所以在北伐的风云变幻中，他们必须占风观色，把握时局，才能让报纸获得生存发展。所以在复刊之初，他们对蒋及其所领导的北伐多有指摘，但当北伐军抵定平津、江山易手之时，该报却又大幅"跳空"，急欲示好于新政权。但是，由于蒋并未能完全控制北方地区，加之其在国民党及国民政府内部的绝对领袖地位也尚未稳固，所以这一时期《大公报》虽然在一些问题上对蒋有"帮忙"，但仍然时有龃龉，双方就像一对新婚夫妻，在磕磕碰碰中相互了解，最终走到一起，完成了合流。

第一节　续刊之初的新记《大公报》与蒋政府

1911年10月10日，武昌起义爆发；次年元旦，中华民国宣布成立；2月12日，末代皇帝溥仪下诏退位，在中国延续了两千余年的专制帝制终结，近代共和国体在中国建立起来。

　　但是，民国虽然成立了，民主共和的目标却并非一夕可至。此后的十余年里，你方唱罢我登场，城头变幻大王旗，各路军阀混战不休，政治局势变幻莫测。作为民国的缔造者，孙中山先生在发动护法运动、反对袁世凯称帝失败后，被迫流亡日本，并于 1921 年在广州就任中华民国非常大总统，与在北京的北洋政府并立，开始了中国近代史上的"南北朝时期"。为统一全国，消灭军阀，1926 年 7 月 1 日，广东国民政府发布北伐动员令；9 日，国民革命军在广州誓师出征，北伐战争爆发。正在北伐如火如荼地进行之时，同年 9 月 1 日，《大公报》在天津续刊，该报 24 年的历史由此开始。

　　续刊之初的《大公报》，面对的是复杂的政治环境：一方面，南方北伐军节节胜利，北洋军阀政府眼看不保；另一方面，办报地天津又处在北洋政府管辖之下，"县官不如现管"。作为一家民营报纸，不可能在激烈的政治斗争中置身事外，但当时局势却混沌不明，这场南北双方的角力究竟鹿死谁手，尚不可知。同时，续刊之初的《大公报》，虽然承袭了英敛之创办的报纸之名，也集合了一批办报高手，但毕竟根基尚浅、影响未著。出于维持生存的目的，《大公报》在续刊之初对于北伐战争的态度是：一边呼吁停战以迎合民众厌战心理，另一边批评南方以迎合北洋政府，在复杂的政治斗争中把握时机，占风观色，逐渐打牢根基，以图发展。

　　《大公报》续刊的第二天，便发表署名"前溪"（吴鼎昌）的"论评"①《战卜》，旗帜鲜明地亮出反战观点，文云：

　　　　战亦如是，不战亦如是，则厌恶之心生；战胜亦如是，战败亦如是，则鄙屑之念起；无论若何之号召，皆等量齐观，无论何谁之胜负，盖孰视若无睹。……今日国人所以厌战者，战而不能安耳；苟信斯人，战而能安，则箪食壶浆以迎王师者。②

　　吴鼎昌的这篇文章，可以说是为《大公报》在北伐时期的言论倾向

定下了一个基调，此后，反战的主张基本贯穿北伐时期的《大公报》。如1927年5月19日社评——《南北妥协之可能性为何》云：

> 战之事愈紧，而和之声亦愈高，愈战愈和，愈和愈战。今干戈满中国，而妥协之声，依然不绝于耳，此诚旷古之奇闻，中国之常事也。①

又如1928年5月9日社评——《论京沪两商会电》亦云：

> 上海北京两总商会之息争御侮电，应可代表普通商界心理；而双方当局，不禁其发拍与宣布，亦为可注意之点。……亦今日苟言息争，则必须根本觉悟，务使此次内战为最后一次……假令息争为暂时休战之义，其祸更大而远。②

但是，形势比人强，《大公报》的"反战"呼吁，既没能停止北伐军前进的脚步，更无法拯救腐败分裂的北洋军阀政府。1928年5月30日，主持北京政府的安国军大元帅张作霖下达总退却令；6月3日，张作霖乘专列自京返奉；8日，国民革命军第三集团军在前敌总指挥商震指挥下由广安门入京，北京降下五色旗，改挂青天白日旗；12日，傅作义宣布就任天津警备司令，北伐军和平接收天津。同日，国民政府发表《对内宣言》，宣告北伐成功，北洋军阀统治终结，南京国民政府由此成为全国的政治中枢。面对诡谲多变的政治环境，《大公报》的言论态度，也发生了微妙的变化。

根据高郁雅的研究，在北伐战争自广州誓师出征到张学良东北易帜的两年多的时间里，《大公报》对南方阵营的态度，经历了一个由负面向正面的转换，且随着战局的变化而变化。从整体上来看，除了平津易帜的1928年6月该报对南方阵营的态度为正值之外，其余各个时期皆为负值，但当北伐军进展顺利时，其负值便偏小，反之则偏大（图2—1）。

---

① 《南北妥协之可能性为何》，《大公报·津版》1927年5月19日第1版。
② 《论京沪两商会电》，《大公报·津版》1928年5月9日第1版。

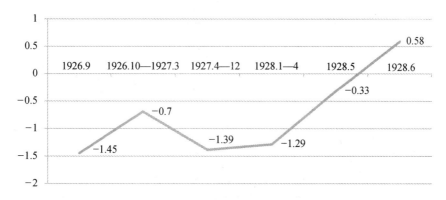

图 2—1　北伐战争期间《大公报》对南方阵营态度变化①

从图 2—1 可以明显看出：北伐出师之初，《大公报》对南方阵营的态度乃是极为负面；随着北伐军轻取吴佩孚，痛击孙传芳，军事上进展顺利，该报的负面态度便有所减弱；而随着 1927 年 4 月宁汉分裂、东征讨蒋到广州事变，国民党阵营内部纷争不断，该报的负面态度便又有所扩大；1928 年 1 月 9 日，蒋介石通电宣布继续行使国民革命军总司令职权，在整顿内部之后，于 3 月 27 日在徐州再度誓师北伐，兵锋直指京津地区，这段时期内的《大公报》一方面出于前期对南方阵营的不良印象，另一方面则深感战争的压力就在身边，对南方阵营的态度还是高度反对；而随着奉军北撤、平津易帜，该报的态度则"大幅跳空"，"显示其在南方北伐成功接收北京天津后，急于向新政权表达亲善归服的心态"②。

《大公报》在北伐时期的表现，乃是这一时期中国民营报纸的一个缩影，无论它们如何高调宣布自己的"独立""无私"，在当时的条件下，实际都是不可能做到的。面对"有枪便是草头王"的形势，"秀才遇到兵"的报人们，如果不想像《晨报》那样关门大吉，或是像邵飘萍、林白水那样命丧黄泉，就只能与政府保持一种合作的关系，他们的"独立""无私"，也只能在不触及政府的核心利益，在政府认可的范围内实现。

---

①　参见高郁雅《北方报纸舆论对北伐之反应——以天津〈大公报〉、北京〈晨报〉为代表的探讨》，台湾学生书局 1999 年版，第 248—251 页相关表格内容。

②　同上书，第 252 页。

北伐期间的表现，可以说为《大公报》此后二十余年的表现定下了基调，自此之后直至 1949 年，南京蒋介石政府都是中国政治的重心，与蒋政府的关系，也就成了《大公报》最重要的问题。

第二节　初次龃龉——冯玉祥通电事件

从北伐结束的 1928 年到 1933 年，《大公报》与蒋政府之间，一直保持着一种相互试探的关系，这一方面是由于《大公报》复刊未久，影响未著；另一方面，蒋政府也地位未固。在这段时间里，双方有过摩擦，也有过合作，而双方摩擦的代表性事件，则是 1929 年 5 月的冯玉祥通电事件。

一　蒋冯冲突及第一次讨冯战争的爆发

1928 年 6 月，平津易帜，中原底定，北伐成功；同年 12 月，张学良东北易帜，南京国民政府实现了形式上的全国统一。但是，共同的敌人一被打倒，南京政府内部的派系斗争便锣鼓登场。1929 年 3 月 26 日，南京国民政府主席蒋介石下令免去桂系李宗仁、李济深、白崇禧本兼各职，分兵进攻武汉，蒋桂战争爆发。在战争中，拥兵自重的冯玉祥先是观测风向，首鼠两端，后在蒋介石的多方掣肘之下决定"图生存之道"，于 5 月 16 日授意部将刘郁芬、宋哲元等通电促蒋下野，拥护冯为"护党救国军"西北军总司令，从而公开联桂抗蒋。面对冯玉祥的攻势，蒋介石一方面借"中央"名义，以高官厚禄策反冯的重要部将石友三、韩复榘等人，试图从内部瓦解冯玉祥阵营；另一方面盛设兵势，严阵以待。随着韩复榘、石友三、杨虎城等心腹将领的纷纷倒戈，冯玉祥阵营几乎转瞬间便被拆得七零八落。5 月 24 日，南京当局宣布缓发对冯的"讨伐令"，同时发布"查办令"，宣布"冯玉祥背叛党国，逆迹已著，无可再予宽容，冯玉祥应即褫去本兼各职，着京内文武机关，一体协缉拿办，以安党国而正法纪"①。同日，蒋介石在上海发布《告西北将士书》宣布"今中央已决议开除冯玉祥党籍，命令通缉，但祗限于冯氏一人，诸将士概不与焉"②。在内外

---

① 《缓令讨伐，先予拿办》，《大公报·津版》1929 年 5 月 25 日第 3 版。
② 《蒋发告西北将士书》，《大公报·津版》1929 年 5 月 25 日第 3 版。

交困的局势下，冯不得不于 5 月 27 日通电"下野"，表示"洁身隐退，以谢国人"。蒋介石由此取得与冯较量的第一回合的胜利。

但是，就在发表"中央"对冯的"查办令"和蒋的《告西北将士书》的当天，《大公报》却又发表了一篇冯的"复蒋哿电"，由此引起了蒋与该报之间的第一次冲突。

二　冯玉祥"复蒋哿电"与蒋介石的反应

1929 年 5 月哿日（20 日），蒋有一电致冯，"作最后之劝告"；径日（25 日），《大公报》刊登冯的"复蒋哿电"，电文如下：

> 奉哿电，如掬肝胆相与，回环雒诵，怅触万端。比来阴愁之气，遍于中国，诚如尊旨，大局崩坏至此，和平统一，徒成虚语。谁实为之？孰令致之？明达如公，当知症结所在。而旧日共患难同甘苦出入死生之同志，隔阂乖异，总理英灵有知，能不痛心！所谓三民主义之国民革命运动，为国家求独立、民族求生存，唯一之出路。真革命者，努力奋斗，千回百折，终必获最后之胜利。而假革命者，诡计阴谋，自掘坟墓，一时获逞，终必为革命势力所消灭。此则总理遗训昭示吾侪，而公与玉祥所共信不渝者也。玉祥腿病加剧，步履维艰，过蒙厪注，纤尊枉顾，惶悚无似。顾以谊属金石，忝居一年之长，辄忘狂慢，敬请由山西来陕州一谈，藉慰饥渴，并申下情，不识可否？西北连岁大旱，饥殍载道，诚蒙大纛莅止，则千万灾民，得瞻左右颜色，使阴愁之气，化为雨露之施，亦盛事也。总理奉安期迫，仰望遗灵，如在其下。因病不能参谒，已派定代表在平恭送，敬并奉闻。①

《大公报》发表这封电文的消息，很快被蒋获悉，并引起了蒋的震怒。陷日（30 日），蒋转就此事致电时任讨逆军第 9 军军长的何成浚，电文如下：

> 北平何参军长勋鉴：布密。径日天津大公报载有冯逆覆电一则，称系沪讯。查此间并未接到该项电文，且冯接哿电后，即果有此覆

---

① 《冯复蒋哿电》，《大公报·津版》1929 年 5 月 25 日第 3 版。

电，传至沪上，再由沪寄津，亦决无径日即能登载之理，显系有人捏造，希向该报切实查究其稿从何来，何故揭载此稿，即行电复核办为盼，中正陷印。①

三　对"冯玉祥通电事件"的分析

（一）蒋为何有此反应

平津易帜后，南京国民政府虽然实现了形式上的统一，但其势力范围仍然主要以南方各省为主，包括平津在内的北方各省，仍然掌握在阎锡山、冯玉祥手中。1928 年 5 月日本帝国主义制造"济南惨案"，阻止蒋为总司令的北伐军第一集团军北上之后，平津地区的底定，实际上是由第二（总司令冯玉祥）、第三（总司令阎锡山）两集团军完成的，平津和平接收后，阎锡山即就任京津卫戍总司令。国民政府虽定都南京，但北平作为北洋旧都，一直是北方最重要的城市，且平津地区文化发达，知识分子云集，平津局势的稳定，对于稳定整个北方大局意义重大。而在蒋、冯冲突中，阎锡山态度暧昧，他既无吃掉冯部的把握和雄心，又担心一旦冯被蒋消灭造成南京独大而有唇亡齿寒之忧，所以他既媚蒋压冯，又拉冯抗蒋。在这种情况下，平津地区的舆论动向，自然是蒋所密切关注的事情。《大公报》当时已经在平津地区具有了一定的影响力，而是电文中"大局崩坏至此，和平统一，徒成虚语。谁实为之？孰令致之？明达如公，当知症结所在。而旧日共患难同甘苦出入死生之同志，隔阂乖异，总理英灵有知，能不痛心！""真革命者，努力奋斗，千回百折，终必获最后之胜利。而假革命者，诡计阴谋，自掘坟墓，一时获逞，终必为革命势力所消灭。"云云，则明显是对蒋的讽刺。在这样一个敏感的时候，由这样一份重要的报纸，发表这样一篇内容的电文，对于蒋的讨冯大计，自然是有害无利，所以蒋的这种反应，也在情理之中了。

（二）电文是否属实

在"蒋档"中，笔者并未再看到有关此事的任何记录，而查阅同期《大公报》，也未见有关此事的任何"更正"，而"蒋档"中也并无冯此电原稿（蒋档中关于此电的记载，是以蒋致何电的附件的形式存档的），

---

① 《蒋介石致何成浚电》，1929 年 5 月 30 日，台北"国史馆"藏蒋介石档案，档案号：002—090106—00007—295。

而相关人物也没有留下直接记录，所以笔者只能从常理推断此事的真伪。

笔者以为，从各方面情况来看，这封电文应当确实存在。首先，冯玉祥当时已经处在众叛亲离、四面楚歌的境地，是电发表的时间，距离冯通电"下野"，仅有两日，在大局不利之际，聊逞口舌之快，却也在情理之中；其次，蒋借以判断此电为捏造的根据，乃是上海并未接获此电文，同时冯如接哿电后回复至上海，再由上海传至天津于 25 日刊登，时间上来不及，但是前一个理由本身就很靠不住，而就时间来看，如此电文系由上海寄至天津，自然是来不及，但如系电文传送，则时间也不是问题，《大公报》原文作"接沪讯"，对于获得此消息的方式语焉不详，但同期该报确有大量沪宁专电，故此事系电传的可能性仍然存在，所以时间上也不是问题；最后，当时主《大公报》笔政的乃是张季鸾，张系陕西榆林人，一向秉持"报恩的人生观"，有很重的乡土情结，他对于同属桑梓的西北军的态度自然可想而知，而该报当时地处天津，乃是阎锡山的地盘，无须太过顾及蒋的反应，所以为冯捋虎须作此仗马之鸣，也并非不可能的事情。

不管此事真伪如何，《大公报》发表此电令蒋大为光火，却是不争的事实，这也从一个侧面反映了这一时期双方关系并不太融洽。但随着蒋逐渐削平各地方派系，特别是 1930 年取得中原大战的胜利之后，南京政府在北方的统治逐渐稳固，双方的关系也开始由相互摩擦走向相互试探。

第三节　《大公报》与蒋政府间的相互试探

一　"法西斯蒂组织"事件

派系争斗一直是国民党的痼疾，中原大战以后，蒋介石虽然进一步确立了"领袖"的地位，但平静的水面下却暗流汹涌，国民党内逐渐形成了蒋、汪（精卫）、胡（汉民）三派争斗的局面。在各方压力下，蒋不得不于 1931 年 12 月 15 日致函中常会，宣布"下野"，由孙科出面组阁，但孙科既无兵权，又无财权，很快便陷入了焦头烂额的境地，次年 3 月 1 日，国民党中央四届二中全会再度选举蒋为军事委员会委员长，蒋的二次"下野"仅短短数月，便重新掌握了全国的军政大权。

此次危机虽然平安渡过，但在蒋看来，派系林立的国民党已无法再信任，为了巩固自己的统治，在第二次复职之后，他便着手建立属于自己的小团体组织。1932 年 3 月 1 日，在复职当天，蒋即授意其黄埔系精英人物贺衷寒、桂永清、滕杰、戴笠等"十三太保"成立"中华民族复兴社"，作为直接从属于自己的小核心。当时正值法西斯主义在欧洲甚嚣尘上，该社处处"以德为师"，带有强烈的法西斯主义色彩，标榜"一个主义、一个政党、一个领袖"的口号，甚至连服装都刻意模仿意大利黑衫军和德国纳粹褐衫军。当时的欧洲，在法西斯主义的笼罩下，战云密布，纳粹德国对内独裁高压，对外四面出击，国内舆论特别是知识界虽然对其不甚了解，却普遍观感不佳，所以对于蒋的此种行为也是颇多疑忌。在这种情况下，《大公报》特地于 1932 年 7 月 8 日致电蒋介石，请其就此事做出解释。电云：

> （汉口）蒋委员长勋鉴：近常接印刷品，谓我公别有法西斯蒂团之组织，杂志中亦有评论其事者，道路之言，未敢置信，讹误流传，影响匪细，可否恳请在可能范围内解释真相，并发表对于中国法西斯蒂运动之感想，以正国民观听。大公报 庚。①

对于《大公报》的这一问询，蒋非常重视，特命先拟初稿，并亲自修改（700 余字电文共修改 21 处），后又专门指示"发季、胡②两人，请裴③杨④两先生研究再发"，最终于 11 日电复《大公报》云⑤：

---

① 《大公报致蒋介石电》，1932 年 7 月 8 日，台北"国史馆"藏蒋介石档案，档案号：002—080200—00053—084，标点系笔者所加。

② 应指张季鸾（季）、胡政之（胡）。

③ 应指裴复恒，裴 1902 年生于江苏吴县，获巴黎大学法学博士学位，曾任国民党中央政治会议特务秘书、国民政府参谋本部秘书等职。

④ 应指杨永泰，杨 1880 年生于广东茂名，后赴日留学，1912 年当选中华民国临时国会参议员，次年 3 月任国会宪法起草委员会委员，此后历任两广护国军司令部局长、护法军政府财政厅厅长、关税特别委员会委员、陆海空总司令部总参一等职，系蒋之重要幕僚，被蒋称为"当代卧龙"。据刘国铭主编《中国国民党百年人物全书》"杨永泰"条，团结出版社 2005 年版，第965 页。

⑤ 由于版权所限，本书无法提供蒋复电原件图片，为更清晰地体现其原貌，此处引用其初稿，并以注释形式将蒋修改之处——注明，其终稿即为修改后誊清件。

蒋委员长对于中国法西①斯蒂②运动之谈话

　　——答复天津大公报之电询

　　昨天津大公③报以最近风传中国有法西斯蒂团体之组织④及运动竟影射⑤与蒋委员长有关，特电询真相。蒋委员长除电覆该报外⑥，特正式发表谈话以正国民观听。来电及谈话原文并列如下，想亦关心时局者所亟愿问者也。

　　中国革命的组织和方式，祇⑦有以中国国民党孙总理所定之固有组织和方式方能完成中国国民革命⑧的使命，否则，如必欲强效外国之革命方式与中国民族性绝对相反之组织，⑨用之于中国，则不⑩惟革命不能成功，即国家和民族亦不能允许有此试验之时间。今日中国革命之所以失败者，即背叛孙总理之反革命份子，毁坏中国国民党固有之组织与方式所致也。吾人既不能恢复其固有惟一革命之组织，而又欲仿效意大利之所谓法西司⑪蒂⑫之组织，来强行之于中国，是何异共产党欲以中国为共产化？故中正可以坦白直率答复贵报⑬曰："中正生为中国国民党之党员，死为中国国民党之党魂，祇知⑭中国革命的组织，惟⑮有一个中国国民党，而⑯中国革命⑰的方式，亦祇能⑱有一

----

①　此处"西"字为后来添加。

②　此处涂掉一字。

③　此处"公"字为后来添加。

④　此处涂掉一字。

⑤　此处原为一"谓"字，后涂掉改为"影射"。

⑥　此处"除电覆该报外"为后来添加。

⑦　此处"祇"字系后来添加。

⑧　此处"命"字系后来添加。

⑨　此处添加"而贸然"三字。

⑩　终稿此处"不"字删去。

⑪　终稿此处改为"斯"字。

⑫　原文此处为"带"，后涂掉改为"蒂"。

⑬　原文此处原为"先生"，后涂掉改为"贵报"。

⑭　原文此处原为"认定"，后涂掉改为"祇知"。

⑮　原文此处原为"祇"，后涂掉改为"惟"。

⑯　此处"而"字系后来添加。

⑰　终稿中改为"国民革命"。

⑱　此处原为一"祇"字，后改为"亦祇能"。

个①中国国民党国民革命的方式②为中国惟一无二之途径，如有其他的组织，中③不惟不能赞同，而且绝对反对。中正今日惟一之志愿，乃在复兴中国国民党十三年④之革命精神，与其独一无二国民革命之组织和方式而以实现三民主义自任也。"⑤

蒋的这封电文，于发出当日便在《大公报》发表。《大公报》的这一做法，固然有考虑到这一事件本身重要性的原因，但客观上也帮助蒋平息了外界的汹汹之议。蒋于电文发出当日在《复兴赘笔》中记云"于是群疑始息"⑥并将是日该报相关报道剪报存档，足可见其对此事的重视，也足见《大公报》此举令蒋非常满意。

二　双方的其他接触

（一）吴、胡、张与蒋介石的早期交往

据台北"国史馆"藏"阎锡山档案"显示，吴最早开始进入当局视野，乃是1930年3月。北伐结束后，蒋开始着手消灭各地军阀势力，阎锡山渐感如芒在背。是年2月10日，阎以攻为守，电请蒋下野，继而联络冯玉祥、李宗仁等组成反蒋同盟，同时得到了国民党内部反蒋派的支持，一时声势浩大。3月24日，汪精卫电阎请其速组织国民政府并就任主席⑦，阎由是开始考虑延揽各方人才自组国民政府事宜。28日，傅作义⑧、贾景德⑨

---

①　此处"一个"二字系后来添加。

②　终稿此句删掉。

③　中，即蒋自称，蒋字中正。

④　终稿此处加一"时"字。

⑤　《蒋介石致大公报电》，1932年7月9日，台北"国史馆"藏蒋介石档案，档案号：002—020200—00032—020。

⑥　《复兴赘笔（二）》，1932年7月11日，台北"国史馆"藏蒋介石档案，档案号：002—060900—00002—003。

⑦　郭廷以：《中华民国史事日志·民国十九年》，台北"中央研究院"近代史研究所1984年版。

⑧　《傅作义致阎锡山电》，1930年3月28日，台北"国史馆"藏阎锡山档案，档案号：116—010101—0099—028。

⑨　贾景德，字煜加，号韬园，山西沁水人，时任国民革命军第三集团军秘书长、平津卫戍总司令部秘书长。

同时电阎，推荐吴可为新政府财政人才①，这一建议应当得到了阎的认可，4月4日，贾又电阎报告其与吴商量新政府财政组织办法，建议暂设总务、会计、公债三司②。5月18日，丁春膏③又电冯玉祥报告吴"在经济界颇富时誉"④，至此，吴"经济专家"的地位，在当时的北方当局心目中树立起来。

　　虽然阎的"新政府"终成镜花水月，但吴却似乎未受影响，特别是"法西斯蒂组织"事件后，《大公报》帮了蒋一个大忙，于是吴在蒋心目中地位渐重。于是此事件后仅一月，8月31日，蒋电钱昌照⑤，请其拜托吴起草经济财政计划⑥；9月6日，蒋又对人称赞吴为"当今之人才"，并称"余甚愿与成不朽之事业也"⑦。而据"蒋档"记录来看，此时二人尚未谋面，在"蒋档"中，这种现象并不多见。可能是吴上交的计划令蒋颇为满意，22日，蒋又电钱请其代约吴"驾庐为盼"⑧。27日，蒋、吴在庐山会面，蒋在当日《事略稿本》中给吴下了"予智自夸"⑨ 四字的考语。应当说这个评价并不甚佳，但也许是蒋当时求贤若渴，也许是吴在经济领域名气太大，于是30日两人再度会面，吴向蒋提出了"对于农工实应并重，以农工为经济之基本，苟不使有条理以发展生产"的建议，蒋认为吴"对于经济亦有心得"，并再下考语"此人确有研究，亦知人

　　① 《贾景德致阎锡山电》，1930 年 3 月 28 日，台北"国史馆"藏阎锡山档案，档案号：116—010101—0099—030。

　　② 《贾景德致阎锡山电》，1930 年 4 月 4 日，台北"国史馆"藏阎锡山档案，档案号：116—010101—0099—042。

　　③ 冯系重要将领，曾任冯秘书长。

　　④ 《丁春膏致冯玉祥电》，1930 年 5 月 18 日，台北"国史馆"藏阎锡山档案，档案号：116—010102—0050—041。

　　⑤ 钱昌照，江苏常熟人，时任国民政府教育部常务次长，倡导"实业救国论"。

　　⑥ 《事略稿本》，1932 年 8 月 31 日，台北"国史馆"藏蒋介石档案，档案号：002—060100—00052—031。

　　⑦ 《事略稿本》，1932 年 9 月 6 日，台北"国史馆"藏蒋介石档案，档案号：002—060100—00053—006。

　　⑧ 《蒋介石致钱昌照电》，1932 年 9 月 22 日，台北"国史馆"藏蒋介石档案，档案号：002—070100—00027—061。

　　⑨ 《事略稿本》，1932 年 9 月 27 日，台北"国史馆"藏蒋介石档案，档案号：002—060100—00053—027。

事，可与之交也"①。至此，蒋、吴之间的信任初步建立。

随着吴逐渐受到蒋的重视，也随着《大公报》在北方舆论地位的树立，在这段时间里，胡、张二人与蒋的接触开始密切起来。据"蒋档"中《事略稿本》的记载，1932年5月1日，胡政之面谒蒋介石；次年3月14日，蒋接见张季鸾，与之谈对日方略事，这是"蒋档"中所记载的胡、张二人分别与蒋的首次见面。此后，胡、张二人与蒋关系也渐趋密切，并逐渐开始为其内政、外交出谋划策。

（二）蒋电刘峙要求关照《大公报》记者李子织

1932年10月，《大公报》派遣记者李子织赴江西"匪区"采访，蒋特专电正在江西主持"剿匪"的北路军总司令刘峙，请其予以关照。9日，刘峙复电蒋云：

> （开封）特急 汉口总司令蒋 斋秘电奉悉，天津大公报记者李子织君钻察匪区，已传令务当地驻军妥为照料矣。谨复。刘峙 佳 已绥密 印②

1932年3月蒋再度"复职"后，成为全国"领袖"，权倾一时，而李子织不过一个小记者，双方身份的差距可谓霄壤之别，蒋作此关照，自然不是出于对李的关心，而是要借重《大公报》的地位，为其"攘外必先安内"的"国策"进行鼓吹。"九·一八事变"之后，坚持"攘外必先安内"的蒋政府面临着全国上下越来越大的舆论压力，这时如有能在全国舆论界举足轻重的报纸替其宣传，对蒋来说自然是求之不得。所以蒋作此关照，乃是卖好《大公报》之意，而蒋的良苦用心，也得到了该报的积极响应。自"九·一八"至"七·七"，《大公报》一直坚定地支持"攘外必先安内"的政策，对于这一问题，后文将有详细论述。

总之，经过了初期的摩擦，蒋政府及《大公报》双方开始逐渐接近，这一方面是由于蒋在北方的统治逐渐稳固，《大公报》人在屋檐下，不得

---

① 《事略稿本》，1932年9月30日，台北"国史馆"藏蒋介石档案，档案号：002—060100—00053—030。

② 《蒋介石致刘峙电》，1932年10月9日，台北"国史馆"藏蒋介石档案，档案号：002—080200—00058—159，标点系笔者所加。

不低头；另一方面则是由于双方在内政、外交等问题上的观点颇为一致，也容易达成共识，在这一问题上，最典型的代表，便是"九·一八事变"之后，《大公报》对于"明耻教战"的宣传。

第四节　"九·一八事变"与《大公报》"明耻教战"的宣传

一　"明耻教战"论——《大公报》史上一则著名公案

1931 年 9 月 18 日晚 10 时，日本关东军进攻东北军沈阳北大营，震惊中外的"九·一八事变"爆发，东北大片国土迅速沦丧，举国上下民议汹汹，纷纷要求立即武装抗日，而时任南京国民政府主席、国民革命军总司令兼军事委员会主席的蒋介石却坚持其"攘外必先安内"的政策，对日不抵抗，却屡次集结重兵"围剿"江西红军，引起举国上下舆论谴责。当时，作为北方舆论重镇的《大公报》公然喊出"明耻教战"的口号，反对对日"一战"，顿时引起了读者的强烈抗议。这一事件在新中国成立后也成了批判《大公报》的"罪证"之一。在很长一段时间里，学界普遍认为是蒋介石拜托于右任在"九·一八"之后打电报给张季鸾，要其支持"缓抗"（以下简称"'请托电'事件"），所以《大公报》的"明耻教战"，与蒋的"攘外必先安内"实是一个论调，乃是《大公报》投靠蒋阵营，对其"小骂大帮忙"的"罪状"。如《1926 至 1949 的旧大公报》一文：

> 也正因为"九一八"事变的民族危机，蒋介石的不抵抗政策受到全国人民要求抗日的重大压力，蒋介石一方面需要比较有力量的报纸替他的不抵抗政策辩护，另一方面也需要搞些花样作为他准备抗日的点缀。为了前一种需要，蒋介石叫于右任给张季鸾打电报，要大公报主张"援抗"，以应付全国各方面，特别是青年学生请愿抗日的怒潮，大公报的确为此大卖了力气。①

---

① 王芸生、曹谷冰：《1926 至 1949 年的旧大公报》，载中国人民政治协商会议全国委员会文史资料研究委员会编《文史资料选辑（第二十五辑）》，中华书局 1962 年版，第 11 页，着重号系笔者所加。

由于王、曹二人在《大公报》的重要地位，这一说法后来被广泛采信，在一段时间里几乎成为研究《大公报》在"九·一八"前后言论倾向的必引史料，并且认为这是《大公报》"明耻教战"主张的由来，如：

> 《大公报》首脑人物也把蒋介石看作是中国的希望，奉之为"国家中心"。"九一八"事变后，《大公报》受蒋介石嘱托宣传不抵抗主义。嗣后，张季鸾成为蒋介石的"国士"，吴鼎昌成为南京政府的要员。①

自 20 世纪 90 年代以来，国内学界开始重新认识《大公报》的历史地位，对它的评价也渐趋正面，改变了此前一概否定的态度。对于"请托电"事件，则开始质疑此事的真伪，并逐渐认为《大公报》的"明耻教战"与蒋的"缓抗"实质不同，不能混为一谈。如吴廷俊先生认为：

> "沈阳事变"后，群情激奋，抗战呼声四起，在此严重关头，《大公报》采取了另一种态度，发动了一场"明耻教战"的宣传。这一点，历来被列为大公报"罪行"之一，甚至说这是张季鸾受蒋介石指使的结果。我们认为，一则蒋介石委托于右任打电报张季鸾请求帮助宣传"缓抗"一事，至今查无实据，二则《大公报》的"明耻教战"与蒋介石的"缓抗"内涵完全不一样。蒋介石的"缓抗"的内涵是"攘外必须先安内"，先消灭共产党，再抗击日本人。《大公报》的"明耻教战"的内涵是，宣战之前，要充分发动民众，在精神上物质上作好充分准备，一旦宣战，就战到胜利为止。应该说，这种见解是一种灼见，这种态度是一种负责的抗战态度。②

但是赞成的声音仍然存在，如《中国新闻事业通史》中云：

> 1931 年 9 月 18 日，日军发动事变，侵占东北三省。全国舆情激

---

① 谢国明：《论新记〈大公报〉的"四不主义"》，《新闻研究资料》1986 年第 3 期，着重号系笔者所加。

② 吴廷俊：《新记〈大公报〉史稿》，武汉出版社 2002 年版，第 17 页。

愤，要求奋起抵抗。蒋介石于事变发生后嘱于右任致电张季鸾，请《大公报》支持当局的不抵抗政策。[①]

再如《中国新闻传播史》：

（"九·一八事变"后）在全国人民，特别是青年学生请愿要求抗日的时候，蒋介石要于右任打电报给张季鸾，要《大公报》主张"缓抗"。《大公报》发表了评论，主张"镇静应付"，寄希望于国际联盟干预和美苏表态。[②]

可见，在此问题上，学界仍然倾向于采信其确有其事，但仍始终未有定论。那么，此事经过到底如何呢？

二　"请托电"，有耶？无耶？

其实，问题的关键，就在于那封所谓的"请托电"是否存在，这就需要我们先来考察一下9月18日、19日两天蒋、张、于三人的活动。

据杨天石先生考证，"九·一八事变"爆发时，蒋介石正在前往南昌督师"剿共"的途中，而蒋得知此事，则是于次日"接沪电"之后。此后，蒋即电嘱时在北平养病的张学良，嘱其对日军所谓"我军有拆毁铁路之计划"（即柳条湖事件）的借口"力辟之"，并将近情"时刻电告"。[③] 此电文发出的时间是"皓戌"，即19日晚7—9点，依常理推断，如果确有"请托电"，当不会早于这个时间发出。

对照《大公报》内容，我们发现，该报针对"九·一八事变"所发表的最早评论是9月20日的《日军占领沈阳长春营口等处》，此文主张"抵拒强权须有远计"，并为甲午之战中"独请持重"的李鸿章辩解，主张"缓抗"之意已非常明显。所以，如果"请托电"一事属实且确与《大公报》的"明耻教战"论有直接关系的话，那么此电应当是于19日

---

① 方汉奇主编：《中国新闻事业通史·第二卷》，中国人民大学出版社1996年版，第483页。

② 方汉奇主编：《中国新闻传播史》，中国人民大学出版社2009年版，第213页。

③ 杨天石：《找寻真正的蒋介石》，华文出版社2010年版，第45页。

晚9点到20日晨4点之间发出①。

"蒋档"中，"九·一八"期间，同时涉及蒋、张、于三人的电报，仅有一件，电文如下：

> （南京）××（二字不识）急限即刻到 na 探呈主席蒋钧鉴（　）②
> 密　顷接津大公报张季鸾君电称沈垣（阳）昨夜今晨间实际已被日军全
> 占，我方无抵抗，又电云皓丑起沈阳日军攻北大营将皇姑屯至沈站间
> 桥梁电线毁断多等语，证以外部及电通社讯所传属实，中央即晚召开
> 紧急会议，特闻 于右任 叩 皓卯。③

电报发出时间为"皓卯"，即19日晨5—7点，文中说到"顷接"《大公报》电，则《大公报》电文应在5点之前。所以，《大公报》是先于蒋介石得知事变发生的，并将此事电告时在南京的国民政府监察院长于右任，再由于电告蒋。那么，如果"请托电"存在的话，则在19日晚9点到次日晨4点之间，蒋应有一电致于，再由于告张。但是经笔者再三查找，这两封电文始终查无实据。

当然，也存在着这样的可能，即电文原件已经丢失或被毁，而蒋的指示与《大公报》"缓抗"的主张暗合。对此，笔者认为，以当时蒋和张的关系来看，蒋给张这样的指示大可存疑。

三　"九·一八"前后蒋张关系分析

蒋、张关系之密切，乃是众所周知的事情，但那却是后来的事情，"九·一八"时期，二人关系却仍很平常。蒋、张之初次会面，可能在1928年7月1日④，

---

①　《大公报》每天早晨出版，一般最晚截稿时间为晨4点，特别是社评，一般不可能在这个时间之后再创作。

②　原文此处有一括号。

③　《于右任致蒋介石电》，1931年9月19日，台北"国史馆"藏蒋介石档案，档案号：002—090200—00003—090。

④　此次会面记录最早见于王芸生、曹谷冰作《1926至1949年的旧大公报》，后又见于周雨《大公报史》，由于周文未注明，故不知是否系周引用王、曹二人之说法，但笔者认为，此次会面应当属实。见王芸生、曹谷冰《1926至1949年的旧大公报》，载中国人民政治协商会议文史资料研究委员会编《文史资料选辑（第二十五辑）》，中华书局1962年版，第27页；周雨《大公报史》，江苏古籍出版社1993年版，第79页。

其时蒋乘专列北上指挥北伐，在郑州停靠，张便上车与之会面，其后张又在南京住了月余，其后在 8 月 27 日—9 月 3 日的《大公报》上，张以"榆民"笔名发表《新都观政记》6 篇及《京都杂记》3 篇。但无论是此次会面还是张的南京之行及其所发表的作品，在"蒋档"中均无只字片语的记录，足见张此时在蒋心目中地位尚不够高①。而张第一次直接向蒋提出建议，则已是 1933 年 4 月 17 日的事情。蒋、张关系史上，有两个标志性的事件，其一是 1934 年张到南京，蒋大宴宾客，权贵显要济济一堂，却请张坐首座，以示重视②；另一件则是 1933 年 6 月 10 日张致函杨永泰转呈蒋关于外交问题的意见，信末有这样一句话：

> 再今日收到介公赠寄之电本，倘有要事，当以电闻。乞兄代弟等致意，恕不另作覆谢。③

由此可以看出，至此张才得到蒋的完全信任，并赠以电本，此后张便有了"专电奏事之权"。而这件事情则是发生在"九·一八"以后。

1931 年，蒋政府内忧外患，日本侵华步步紧逼，江西红军星火燎原，中原战后局势未稳，广州孙、汪另立政府。在这种情况下，很难想象生性多疑的蒋介石会拜托于右任给当时关系尚属一般的张季鸾发这样的电报。须知蒋如有此意，自是为借重《大公报》在舆论界一言九鼎的地位以稳定局势。但这是一把双刃剑，一旦《大公报》不听指示，将此事泄露出去，必将导致局势更加混乱。并且，从常理推断，类似"请托电"之类的事情，自然属于高度机密，一旦泄露，无论对蒋对张抑或《大公报》

---

① "蒋档"中类似起居注的《事略稿本》乃是由其秘书参与相关函电令告及节抄其日记，按日期编成的蒋于 1927—1949 年的活动记录，其主要内容便是蒋与人会面、谈话，对人评价及其讲话的记录，而前述之 1928 年蒋、张二人之会面，在《事略稿本》中并无记录，与其后情况迥异，笔者据此认为，蒋当时并不认为此事值得记录，而张此时在蒋心目中之地位，也可见一斑。

② 周雨：《大公报史》，江苏古籍出版社 1993 年版，第 79 页。又，此次宴请事据袁尘影云系发生于 1932 年，而无论是 1932 年抑或是 1934 年，《事略稿本》中均无记录，笔者根据二人关系史判断此事应在 1934 年，参见袁尘影《张季鸾和〈大公报〉的"小骂大帮忙"》，《新闻爱好者》1991 年第 8 期。

③ 《张季鸾致杨永泰函》，1933 年 6 月 10 日，台北"国史馆"藏蒋介石档案，档案号：002—080200—00097—085。

的声誉，都是极大的打击。所以这种事情，自然是"法不传六耳"，蒋如有此意，应当亲自致电张季鸾才对，又何必多此一举地拜托于右任，增加泄密的可能呢？

那么，是否存在这样的可能，即蒋自知与张关系一般，却又亟须《大公报》在言论上予以配合，所以拜托与张关系密切的于右任致电张季鸾，一方面增加成功的可能性，另一方面也可以在万一事情泄露之时把于推出来做替罪羊呢？笔者认为，这种可能性也不大。首先，于一直属于国民党左派，与蒋一直是貌合神离，且在"九·一八"之后主张立即对日宣战。如此重要的事情，蒋是否敢于托付于，很值得怀疑。更重要的是，通过对"蒋档"资料的研究，笔者发现，自"九·一八"至"七·七"这段时间内，"缓抗"乃是胡、张的自觉主张。

四　"九·一八"后胡、张对日态度分析

据"蒋档"文件显示，"九·一八"后，吴鼎昌开始介入中、日关系事务，在1933年年初的热河事变中，吴、蒋间以《大公报》为媒介，进行了密切互动（此点后详）。而胡、张之直接介入中日关系，则是在是年4月。是月14日，胡政之面见芳泽谦吉与之谈"满洲国"事，此次谈话于次日由蒋伯诚[①]电告蒋介石，电云：

> 即到南昌总司令蒋钧鉴：（保密）胡政之兄来谓昨见芳泽。据谈此次系个人行动，对中国朋友避而不见面颇感不悦。中日交涉不易进行，因中国国不统一，党不统一，仅恃钧座一人以支撑局面。至满洲国为日本已定国策，既退出国联，天皇又下诏书，无论何党何派组阁均不能变动。如中日开始交涉，双方对满洲国均不能让步，故无法进行云云。至在天津总领馆招在野诸人茶会季鸾兄亦在坐，并无提及交涉事，仅应酬而已。职蒋伯诚叩。[②]

---

① 蒋伯诚，1888年生于浙江诸暨，时任北平政务委员会委员。据刘国铭主编《中国国民党百年人物全书》"蒋伯诚"条，团结出版社2005年版，第2237页。

② 《蒋伯诚致蒋介石电》，1933年4月15日，台北"国史馆"藏蒋介石档案，档案号：002—080200—00076—151，标点系笔者所加。

17 日，张又有一函通过杨永泰致蒋谈平津问题，函云：

　　（一）达诠有长电覆兄，同时弟等公电敬畏参考矣，平津成为时刻不保之局，达诠主张老段出面，为一时鬼混计，或真系一策耳。（二）敌如打北平，我应有生力军死守，盖北平为亚洲古都，世界知名，如敌攻打破坏，足增日本罪恶，而使馆林立，外侨受惊，其责当不在我，故弟意至不得已时，不可恋于文化历史，而采平和放弃之策，则应听其破坏，不可留供伪国发号施令之用。揣日人心理，不肯轰炸北平，盖欲留作伪国号召之资，且虑国际之烦，故我决心死守，彼或顾虑，彼若来攻，则不辞守城之战，事前劝人民迁徙，以待其轰炸，非力竭不退也，（三）天津按条约上二十里内不应驻兵，彼时各国或出而（面）向双方干涉，而华界市街恐不易坚守，（四）如津被占，大公报即停刊，不论溥仪或他人组织伪政府，断不肯再在此出版，则只有走上海再创新一途。①

　　从此函可见，即便是平津局势已非常紧张，但除非日军进攻北平，张仍不主张对日作战。至于恢复东北失地问题，则只字未提。而这种倾向，在同年 6 月 10 日张函杨永泰并转蒋参考的外交问题函中，表现得更为明显：

　　弟与楚伧②，曾谈论政府对外宣澈（彻）底换面目，免日本破坏而待国家稳妥进行。凡涉国防，概不鼓吹，专标榜平和建设，并事实上缩小军队，亦不忙购械，专做国防基础功夫，如此便于得国际经济之援，而避免日本之忌，而满洲主权不收回以前，对日本惟避免冲突，绝不讲亲善，对苏联亦勿因中东路而恶化，此种深刻之决心与稳

---

① 《张季鸾致杨永泰函》，1933 年 4 月 17 日，台北"国史馆"藏蒋介石档案，档案号：002—080200—00077—026，蒋于此函亲笔批示"赞评如拟"四字。

② 叶楚伧，1887 年生于江苏吴县，长期从事新闻工作，1923 年任国民党中央宣传部部长，1927 年 4 月南京国民政府成立后，任上海临时政治分会委员，次年初再度代理中央宣传部部长，1930 年任江苏省政府主席，兼任国民政府委员及中央政治会议委员，是国民党内文宣领域的重要干部，与张过从甚密。据刘国铭主编《中国国民党百年人物全书》"叶楚伧"条，团结出版社 2005 年版，第 375—376 页。

妥之态度，须久久坚持，以至翻身之日为之也。①

由此可见，这一时期张季鸾对日问题的态度是非常明显的，即在各方面不要刺激日本，加强自身实力，解决国内问题，以待"翻身之日"。这种论调，与"九·一八"之后《大公报》上《日军占领沈阳长春营口等处》《救灾救国》《国家真到严重关头》《愿青年勉抑感情诉之理智》等社评所表现出的态度恰好一脉相承，相互印证。

1934年5月16日，胡政之亦有一电致蒋，做类似表达：

> ……华北表面尚安，日方似亦无意外企图，反动分子都渐消沉，此际对日，以冷静避事为要义，一切逾量宣传感情议论，似应概加遏止，免致谣诼四播，人心浮动，外交愈难应付，此点窃望公等注意也……②

所以，我们基本可以认为，对日主张"缓抗"，乃是胡、张二人的自觉主张。那么，他们为什么会有这种认识呢？笔者认为，除了他们一直坚持的"国家中心论"之外，更重要的是，二人均为留日学生，亲眼见到过日本的强盛，对比中国的衰弱，产生了一种强烈的"恐日"心理；同时，他们又在日本军政各界有许多朋友，大多身居要职，自以为可以借此"知彼"，并且通过外交途径遏制日本侵略野心。

对于这种认识，1935年6月8日胡政之访日归国后致杨永泰转蒋一函中，说得十分明显：

> （1）日本现在元老重臣均缺大人物，祇能敷衍应付，不足以打开局面，政党财阀则栗栗危惧，深恐为犬养井上之续，不敢显与军阀违抗……故三数年间，中国须能忍耐，万一应付失宜，为少壮派所乘，则国内任何势力，将尽为卷曳以去……

① 《张季鸾致杨永泰函》，1933年6月10日，台北"国史馆"藏蒋介石档案，档案号：002—080200—00097—085，标点系笔者所加。
② 《胡政之致蒋介石电》，1934年5月16日，台北"国史馆"藏蒋介石档案，档案号：002—080200—00436—218，着重号系笔者所加。

……

（4）日本备战甚亟，重工业已见发达，印刷机制造厂兼任军需制造，乃弟所亲见者，甚至名古屋制挂钟及自行车厂亦分担军用制造责任，令人见之怵然，而人心振奋，左翼思想一扫而空，尤使人恐怖。

……

（6）工业发达，远出吾人想象，印报机较美德更见改进，而工人之守秩序，尽职责，与夫各工场技师专家之努力，实不能不肃然致敬。……此时中国除政府宜与忍耐交欢外，社会方面宜取消无益的排货运动，在经济上与之发生密切关系，使军人有相当顾虑，不再捣乱，要其事必须上下一致，定一大政策与之周旋，否则随时可以出事……①

　　览罢此文，胡政之对自己在日本遨游于公卿之间之自得，对日本军工实力之恐惧，劝政府与日本"忍耐交欢"之情切，跃然纸上。笔者认为这种自信与恐惧相掺杂的心理，才是造成《大公报》在"九·一八"之后力主"缓抗"的根本原因。

五　分析结论

　　综上所述，笔者认为，首先，所谓"请托电"事件，应当并非事实。最早提及此事的王、曹二人，王于1929年8月22日进入《大公报》，"九·一八"时任要闻版编辑，虽得张季鸾青眼，但毕竟当时资历尚浅，对于类似"请托电"等机密事宜，似应难以与闻；曹于"九·一八"时正在苏联访问，并不在国内，二人在记载中也并未详细说明事件发生的具体时间、经过以及消息来源。所以，笔者认为，这一事件当非二人亲身经历，而是后来听闻，这就有误传的可能。同时，二人写作此文是在1962年，当时国内的政治空气对王、曹这种"资产阶级知识分子"不善，所以文中难免有言过其实之处。再者，对于此事的原始记录至今未被发现，而较为可信的间接记录只有王文一例，根据"孤证不立"的原则，这一

---

① 《胡政之致杨永泰函》，1935年6月8日，台北"国史馆"藏蒋介石档案，档案号：002—080200—00453—011，文中着重号系笔者所加。

记录也不足采信。

其次，《大公报》所主张之"缓抗"论，应当源自主持人胡政之、张季鸾自身的"恐日"心理，而非所谓"请托电"所致。在当时中国军政界上层，这种认识颇有市场①。我们无法确认胡、张的认识是否受到这种气氛的影响，但是胡、张也有这种心理，却是毫无疑问的。而这种认识，才是造成《大公报》在"九·一八"之后积极宣传"缓抗"的主要原因。

无论如何，《大公报》的这种态度，客观上确实减轻了蒋政府所面临的舆论压力，这不能不让该报在蒋那里记上了大大的一功。经过初期的相互试探、磨合，双方都意识到了对方的力量，从而有了进一步合作的需要；而政治态度上的一致，也使得双方有了合作的可能，于是在1933年年初的热河事变中，双方开始了第一次密切互动，而《大公报》与蒋政府之间，也逐渐实现了合流。

①　关于这一问题，参见杨天石《找寻真正的蒋介石》，华文出版社2010年版，第53、59—60页。

第 三 章

合流时期（1933—1941）

从 1933 年 1 月吴、蒋就热河事变进行初次互动起，至 1941 年年底王芸生由发表《拥护修明政治案》引起蒋暴怒止，乃是《大公报》与蒋政府关系的第二阶段。这一时期双方互动非常频繁，首先是吴鼎昌开始深入介入蒋政府内政外交等各项政策的制定，双方在热河事变、福建事变、华北事变等多次重大事件中频繁函电往来，形成了四维互动①的模式。1935年 12 月吴入阁担任实业部长后，张季鸾便接替了吴的角色，继续这种互动，并且由此形成了著名的"国家中心论"原则。与此同时，张、胡还积极为蒋在内政、外交诸方面出谋划策，并深度参与了 1938—1941 年蒋与日方的多次"和谈"工作。

第一节　初次合作——热河事变

一　热河危局

"九·一八事变"后，东北各省迅速沦陷，日本于是开始着手成立伪政权。1931 年 11 月 8 日，日本特务土肥原贤二将清废帝溥仪从天津日

---

① 这种政府—《大公报》＋蒋介石—吴鼎昌的方式乃是蒋与《大公报》互动的基本模式，具体来说，有些纯属台下交易，如蒋有时需要《大公报》为其政策帮忙，便会直接指示，吴接令后，便会在该报发文回应；有些则是从台上到台下，比如吴对当时北方时局、中日中苏关系等问题有些意见，不便或不及向蒋直接汇报时，便会在该报撰文，蒋看到后会酌情考虑采纳，发电回复，从而由台上的"吾人以为"进入台下的暗箱操作；也有从台下到台上，比如蒋有些政策即将执行，需要试探外界意见，或幕后交易引起坊议汹汹，需要平息舆论，又或是蒋在对日交涉中难以承受日方压力，需要制造舆论以利谈判，这些时候便需要有人对外适当吹风，而台下的交易，究竟有哪些可以对外明言，又究竟说到何种程度合适，此中机微，甚难把握，而对新闻工作谙熟于心的吴、胡、张正是最合适的人选，三人正可以在其中长袖善舞。对于这种模式，后文将有详细分析。

租界的住所秘密带出，辗转前往东北，次年3月1日，在日本的策划下，伪"满洲国"宣布"建国"，以溥仪为"执政"，建"年号"为"大同"，同年9月15日，日本正式宣布承认"满洲国"。对于日本帝国主义这种明目张胆地分裂我国土的侵略行径，国民政府一方面对其表示强烈抗议，另一方面将此事诉诸国联，希望通过列强调解解决问题。但是，无论口头的抗议还是国联的谴责，都无法制止侵略者的铁蹄，日本非但没有停止侵略的步伐，反而变本加厉，将侵略的目标又转移到了热河①。1933年1月，日本以热河是所谓"满洲国"领土为由，进逼热河。3日，山海关沦陷，4日，日军陷五里台，10日再陷九门口，至此，华北关门洞开，热河岌岌可危。

面对日本侵略军的步步紧逼，《大公报》表示了相当的警惕与愤慨，并猛烈抨击当局一味依赖国联调解的政策。1月6日，《大公报》发表社评——《政府示最后决心之时至矣》，开篇即云：

> 东三省之实现，由于我国事前事后，一误再误，致经时年余，未能收复。然其犹聊以自解者，谓信任国联，及其他国际公约力谋和平之解决也。惟时至今日，问题又异。日阀占东三省，犹如毁我一肢体，今则占山海关，而胁天津北平，此直扑我头颅，击我胸膈，将欲完全致我于死地。若犹踌躇瞻顾，则国家生命已矣！且中国固为始终尊重国联之调解，而服从其决议之国也，吾人今虽不必对国联无力，致其怨望，然事实上国联今日，毫不能纠正日本，不能自拥护国联盟约之效力。中国年余以来，在服从国联决议之过程中，而失吉黑，祸淞沪，今当日阀进而更将摧残我本根，破坏我生命之时，中国固不容仍观望国联，期其保护。此事实相迫，无可如何者也。是以今日之事，存亡已迫眉睫，责任必须自负！此无他，国民政府应代表中国民族，对日本暴阀及世界全人类，公开表示其最后之决心，曰：此类武力侵凌，中国不能再受，倘复相逼，决与拼命，是也！②

---

① 热河，中国旧行政区划中关外四省（辽、吉、黑、热）之一，1914年设热河特别区，1928年改热河省，1955年7月撤销。辖区分布在现内蒙古自治区、河北省、辽宁省各一部，总面积约18万平方公里，人口约610万，下辖20县20旗，省府设在承德市，时任省主席为奉系军阀悍将汤玉麟。

② 《政府示最后决心之时至矣》，《大公报·津版》1933年1月6日第2版。

1月7日社评——《国联应宣布的最后一句话》则将矛头直指软弱无力的国联决议：

> 吾人不强勉国联施行其拥护盟约必要之手段，亦不责备国联过去处理本案之无成，但时至今日，诚不得不请国联决定一点，曰：能管或不能管？其能也，须立时为有效之措施，其不能也，须声明无处理之能力。此在今日为必须决定，不容再含糊敷衍之一点也。①

《大公报》此文，力陈日本意图侵略热河的狼子野心，并对国联自欺欺人的所谓"决议"之软弱无效痛加斥责："中国过去，服从国联，迄至最近，信托国联，然国联事实上不能中止日军之侵，且并不能发生调解之用，其最大关心，为恐日本退盟，顾国联躯壳。假令中国犹可勉强苟全，则姑听国联之粉饰，犹可言也，今则图穷匕见，渐到中国根本存亡问题。国联既无力保护其会员国，无意于实行盟约，然由法律形式上言，则此案仍在国联处理，假令中国自卫其生存，形式上反不尊国联之调解。问题至此，滑稽化矣，啼笑皆非矣！"并大声质问国联："根据上述情形，敢告国联当局，在最近期间，务必宣布其究竟有无处理本案之能力！不能，应明言之，曰：吾力已穷！夫天下事有能有不能，但必须要求国联老老实实，承认不能，宣布不管！此似国联之失败，然较之日言维持盟约，保障会员国安全，而实际坐视中国步步亡于日本，而犹称努力于调解者，尚优越万万也。"文末并大声疾呼：

> 事急矣！中国由其切肤利害上，不能再空负调解之名，而日趋自亡之实，国联尽可拥虚号以自娱，但恕中国不堪追随矣！宣布真相，各奔前程，庶几为两便之道也。②

通观上述两文，其主旨与国府之既定政策，显然相去甚远，而此二文也是这一时期《大公报》对依赖国联制约日本侵略问题的集中体现。而

---

① 《国联应宣布的最后一句话》，《大公报·津版》1933年1月7日第2版。
② 同上。

当吴、蒋就此事沟通之后，《大公报》便变了一个样子。

二　吴蒋沟通

就在热河形势愈发紧急之时，1933 年 1 月底或 2 月初，吴鼎昌经南京到上海，原拟与蒋晤谈，但未能如愿。2 月 3 日，蒋通过钱新之[①]电吴，对未及面晤一事深表遗憾，并请其将意见"随时电示"[②]，7 日，吴复电云：

　　南昌　蒋总司令赐鉴　一密

　　支电敬悉，昌进京原拟面陈二事：

　　（一）热战倘趋激烈时，众盼主帅北上鼓励士气；热战若至推迟时，亦盼一行安抚军心。因现在指挥联络给养及一切后防设备仓卒间未臻完善，一鼓作气或有余，持久坐守恐不足，不能不有劳主帅必要时之督率抚绥也。

　　（二）热河本民国来到直隶省属县合成之省分，其为中国关内固有之土地无疑。因日本事前种种宣传，国际上已多视同关外省分，不甚理会。榆关事起，日本故作缩小宣传，谓军事限于热河，不及关内，其意可知。我方应反其道行之，似宜以军委长名义向中央陈述，认为热省有事与全国有事×共，应作全国的整个之抵抗。热河外各地同时当取积极必要之行动，请中央为紧急之决议，电之国联代表声明，×机国际知热事将波及全国，不至漠视。而日本亦须再作准备，或可迟缓时期，徐图机会。昌意鲸吞不足虑，蚕食最可怕也，谨此电陈。又徐淑先生已由日内瓦归，昌已晤及，对于国际视察，甚为切实，现将往返北平，昌意总司令似宜名往南昌一谈，国防设计会务已

---

①　钱永铭，字新之，1885 年生于上海，曾历任交通银行上海分行副经理、经理、上海银行公会会长、四行储蓄会副主任、"中央"财政委员会委员等职，是江浙财阀的代表人物，与吴鼎昌交往密切。据刘国铭主编《中国国民党百年人物全书》"钱永铭"条，团结出版社 2005 年版，第 1942 页。

②　《蒋介石致吴鼎昌电》，1933 年 2 月 3 日，台北"国史馆"藏蒋介石档案，档案号：002 - 010200 - 00076 - 029。

与翁钱两君在沪会谈多次，分别着手矣。并闻。吴鼎昌 叩 汤①

从上述电文中我们不难看出吴对此事的四点意见：

①建议蒋北上；

②热战宜一鼓作气；

③应在国际上针对日本所谓"热河系关外省份"论调进行反宣传；

④应尽量扩大热事影响，并将此事诉诸国联，或可延缓日本侵略，赢得准备时间。

此事系吴首次就财经事务之外的问题对蒋提出建议，而在此电文中，我们既看不出在前述两文中洋溢的"决与拼命"的气势，也看不出对国联的失望，反而仍在很大程度上将解决"热事"的希望寄托于国联。当然，在当时那种局势下，面对处心积虑武装到牙齿的日军，缺少准备的中国军队贸然应战确非上策；而吴之寄望国联，也并非依赖其制约日本，而是希望可以"迟缓时期，徐图机会"，但此电与《大公报》社评中之差异，却一望可知，而此后该报言论，也发生了耐人寻味的变化。

三 热河战起

"蒋档"中不见蒋就吴此电的任何批示或回复，但我们却可以从这一时期《大公报》的言论中略窥究竟。2月21日，热河战役爆发，《大公报》于次日发表社评——《热河战起》，大声疾呼"我全国国民须知！在此时期，已无他可论，惟有团结与牺牲，为救亡之惟一出路"。又言"国联昨日开大会，此数日中，将通过重大之报告书，而日军攻热，即发动于此时，此诚对世界和平秩序之挑战，不止对中国之侵凌"。而"国联及其会员各国，虽极恶其行为，然仓促之间，无从施以纠正。故拥护盟约之责任，中国须首先全力自负之，然后可促世界同负之也"②。23日，日本交中国外交部一份"备忘录"，要求中方撤出驻热军队，并同时告知各国，"若非被迫，不拟使军事进展至长城以南"。24日，《大公报》发表社评——《日本攻热时之外交策略》，对日本"取侵略之果，而避战争之

———————————

① 《吴鼎昌致蒋介石电》，1933年2月7日，台北"国史馆"藏蒋介石档案，档案号：002—090200—00013—022。

② 《热河战起》，《大公报·津版》1933年2月22日第2版，着重号系笔者所加。

名";"故示无攻占平津之意,以希图国联之勿问热河";"昨日缓冲之声
明,同时可作将来第二步行动之伏线";"以责任卸诸中国,俟华军陆续
援热河之时,彼将借以为攻打之口实"等谬论一一驳斥,并力言:

> 无论日本施何策略,中国应付之道,至简而明。此无他,今日之
> 事,在日本为侵略,在中国为自卫,惟有揭其侵略,而坚我自卫。此
> 外一切无理之言,应严正驳斥,同时则向通过报告书之国联大会申诉
> 日本之不听劝告而从事战争!打破其朦(蒙)混世界之奸谋,要求
> 国联依约为有效制止之行动,尤要者,为守热军队之发挥能力,不使
> 其侵略之获逞,中国立场,如是而已。①

审视这几篇社评,我们不难发现,虽然《大公报》此时仍认为"拥
护盟约之责任,中国须首先全力自负之";虽然他们也承认此战之"尤要
者,为守热军队之发挥能力,不使其侵略之获逞",但对于国联的态度,
却发生了微妙的变化。战前那种要求其明确宣布"能管或不能管",甚至
要与之"各奔前程"的强硬论调早已不见,代之以"向国联大会申诉",
"要求国联依约为有效制止之行动"。诚然,以当时中、日两国国力军力
以及双方对热战准备之差距,作为弱者的中国一方呼吁国际舆论支持与国
际势力介入,不能不说是一种非常局势下的无奈之举,但该报对国联之态
度,则的确似乎有些前倨而后恭。

虽然《大公报》一再大声疾呼,虽然中国军队也进行了一些抵抗,
但热河战役还是迅速失败。3月4日,承德失守,热河沦陷,而《大公
报》在此事善后的过程中的表现,也颇堪玩味。

四　事变善后

承德失守后,《大公报》连发多篇社评,问责"当轴诸公"。5日社
评《当局误国至何地步》开门见山:"热战发动一星期,而承德失守,此
暴露军事腐败至何程度,不得诿责于国力问题。"文中痛斥汤玉麟"不学
无术,嗜财而虐民","断不足胜守热之众任",并痛陈当局之失"第一:

---

① 《日本攻热时之外交策略》,《大公报·津版》1933年2月24日第2版,着重号系笔者
所加。

证明中央地方当局者，自始未曾尽力布置热河之防御。第二：如此重大之军事而无作战的布置，我方军队未调防，故日军之侵入，乃等于平日之行军。第三：兵士效死尽忠，而将帅未融为一体，呼应既不灵，指挥亦不当。第四：作战首视军纪，军纪表于赏罚。"文末并厉声质问：

> 倘热河之失，仍不能明责任，谋革新；则政府所谓长期的抗日之决心，等于无限的弃土之表示。势恐举国哗然，将诘问政府，毕竟欲误国至何地步而后已也！①

6日社评——《规复热河与保持冀察》认为"汤玉麟之罪，固无可逃，中央地方军政当轴，对国民亦应有以自劾"，并列举"数件亟应当机立决之事，唤起当局之注意"："第一，此次日军攻热，用力少而成功多，此非日军之有能，实由我方之无组织"；"第二，日阀野心无限，欲望无穷，既得满洲，复思蒙古，既得满蒙，复窥华北"；"第三，热战未起之先，中央对于热防，未有通盘计划，地方军事中枢，更迄未见有战时紧张之组织作用，故今之失败，直可谓为无计划之牺牲。"并质问"当局者何以对国家，对民族，独奈之何不猛省自决也耶？"7日社评——《承德陷后之当局言论》则对宋子文②所谓"预料不过能守一星期至十日，而归责于军制之不良，望军人觉悟，努力于近代式军队之训练"的说法分条缕析，痛责其明知此战缺乏准备，军队指挥不能统一，汤非可任之将等诸多问题，却毫无作为，更直言"自承德弃守，国人集矢于汤玉麟。……夫汤为热河长官，自有其应得之罪，然较彼职任尤重者更如何？如宋院长所谓无联络，不统一，无掘壕工具，用太古车辆之一切责任，岂皆汤玉麟所负耶？吾人纵论及此者，诚以为宋院长之谈话，类于旁观之批评，不似负责当局之态度。且因此而感觉重大危险，则当此热河沦陷关内危急之时，而闻政府当局仅发批评之言论，倡未来之建设，则目前大计，果谁人主持？如此河山，岂听令断送？此吾人所引为焦忧深虑，不能默尔而息者也。"③

---

① 《当局误国至何地步》，《大公报·津版》1933年3月5日第2版。

② 宋于2月11日奉蒋命以行政院院长身份飞抵北平，与张学良等一起发表"保卫热河通电"。

③ 《承德陷后之当局言论》，《大公报·津版》1933年3月7日第2版，着重号系笔者所加。

至此，《大公报》于"热事"后三篇社评，骂当局可谓一针见血，痛快淋漓，而7日社评文末似乎不起眼的一句话，却更令人感叹其为文之妙：

> 顷闻蒋委员长在北上途中，军事全局，计必有积极刷新之成算。事至今日，中央政府必须肩负全责！故望孙①宋之言，仅为个人感想，而政府别有实际的处理国难之道也。②

热河战役2月21日爆发，仅仅12天便彻底失败，十余万平方公里国土丧于敌手，数百万同胞沦为亡国奴，中国军队的表现只可用"不堪一击"来形容。弃土失地，丧师辱国，自然要事后追责，而若要追责，身为最高军事长官的蒋介石自应首当其冲，而批蒋显然不符合吴的意图，所以，如何既能批评当局，又不会触蒋之逆鳞，的确是一件难事。而《大公报》的策略则是：开足马力痛斥除蒋之外的一切要人，却无一言斥蒋，反而把蒋捧为解决问题的唯一希望，而这一论调，在其9日社评中得到了集中体现。

《大公报》9日社评——《蒋委员长北来》开篇即云："吾人近日屡论热河失败之经过，谓必须迅速由中央肩负全责。蒋氏为军事重心，党国领袖，当此千钧一发之时，得彼亲来，足图补救。其行动直关国家之存亡，正不仅一战之得失。"承德失守，冀察两省成为前线，而日军更进逼长城一线，"当此之时，国府最高军事当局，躬自北来，指挥全局，此诚国运所关之非常重任，而为全军信望之所寄托也。"时局危急，平津时刻不保，挽救种种"皆须详密规划，积极统筹，有待于蒋委员长之主持者也"。"吾人本此见解，望蒋委员长此来，实际肩负全盘之责任，由国家整个前途上由军事全局上，善定方略，沉着应付。同时望全军及各界人民，应信赖责任当局之措置，勿有局部行动，勿坚执个人见解，国家利害，关系太重，琐细自扰，亦关大局。蒋委员长其勉之！全军将士各界人士共勉之！"③

纵观此文，其论调一改此前对当局态度，不仅对蒋在热河事变中的责

---

① 即孙科，时任国民政府立法院院长。

② 《承德陷后之当局言论》，《大公报·津版》1933年3月7日第2版。

③ 《蒋委员长北来》，《大公报·津版》1933年3月9日第2版，着重号系笔者所加。

任只字不提，反而奉其为"国运所关之非常重任"，"全军信望之所寄托"，对其多有勉励。同时，国民党内部之派系倾轧素为蒋所头疼不已，《大公报》对此也是心知肚明，所以才会要求"全军及各界人民""勿有局部行动，勿坚执个人见解"。如此，《大公报》很好地完成了蒋本人与"当局诸公"的切割，使蒋只有"负责"之累而无"问责"之苦。后世谈到《大公报》"小骂大帮忙"时有一经典事例，即 1938 年 1 月张季鸾对王芸生所谓"我和蒋先生有交情，你写社评，只要不碰蒋先生，任何人都可以骂"[①] 的嘱托，以此标准衡量，此次热河事变中《大公报》的表现可谓"小骂大帮忙"之嚆矢。

热河沦陷，时任北平军分会代理委员长的张学良作为直接最高军事长官，立时千夫所指。3 月 6 日，吴面见蒋，请其"速下令撤张学良职，以平天下之愤"，蒋对吴表示"余决先行北上，待到达后再定，虽事势至此，然余仍望汉卿能决心反攻，以为最后之努力也"[②]。7 日，张电中央言欲引咎辞职，同日监察院通过对张、汤二人的弹劾案。9 日，蒋、宋于保定与张会晤。10 日，吴又再电蒋，请其"为收拾民心，亟盼命令免去张学良各职"[③]。11 日，张突然通电下野，北方局势再度动荡，是日晨，吴获悉张下野消息后急电蒋云：

　　　限卯刻到石（家）庄蒋司令赐×真××悉密。拟于三四日内屏挡一切北上奉谒。兹谨先陈者数事：1）××[④]既去，北局一新，日本前借口地方问题者，今已为中央直接问题，对我方真或有变化，暂宜静默观察，看准后对外再发言论，方好应付。2）主帅北上，中央直辖军队已亲临，前方丧师失地之人，后破除情面，立予免伐，赏讨严明，威信大著。舆论翕顺似不可再进一步，激励虚矫之民气转为敌方之口实，对内亦应暂时缄默。3）北方军事总机关之地点过远则阻

　　① 王芸生、曹谷冰：《1926 至 1949 的旧大公报》，载中国人民政治协商会议文史资料研究委员会编《文史资料选辑（第二十五辑）》，中华书局 1962 年版，第 29 页。

　　② 《事略稿本》，1933 年 3 月 6 日，台北"国史馆"藏蒋介石档案，档案号：002—060100—00059—006。

　　③ 《吴鼎昌致蒋介石电》，1933 年 3 月 10 日，台北"国史馆"藏蒋介石档案，档案号：002—080200—00071—109。

　　④ 此处原文如此，而"××"显然指张学良。

士气，过近则受拘束，保定似最相宜，应速宣布，同时将在南昌告钧拟之。

（二）北平办法发表，必可得国际普遍之同情，而获平津市民临时之安定。4）西南方面宜诚×的不断的×责其抗日剿匪，二者担任其一，有效则国家之福，无效亦免口实之累，谨陈。吴鼎昌　叩真卯①

此电建议大体可归纳为以下几条：

第一，张去后北方可为中央直接管理，由此可能导致日方变化，此时应对外静默观察。

第二，张辞职有利蒋树立威信，此时不可激励舆论以给敌方口实，对内亦应保持缄默。

第三，北方军事总机关宜设保定。

第四，应不断要求西南方面②于抗日剿匪二责中担任其一，事成则国家之福，不成则亦可免口实之累③。

然而，面对这一重大变故，蒋可以暂时保持缄默，《大公报》却不能。13日，该报发表社评——《行矣张汉卿！》评价此事。文章开头先称赞其"以拥众十数万之大军领袖，经保定车中一席谈，居然放下兵权，自请摆脱，又不可谓非中国军界之一创例也"。继而认为"张之责任，在于平日对日外交之应付无方，警戒非常之漫无准备，而不在于卧病北平，仓皇闻变时之临机措置"。而热战失败之责任，更多的在汤而不在张，但"盖以今日国事之艰难，政情之复杂，责任之重大，实非张氏之智力体力所能胜"。"张氏为人，不矜细行，耽于逸乐，废弛公务，纵容腐化，是其短处；然而爱国家，识大体，在年少时代，即翘然有所表现。"文中回顾了张作霖创业经历及其身后奉系人才凋零的现实，并称赞张学良"数年来反对内战，促成统一之

---

① 《吴鼎昌致蒋介石电》，1933年3月12日，台北"国史馆"藏蒋介石档案，档案号：002—080200—00072—057。

② 指李宗仁、白崇禧等桂系集团。

③ 桂系集团常以抗日为理由批蒋，借以挑战其权威，蒋对此头疼不已，吴也是心知肚明，此处系建议蒋要求桂系不要总是站在一边说风凉话，而要实际投入"剿匪"或抗日的战斗，实则是将其一军，对这一问题，在其后福建事变中《大公报》的社评中有更明确的表现。

功，终有不可湮灭者在；……其富于国家思想，实旧军人所罕见者也"。应当说，此文对张功过得失的评价，尚属中肯，而此文最堪玩味者，却是最后一句话：

> 吾人以为张氏方在壮年，今后尽有创造新生命之希望，故更举奉军创造之历史，唤起东北将领之注意，使知封建式的武力集团，有害于国家，无利于个人，实断断不容于今日之时代。窃愿张部有识有志之士，体念张氏爱国家，识大体之美德，相与互勉，脱除私军之性质，期成国家的干城，则是东北军亦创一新生命也，宁非下野之张氏所乐观厥成者乎？①

此篇社评，对张有褒有贬，批评其"不矜细行，耽于逸乐，废弛公务，纵容腐化"，称赞其"爱国家，识大体"，"富于国家思想"，看似客观，实则用意深远。蒋此时对北方局面缺乏足够的控制力，东北军虽迭经战败，实力大损，但仍不容小觑，此次热河沦陷，张虽难辞其咎，然其"经保定车中一席谈"便宣布下野，坊间常有其代蒋受过之议，而东北军诸将对此也是愤愤不平。此时如果开足马力对张痛加斥责，则很容易引起他们的不满，从而激化矛盾，于是此文在批张的同时回顾奉军创业史，亦有安抚之意。而全文要点则在于要奉军自省，"脱却私军之性质，期成国家的干城"，此话看似有理，但考察当时局势，国民党一党专政，中央军多为蒋系亲信，从某种意义上来说，"国军"其实就是"蒋军"。所以，无论是批张难堪重任，还是劝奉军为国干城，其用意只有一个，那就是在东北军根据地尽失、主将下野、群龙无首之际，趁蒋身在北方，借机收拾残局，化东北军势力为己所用。当然，面对日本咄咄逼人的侵略铁蹄，统一军政以利抗战势在必行，但《大公报》此文，对蒋控制北方局势，却的确是一次大大的"帮忙"。

通过这一事件，双方关系大大迈进了一步，蒋也由此更加清楚地认识到吴的能力。4月17日，吴又有一长电致蒋，报告其与芳泽谦吉会晤情

---

① 《行矣张汉卿！》，《大公报·津版》1933年3月13日第2版，着重号系笔者所加。

况及平津地区局势等问题①，蒋于次日将该电转发何应钦②、黄绍竑③，"特转达注意并供参考"，又在是日日记中云："预定北平应有组织，属达诠从事进行为宜。"④ 这是"蒋档"中所见蒋首次属意由吴负责主持一项工作，足见吴此时在蒋心目中地位愈发重要。此后双方互动更加频繁，但这段时间里，吴对蒋的建议，虽然也有针对中日关系及华北局势的部分，但仍以经济领域为主，而在是年底爆发的福建事变中，双方互动又呈现出了新的特点。

第二节　互动升级——福建事变

一　变起福州

1932 年 1 月 28 日，日军借口所谓"日僧事件"进攻闸北，"一·二八"事变爆发。驻守上海的第十九路军在蒋光鼐、蔡廷锴等爱国将领的指挥下英勇抗战，给日军以极大的打击。事变解决后，十九路军被调至福建"剿共"，蒋、蔡等人本就意在抗日，无心内战，加之在与红军的战斗中频频失利，于是开始与共产党和谈停火。1933 年 10 月，陈铭枢⑤、李济深⑥等人开始筹划另立中央对抗南京政府。11 月 20 日，李、陈、蒋、蔡等在福建挑起反蒋大旗，宣布成立"中华共和国人民革命政府"，公开

---

① 吴电今不见，其内容据《张季鸾致杨永泰函》，1933 年 4 月 17 日，台北"国史馆"藏蒋介石档案，档案号：002—080200—00077—026。

② 蒋系重要将领，张学良下野后继任北平军分会代理委员长，是平津乃至华北地区最高军政长官。

③ 桂系重要将领，与蒋关系密切，时任内政部部长兼北平国事分会参谋团参谋长。

④ 《事略稿本》，1933 年 4 月 18 日，台北"国史馆"藏蒋介石档案，档案号：002—060100—00060—018。

⑤ 陈铭枢，1889 年生于广东合浦，同盟会早期会员，曾任广东省政府主席兼民政厅厅长、国民党第三届中央执行委员、国民政府委员、第三次"围剿"右翼军总司令、行政院副院长兼交通部部长等职，淞沪停战协定签订后出国考察，是"闽变"的核心人物之一。据刘国铭主编《中国国民党百年人物全书》"陈铭枢"条，团结出版社 2005 年版，第 1406—1407 页。

⑥ 李济深，1885 年生于广西苍梧，1911 年参加辛亥革命，粤军早期重要将领之一，历任国民党第二届中央执行委员、国民革命军总参谋长、中央陆军军官学校副校长、参谋本部参谋总长等职，1929 年 3 月受蒋桂矛盾牵连被开除党籍并软禁，"九·一八"后恢复党籍，任军事委员会办公厅主任，1932 年 5 月任鄂豫皖"剿匪"总司令部副司令长官兼陆军总司令，不久辞职经港抵榕，是"闽变"的核心人物之一。据刘国铭主编《中国国民党百年人物全书》"李济深"条，团结出版社 2005 年版，第 894 页。

喊出联俄联共、实行农工政策、打倒国民党等口号，是为"福建事变"（以下简称"闽变"）。

"闽变"爆发后，《大公报》于21—30日，连发9篇社评（仅28日社评与此事无关），在该报此前历史上，就同一问题如此密集地发表意见，似不多见。同时，蒋、吴间也频有函电往来，双方互动也借此再上一个新台阶。

《大公报》闽变社评的第一篇，是21日发表的《时局演变的必然性》。此文开宗明义，呼吁"第一，希望勿以武力重苦吾民，易言之，宜作政治解决是也；第二，希望勿以分裂自戕国脉，易言之，反对割据行动是也"。并认为此次变故"于国民党，尤发生根本动摇之危机"。而闽中各要人本为国民党要员，今却扛起反党旗帜，其原因在于当局的畸形党治，导致"就党外言，怀才负异之士，各党不少其人；乃党内且有不公不平之声，党外自无参加容纳之望，重以党方太阿在握，斜则綦严，反动之名，随时可下，许多有政治意识，怀权威欲望之国民，由失意而生怨，因反感而成仇，压力愈甚，抵抗愈烈，偕亡之憾，其来久矣"。而内政失当、外交疲弱、行政寡效、财政崩溃，都加剧了人民"穷则生变"的情势，"乃当局蔽于浅近之利害，习为补苴之策略，对党内仅闻精诚团结之声，对党外但习敷衍牢笼之术，如国难会议之几幕趣剧，国民大会之一场骗局，人心丧失，不啻自戕，当局者不之省也！"行文至此，骂当局可谓一针见血、痛快淋漓，却孰料其后文风一转："今春华北战事，陷于不支，当轴内省多疚，颇亦筹及大计；乃甫有归政国民之呼声，方定临时代会之召集，而各地党员，纷持异议，京粤巨头，咸主延期……即如今日开府福州之人物，恰为当日反对代会之主角，而目下闽中所揭还政国民之旗帜，固即春间南京召开代会时预定之节目也"。然后又"再申反对武力解决之旨"，力劝各方捐弃前嫌，以国家民族为念，求政治的解决方式，"吾人素持平和的打破现状之论，心所谓危，用再掬诚为各方当事者告"①。

一般来说，除非事件进程中突然发生重大变化，《大公报》针对某一事件的系列社评中，第一篇社评都起着表明报社态度、奠定言论基调的作用，而其具体做法，则因事而异。类似前述针对热河事变的系列社评，系

---

① 《时局演变的必然性》，《大公报·津版》1933年11月21日第2版。

批判日本对华侵略野心及当局抗战准备之无能，所以开门见山，态度明确；而此次事变则风向难料，特别是蒋意不明，所以《大公报》虽然在此篇社评中对国民党当局畸形党治进行了深入分析与批判，但其对闽方的态度却并不明确，特别是文末"内省多疢"云云，则或明或暗地含有为"当轴"开脱之意，而将阻挠变革的责任推给"各地党员""京粤巨头"及"今日开府福州之人物"①。国民党独裁专制，民怨沸腾，乃是无法否认的事实，在这种情况下，如何能对当局既有批评，又有辩护，实在是一件难事。而《大公报》此文，先抑后扬，将辩解巧妙地隐含在批评之中，前面大半篇幅分条缕析、鞭辟入里而又一气呵成，一般读者读来颇有痛快淋漓之感，从而也就更容易接受其后的辩解，"随风潜入夜，润物细无声"，《大公报》此文，可谓得其妙矣。

此后几天，《大公报》一直延续这种做法，22日社评——《闽变之种种疑点》对闽方连发三问，一问其政党组织："陈铭枢等此次举动，实乃合反国民党的各党各派于一台……然究竟主脑人物之陈铭枢李济深蔡廷锴等人，是否将毁党造党？其所造者将为何党？此其一。……就陈个人言，不啻集各种反国民党的党派于一身，而本身究竟是一个'什么？'反令人莫名其妙。此其二。如果各党真有所谓党义党纲，则此番合作，究竟经过何种协议，各党各派在主张上从何处表示互让，揭标一致？……假令陈等与共党联合，究是何种共党？其谅解到何程度？且凡真正共党，主义上决不妥协，然则陈等将投降共党乎？抑共党转向，将弃彼而就此乎？此中秘密，无从索解，此其三。"二问其政府组织形式："前日福州成立之新组织，称为'人民革命政府'，固不失为第三党②与国家主义派共同之称号；……若再从与共党联合关系上言之，则所谓'人民革命政府'者，与瑞金之伪政府系对立乎？抑将与之分治合作乎？此尤令人不解者也。"三问其军事财政及外交状况：就军事言，"攻赣不能，入粤不易"，浙省

<hr>

① 吴于11月23日致蒋电中建议"闽开党禁，明知其谬，但为得人人明白从前中央主张开禁，闽当局本有电反对，因以延期开会，中央不妨声明，以节表白主张，附以办法，至少须准不以武力为后盾之他党生存，以坚众信"，此种论调，与此篇社评中实际做法完全一致，可见以所谓反对中央召开临时代会为理由将责任归咎于闽方，乃是《大公报》的既定策略。

② 所谓"第三党"，"即国民党中一部分左倾分子，与共产党中不愿受第三国际指挥支配之分子所合组者，信仰共产理论，而反对接受苏联第三国际之指挥，反对采用共产主义之方式者也"。见《闽变中标榜之经济主义》，《大公报·津版》1933年11月29日第2版。

"又非易取也"；就财政言，"中央协款一停，广东补助一去，军费立感恐慌"；就外交言，闽省"与台湾祇（只）一衣带水之隔，随时有被日本干涉之可能……而一经真与共党携手，则台湾方面，有何举动，又更难知"①。23 日社评——《从国际形势论中国革命问题》借美苏复交而认为"当今世界可暂弭赤白之争"，且"可证明第三国际将对赤化中国之事，转趋消极"。所以共产党想要"一村复一村，一县复一县，结贫民而扩赤化，以统一全国，行共党独裁，此岂非梦呓之谈"？文末呼吁"李济深陈铭枢，皆同党要人，其品格才能，人所熟知……国际形势，方要求统一的中国民族自行解决其革命问题！则凡有良知无私心者，理应一致合作，从新奋斗！"②总的来看，上述社评虽对闽方亦有质疑及批评，但总的态度并不明朗，而与此同时，吴鼎昌也频繁地通过函电与蒋沟通，以把握其真实意图。

二　吴蒋沟通

"闽变"爆发当天，蒋便急电吴鼎昌，电云：

> 闽乱或不能免，如其发生，该对于剿匪讨逆应为何处置为宜？请示覆。中正③

此电也是"蒋档"文件中蒋第二次就时局问题直接询问吴的建议。在热河事变中，吴本拟到宁对蒋面陈意见，蒋无暇接见后方以电询；而此次却是蒋于事变当日便主动电吴，当然，以蒋的身份，类似电文应当绝不仅仅发给吴一人，但想来人数也不会很多，笔者认为，此电说明了吴此时在蒋心目中的地位有很大提升。22 日，吴复电云：

> 蒋委员长赐鉴，哿电敬悉，达密，闽事难凑，若未与共党联合尚无关大局。中央不可严正名声讨，逼其联共，扩大范围，宜用政治手腕对付，待其伐身自溃，免生他方枝节。中央兵力仍应专注剿匪，集

---

①　《闽变之种种疑点》，《大公报·津版》1933 年 11 月 22 日第 2 版。

②　《从国际形势论中国革命问题》，《大公报·津版》1933 年 11 月 23 日第 2 版。

③　《蒋介石致吴鼎昌电》，1933 年 11 月 20 日，台北"国史馆"藏蒋介石档案，档案号：002—090300—00010—268。

中长江一带，勿为各方所乘。对闽力量暂以防范为主，闽方以开党禁为号召，意在收买人心，中央政治上尤宜设法应付。究竟闽方对共对日对粤详情如何，殊不明了，喻蒙见示一二，方易为全局之绸缪。吴鼎昌叩马①

此电于发出当日收到，蒋并于当日复电云：

闽确联共毁党，自造生产党，且有勾日嫌疑，内容矛盾复杂，如胡（汉民）②、萧（佛成）③ 如孙夫人，均不敢赞成。粤更敌对不容，读其人权宣言，及党政组织，恐纵欲存心附和，亦必勇气大减，不审北方观察如何？若认闽此举为开党禁，则全误矣。究应如何应付，尚盼早等电示。④

这两封电文也是"蒋档"中极为少见的一日内电文往还的情况。以当时的通信条件论，一般当日发出的电报，除非特别紧急的情况，要到次日才会报蒋，而复电则一般要等到第三天，而蒋于当日复电，足见其对吴意见之重视。23 日，吴复电云：

蒋委员长赐鉴×××密苏俄××前第三国际赤化世界政策早有变动，赤苏能次第接迁者，因日俄关系变化，便当有改换做法之可能，尤不欲强行赤化中国，故中国对俄进行，中山越飞从前共同宣言办法⑤非不可能，陈友仁仍似×窥见及以国方战将以点活动，借以联

① 《吴鼎昌致蒋介石电》，1933 年 11 月 22 日，台北"国史馆"藏蒋介石档案，档案号：002—080200—00134—001，着重号系笔者所加。

② 胡汉民，国民党元老，时在广州，为南方实力派领袖，标榜"抗日、剿共、反蒋"三大政治主张，并称蒋为"新军阀"。

③ 萧佛成，祖籍福建，国民党反蒋派领袖，时任国民政府委员。

④ 《事略稿本》，1933 年 11 月 23 日，台北"国史馆"藏蒋介石档案，档案号：002—060100—00074—023，着重号系笔者所加。

⑤ 阿道夫·阿布拉莫维奇·越飞，苏联外交家，1922 年 7 月作为驻华全权代表来华，于次年 1 月 26 日与孙中山在上海合作发表《孙文越飞宣言》，强调共产主义与苏维埃制度并不适用于中国，吴此处意思应当是想在对苏交涉中沿袭故事，使苏联明确声明放弃赤化中国政策，从而"为剿匪作釜底抽薪之计"。

共。为中央计，一面照旧认真剿匪，一面宜秘密在对俄外交上放胆觅一出路，为剿匪作釜底抽薪之计，且免予闽方以对俄进行之机会，似有必要，一也。闽方联共现基于互不侵犯，勿使其进一步为军事切实之合作，故不宜强行派兵入闽，促其走险，且粤方亦决不夹×，军事难攻速效，枝节必更横生，闽方派别嚣张如此，后难矛盾颇与从前张家口举动相似，如不能进一步与赣共合作必自各，二也。闽开党禁，明知其谬，但为得人人明白从前中央主张开禁，闽当局本有电反对，因以延期开会，中央不妨声明，以节表白主张，附以办法，至少须准不以武力为后盾之他党生存，以坚众信，三也。北方反对政府最烈者当然暗中附和闽变，而以不开党禁为借口，现仅在酝酿中尚难实现，若闽事不扩大自无问题，但中央应隐静应付，不可过于疏解，转生误会，四也。仅述所见借供参①

25 日，蒋又复电云：

> 漾电悉，承示各点，顾虑周详，至为纫佩，惟日俄关系日益恶化，外交出路，更应慎重，似不应与闽事并为一谈。闽之联共，已成事实，无待再逼走险，亦无须经俄为介，且赣共想来脱中国式之地盘封建思想，久非苏俄所能指挥如意，绝不足为釜底抽薪之助。中央已定廿四年开国民大会，为期甚近，且已着着筹备。事实乃最大之雄辩，何待一再声明？且闽中之所为，乃毁党造党，迄今固未叫出开放党禁之口号，似不必注意。乃此尚盼兄向各方面为有力之释明。盖筹所及，仍祈随时电示为荷。②

至此，吴完全明了了蒋的意思，而自 24 日起，《大公报》社评的言论倾向也出现了明显的变化。

---

　①　《吴鼎昌致蒋介石电》，1933 年 11 月 23 日，台北"国史馆"藏蒋介石档案，档案号：002—090300—00009—333。

　②　《事略稿本》，1933 年 11 月 23 日，台北"国史馆"藏蒋介石档案，档案号：002—060100—00074—025，着重号系笔者所加。

三 言论转向

《大公报》就闽事系列社评的第四篇，是 24 日发表的《闽变与华北》，而从这篇社评开始，该报便明确了对闽方的批判态度。此文将闽方与察哈尔①类比，"乃为急于争夺政权起见，一时又无较好地盘，故不惜将十九路军一世英名付之流水"，并借东三省"独立一次，进兵一次，日本之势力亦因之扩大一次"论华北，"认为华北现在国际情形，逐渐与当年之东三省相似，更觉一切政争漩涡，不可卷入。故专在国家思想立场上论华北，最要之觉悟，最善之措置，是在'自保无事'四字上做工夫。如其不然，大局固不利，华北尤不利也"②。明说华北，实指东南。25 日社评——《闽变与粤桂》直斥胡（汉民）、陈（济堂）、李（宗仁）、白（崇禧）所造成的"西南之半独立"为"年来政治上最无意义之举动"，认为在抗日问题上，粤桂与中央"事实上之责任等耳"，而当前"国家遭空前之大难，革命在顿挫之途中，误国之咎，不在一人"，并告诫其"如果福建名系革新创造，而备具种种面目，内以欺旧日之同志，外以扬毁党之旗帜，诡怪幼稚，令民众重受无谓之牺牲，此亦不可也！吾人观于粤桂闽之辗转利用，暧昧而矛盾，结局终不出于自私与任性之两点，已不暇为国民党悲，直为整个的国家国民抱无穷之痛矣"③。26 日社评——《从历史上观闽变》开篇便云"历史上之闽变，代有所见，而失败者多"，文中历数自西汉至民国两千年来历次闽变失败的经历，最终认为"今之闽变，若以滨海一隅为孤注之掷，其复败不待龟著而可知"④。27 日社评《闽局之剖析》认为"就对人言……（闽方）依旧不出乎和则分赃分则讨贼之原理原则，所谓革命救国之诚意，盖使人不能无疑也"；"就对党言……此观于接近共党之点而益明，斯又憧憬自由，反对党治者不能免于终怀不安者也"；"就对事言……（闽方政策）非空虚广泛之主义纲要，即实际难行之政策办法……纵其人如何厌恶现状，祈祷革命，对兹纷乱，恐亦不能率尔讴歌也"，总之，"因推翻国民党之结果，不啻化旧友为新

---

① 即是年 5 月由冯玉祥、吉鸿昌、方振武等在察哈尔成立的察哈尔抗日同盟军。
② 《闽变与华北》，《大公报·津版》1933 年 11 月 24 日第 2 版。
③ 《闽变与粤桂》，《大公报·津版》1933 年 11 月 25 日第 2 版。
④ 《从历史上观闽变》，《大公报·津版》1933 年 11 月 26 日第 2 版。

敌……姑无论国民党如何应付，要其将来必为两败俱伤之局，而真正的共产党，殆将窃笑于其旁"①。29 日社评——《闽变中标榜之经济主义》认为闽方经济主义系因袭邓演达之"第三党"主张，而"此种经济主义……就理论上简单言，似欠明了，尚未一贯。尤其福建今日所发表者，更不免可笑之点"②。30 日社评——《收拾闽变与打开时局》认为闽方军事政策"是迫农村生产分子于死地"，"而自一般国民观察，闽变要为畸形党治之必然的结果……今当穷极思变之日，毁党造党，正为政治进化之所必经，而各党杂凑，亦不失为创造新党之过渡阶段"，但"所惜者，闽方组织，纯以军人为中心，而第三党之思想，仍不脱一党专制之臭味，恐其为空头支票，将与所反对者同趋一轨，此其所以难博国民同情也"，进而力劝当局应"开放党禁公许结社"，并告诫"如当局见不及此，依然补苴敷衍，务为一时的交欢利用，姑无论今日形势，不容如此，藉令能之，而苟延残喘，去整个溃灭之日，要之终必不远，彼时再欲挽回危局，恐已无可拯救"③。

纵观此次事件中《大公报》的表现，我们不难发现，在蒋意未明以前，该报对闽方态度也不明确；而蒋意明确之后，该报便集中火力从各个方面批评闽方。具体来看，蒋要其重视"北方之观察"，《大公报》便有《闽变与华北》指东南而言华北；告其"粤更敌对不容"，《大公报》便有《闽变与粤桂》借福建而儆两广；谕之胡、萧、宋"均不敢赞成"，《大公报》便有《闽局之剖析》斥其纲领；嘱其"闽中之所为，乃毁党造党"，《大公报》便有《收拾闽变与打开时局》诘其党义；此外还有《从历史上观闽变》责其传统；《闽变中标榜之经济主义》批其财经。总之，《大公报》对闽方，可谓不遗余力，面面俱骂。闽方政策诚确有失当之处，但该报态度随着蒋的意志转移，却似应为事实，蒋叮嘱吴"向各方面为有力之释明"，就该报表现来看，应当算是很好地完成了任务，而这一事件也成为笔者所见之吴、蒋通过《大公报》的首次密切合作。

① 《闽局之剖析》，《大公报·津版》1933 年 11 月 27 日第 2 版。

② 《闽变中标榜之经济主义》，《大公报·津版》1933 年 11 月 29 日第 2 版。

③ 《收拾闽变与打开时局》，《大公报·津版》1933 年 11 月 30 日第 2 版。

第三节　从报人到部长——"华北事变"中的《大公报》与"三巨头"

一　平稳中发展——1934 年的双方关系

（一）吴、蒋关系日趋密切

1. 就内政问题的建议

1934 年是相对平淡的一年，这一年中，《大公报》与蒋的关系，在平稳中稳步发展，从"蒋档"文件来看，吴在蒋心目中地位逐渐稳固，而其角色也愈加重要。是年 2 月 3 日，吴在庐山与蒋会面，赞其"威已渐立"，并劝其"宜施之以德"，蒋"然之"①。12 日，蒋电吴请其代邀蒋廷黻来会②，3 月 22 日，吴将蒋廷黻就华北中日交涉问题意见函转蒋，告其"迩来日美日英外交表面日益和缓，日华冲突日暂缓趋势，为中国腾出整理内部，预备国防机会不少，唯此中日未了交涉，必因之逼紧，诚须决定办法应付，请注意"③。25 日，吴有长电致蒋，就"新生活运动"提出"服用国货""戒绝烟赌""妓馆舞场戏院影院官吏一概不准参加，违者均准人举发严办"三点建议，并劝其裁汰冗员，"吏治应以××安民为第一事，建设应先发展交通为第一事，金融应先以统一币制为第一事，国防应以充实化学及飞机武器为第一事，择定几种必须先办之事，拼全国人力财力为之，戒多鹜但可有成"；又就华北交涉问题提出建议："华北交涉双方均有约定而未履行者，在彼方如撤兵不彻底，剿匪多阻碍，在我方以通车问题为一焦点，近闻有壬先生④北到，度略商办法，应随通车问题交换解决，×协议中规定事项告一段落。总之，华北交涉已允者可允者应爽快答复，未允者不能允者应明白拒绝，些彼方主持者是军阀，我若态度光

---

① 《事略稿本》，1934 年 2 月 3 日，台北"国史馆"藏蒋介石档案，档案号：002—060100—00076—034。

② 《蒋介石致吴鼎昌电》，1934 年 2 月 12 日，台北"国史馆"藏蒋介石档案，档案号：002—010200—00104—007。

③ 《吴鼎昌致蒋介石电》，1934 年 3 月 22 日，台北"国史馆"藏蒋介石档案，档案号：002—080200—00155—101。

④ 唐有壬，时任外交部常务次长。

明，转可期其安定。"① 此电系"蒋档"中截至当时吴致蒋电文中最长一封，所提意见则涵盖了从内政到外交的方方面面，足见吴此时在蒋心目中地位之重要。

2. 涉足中苏交涉

除了日本之外，苏联也是当时中国外交的重心之一。国民党当局与苏联的关系，一直错综复杂。1923 年 1 月《孙文越飞宣言》发表后，苏联给了国民党当局大量援助，苏联军事顾问团也在北伐战争中起了重要作用，而"四·一二""七·一五"政变后，国民党当局宣布"清共"，与苏联交恶，1927 年 12 月，南京国民政府发布与苏联断绝邦交令。但中苏两国却共同面对着来自日本的威胁，特别是"九·一八事变"后，日本势力直接威胁到了苏联的远东地区，蒋也有意借助苏联的援助抵御日本，甚至想要祸水东引，所以双方又再度开始接触，终于 1932 年 12 月 12 日复交。1933 年春，日本在占领热河后决定夺取中东路，将苏联势力逐出东北，日、苏间就中东路冲突频发。这一时期苏联在对日关系上采取了妥协、退让的态度，并于 1933 年 5 月 2 日单方面决定向伪"满洲国"出售中东路。这一事件引起了中方的极大不满，国民政府向苏联多次提出强烈抗议，但苏联出于维护自身利益需要，一意孤行，终于是年 6 月启动谈判，但谈判过程非常曲折，双方要价差距太大，日本于是要伪"满洲国"于 1934 年 8 月逮捕中东路苏联职员，向苏方施压，日、苏关系再度紧张。与此同时，中、苏关系也远远谈不上和谐，特别是 1933 年盛世才攫取了新疆实际控制权之后，开始挟苏联以自立，而苏联出于自身利益的需要，也对盛进行大量援助，新疆俨然成了中华民国治下的一个独立王国。1934年，盛世才为了发展实力需要，向苏联接洽借款事宜，而国与国之间的借款理当由外交部出面，新疆作为中华民国治下一个省，此举显然属于越权，蒋虽极为不满，但奈何投鼠忌器，于是就必须了解苏联的态度，于是 1934 年 9 月 13 日，吴奉蒋命拜访苏联驻华大使鲍格莫洛夫，14 日，吴将此次谈话经过电告蒋云：

　　蒋委员长×鉴密昨晚共苏联鲍大使晤×要每向，鲍云在牯岭与委

---

① 《吴鼎昌致蒋介石电》，1934 年 3 月 25 日，台北"国史馆"藏蒋介石档案，档案号：002—090102—00010—046。

员长谈话极佩服，诚颇愿再有谈话机会，昌若告以委员长十一月中或可面京，彼时自可就近约晤，委员长对大使想念佳，询以中东路事，鲍云两星期前险恶万状，彼已陷危，日本或以武力抢夺该路，不宣而战，近稍缓和，但谈判仍未继续，似日本强硬派与缓和派在相持中，驻满洲日本少壮军人颇为强硬派张目，前运为何，尚推测度。询以苏联加入国联后情形为何，鲍云中日同为国联会员，日本尚毅然毁盟寻衅，现已脱出国联，更何能因苏联加入国联有所顾忌，苏联决不能希冀国联为保障，不过万一冲突时易得世界上舆论同情，而日苏冲突否全在彼此战力比较，若何日本单方面认为合算时，战事随时可至，现在日本缓和派似尚认为不合算，苏联加入国联否于日苏冲突无向逆也。鲍使言新疆问题苏联有××主张三项：一、苏联为其政治上利益计，希望中国中央政府权力在新疆巩固。二、中苏边境绵长，希望经济合作。三、苏联为国防上应付日本计，绝对不能容忍日本势力侵入新疆。此次委员长面×新疆事件系渠个人向该政府建议，认为新疆事件向中央政府交涉为得体也，幸蒙委员长注释不×，近与南系省外部省商洽，未×容纳，一无结果，甚为懊丧，言外之意颇以为不若仍以单方面苏联官吏与新疆当局直接办理为愈，渠之建议不失该政府信用也。昌闻其牢骚语承告以何妨与孔部长为接洽及临引昌语，鲍使云渠在南系观张季鸾××，昌语已聆悉，鲍使×即言该政府面电渠，尚记得蒋公云子在乌拉岭区某某大工厂允社会生活部长，身体极康健等语。鲍又云是否尚须仔细询问住地渠可再×，并云蒋公子极自由，要其回国无不可，昌苓云前在天津时面询此事，系昌个人偶然，并无人犯承其再×电询其他，日前张季鸾待告时乌拉岭作为高加索社会生活部作为文化部系翻译之误，自身当鲍使此次面告之言为准，并以奉闻。吴鼎昌 叩 寒①

总的来看，此电要点主要有三：

第一，中东路事件前途未卜，日苏战事随时可起，但苏联无意主动发难。

---

① 《吴鼎昌致蒋介石电》，1934 年 9 月 14 日，台北"国史馆"藏蒋介石档案，档案号：002—090400—00007—040，着重号系笔者所加。

第二，苏联无意控制新疆，且不许日本侵入，并希望与中国进行经济合作，但仍希望直接与新方接洽借款事宜。

第三，蒋经国一切安好，可随时回国。

以上三条，对蒋来说，都是重要情报。特别是第三条，蒋经国自1925年10月离穗赴苏，至吴报告时已近10年，而"四·一二"后，两蒋逐渐音信不通，自南京当局与苏联断交后，蒋介石只得到过两次蒋经国的消息①，父子血亲，天各一方，蒋虽常以"国民皆为吾子"等语自我安慰，且曾两度拒绝以对苏政治让步换取蒋经国回国的建议②，但毕竟天伦难违，舐犊情深。就在吴与鲍谈话前的9月2日，蒋在日记中还记录"与颜③、顾④、王⑤等谈（对苏）外交方针渐定，彼等或较谅解。经国回家事，亦正式交涉。此二事能得一结果，则努力之效渐见"⑥。蒋将"经国回家事"与"外交方针"并称为"二事"，足见其对此事的重视。而蒋经国能否回国，自然取决于苏方的态度，吴在此当口访鲍并得到其所谓"要其回国无不可"的亲口承诺，自然令蒋大喜过望。而蒋此时可将这种私事拜托吴，也足见蒋、吴关系之密切。

（二）张、胡向蒋输诚

从"蒋档"文件来看，此时张、胡二人虽已与蒋搭上了线，张更已得蒋之"电本"，但这段时间里二人与蒋的关系并不密切，"蒋档"中也几无与二人有关的记录。而随着吴与蒋关系渐趋热络，张、胡二人也开始逐渐引起蒋的重视。1934年1月23日，蒋电吴云：

---

① 一次是1928年7月在北平见到自苏联回国的冯玉祥之子冯洪国，告之蒋经国已入列宁格勒军事政治大学，"甚能用功"；另一次是同年12月从报上得知蒋经国已被苏联政府流放到白海。参见杨天石《找寻真实的蒋介石Ⅱ》，华文出版社2010年版，第364页。

② 一次是1930年10月31日，宋美龄向蒋建议，以承认苏联政府要求恢复"中东路事件"前的中东铁路管理制度及中苏和平状态的《伯力条约》为换蒋经国回国的代价；另一次是1931年12月16日，宋庆龄向蒋建议，以释放被中国逮捕的共产国际间谍牛兰夫妇为换蒋经国回国的代价。参见杨天石《找寻真实的蒋介石Ⅱ》，华文出版社2010年版，第365—366页。

③ 颜惠庆，民国著名外交官，时任中国驻苏大使。

④ 顾维钧，民国著名外交家，时任中国驻国际联盟代表。

⑤ 王宠惠，民国著名法学家、外交家，时任中国驻海牙国际法庭大法官。

⑥ 《蒋介石日记》，1934年9月2日，转引自杨天石《找寻真实的蒋介石Ⅱ》，华文出版社2010年版，第368页。

　　天津吴达诠先生：弟刻回京，兄能于月内驾京一叙否？尚望季鸾或政之先生能来一位相晤也，中正。①

　　此电系笔者所见蒋首次主动邀请张或胡相晤。电文原稿中有两处修改，一是"驾"字，原作"到"；二是"位"字原作"人"。均为蒋之亲笔，而改后措辞，显然要比原文更加谦恭，由此也可见蒋此时对二人态度之一斑。"蒋档"中不见吴的回电，但吴很可能与张一起于1月底在宁晤蒋。2月1日，蒋再电吴云与其"前日所议亦未详尽"②，并询其"未知先生与季鸾先生何日北旋，弟在杭约有三四日勾留。如先生等无暇驾杭，则只有电商一切也"③。联系到蒋、张关系及蒋、吴关系的发展，我们认为，张很可能是由于此次面蒋才真正引起蒋的重视。而此次会面后月余，张致蒋的一份电报，更使《大公报》与蒋的关系更进一步。

　　1932年12月，中国国民党第四届第三次中央执行委员会召开全会，会中提议起草宪法及召开国民大会，以结束党治，还政于民。最后决议以原则二十五条，交由立法院起草宪法。翌年，立法院成立宪法起草委员会，中华民国宪法草案制定由此开始。随着制宪过程的进行，社会上对宪法草案的议论也逐渐升温。1934年3月27日，蒋有一电致张云：

　　天津大公报张季鸾先生：

　　　　对于宪法草案，贵报之评论弟已拜读。此稿未知何人所拟？可否再一申论云详，俾资参考？政之先生如下月有暇，与蒋廷黻先生同来南昌一叙，以慰想念，何如？盼复，中正。④

　　此电系"蒋档"中蒋首次直接电张，30日，张复电云：

<hr>

　　① 《蒋介石致吴鼎昌电》，1934年1月23日，台北"国史馆"藏蒋介石档案，档案号：002—010200—00102—035，标点系笔者所加。

　　② 蒋此电系发吴，文中所谓"前日所议"云云，吴肯定有参与，而从文字推断，张很可能也与吴一起参加此次会面。

　　③ 《蒋介石致吴鼎昌电》，1934年2月1日，台北"国史馆"藏蒋介石档案，档案号：002—010200—00103—004。

　　④ 《蒋介石致张季鸾电》，1934年3月27日，台北"国史馆"藏蒋介石档案，档案号：002—010200—00110—019，标点系笔者所加。

政之定四日赴武汉，将过长沙，即往南昌。介公曾电询敝报论宪
草文是何人所拟，弟忆有两篇大概即政之所作。惟彼亦非专攻公法
者，而问题又太大，故言之不能详也。一般空气对宪草批评不佳，弟
个人感想，毋宁缓召国民大会，先实行一种过渡办法，今后政治，应
重实际，而不尚空名也。俟赣赤①平后，一切改革，似渐可实际着
手，吾侪业报纸者，亦亟欲知介公今后大计之概略，庶可就能力智识
所及，作言论上之切磋与呼应也。政之因旅程关系未能与蒋教授同
行，附闻。②

张此电虽短，却非常重要：电文中所谓"吾侪业报纸者"云云，在
笔者看来，无异于主动向蒋输诚。《本社同人之旨趣》中解释其"不党"
原则云："吾人既不党，故原则上等视各党，纯以公民之地位发表意见，
此外无成见，无背景。凡其行为利于国者，吾人拥护之；其害国者，纠弹
之。勉附清议之末，以彰是非之公"③。以此标准衡量，《大公报》的言论
取向，应当一切以是否"利于国者"为判断标准，不应有任何"成见"
与"背景"；然而此电中却明白无误地要蒋示其"今后大计之概略"，以
便"作言论上之切磋与呼应"；换言之，即《大公报》的言论取向乃是以
蒋的"大计"为标准，而其目的则是为其鼓与呼，蒋的"大计"是否一
定是"利于国者"，在此不作探讨，但张的这种做法，显然与"不党"原
则相去甚远，而从后来该报的具体表现来看，最起码在张主政时期，《大
公报》的确是做到了这一点。

此电文中的第二个重要信息，乃是透露出了张对共产党阵营的态度，
《大公报》对共产党及共产主义，向来观感不佳，但直接在电文中向蒋言
明其对"赣赤"的态度，却是首次。众所周知，蒋一直视日本为"疥癣
之疾"，而共产党才是"心腹之患"，而张此电，则明白无疑地向蒋表示
其对红军及共产党的态度。

不仅张季鸾，胡政之也于 5 月 16 日有一函致蒋，做类似表示：

---

① 即当时正在江西进行第五次反"围剿"战斗的中央红军。

② 《张季鸾致蒋介石电》，1934 年 3 月 30 日，台北"国史馆"藏蒋介石档案，档案号：002—080200—00434—047。

③ 《本社同人之旨趣》，《大公报·津版》1926 年 9 月 1 日第 1 版。

别后在京沪杭各住数日，昨日返津，赣中军事似更进步，为之欣然。惟川匪①至为可虑，而政治不良，尤在在予匪人以进展机会，万一大举反攻，恐非刘田辈所能遏止，不知介公有法防制否。华北表面尚安，日方似亦无意外企图，反动分子都渐消沉，此际对日，以冷静避事为要义，一切逾量宣传感情议论，似应概加遏止，免致谣诼四播，人心浮动，外交愈难应付，此点窃望公等注意也。北方智识分子对赣省剿匪建设渐多理解，弟颇劝张伯苓诸君等作战区之游，不久或可有人前来。介公前希为申谢道候。②

胡、张二人对红军及共产党的态度，于此一电一函可见一斑。在东北沦陷，平津危急的情况下，蒋介石仍坚持"不抵抗政策"，反而调集百万军队"围剿"红军，举国舆论哗然。而胡、张二人，对此不仅不反对，反而"为之欣然"，因为"俟赣赤平后，一切改革，似渐可实际着手"，这显然是把红军看成了妨碍国家建设的关键问题。而且，"北方智识分子对赣省剿匪建设渐多理解"，自然减轻了蒋所承受的舆论压力，其中，作为北方舆论重镇的《大公报》想必是"与有力焉"。

胡、张的这种认识，也可以在同时期的《大公报》中得到印证，如1933年11月4日社评——《四川匪祸已成燎原》中，便对刘湘在四川"剿匪不力"，致使"匪祸燎原"深表痛心，虽然文中也对刘所部在四川横征暴敛的劣迹进行了批判，但却主要是担心此行为会激起民变，从而"为赤匪造同志"③。1934年4月2日社评《建设时机不可再失》中，则更表示：

民国肇兴，内战循环，初未尝得着一相当较长时期，整理内政，从事建设。国民政府统一以来，亦不幸旧辄重循，新机未启，自民国十五年起，几无年不在干戈侵攘中，致内则酿成共产党之割据，外则招来九一八之侵略；吾人回思过去三年中，华北敌人铁骑之蹂躏状

---

① 即徐向前、陈昌浩领导的红四方面军。
② 《胡政之致蒋介石函》，1934年5月16日，台北"国史馆"藏蒋介石档案，档案号：002—080200—00435—183。
③ 《四川匪祸已成燎原》，《大公报·津版》1933年11月4日第2版。

况，江西共党赤炎之猖獗情形，国家得不覆亡者几希！①

很明显，当时的《大公报》把"江西共党"与"华北敌人"看作导致中国无法从事建设的内、外两大患。此文进而认为，近来"剿匪"颇见成效，"可望告一段落"，而国际形势亦对中国有利，故"不能不认为此种局面已系天予现在中国最后之恩惠，亟应奋发兴起，不可再行错过者也"②。

社评如此，新闻也不例外。翻开这一时期的《大公报》，为"剿匪"出谋划策乃至鼓掌叫好的新闻比比皆是，如《赣匪势蹙川匪猖獗》（1933年11月6日第3版）；《川剿赤军连日苦战，赣鄂各军皆传捷报》（1933年11月8日第3版）；《粤闽军积极挺近，南路将攻筠门东路到达连城，彭罗窜扰闽西川匪恃险顽抗》（1934年3月29日第3版头条）；《桂省增兵协助剿匪，蒋限令一个月肃清三省边匪》（1934年3月30日第3版头条）等，不一而足。特别值得一提的是，1934年4月1日《大公报》还在第8版"每日画刊"以"四川赤祸"为题发表了一组照片，"生动形象"地表现了四川人民受"赤匪荼毒"之苦，国军"剿匪"之英勇，以及川民欢迎"剿匪军"之热烈。

1934年7月，曾扩情③奉蒋命以"与于军长（于学忠）④及该军之高级干部商谈政训工作"之名义赴津，在津期间"该地报界有力分子自胡政之以次均与接谈"，而胡等则"对于维护统一辩证是非诸演义，俱有表示"，26日，曾电蒋报告上述情况，并认为"此后关于华北工作，更可顺利进行"⑤。至此，《大公报》三巨头均已向蒋表明心迹。

总之，1934年，《大公报》与蒋之间的关系，在平稳中继续发展，除吴之外，张、胡、王等该报重要干部也开始进入蒋的视野，政治态度上的

---

① 《建设时机不可再失》，《大公报·津版》1934年4月2日第2版，着重号系笔者所加。

② 同上。

③ 曾扩情，黄埔一期，"中华民族复兴社"发起人之一，历任蒋介石随从秘书、国民党中央组织部秘书、鄂豫皖"剿总"党务特派员等职，时任军委会北平分会政训处长，是当时在北平所有军队的最高党务长官。

④ 于学忠，东北军著名将领，时任华北军第1军团总指挥兼陆军第51军军长，1933年6月移师天津兼任天津市长。

⑤ 《曾扩情致蒋介石电》，1934年7月26日，台北"国史馆"藏蒋介石档案，档案号：002—080200—00436—218。

一致，使得双方关系渐趋密切，而在 1935 年的华北危机中，《大公报》与"三巨头"扮演了更加重要的角色，而吴则更以此为契机，成了蒋政府的阁僚之一。

二　短暂的"亲善"——1935 年上半年的《大公报》、"三巨头"与中日关系

（一）平和中的警觉——"亲善外交"与《大公报》的态度

1. 短暂的"亲善"

1935 年年初，中日间出现了短暂的"亲善"局面。这首先来自于中国政治形势的变化：1933 年 5 月《塘沽协定》签订后，来自华北的日方压力稍减，蒋为了实现其"攘外必先安内"的方针，腾出手来进行"剿共"大业，决定改变以往对日外交方针，直接与日本进行交涉，以缓和"九·一八"后两国的紧张关系。9 月，蒋召集庐山会议，确定了新的对日方针，决定除"满洲国"问题外，其他问题均可与日本做"相当之周旋"，并极力避免一切刺激日方感情的行动和言论①。为落实这一方针，1933 年年底，中方罢免了对日强硬的外长罗文干，以亲日派的汪精卫代之。1934 年 12 月 20 日，《外交评论》发表了由蒋口述，陈布雷执笔，署名徐道邻的《敌乎？友乎？中日关系之检讨》一文，称"日本人终竟不能作我们的敌人，我们中国究竟须有与日本携手之必要"②，对日方明白示好。而日方亦投桃报李：1933 年 9 月，主张"协调外交"的广田弘毅接替声言"焦土外交"的内田康哉出任斋藤实内阁外相，1934 年 12 月，日本外务、陆军、海军三省会议制定了《关于对华政策的文件》，提出如果中国对"打开日支关系表现出现实的诚意的话，我亦以好意应之"③。在这种方针指导下，广田于 1935 年 1 月 22 日在议会发表外交政策演说，声称"两国悬案已逐次解决，中国国民对帝国的真意也逐渐了解"，希望"进一步促进这种倾向的发展"，并表示如中国能彻底停止反日及抵制日货运动，日本政策则将给予全面之援助。这一演说得到了南京政府的积极

---

① 宋志勇、田庆立：《日本近现代对华关系史》，世界知识出版社 2010 年版，第 124—125 页。

② 徐道邻：《敌乎？友乎？中日关系之检讨》，《外交评论》第 3 卷第 11、12 期合刊。

③ 宋志勇、田庆立：《日本近现代对华关系史》，世界知识出版社 2010 年版，第 124 页。

回应，29 日，蒋主动约见日本驻华公使有吉明及陆军武官铃木美通，表示愿意改善与日本的关系。2 月 1 日，蒋又就中日"亲善"问题向中央社记者发表谈话，表示将"制裁一时冲动及反日行动"。汪精卫亦于 2 月 20 日在国民党中央政治会议上做了对日政策的报告，声称广田演说与"我们素来的主张和精神是大致吻合的"，如双方加以努力，"中日关系由此可以得到改善"。① 至此，两国间"亲善"空气，渐趋弥散。

2. 《大公报》对"亲善外交"的态度

面对中、日两国间的"亲善"空气，《大公报》一方面与当局尽量保持一致，力图避免对日激烈的言论，另一方面也对此表现出相当的警觉。1 月 10 日社评《今年东亚形势之展望》分析日本局势认为"日本大权，操之军部，军部大权，操之一派之中级官"，而"依最近事实推之，关东军干部，尽易为激烈之新人"，所以"一言蔽之，今年之东亚形势，恐只有更紧张，难望较和缓。东亚为喷火之山，中国则俎上之肉！"② 19 日，该报又发表社评《黄委员长③入京》延续前文论调："最近形势，日本一部分有力军人，又显在鼓动为对华进一步之压迫"，而日本在华武官所谓"中国正进行大规模之抗日工作"的言论是"不实之攻击"，实际中国"一年以来，凡关对日事项，报纸皆极少发表；非不欲发表也，当局方针则然"④。26 日社评《广田新对华外交政策之检讨》对广田 22 日讲话分条缕析，认为"如吾人在舍弃过去一切旧账不算，只顾将来利害之范围内，则在原则上吾人不能不谓此种政策为在自'九·一八事变'以来日本各种对华政策中之比较稳妥合理之政策"，但又提出五点质疑：（1）对军部缺乏制约能力的日本政府如何保证"不威胁不侵略的政治协定之原则"？（2）"保障中国领土完整，门户开放"等观念与"立于对等地位上之独立自主观念"在法理上虽有相当矛盾，但不宜废去。（3）"觉悟日本在东亚之地位及使命一层……如含有须受日本领导之意"，则"断非可以具体的形诸政治协议中者"。（4）"中国在东亚之地位及使命之觉悟……如与所谓日本在东亚领导地位相联，而指中国应受

---

① 宋志勇、田庆立：《日本近现代对华关系史》，世界知识出版社 2010 年版，第 125—126 页。

② 《今年东亚形势之展望》，《大公报·津版》1935 年 1 月 10 日第 2 版。

③ 即黄郛，民国著名外交家，时任行政院驻北平政务整理委员会委员长。

④ 《黄委员长入京》，《大公报·津版》1935 年 1 月 19 日第 2 版。

别国之领导，则非吾人所敢闻矣"。（5）"日本希望在东亚的诸国之和亲，并希望与在东亚的诸国共分维持和平秩序之重责一层……如持与'东亚门罗主义'相联，持与所谓中日伪之和平提携相联……则根本上即不啻使中国沦于与伪组织相同之地位"①。29 日社评《读徐道邻文感言》认为《敌乎？友乎？》一文"为最大胆的主张两国亲善共存者，其为日本谋之忠，与其为本国谋者相等"，此文"盖能实际代表中国有力者之舆论，诚令日本果能循此而行，中国方面定可与之相应"，但由于"东亚现局之枢纽操之日本，而不操之在我"，而日本之大政，"乃完全为一大群年富力强雄心勃勃之少壮军人界空气所左右；尤其关于对华政策，与其谓为出于日内阁之方针，毋宁为决诸关东军幕僚之空气。而此辈少壮军人之对华认识，一切以实力为出发点"，所以"对于徐氏主张之是否有实现性，则吾人倾向悲观。至少在目前阶段上，认为殆无可能性"②。2 月 8 日社评《反日与存华》则针对 1 月 29 日有吉明与蒋会谈时提出所谓中国存在"反日问题"的言论，认为"中国今日，无所谓反日运动，只有存华决心"，"中国之书籍报章，从来无鼓吹仇视日本及日本人者。最大不过抗议日本之对华政策及行动，是则反侵略，非反日本"。在中日关系上，中国"在如何维持我国家之存在。日本倘不更加危害，断然希望平和。其心理是如何存华，不是如何反日。……职是之故，对中日关系，尽可能以示退让，对国际大局，亦决心为求和平，而关于自身之经济复兴，则务求以自力苦干，不赖外援以多纠纷，此即中国人今日之全盘真相，全世界除日本外之所共知共信也"，"吾人之意，以为日本应绝对了解中国人之真正心理，与之相应，以固东亚和平"。此文更列举中国对日友好种种："中国民族强盛之时，对日本只有供给文化之惠，而无蔑视日本危害日本之嫌。近世海通，对日本维新，始终示好，日本愈进步，愈称赞之，虽经甲午之战而不记仇，自日俄之役而更欣慕"，并自居弱者，"以日本今日高度之军事化与工业化，中国此后，断不堪追踪，纵追及矣，亦无以侵日本。故日本任至何时，不虑受中国胁威，况中国进步甚迟，日本进步极快，在实力上永远有大差"，最终呼吁"中国人惟誓保其国家荣誉的独立与完整！决心存华，

---

① 《广田新对华外交政策之检讨》，《大公报·津版》1935 年 1 月 26 日第 2 版。
② 《读徐道邻文感言》，《大公报·津版》1935 年 1 月 29 日第 2 版。

并不反日。日本要人倘目存华为反日，则亦只有听其自然，但人类公论，必能辨其是非矣。"①

3. 建议王宠惠访日

除了在报上发表文章之外，吴还在私下向蒋就中日关系问题提出建议。1月4日，关东军召开大连会议，其中心议题是《塘沽协定》签订后的对伪满及对华北方针，决定要在华北扶植能够"忠实贯彻日本要求的诚实的政权"，"始终企图整个问题之解决，在未达到最后目的之前，则用侧击旁敲办法，逐步前进"②。在这一方针指导下，驻华日本军方开始频频寻衅滋事。1月16日，吴电蒋云："近日在中国之日本武官与关东军一致造谣协谋，意在寻衅与委员长为难，昌意为预防计，似可派一地位较高私人代表赴东京与文武当局一为周旋以缓和之。"③ 2月11日又再电提醒"请派代表前往一节仍请注意，相当时期内非有决心与之鬼混不可。欧洲局势稍稳，若我方鬼混得法，近祸可免"④。13日，蒋复电云："对日意见，彼此完全相同，第一步拟先请亮畴⑤先生顺道往访。"⑥ 王于20日会同中国驻日本大使馆参事官丁绍伋与广田会谈，对广田提出了：（1）和平解决两国关系问题；（2）两国对等交往，日本应尽快废除对华不平等条约；（3）两国友好交往，中方将充分取缔反日活动，日方不应轻信谣言，不得支持中国地方政权，并立即取缔在华北朝鲜人活动的三条原则。广田则表示"日本的根本方针是不威胁和不侵略"，对和平、平等两项基本原则没有异议，中日亲善关系至关重要，并表示他将在合适的时候访问中国⑦。26日，南京政府下令禁止全国报刊登载反日言论；27日，国民

①　《反日与存华》，《大公报·津版》1935年2月8日第2版。

②　军事科学院军事历史研究部：《中国抗日战争史·上》，解放军出版社1991年版，第183页。

③　《吴鼎昌致蒋介石电》，1935年1月16日，台北"国史馆"藏蒋介石档案，档案号：002—080200—00201—082。

④　《吴鼎昌致蒋介石电》，1935年2月11日，台北"国史馆"藏蒋介石档案，档案号：002—080200—00206—120。

⑤　即王宠惠，字亮畴。

⑥　《事略稿本》，1935年2月13日，台北"国史馆"藏蒋介石档案，档案号：002—060100—00092—013。

⑦　《廣田大臣王寵惠會談要點》，1935年2月20日，《帝国ノ对支外交政策関係一件·第四卷》，亚洲历史资料中心公开日本外务省档案，档案号：B02030151200，中文内容为笔者同人译，此后所有日本材料之中文翻译，除特别注明外，均同此例。

党中政会又发出了禁止反日运动的指示。同日，广田也在议会宣称："对于蒋介石氏之诚意，毫无顾虑"；3月1日，广田又在议会称，中日关系确已好转，表示"愿以全面之诚意与努力，与各方面联系，以期早日结出日中提携、日中亲善之果实"①。至此，两国间的"亲善"，可谓渐入佳境。

（二）"无意求援助，只求不妨碍！"——"对华经济提携"与《大公报》的态度

1. 1935 年年初吴、蒋就经济问题的交流

1934—1935 年，由于日本对东北的侵略，加之美国为摆脱经济危机，放弃金本位制度，大量收购白银，使得使用银本位货币制度的中国陷入了一场严重的金融危机，通货奇缺，银行倒闭，工商业凋敝。巨大的金融压力使蒋头疼不已，而吴作为经济专家，一直是蒋主要的咨询对象，1935年1月2日，蒋便电吴请其"对于金国宝②君实施统制汇兑及国际贸易之意见"发表看法③；5日又电嘱其早日拟订"全盘计划与分配执行方案及安定金融计划"④；20日，蒋又专电孔祥熙⑤请其与吴等协商对美白银交涉问题⑥。2月11日，吴电蒋告其"经济方案，早经起草，预定连各自方案，于三月中南下，与蒋委员长指定之诸先生并案会议，定期晋谒详陈"⑦；13日蒋复电云"卓见甚佩"，并请其三月"来川一游"，经济计划则"请待相会时面交为盼"⑧；23日吴复电告蒋"入三月后国内金融情形

---

① 宋志勇、田庆立：《日本近现代对华关系史》，世界知识出版社 2010 年版，第 126 页。

② 金国宝，江苏吴江人，我国统计学先驱学者。

③ 《蒋介石致吴鼎昌电》，1935 年 1 月 2 日，台北"国史馆"藏蒋介石档案，档案号：002—010200—00125—003。

④ 《蒋介石致吴鼎昌电》，1935 年 1 月 5 日，台北"国史馆"藏蒋介石档案，档案号：002—070100—00038—062。

⑤ 孔时任国民政府财政部长兼中央银行总裁，系宁府财经首脑。

⑥ 《事略稿本》，1935 年 1 月 20 日，台北"国史馆"藏蒋介石档案，档案号：002—060100—00091—020。

⑦ 《吴鼎昌致蒋介石电》，1935 年 2 月 11 日，台北"国史馆"藏蒋介石档案，档案号：002—080200—00206—120。

⑧ 《事略稿本》，1935 年 2 月 13 日，台北"国史馆"藏蒋介石档案，档案号：002—060100—00092—013。

恐将逐步紧张"并告其"三月后即可晋谒"①；由于行程不凑，双方终未能会面，3月5日，吴将所拟之经济计划航寄蒋②。

2. 日本对华的"经济提携"及《大公报》的态度

正在蒋、吴等为挽救中国金融而殚精竭虑之时，作为"亲善外交"的成果之一，2月14日，日本外务省宣布，如中国取缔反日运动，日本将对中国实施"经济提携"，具体政策为：（1）派遣经济考察团赴华；（2）从经济技术上"援助"中国的农工业；（3）在上海设立资金为2亿日元的特殊银行，以救济中国的金融业③。面对这块天上掉下来的馅饼，蒋自然明白日本居心不良，但又觉得可加以利用，于是便与吴商议此事。3月9日，蒋电吴云："近日日本对于经济提携与英国国际借款之提议，皆应设法详商，弟意如沪银行界与实业界棉纱商等能推出数人，前往与之周旋，探其实情，或许有益，未知尊意如何？"④ 10日吴复电云："国际借款对方难于协调，单独商日，我方必多危险，权衡利害，仍以从容引入国际合作为正轨，公主张推金融实业界数人前往周旋一节有益无害，昌极赞同，请公即嘱咐财实两部当局示以洽办，昌赴沪时当一为游说"⑤；19日，蒋复电请吴与蒋作宾⑥协商"赴东之期"⑦，此时蒋已属意派吴访日。

在蒋、吴就所谓"经济提携"事私下商议的同时，《大公报》也配合发表多篇社评。对日本所谓之"经济提携"表明态度。2月16日社评《日本新闻电中之经济提携》认为对"日方侧重发展贸易之见解，原则上我方应无异议也"，但"该电并无发展中日贸易之具体方法，而只云前提为消减排日运动，办法为以日货代欧美货。此未免过陷空疎（疏），不切

---

① 《吴鼎昌致蒋介石电》，1935年2月23日，台北"国史馆"藏蒋介石档案，档案号：002—080200—00210—047。

② 《吴鼎昌致蒋介石电》，1935年3月5日，台北"国史馆"藏蒋介石档案，档案号：002—080200—00213—033。

③ 宋志勇、田庆立：《日本近现代对华关系史》，世界知识出版社2010年版，第127页。

④ 《事略稿本》，1935年3月9日，台北"国史馆"藏蒋介石档案，档案号：002—060100—00094—009。

⑤ 《吴鼎昌致蒋介石电》，1935年3月10日，台北"国史馆"藏蒋介石档案，档案号：002—080200—00213—070。

⑥ 蒋作宾，民国著名外交官，时任中国驻日本公使。

⑦ 《蒋介石致吴鼎昌电》，1935年3月19日，台北"国史馆"藏蒋介石档案，档案号：002—080200—00213—070。

实际"。并表明三点信念：（1）若日方对华不求经济垄断、政治支配，则
"此事显然可能，而利于日本者甚大"；（2）"中日贸易前途，本无限量……
此后中国定入平和建设之时期，故中日贸易，此后定有绝大希望"；
（3）"所愿日方深切注意者，须牢记两国经济关系之障碍，惟在日本武力
侵凌漠视我国家主权之一点！"并对日方严正声明中国态度："无意求援
助，只求不妨碍！""惟知中日关系好转之真正枢纽，只在日本尊重中国
国家的立场之一点。"① 20 日社评——《中日经济调整之根本义》又针对
日方政策提出两点前提："第一，须双方在经济关系以外之其他方面，处
于不侵胁不畏忌之正常关系，使得言国民经济之提携也。……第二，须双
方俱有对于两国经济发表关系的真正认识，并须双方俱有共同使经济调整
发展之诚意，因如此始能有真正的共同努力而不堕于口头禅。"以及五大
原则："（一）消极的不得以经济'提携'调整之美名，暗行以强大御弱
小的统制经济之实际；同时积极的应以平等互惠的报偿主义为原则"；
"（二）消极的不得利用经济调整之名，而行对中国的政治运动，或对中
国以外之国家的政治运动之手段；同时积极的应发挥经济的互利性，及经
营技术乃至生产技术的互助性"；"（三）消极的不得包含任何现金形式之
借款及信用设定，并上述输出入货价差额借款；同时积极的应在中日经济
调整上所发生之新合议或合办的经济或金融组织中，中日双方能完全权利
平等，机会平等"；"（四）消极的不得以所谓'排日'或'排日货'之
绝减与中日经济调整联关并论；同时积极的应由日方尊重中方之国货奖励
运动"；"（五）消极的不得宣传中国今日经济界之萧条全由于排斥日货；
同时应认中日经济调整，只系中日双方救济各自的经济国难之一种方
法"②。3 月 2 日社评——《中日问题》针对 2 月 20 日汪精卫讲话及日本
对华政策发表态度，认为"两国原有互相提携之使命，此提携之成，与
世界，与两国，均有大利，且属必需。然而现有一大障碍，使提携甚难实
现。障碍非他，东北问题是也"，而"关于经济问题，在东北问题不能交
涉之时，一切以现行条约为限，除保护通商自由外，无其他特别交涉可
言"，同时严正声明"中国诚意愿和平，同时诚意要领土！"③ 4 日社评

---

① 《日本新闻电中之经济提携》，《大公报·津版》1935 年 2 月 16 日第 2 版。
② 《中日经济调整之根本义》，《大公报·津版》1935 年 2 月 20 日第 2 版。
③ 《中日问题》，《大公报·津版》1935 年 3 月 2 日第 2 版。

《借款问题》针对日本3日提出的反对英国向美法日提出的联合援助中国财政案，并"扬言在中国取缔反日及承诺某种条件时，日本将不吝由财政上经济上援助中国"的论调表示："（一）赖外资援助财政之说，吾人根本不表同情，不论其为数国投资或一国出款。（二）国府方针，本愿接受外资办理建设，此为国人所同情者。如有此机会，自可进行；然必须条件对等，不得易以妨害国民经济之特权，同时须计划确实，不得漫然借来供无益之浪费。（三）国际联合，或一国单独，在原则上无所谓，要之，须我有选择之自由，且不受任何外力之束缚"；而"中日之间，现有严重的领土纠纷在，凡不以解决领土纠纷为条件之任何援助或提携之案，中国如承诺，事实上等于出卖领土。而此特别情形之外，更有政治借款之普通的不利，其不利或尤过于数国共同之投资"；由是力劝国府"不许任何国家或国际团体损害我独立主权之毫末"！而"中国经济，实能赖自力以复兴，且必须有此决心与准备，方可望有时能得到对等条件之外资"①。20日社评——《自力自助之财政金融》又再度声明："吾人认为金融财政之救济，概须求之自我，而应付目前之难关，尤应由政府确定开源节流之具体方策，切实执行。"②

（三）"中国人所求者，惟国家之独立与完整"——外交升格问题与《大公报》的态度

长期以来，列强都歧视中国，只肯在中国设立公使馆，不愿与中国建立大使级外交关系。1924年6月，币原喜重郎继任外相，推行"协调外交"，在中国政府的多次请求下，日本政府决定将两国间外交关系升格为大使级，但又因段祺瑞政府倒台而搁置，直到1934年广田继任后方又重提此议。1935年2月20日，广田对王宠惠表示，"帝国政府会在适当的时候到来的任何时候进行升格。今后两国亲善关系如进一步加深，希望双方互换大使"③。5月初，他先是说服了陆相林铣十郎，后又取得了冈田启介首相的支持，并上奏天皇批准，7日，广田电告日本驻南京总领事须磨弥吉郎，要他把日本政府同意升格驻华使馆一事通知南京政府，宁府外长

---

① 《借款问题》，《大公报·津版》1935年3月4日第2版。

② 《自力自助之财政金融》，《大公报·津版》1935年3月20日第2版。

③ 《廣田大臣王寵惠會談要點》，1935年2月20日，《帝国ノ对支外交政策関係一件·第四卷》，亚洲历史资料中心公开日本外务省档案，档案号：B02030151200。

汪精卫闻讯后欣喜不已，经过双方协商，决定于 5 月 17 日同时宣布将公使馆升格为大使馆，并互派大使。6 月 14 日，日本首任驻华大使有吉明在南京向国民政府主席林森递交国书。至此，"亲善外交"达到顶峰①。

对于中日使节升格这一大事，《大公报》于 5 月、6 月两月间连发多篇社评，对此事表明态度。5 月 17 日社评——《中日使节升格》认为此事"乃国交增进之表现"，"殊为可喜之现象"；但"日本少壮军人今后虽不能阻挠大使之设置，势仍将枝节丛生，迫日阁执行彼等更强硬之政策。且也，凡关华北事件，实权尤在军人"，所以"就目前论，中国人尚不宜过重视此举，而陷于不切实际之乐观"。又劝当局"应始终保持和平而坚定之方针，凡不损主权而真实互利之交涉，可以接受，其有碍主权及束缚我政治经济自由者，勿虚与委蛇，勿模棱暧昧"！最终正告日本："中国人所求者，惟国家之独立与完整"，就亚洲和平繁荣而言，"日本须先示其诚！"② 18 日社评《中国之外交方针》明确声明"中国人对一切外交，并无特别期待。其惟一的外交方针，为愿与一切文明国家，保平等互善之关系，尽人类好意互助之责任"。并告诫"日本一部分军国主义者之错误的观察与政策，长此不改，或更变本加厉，以求贯澈（彻），则前途推演，殆有不堪设想者"③。6 月 11 日社评《读十日国府命令》针对南京政府 10 日发布的"对外在确守国际信义，共同维持国际和平，而睦邻尤为要着"；"凡我国民对于友邦，务敦睦谊，不得有排斥及挑拨恶感之言论行为，尤不得以此目的组织任何团体一方国交"外交命令提出三点意见：（1）"国府命令所论对外之道，当为今后适当之方针"；（2）"国府命令，诰诫国民，勿得有挑拨友邦恶感之言论行为。各界对此亟应注意检点"；（3）"命令中特言及遵守国际信义，吾人以为此点甚关重要，尤其有外交之责者，宜自注意"，并认为中国应禁绝任何反日的秘密组织④。15 日社评《日本第一任大使递国书》首先称赞有吉大使"对于中日国交之改善，实多所尽力"，并表示"吾人深信中日两民族终有平等互善友谊提携之可能与必要"，又正告日本"中国民族所惟一坚持者，惟其国家之安全与进

---

① 宋志勇、田庆立：《日本近现代对华关系史》，世界知识出版社 2010 年版，第 127 页。

② 《中日使节升格》，《大公报·津版》1935 年 5 月 17 日第 2 版。

③ 《中国之外交方针》，《大公报·津版》1935 年 5 月 18 日第 2 版。

④ 《读十日国府命令》，《大公报·津版》1935 年 6 月 14 日第 2 版。

步"，"中国所求日本惟一之保证，即对于中国国家不加以蚕食侵削！"文中回顾了中日两国数千年来的交往史，并"确信日本人士当觉悟两点。其一：中国人中，国家意识愈强烈者，愈能为日本不变之友。其二：惟有中国臻于统一强盛，为日本之真正利益。倘认识相反，结果必然不佳"，最终呼吁"两国能速有正当谅解，以奠未来共同幸福之基"①。25 日社评——《论睦邻》又再就国府 10 日睦邻令发表意见，认为所谓睦邻是指"中日俄三国平和而互睦是也"，"中国在原则上将两邻并睦，且劝两邻并睦"，而"中国此种政策之能否贯澈（彻），最要视日本如何，但中国本身要宜循此努力矣"②。

纵观上述言论，《大公报》针对"经济提携"及使节升格问题的态度，大体可归纳为三点：（1）中日经济合作及两国睦邻友好极有必要，但前提需日本尊重中国独立主权及领土完整；（2）日本当局必须有效地制约其少壮派军人，并诚意解决东北问题，方可实现"经济提携"及两国友好；（3）国府目前应对策略较为得当，但解决中国目前各种问题的根本，在于中国自身之努力。以此三点观之，《大公报》的确是抓住了中日问题的要害，特别是其对少壮派军官的论断，可谓一语中的，"三巨头"不愧其"知日派"的称号。

（四）胡政之访日与《大公报》两论日本

就在中日两国就外交升格问题达成协议前后，5 月 10 日，胡政之乘船离津，开始为期一月的日本之行。从现在发现的中日两国档案来看，胡此次访日意义非常，而此事多为此前研究者所忽视，兹赘述于此。

胡此行受到了日方的高度重视。早在其动身前一周，日本驻津总领事川越茂便两电外相广田弘毅及外务次官重光葵，告其胡之行程，并进行相关安排，其中 2 日电云：

广田外务大臣川越总领事

　　　第 104 号

　　　致重光次官

　　　2 月 22 日信中写到大公报胡霖本月 10 日从天津坐商船长安号出

---

① 《日本第一任大使递国书》，《大公报·津版》1935 年 6 月 15 日第 2 版。

② 《论睦邻》，《大公报·津版》1935 年 6 月 25 日第 2 版。

发，从门司登陆，在大阪停留一周后，预计到东京。其人在日参观时随行报社人员 3 名。①

3 日第二电云：

> 广田外务大臣川越总领事
> 　　第 105 号
> 　　关于去电第 104 号
> 　　致重光次官
> 　　就发给胡霖铁道免费乘车券一事，我曾经谈到过几次。请考虑此事，并请证件签发方面考虑并落实。②

不仅如此，胡在日本行程，也多得日方关照，如 5 月 25 日，胡赴名古屋采访，时任外务省东亚局局长桑岛主计便专电名古屋商工会议议长三浦一云：

> 友人天津大公报社长胡霖氏 27 日赴贵地访问，请多多关照。③

广田、重光、桑岛三人，都是当时日本政界重要人物，按常理来说，能够惊动他们的信息，一定是重要事件。而上述三份电文，看上去都是琐碎小事，却如此郑重其事地专电告知，足见日方对胡此行之重视。

6 月 8 日，胡抵达上海，当日便有一长函致吴，吴又于当日将此函专电告蒋，电云：

> 自五月十日离津后，十三日抵大阪，十八日赴东京晤广田、床次、重光诸人，廿五日赴名古屋，廿七日复回东京访问各方人士，计

---

① 《川越茂致广田弘毅、重光葵电》，1935 年 5 月 3 日，亚洲历史资料中心公开日本外务省档案，档案号：B02031014400。
② 同上。
③ 《桑岛致三浦电》，1935 年 5 月 25 日，亚洲历史资料中心公开日本外务省档案，档案号：B02031014400。

有斋藤前首相及币原、芳泽、松冈与夫金融实业界领袖人物①，旁及政治治评论家②文艺批评家等，均得畅谈，军部中曾与铃木贞一详谈，此人乃少壮派之灵魂，依弟观测日本各情如下：

（1）日本现在元老重臣均缺大人物，祗能敷衍应付，不足以打开局面，政党财阀则栗栗危惧，深恐为犬养③井上④之续，不敢显与军阀违抗，见床次时极言近年节制急进派之苦心，切盼中国了解，见广田亦祗称当尽力使政策贯澈（彻），惟军人对国防观念异常锐敏，国际潮流激荡，军人不能无打算，甚望中国注意及之，使彼曹安心，不致有口实可藉。斋藤则明言广田政策动受他方牵掣，不能放手实现，又谓彼本人平和意见，亦往往不为部人谅解，惟深信舍平稳进行外别无更善之法，故冈田内阁始终蹈袭彼之政策云云。此外在野诸人，多称现在法西（斯）势力仍在潜行，政府惟其无力，乃可维持，又因其无力，断不足以收遏制裁抑之效，军人在内扼于团体，限于宪法，无可发展，仍图在中国找事，故三数年间，中国须能忍耐，万一应付失宜，为少壮派所乘，则国内任何势力，将尽为卷曳以去，盖军人肯拼命，而他人则畏祸不敢显持异议也。

（2）现在军人以荒木、真崎、柳川等为一派，自称正统，极为激烈，现陆相林铣则为稳健一路，荒木称方面称为校正派，两派暗斗甚烈，另一派乘之，有举足轻重之势，说者称曰正军派，如影佐、酒井等属之，林铣几次实行陆军异动，将荒木分子散之地方，惟主张对华压迫者，辄得各方喝采（彩），林铣虽不谓然，亦殊难于制御⑤。

---

①　文中所提到之人物：广田弘毅，时任日本外相；床次竹二郎，时任日本邮政相；重光葵，时任外务省次官；斋藤实，前任日本首相兼外相；币原喜重郎，日本前外相；芳泽谦吉，时任日本贵族院议员；松冈洋右，前日本驻国联首席全权代表。

②　似应为"政治评论家"，从原文。

③　即犬养毅，日本政坛元老，1932年"五·一五"事件中被少壮派海军军官刺杀。

④　即井上准之助，日本政坛元老，曾任藏相兼立宪民政党党魁，于1932年2月9日血盟团事件中被小沼正刺杀。

⑤　文中所提到诸人：荒木贞夫，日本军部"皇道派"精神领袖，曾任犬养毅内阁陆相，甲级战犯；真崎甚三郎，"皇道派"中心人物之一，"二·二六事件"核心人物之一，甲级战犯；柳川平助，陆军中将，曾任驻台湾军司令官，此三人为当时日本少壮派军官灵魂人物。林铣十郎，陆军大将，时任陆相；影佐祯昭，日本著名特务，时为陆军中佐，任驻上海武官，曾于抗战时期主持策反汪精卫的"梅机关"；酒井隆，时为陆军大佐，任天津驻屯军参谋长。

（3）铃木①对弟表示，谓日本对苏联至为不安，对中国向背至为关怀，非有使日本安心立命之道，两国终难融和，据许多人声称，军部对中国向主打倒国民党政权，否认蒋某势力，现已略见让步，可容存在，惟须某公对日本有诚意表示，决非回避所可了事，大致陆军部希望能用日籍军事顾问，照样购点日本军火，则感情可望一变云。

（4）日本备战甚亟，重工业已见发达，印刷机制造厂兼任军需制造，乃弟所亲见者，甚至名古屋制挂钟及自行车厂亦分担军用制造责任，令人见之怵然，而人心振奋，左翼思想一扫而空，尤使人恐怖。

（5）所幸者日皇确是主张和平，其左右皆自由主义之人，一时极为军人不满，然而投鼠忌器，不敢有所举动，盖事关破坏国宪，殊难号召也。

（6）工业发达，远出吾人想象，印报机较美德更见改进，而工人之守秩序，尽职责，与夫各工场技师专家之努力，实不能不肃然致敬。要之以弟所见，日本军人横行，此际在国中实无有能制止之者，惟此辈决非毫无理解之人，据中立公正之日人相告，日本法西（斯）之不能成功，实由顾及对外经济关系所致，此时中国除政府宜与忍耐交欢外，社会方面宜取消无益的排货运动，在经济上与之发生密切关系，使军人有相当顾虑，不再捣乱，要其事必须上下一致，定一大政策与之周旋，否则随时可以出事，日本现内阁暂可维持，纵有变动，亦必仍由斋藤一类人物出任揆席，陆军中宇垣②潜势力尚不小，日人多信惟彼可以裁抑少壮派，惟出马犹非时机耳，以上各节，希酌告某公，最要宜对日军部有釜底抽薪办法，并望勿忽视日本政情，须知在此三数年间，政府无力，军部专擅，应付一失机宜，我方定被牺牲也。③

---

① 铃木贯太郎，海军大将，日本政坛元老，曾于1945年4月出任首相，起草《终战诏书》。

② 宇垣一成，日本政坛元老，陆军大将，曾于1924年1—4月、1929年7月—1931年4月两度出任陆相，并于1938年5—9月间出任外相。

③ 《吴鼎昌致蒋介石电》，1935年6月8日，台北"国史馆"藏蒋介石档案，档案号：002—080200—00453—011，文中加下划线部分为原文加着重号部分。

胡此函中提到的十余人皆为日本当时军政要人，其中有前首相一人、前/现外相三人、陆相一人，军部要员若干，而宇垣、松冈及重光也分别于1938年5月、1940年7月及1943年4月任外相，即使当时还是小角色的影佐祯昭及酒井隆，后来也都成为抗战中的日本军方重要人物，更不必说他在信中未提及姓名的"金融实业界领袖人物""政治评论家"及"文艺批评家"等，说胡此行将日本当时各界要人几乎一网打尽，似乎并不夸张。而胡此行仅三十日，刨去路上所耗，再除掉参观各地企业的时间，算来平均每天起码要见一人，而上述人物都非闲人，等闲难得一见，而胡却几乎要见就见，日本对胡当时在中国舆论界地位诚然评价很高，胡在日本军政各界也的确有些关系，但如此行程，必然是特别安排所致。可以想见，胡如果单纯以记者身份到访，必难以得到日方如此重视。

那么，日本为何对胡此行如此重视呢？联系到"蒋档"中有关材料，我们认为，胡此行很可能带有蒋的特殊使命。

胡此行是出于何种目的，特别是是否直接承蒋之意而行，目前没有确证，但此行似乎与蒋有某种关系，这一点可以从"蒋档"中两份文件寻到些许蛛丝马迹。1934年10月21日，蒋电张季鸾，询其"达诠先生现在何处？如其在津，请其暂住"[①]。这本是蒋、吴、张三人间一份非常平常的电文，此前蒋也曾多次发类似电文给吴、张二人，或请其于某时赴某地相会，或告其可在某地待会，而一般类似电文都会在一两日内由二人回复，或约期会面，或择期再晤，但此次电报并不见吴、张二人回复，却是由胡于26日面见杨永泰予以回应，杨于当日将胡之回复告蒋云：

> 倾大公报胡君政之来谈，达诠先生现尚在沪，季鸾先生亦已回陕，渠本人因闻钧座莅平，特由津赶来，并拟晋谒，如蒙允见，请示日期，否则拟于明日先行回津等语，特转陈，请核示！
>
> 职杨永泰谨呈
> 十月廿六日[②]

---

① 《事略稿本》，1934年10月21日，台北"国史馆"藏蒋介石档案，档案号：002—060100—00088—021。

② 《杨永泰呈蒋介石报告》，1934年10月26日，台北"国史馆"藏蒋介石档案，档案号：002—080200—00442—219。

此事在"三巨头"与蒋交往史中非常特别。此次蒋电由胡出面回应，表面上看起来是由于吴、张二人皆不在津，只有由胡出面，但细想之下却颇有蹊跷：胡与蒋之关系，远非如吴、张之密切，而胡对蒋也一直若即若离，从未如吴、张一样主动要求接近，"蒋档"中涉及胡的材料，仅有寥寥数十条，且多是与他人一起；胡直接电蒋，在此之前，仅有前述1934年5月16日一次，而直接求见，在整个"蒋档"中，仅此一例，足见此事之特别。

对于胡这次特别的求见，我们需要考察的一个问题就是：两人是否会面？又谈了些什么内容？

"蒋档"中不见对此次会面的任何记录，但此呈文右侧有杨永泰手书"提前呈核"四字，蒋批示"即允"，可见蒋之急切，也从一个侧面证明了此次会面很可能存在。至于谈话内容，蒋吴此时正在商议中苏外交及拟订经济计划两个问题，胡对后者显然是外行，而对前者也未必精通，所以两人会面，所谈重点必然是其他问题。此时蒋之心头所念，除了前述二者之外，不外乎"剿匪"与华北两事，而"蒋档"中此前最近有关胡的记录，便是7月26日胡对曾扩情表示"拥护统一辩证是非"，而此语显然指的是反对日本试图在华北制造第二个"满洲国"的行动，所以笔者认为，蒋、胡此次会面，所谈问题中心显然应该是华北问题。如前所述，蒋此时正在考虑调整对日方针，示以"亲善"，以图缓解华北压力，作为"知日派"，胡很可能在此次会面中或主动要求，或受蒋委托规划有日本之行。根据前述5月2日川越电文中显示，胡与川越商量此次行程，最迟不晚于2月22日①，而此时恰逢广田与蒋、汪相继发表讲话，两国"亲善"空气逐渐升温的时候，联系到吴于1月16日及2月11日两次电蒋请其派人访日及其后蒋派吴访日等事，按照正常逻辑推断，我们认为，事情的发展很可能是这样：1934年10月，正在考虑改善中日关系的蒋电张约吴会面，商讨对日关系，孰料吴、张却都不在，唯一在津的胡在与吴、张协商后②于26日紧急面蒋，双方很可能在此时形成了派胡访日的设想；其后胡便与川越商讨具体事宜，至2月最终敲定行程并由川越报告广田；最终胡于5月成行，由于其身负蒋的嘱托，所以日方对此事非常重视，不

---

① 川越2月22日函今不见，甚憾。

② 蒋电21日发出，胡26日求见，以当时的通信条件论，三人有充分的时间沟通。

仅对其行程多有关照，更为其安排了众多要人会面，所以笔者认为胡此行乃是这段时间里中日交涉中的重要事件。

胡回国后，于 6 月 17 日在《大公报》发表社评《日本的认识》①，论述日本局势及国人对日态度等问题，认为两国关系恶化"日方固应负大部责任，而吾人居常昧于日本情形，麻木虚矫，不求甚解，既疏防杜于事前，又不能善处事后，内省要亦不能无疚焉"；而"中国今日亟务，在能研究日本，了解日本，认识日本，而后更求其对我了解与认识，互正前失，共图挽救，以自拔于东亚两大民族相仇相阰同归于尽之惨剧"。"日本政治重心，迄在军部，而军部中心势力，存于少壮军人"，国人对其"初则轻视，继而厌恨，不敢与之接触，亦不肯考其究竟"，此认识甚谬，"日本军人绝非中国国民心目中之旧式军阀。彼号为少壮派者，初非幼稚新进，乃属中年之人，经过长期教育，对世界大势殊具相当认识，对国家利害非无相当打算，总有少数极端分子，一似卤莽放恣，漫无理解，实则内心不尽如是，抑一二人亦不足以代表全体，盖此曹领袖人物，自有其一套理论，不容抹杀"；"此辈因有轻视欧美之成见，又逆臆欧洲之必起战争，故亟欲独占东亚霸权，遂思在国防上对中国求得安心立命之点，企获第二次世界大战时之安全保障，其所以一再进迫中国，万般胁逼，底因在此"。文末呼吁：

> 甚愿国人了然于日本军人今日之地位，憬然于日本改造前途于中国之关系，相与从事实上研究其中心势力的人物与思想，以求发见中日共存之径路，早脱两大民族于相阰相争之浩劫，则不仅知彼知己，大有利于现在将来之外交，且于世界和平远东福利，所益亦当不少，可断言也。②

19 日，《大公报》又发表社评《日本国力的根柢》，认为"欲明日本国力之根柢，第一当了解日本国民性，第二当明了日本政治之特点，第三当承认日本工业发达的事实"，就国民性而言，"日人性情勇于进取，习

---

①　《大公报》社评不署名，但此文声称为"上月东游"的"记者"所作，又综合日本档案，断定其应为胡所作。

②　《日本的认识》，《大公报·津版》1935 年 6 月 17 日第 2 版。

于奋斗，争强好胜，急起直追，凡事不落人后"，而国人则"遇事纡缓，凡百因循"；就政治特点而言，"日本去封建时代未久，政府人民距离颇近，关系亲切。国民性既易于接受新文物，又甚信赖政府，以是凡事一经在上者提倡，辄易贯彻普及"；就工业发达程度而言，日本工人"勤奋忠实，全神贯注"，而"日本劳动者资本家与技术家三方合作，实为工业进步之主因"，文中更列举了日本工业发达的种种现实，感叹"欧美各邦大率如是，非中国所能梦见也"，并力劝"国内各种企业家与技术人才，稍稍注意东邻产业界之重要性，多往研究，当更能发见许多新事实，不特他山之石，可资攻错，抑于日本前途全局之判断，可得正确之认识，此真饶有意义之工作也"①。

纵观胡此二文，对日本政局、"少壮派"及其工业发展特点的认识，不可谓不深，而其呼吁国人抛却成见，研究军人在日本的地位及其思想，力劝国内企业家与技术人才研究日本工业发展道路等建议，也有一定道理，但从字里行间，不难看出一点"亲日"的痕迹②。胡的第一篇社评在发表当日便被全文译出，并于当天由日本在华外交机构电报广田③，足见日方对此事之重视，也间接证明了日方对胡在此社评中所表现出的态度的满意。

《大公报》两论日本，一论军部，另一论工业，虽切中要害，但似乎有些局限，对于日本的其他问题，如财政、金融、文化、教育等领域，未置一词，颇让人有些戛然而止之感，我们认为这应当是因为两国关系在此时发生了重大变化，导致其论日本系列文章不得不停止之故。就在胡回国

---

① 《日本国力的根柢》，《大公报·津版》1935年6月19日第2版。

② 胡在日本素有"亲日"之名，在1931年9月25日日本驻津总领事田尻爱义在致前外相币原喜重郎的信中便称其为"亲日家"，见《田尻致币原喜重郎函》，亚洲历史资料中心公开日本外务省档案，档案号：B02030192500；而胡自己亦不否认，据日本已故著名记者和政治活动家松元重治回忆，30年代他在上海见到胡时，胡曾亲口对他表示："《大公报》中写评论的人，即使不全是亲日派，至少也是知日派。"见松本重治著，曹振威、沈中琦等译《上海时代》，上海书店出版社2010年版，第79页。

③ 《大公报社评翻译》，1935年6月17日，亚洲历史资料中心公开日本外务省档案，档案号：B02030138000，日本翻译中国报刊文章借以了解中国舆论动向乃是自明治时期始的一种常态，但一般都是以一两句话高度概括文章大意，极少大段翻译，胡此文中文共2318字，日文译文经笔者转译中文后共711字，且基本大意俱在，这在日本通过报刊文章收集中国情报的活动中极为少见，而《大公报》24年历史中，就笔者目前所见，仅此一例。

前几天，5 月 29 日，河北事件爆发，两国关系急转直下，在这场危机中，"三巨头"又扮演了重要角色，而《大公报》的言论，也随之发生了根本的变化。

三　"华北危机"中的"三巨头"与《大公报》

（一）内外交困的蒋政府

1935 年 5 月 29 日，中国驻屯军参谋长酒井隆利用所谓"孙匪事件"[①]和"胡白事件"[②]向北平军分会代理委员长何应钦提出罢免河北省主席于学忠等人；取缔"蓝衣社""复兴社"等秘密机关；撤走河北省内一切国民党党部；中央军撤出河北；禁止一切反日活动等强硬要求，驻津中国驻屯军包围了河北省政府，关东军也在山海关一线集结重兵，对华北当局施压。在重重压力下，6 月 10 日，何被迫接受了日本的全部要求，是为《何梅协定》。同日，驻张家口日本领事桥本正康和察哈尔特务机关长松井源之助又以两次"张北事件"[③]为借口，向第二十九军副军长秦德纯提出抗议，限期 5 日内答复，最终双方又于 27 日签订《秦土协定》，第二十九军及国民党党部被迫撤出察哈尔省。这两个协定，为日本分裂华北的活动开了绿灯，也戳破了广田精心伪装的"亲善"的肥皂泡，华北大地，一时危局重重，阴云密布。

外患愈深，内部却也不安定。6 月 1 日，广东陈济棠、广西李宗仁正式挑起大旗，宣布组织"国民革命抗日救国军"，"两广事变"爆发；次日，两广掌控下的国民党西南执行部和国民政府西南政服务员会联合对宁发出吁请中央领导全国抗日之冬电，并通电全国督促中枢领导抗日，陈、

[①]　热河事变后，孙永勤在兴隆县黄花川举行抗日武装暴动，建立民众军，进行武装抗日活动；1934 年 5 月，"民众军"改名"抗日救国军"，声势逐渐浩大，1935 年 5 月 24 日，孙率部与日军血战于遵化茅山，壮烈殉国。日本称之为"孙匪事件"。

[②]　胡即胡恩溥，时为天津日租界《国权报》社长；白即白逾桓，时为天津日租界《振报》社长，二人是中国著名的亲日派，素为国人所愤恨，1935 年 5 月初，二人相继被刺杀，是为"胡白事件"。

[③]　1935 年 5 月 30 日，4 名没有护照的日本特务机关人员潜入察哈尔省境内绘制地图，行至张北县，被当地驻军扣留，是为第一次"张北事件"；6 月 5 日，日本关东军驻内蒙古阿巴嘎旗特务机关山本信、大员桂、大井久等 4 人，由多伦潜入察哈尔境内偷绘地图，行至张北县北门，不服国民党第二十九军一三二师赵登禹部守卫官兵检查，被送师部军法处拘留，是为第二次"张北事件"。

李亦在广州发出通电，痛陈"九·一八事变"后日本军践踏中国土地，决定率部北上抗日，请求准许粤桂部队北上，收复失地，并攻击中央对抗日不作为，要求蒋立即停止进逼各地方实力派。蒋遂命令蒋鼎文、顾祝同遣兵备便，一时大有内战再起之势。而就在蒋疲于应付之际，后院却又起火。6月28日，行政院院长兼外交部部长汪精卫称病赴沪，并电请辞职，一时中枢空悬，主持无人。总之，1935年6—8月的蒋介石及国民政府，真可谓内外交困、祸不单行。

在蒋政府左支右绌的这段时间里，吴、胡、张三人积极地投身了蒋的各项工作。他们对内安抚华北实力派及地方遗老，对外积极刺探日方情报，并在报端频繁发声配合行动，同时还就内政外交等诸方面积极出谋划策，而这些建议也多得到了蒋的采纳。《大公报》及"三巨头"对蒋安抚内外，渡过危机，出力甚多。

（二）华北危机中"三巨头"与《大公报》的对日工作

华北危机爆发后，"三巨头"四处奔走，或与日方接洽，或探听并报告情报，起到了重要作用。就在日本就两次"张北事件"提出抗议最后期限的当天中午，张季鸾将自土肥原处探听到的情报急电告吴，吴并于当日深夜电话告杨永泰转蒋云：

> 昨夜深得达诠电话，谓接张季鸾删午电："察事已和缓，可望了，土肥原等昨今表示转缓和，启予①电京请任命敬之②兼冀主席"等语。特为转陈，此上委员长
> 　　职杨永泰谨呈③

电话在当时的中国并不普及，"蒋档"中各人间交流的方式，多以函电为主，而使用电话者，以笔者所见，仅此一例，足见吴对此情报的重视。17日，吴又将张、胡二人16日与川越会谈结果电蒋云：

---

① 商震，字启予，陆军二级上将，时任河北省政府主席兼天津警备司令。
② 即何应钦，字敬之。
③ 《杨永泰呈蒋介石报告》，1935年6月16日，台北"国史馆"藏蒋介石档案，档案号：002—080200—00453—076，又，此稿原件右侧有杨手书"特别提前呈核"六字，足见其对此事之重视。

此间谣言仍多，昨据川越总领事语弟，梅津①每晚与彼晤商，均主稳健，不愿深入干涉内政，各方活动份子，日方决不援助，梅津并告诫少壮派慎重，且谓中央军部意亦如此，关东军虽不尽然，中央力能裁抑，窥其意甚诚，惟何去后，主持无人，冀省府久悬，亦非办法，同人咸认黄势不能回，何主冀政较妥，因日军对何尚好，彼系交涉原人，由彼负责实施，较易说话，且亦顺理成章，事宜速决，迟恐生变，闻何不愿归，宜勉令负责，张北事宋派秦绍文来津与土肥原商决，闻可了，除石友三有土肥原协助外，他人均乏后援，大势暂可保持，但宜速定局面。②

25 日，蒋电翁文灏，询其吴"对日本有否新注意之点"③，吴次日复电报告云：

　　成都杨秘书长栻密呈委员长赐鉴　因天气不佳，飞机沿途停留，昨始抵津，谨先报告所见如下：现在情形：一、日方对中央处理察冀办法已实际满意，但仍争持觉书④之签字，此乃恃强要挟，不无转圜之余地。二、日方目前无变更现状树立伪政权之企图，但已视华北为特殊区域，随时可自由行动。三、此后彼在华北将力图经济垄断并干涉教育，同时关于全局必继续向公要求表示态度。四、华北民心军心俱甚不安，教育界惊慌尤甚。今后办法：甲、对华北：一、阎⑤韩⑥对日方早有谅解，韩尤接近，公对两人宜示以信任，并嘱托其维持华北局面，随时陈述意见，免其发生疑虑，借保统一以待机会。二、对宋哲元部善后妥为设法。三、对在河北东北系文武人员宜择要安置。乙、对全局：一、公对日方冷淡必再生事端，过殷勤又难以为继，第

---

① 梅津美治郎，时为陆军中将，中国驻屯军司令官。

② 《吴鼎昌致蒋介石电》，1935 年 6 月 17 日，台北"国史馆"藏蒋介石档案，档案号：002—080200—00453—088，又，此稿原件右侧亦有杨手书"特别提前呈核"六字。

③ 《蒋介石致翁文灏电》，1935 年 6 月 25 日，台北"国史馆"藏蒋介石档案，档案号：002—080200—00233—026。

④ 即《何梅协定》。

⑤ 阎锡山，时任太原绥靖主任。

⑥ 韩复榘，时任山东省政府主席。

一步仍宜循外交正轨，文认有吉、武认矶谷①为中心，使人告以愿有机会接谈，凡事不作原则上之拒驳，多说明内部之困难，为办法之商讨。二、日方和平派总望经济提携借牵制强硬派之急进，公前次主张组织经济实业考察团赴日借资周旋之举确有必要，可否请电庸之速办？再，顷晤启予，力陈省府不可移回平津，启予已以为然，此着甚关紧要，请注意。平津市每省府分地应付，可缩小范围各免牵连也。万军希望免调，亦请注意，仍嘱汉卿调开为宜。又，金融形势更加恶化，此事关系全局，务请分神与直接当局早为计议　吴鼎昌叩　宥②

28 日，吴又电蒋报告宋方情报云：

顷闻宋部不愿退出华北，正与日方接洽，仍分驻察平保，并希望中央予以冀察绥靖主任名义，日军方面认宋非国民党军系，且军队比较有力，逼走费事，乐得利用，似有谅解。③

29 日又再电报告：

感（28 日）晨永定门丰台一代暴动，系彼方特务队中各个策动之余波，业已平定，与全局无关，昨晚梅津有吉各发表声明认冀察事已告下落。④

蒋于 29 日复电云：

闻宋之左右确与日方有所接洽，但是否确已谅解，尚未证实，兄

① 矶谷廉介，时任日本驻中国大使馆副武官。
② 《吴鼎昌致蒋介石电》，1935 年 6 月 26 日，台北"国史馆"藏蒋介石档案，档案号：002—090200—00020—132。
③ 《吴鼎昌致蒋介石电》，1935 年 6 月 27 日，台北"国史馆"藏蒋介石档案，档案号：002—080200—00454—150。
④ 《吴鼎昌致蒋介石电》，1935 年 6 月 29 日，台北"国史馆"藏蒋介石档案，档案号：002—080200—00454—150。

处为有所闻，及今后华北事情之处置，卓见所及，统盼随时电示。①

综合上述材料，笔者认为，值此华北危局之际，"三巨头"利用其身在平津的便利及在华北当局与日方内部的关系网，积极奔走，提供了许多有价值的情报及建议。这些情报，对当时正处于"两广事变"泥潭中无暇北顾的蒋了解及掌控北方局势，具有重要意义；以他们对日本的了解及对时局的把握，其建议也颇受蒋重视：吴劝其"何主冀政较妥"，蒋亦于同日电何请其"毅然承乏河北主席之职"②；"力陈（河北）省府不可迁回平津"，蒋便于7月4日电吴请其"与商震详商，冀府仍设保定为宜"③。当然，我们无法确定吴的建议在蒋做出决策的过程中起到了多大作用，但是其必为重要因素之一，似无疑问。

除了私下的活动之外，"三巨头"还利用《大公报》公开发声，配合行动。综合来看，对于日本，《大公报》这段时间的社评一方面延续了此前对日本示弱却不屈的态度，另一方面又积极主张应当主动了解日本，加强沟通，特别是建议通过加强经济合作而减少军部对两国外交的干涉。7月5日，《大公报》发表社评——《中日经济提携论的肆应》针对日本又复甚嚣尘上的"中日经济提携论"提出两条建议：（1）"中国经济界宜有研究日本情事之自动的组织"；（2）"中国各省政府亟宜遴选农林专门人才，多赴日本考察学习"，如此"互利的经济关系，果达密切程度，则经济界利害共通，顾忌破坏，至少可以和缓对方暴力之发动，此又经济提携之副作用也"④。17日社评——《华北中日经济提携问题之观点》针对日方提出的所谓"华北中日经济提携问题"的五层观点一一对应地提出自己的五点意见。8月9日社评《国际相与之道》认为"国际相与之道，以互尊互谅为前提，此两种观念不存，则和平亲善，无由而达"，并告诫"以亚洲盟主自称之日本国民，尤其有权者，何妨速用其对一般自认强国

① 《蒋介石致吴鼎昌电》，1935年6月29日，台北"国史馆"藏蒋介石档案，档案号：002—080200—00454—150，吴前述三电系蒋于29日一并收到，故此电系对此三电的统一回复。

② 《蒋介石致何应钦电》，1935年6月17日，台北"国史馆"藏蒋介石档案，档案号：002—010200—00141—042。

③ 《蒋介石致吴鼎昌电》，1935年7月4日，台北"国史馆"藏蒋介石档案，档案号：002—010200—00142—015。

④ 《中日经济提携论的肆应》，《大公报·津版》1935年7月5日第2版。

之外交丰（风）度之若干成分，以施诸其强大之邻人，恐其利益效果不在小耳"①。22 日社评——《蒋汪归京之后》向日本再度声明"我中国，国也，其人，中国人也。日本在尊重我国家立场范围以内，则亲善有望，提携可成，否则政府职责上应有自处之道"，并指出"中日两国民之提携，在未来世纪中，当为关系亚洲命运之最大事件，然其成功之前提，端在中国之自重自强，故不得不责成我当局之严重势力耳"②。26 日社评——《今后之中日关系》认为"今后中日关系，能否真正好转，必须日方认识中国政治情形，了解中国国民心理，力避误会，持以忍耐，然后始可有济，如仍得尺进丈，越轨冥进，则反动之起，不堪设想"，并对日方声明三点：（1）"中国对日本已不容再有退让"；（2）"承认'满洲国'之说，绝对不可提出"；（3）"国际间纵横捭阖之活动，断非中国所愿参与"，并正告"日方苟能彻底明了此等情形，善自避免龃龉，则广田外相与蒋大使等努力，终有良好结果。何去何从，是在日本政治中心势力之自泽矣"③。

《秦土协定》签订后直至 9 月《多田声明》发表前，华北局势出现了短暂的平静，但这并不代表日本侵略步伐的停止，土肥原等日本特务仍在加紧对宋哲元等华北实力派的拉拢胁迫，试图利用软硬两手，迫其屈服，宣布"华北自治"，以进一步分裂中国，而"三巨头"在安抚地方实力派的工作中，也起到了重要作用。

（三）华北危机中《大公报》与"三巨头"的对内工作

如前所述，"两广事变"及汪精卫称病搞得蒋焦头烂额，西南集团提出的抗日要求自然深得民心，而汪此时也确实健康不佳，但此二事却也都很有权力冲突与意气之争的因素在内。更重要的是，此时河北地区主政者乃是宋哲元，宋本系冯系旧部，与蒋关系一直若即若离，并曾参加过冯组织的反蒋的中原大战，虽于战败后被张学良收编，但实力仍在。当时河北各界要人中，天津市长萧振瀛、察哈尔省主席秦德纯等亦出身冯系，河北省主席商震出身阎系，均非蒋之嫡系。宋虽于热河失陷后组织长城抗战，英勇不屈，但面对日方一再重压，能否守节不屈，实在难以预料。再者，

---

① 《国际相与之道》，《大公报·津版》1935 年 8 月 9 日第 2 版。
② 《蒋汪归京之后》，《大公报·津版》1935 年 8 月 22 日第 2 版。
③ 《今后之中日关系》，《大公报·津版》1935 年 8 月 26 日第 2 版。

平津地区系北洋旧都，遗老遗少众多，难保日本人不会再扶植一个傀儡，弄出个"满洲国第二"来。所以，如何随时掌握地方实力派动向，使其不致投敌，也是一项重要工作，而"三巨头"于此，也是出力颇多。

对于两广及汪精卫，《大公报》鞭长莫及，所以其主要策略是利用报纸发声，一再呼吁加强中央权威，维护团结稳定，国人同情政府，群策群力，同时要求政府应适度开放政权。6月25日，《大公报》发表社评——《确立能动的对日国策》，大呼"对方之表态，莫可测度，中国之退让，几无底止，上下忧疑，内外惶惑，长此俯仰随人，必至国且不国"，并就对日外交提出两条建议："第一，对日外交，关系国家民族整个的存亡，必须举国一致，确立政策，超越一切党系意见个人情感之上而共同执行之"；"第二须求对日国策之澈（彻）底发挥，盖现代外交，须为国民的，不应由政府少数当局包办"，最后呼吁"各方人士，无间朝野，亦应洞明国家地位，同情政府处境，共献良谋，内外相维，以全国一致之精神，定能动外交之步伐，或制胜机先，或因事善处，至少或当胜于内外牵掣，临事张皇之旧习"①。7月4日社评《应付国难与政治改造》针对汪精卫称病休养一事发表意见，认为国民党"训政"17年来，内外交迫的形势愈演愈烈，"为国民党及其领袖诸公计，岂宜长此在孤危形势之下，单独负责到底？抑宜别开全国党内党外合作负责之局面乎？据吾人所见，则以为改造是而拖延非，别开局面是而单独负责非"，但此却非反对党治之意，因为"今日何日，扶持政府之不暇，何忍加以打击"，而是由于"现行制度，虽称一党训政，权责并不集中，在组织方法上，人才分配上，俱有缺憾"，所以建议当局将"现行制度，加以改造，使政府权力之发源，不必由于一党，然后改组行政部，重新决定政策，使如责任内阁制然"②。6日社评《内外煎迫中之时局》开篇即云："中国内忧外患，交相煎迫，现在已达极度"，而"国事败坏至此，猛烈的内争，匪仅无救于危亡，且益日蠹其国脉，故不愿国内重起纠纷，而但愿各方忏悟，举国一致，速谋改革内政，救济外交"，否则"拥护打倒，等是罪人，失败成功，同归浩劫"③。8月19日社评《外交与内政》则呼吁"无论如何，须在最短时期

---

① 《确立能动的对日国策》，《大公报·津版》1935年6月27日第2版，着重号系笔者所加。

② 《应付国难与政治改造》，《大公报·津版》1935年7月4日第2版，着重号系笔者所加。

③ 《内外煎迫中之时局》，《大公报·津版》1935年7月6日第2版，着重号系笔者所加。

内，先扫尽内政上人的或事的纠葛或隔阂，国民当先自形成一坚固统一的壁垒，而进一步准备依国民党自己之约言，改造政制，求取得全国人才之积极的有效的合作"，当此危难之际，"过去闹派别，讲恩仇，分意见，诿责任，当此大厦既倾，一切皆成空幻，惟有树立统一坚固之国民的壁垒，共同肩负责任起来。不互怨，不自闹，不受离间挑拨，对此危殆之国家共同守护"，而"国民党蒋汪胡之领袖及张阎韩陈李白等诸军人干部，今日所最亟者，即觉悟共同负责，先安定内部，解决方针"，否则"诸公今再不努力，眼看在历史上成罪人，且国民亦势不能放任到底也"①。

对于华北地方实力派，"三巨头"近水楼台，所以其主要工作乃是为蒋刺探情报，同时以蒋代言人身份拜访各路山头，加以安抚。7月2日，蒋电宋云："中有言嘱吴达诠先生转达，请与就近接洽。"② 又电吴云："请斟酌现情，与明轩③切实商谈为盼。"④ 3日，宋电蒋云"俟吴鼎昌到天津将恭听钧意"⑤，同日吴将与宋会晤情况电报蒋云：

> 顷晤明轩婉达尊旨，明轩表示三点：（1）决保存其军历史光荣，追随委座，为国牺牲到底，决不与外力勾结。（2）廿九军长名义是资统率，予以新名义，并不相宜，千万不必计议及此，有来陈说者盖系假借。（3）有彼军在北方，石友三⑥刘桂堂⑦等决不得逞，请委座放心。等语，嘱昌转达，并对昌云上语决不相欺，又云平驻一师已是服敷用，昌以个人之意询问军分会裁撤后，该军应为何部署，答此事

---

① 《外交与内政》，《大公报·津版》1935年8月19日第2版，着重号系笔者所加。

② 《蒋介石致宋哲元电》，1935年7月2日，台北"国史馆"藏蒋介石档案，档案号：002—010200—00142—004。

③ 即宋哲元，字明轩。

④ 《蒋介石致吴鼎昌电》，1935年7月2日，台北"国史馆"藏蒋介石档案，档案号：002—010200—00142—005。

⑤ 《宋哲元致蒋介石电》，1935年7月4日，台北"国史馆"藏蒋介石档案，档案号：002—080200—00455—043。

⑥ 石右三，冯系旧将，河北地方军阀代表人物，因反复无常而时有"倒戈将军"之称，1932年转投日本，在土肥原支持下组建军队，《塘沽协定》签订后，在日本支持下出任国民政府冀北保安司令。

⑦ 刘桂堂，绰号"刘黑七"，华北巨匪，著名汉奸，1933年春投靠日军，任伪满州国第二路军总指挥，后又背叛日军，参加冯玉祥、吉鸿昌领导的抗日同盟军，1934年3月，在蒋、韩联合打击下，所部崩溃，其时避祸天津日租界。

应从长计议，届时另商。我云办理，昌又询前振瀛有要平市之说确否，答彼实不知，但中央若予以安置甚好，因萧为公所知，且有劳绩，惟平市长相宜否须孜虑，因其说话太直也，昌因云昌私意中央继可予以市长，亦宜在一个月后，不必过急，若有其他相当位置更好，明轩以昌意为就，昌因请其以后一切尽可随时直接迳电我工商承渠虑之无暇阅电或有遗漏，昌答云昌可保其无，并即电注意。①

7月14日，吴再电蒋，建议撤销军委会北平分会与驻北平政务委员会，并请"酌取武昌行营等较高位置授予宋哲元等"②；17日又电蒋告其"由于阎锡山韩复榘对日本早有谅解，故对其宜示信任"，并提醒蒋应"设法对宋哲元部妥为善后"③；19日电告其与商震协商冀府设保定事结果④；8月6日，吴又有一长电致蒋，将其对华北事意见及张对晋、蒙、绥远等地局势的看法告蒋，电云：

昌在平津考察研究情形，另纸附陈，请赐省览，昌明早飞沪，一切按照东微两电与雨岩庸之两先生商洽后，另电续闻，又：福开森⑤处，已将盛意转达，甚为感激，旌旆南下时，即遵命奉谒。

考察研究策略：

（一）北及之初，关于宋部颇多谣言，起因于察省主席任免时机未尽合宜，日方转而否认无此要求，借以见好于宋，宋不对不免怨言，多所请求，然明轩本人，并无十分勇气敢于担当，但（1）明轩

---

① 《吴鼎昌致蒋介石电》，1935年7月3日，台北"国史馆"藏蒋介石档案，档案号：002—080200—00455—059。

② 《吴鼎昌致蒋介石电》，1935年7月14日，台北"国史馆"藏蒋介石档案，档案号：002—080200—00455—196。

③ 《吴鼎昌致蒋介石电》，1935年7月17日，台北"国史馆"藏蒋介石档案，档案号：002—080200—00455—228。

④ 《吴鼎昌致蒋介石电》，1935年7月19日，台北"国史馆"藏蒋介石档案，档案号：002—080200—00455—263。

⑤ 福开森（John Calvin Ferguson），美国教育家、文物专家、慈善家、社会活动家，1887年来华，曾出任汇文书院院长、南洋公学监院等职，1899年在沪接办《新闻报》，后入刘坤一、张之洞幕府，1908年赴京任邮传部顾问，民初曾任总统府政治顾问，是近代在华外国人中对中国政局有重要影响的人物之一。

究系北方旧式军人，智识有限，表里不一，未必安于军长职，昌寒电曾请以密令先予以平军会或行营相当名义以敷衍面子者为此。

（2）仙阁①希望，由北平市长，明轩虽不完全以为相当，然希望予以位置之意甚切，昌江（3日）电中叙述极明，公×专以大义责非此辈，难收感格之效，现似可电询明轩，云拟仙阁，不知何事相宜，嘱密陈意见，可予者予之。

（3）仙阁行动，明轩本不能制止，况在此时正利用此辈对日活动乎，故告明轩制止仙阁行动一策，昌似为无益，并未传达，只要（1）（2）两项有办法，仙阁行动当可入轨也。

（4）北平市长问题。明轩及仙阁辈均与现市长不甚相投，迟早或须易长，能与政会存废问题同时解决最好。

（二）日方要求启予各事，昌曾与分别详谈：（1）日方请求不必请示中央，直接从速处理河北省事务一项，昌主张口头答复，凡关于省行政权限范围内事项，暗中仍行请示，希望速予答复，对外不予发表，权限外者仍照旧轨办理。

（2）请聘军方顾问一项，昌主张口头答复：个人极愿意，苦为军制所无，只好作为私人顾问，用私人信笺，私人请朋友之交之酬应文句，声明遇有中日交涉事项，希望其随时见教，以资参证，为此可完全作为某个人顾问，以个人进退为始终期也。

（3）经济事项，日方所将要求者大约次为：a. 种棉问题，昌意省府可立予答应，下令劝人民改良棉种，开辟棉田，建设厅可附加指导机关。b. 运盐问题，昌意只要能保障运出之盐不再运回中国破坏盐法，在相当条件之下，可以答应，届时请财部派委员同省府谈判。c. 龙烟铁矿问题，昌意可以商量合办，因为事实上中国单独办理，为不可能也。d. 新修铁道问题，昌意此事完全在省府权限之外，应推与铁部主持。e. 已修铁道运费问题，现闻日方有要求减轻运费之意。昌意此事亦在省府权限之外，应推与铁部主持。f. 其他交通问题，除航空事业正在交涉外，电报事务日方亦在干涉之意，此事亦在省府权限之外，可推予交部主持。总之，经济问题，不日必就发生，现因日方内部争权，关东军驻屯军外务省满铁公司在与中国及在日本

---

① 即萧振瀛，字仙阁。

内地及实业家，意见分歧，刻尚无整个计划，就最近必成立一统一机关前来交涉，昌意我方应付，能由财政实铁交四部与河北省府平津市府合作，选择民间银行家实业家若干人，预成立一河北经济团体，一切先由此团体与彼方经济实业家谈判，官方先在暗中主持，较有伸缩，现日方之意，甚望中国经济实业家合作，宜有以利用之地。

（2）①省府设保问题昌意此事毋须退让，日方决心不因此生出大问题，惟津保汽车路宜从速整理，启予本以昌意为就，而迟迟不办，驻保官吏又不免羡慕平津安逸，颇思迁地为良，故此事刻尚成一问题，其关系不尽在日方，请公注意，能坚决告商，省府决不再迁津，保限期成立，此问题自就解决，无所用其犹疑也。以上问题昌均与启予谈过，当面均以为就，昌因启予对日态度，恰与孝侯②成一正反比例，并告以过犹不及之理，可允者允之，不可允者，不必允，将中国官当日本官做，大可不必特附陈，请公斟酌主持。

（三）就华北大势而论，日方在政治上之目的已达到，除内蒙方面仍在谋对俄军事便利作种种计划外，对河北及平津相当时期内，必在经济问题上用功力，不至遽就再取武力压迫手段，故我方迁就程度，要告一段落，昌意应持下列方针应付之：（1）可允者允之，实在不能允者不能再迁就。（2）敬之现已可回来，在最短期内，将军会存废或缩小或迁移等问题，及宋之位置，商之环境（西北东北两方与商均多隔阂）等事，亲予调处解决，不宜搁置，解决后即回京，并无久住北平之必要。（3）政会宜即裁撤，平津市事由市长应付，河北省事由省府应付，不可再留此庞大机关，专供彼方之利用。但此外凡刺激日方军人之小事，宜严密注意，但闻党部又有人渐来活动，暗任两市及铁路方面成立党部，昌认为必将因此小节，酿成大事，请公从速查明制止。③

此电为吴做官前致蒋所有电文中最长一份，其中所提出的多项建议，

---

①　原文序号如此，似应为（4）。
②　于学忠，字孝侯。
③　《吴鼎昌致蒋介石电》，1935年8月6日，台北"国史馆"藏蒋介石档案，档案号：002—080200—00456—242。

均被蒋采纳：首先是成立河北经济团体的问题，蒋于 19 日决定成立河北经济协会，并专电河北当局"请即日在平召集平津商会银行公会主席及平津知名之银行实业两界人士，如周作民①、吴鼎昌等为发起人，在一旬内将此会成立，着手研究讨论河北中日经济合作各问题，以便届时能接洽一切"②；其次是有关宋哲元职务问题，蒋于 25 日电汪告其"宋哲元平津司令、秦德纯察省主席，亦可同时发表"③；最后是有关政分会撤销的问题，8 月 29 日，国府明令撤销该会。

　　除了对宋哲元软硬兼施之外，日本人还盯上了当时在北平闲住的吴佩孚，吴虽赋闲多年，但毕竟余威尚存，加上门生故吏遍布天下，若其一时不慎下水成为"溥仪第二"，也是难以收拾。为此吴又于 8 月 3 日奉蒋命访吴，并于次日电蒋请其"补助其讲学著书费用等"④，蒋于 9 日复电同意资助⑤，11 日吴又电请"以吴佩孚讲学费补助款二三万元"⑥，蒋于 25 日电令周骏彦⑦拨给吴"洋叁万元"交吴佩孚⑧；9 月 9 日，吴收到钱后电蒋致谢⑨。

　　就公开言论来看，《大公报》这一时期关于地方实力派的社评虽然不多，但非常重要。7 月 11 日，该报发表社评《勉河北新省府》，开篇即云"河北有大患乎？曰：有。惟不在外交而在内政"，并告诫新省府诸公三点：（1）"省府诸公宜时刻牢忆本身之职责权限，凡其行动，皆以中华民

　　① 周作民，中国银行家，金城银行创办人，时任金城银行总董，与吴交善。
　　② 《事略稿本》，1935 年 8 月 19 日，台北"国史馆"藏蒋介石档案，档案号：002—060100—00099—019。
　　③ 《蒋介石致汪精卫电》，1935 年 8 月 25 日，台北"国史馆"藏蒋介石档案，档案号：002—020200—00025—065。
　　④ 《吴鼎昌致蒋介石电》，1935 年 8 月 4 日，台北"国史馆"藏蒋介石档案，档案号：002—080200—00242—097。
　　⑤ 《蒋介石致吴鼎昌电》，1935 年 8 月 9 日，台北"国史馆"藏蒋介石档案，档案号：002—080200—00242—097。
　　⑥ 《吴鼎昌致蒋介石电》，1935 年 8 月 11 日，台北"国史馆"藏蒋介石档案，档案号：002—080200—00244—039。
　　⑦ 周骏彦，时任陆军军需总监，陆军中将。
　　⑧ 《蒋介石致周骏彦电》，1935 年 8 月 25 日，台北"国史馆"藏蒋介石档案，档案号：002—010200—00144—026。
　　⑨ 《吴佩孚致蒋介石电》，1935 年 9 月 9 日，台北"国史馆"藏蒋介石档案，档案号：002—080200—00249—036。

国一官吏之资格行之，职责应尽者必尽，权限应守者必守"；（2）"省府职责之最大部分，皆属于内政，故宜全力改进省内之庶政"；（3）"对外交际……一以条约，法规，地方利害，省府权限为断。……尤要者，省府行事一切以省府职责范围为限"①。8月30日社评《北平政整会撤销》认为"北方今后政治，应当使其正常化，即健全省市政府之组织，增进省市行政之效能，勿取畸形之机构，勿采非常的形式"，当前外交之"最要者政府既有一定之外交方针则内外应当一致，上下必须合作，务将中央意旨，传达各方，凡在可让之范围，诸事抗议商量，不必胶柱鼓瑟，伤无谓之感情；一越预定之限度，绝对拒绝通融，不能因强力压迫，让最后之壁垒"，"政府与地方当局务取密接之联络，勿任有丝毫隔膜，夫然后可以促进政治正常化，引导外交常轨化"，而"政整会虽撤销，北方各省政治之需要整理，终为不容再缓之事"②。

审视《大公报》这两篇社评，我们不难发现其中的微妙之处。特别是《勉河北新省府》中的口气，与其说是《大公报》同人向"省府诸公"提出劝诫，不如说是蒋借《大公报》之口向华北诸将进行训示，是文中所提出的三条劝诫，与吴8月6日与商震谈话中"告以过犹不及之理，可允者允之，不可允者，不必允，将中国官当日本官做"云云，几乎如出一辙。在当时的局面下，蒋处理与华北诸将的关系，必须慎之又慎，话说轻了不起作用，说重了又怕迫其投敌，个中分寸，极难拿捏，而以《大公报》之口言之，则宋、商等局内人，一眼自明，而对外则可以说是民间报纸自己的言论，双方都不伤和气。在1935年的华北危机中，宋、商、吴（佩孚）等人都顶住了日本的威逼利诱，没有下水，我们无法判断吴和《大公报》的活动起到了多大作用，但其必为重要因素之一，却似无疑问。

在蒋多方努力下，8月18日，汪精卫终于答应返回南京，并于22日在南京出席中常会，正式表示同意复职；同时两广事态在各方奔走下也逐渐趋缓，9月4日，国民政府和军委会发布命令，李、白二人和桂系大小官员之职位不变，新桂系官员则隆重在南宁就职，宣布服从蒋之中央，两广事变解决。经过三个多月的波折，国民政府内部终于暂时出现了安定团

---

① 《勉河北新省府》，《大公报·津版》1935年7月11日第2版，着重号系笔者所加。
② 《北平政整会撤销》，《大公报·津版》1935年8月30日第2版。

结的局面。但是，内乱虽平，外患不已。随着日本分裂华北阴谋的进一步加剧，中日关系再度紧张起来，而《大公报》与"三巨头"的工作重心，也由此转向。

四　"华北五省自治运动"中的"三巨头"与《大公报》

（一）从《多田声明》到《土肥原通牒》

1935 年 8 月 1 日，新任日本中国驻屯军司令官多田骏少将来华，9 月 24 日，多田就华北问题在记者招待会上发表谈话，强调"逐渐使华北明朗化，这是形成日满华共存的基础"。同时宣布了三条要则：

（一）把反满抗日分子彻底地驱逐出华北；

（二）华北经济圈独立（要救济华北的民众，只有使华北财政脱离南京政府的管辖）；

（三）通过华北五省的军事合作，防止赤化。①

多田骏此次谈话，史称《多田声明》或《多田三原则》，此谈话开启了日本分裂华北的新一轮阴谋活动，也结束了《何梅协定》及《秦土协定》签订后短暂的和平局面。此次谈话于次日在日文报纸《京津日日新闻》发表后，中外震惊，舆论一时大哗。10 月 7 日，驻日大使蒋作宾专门会见广田，对其表示："声明内容是破坏中华民国的统一，且涉及关于内政的重要问题"，并询其"以上声明的内容果真是日本政府的意见吗"？广田则辩解说此事系报纸误解了多田真意所致，并告蒋"最近日本报纸刊登了当初关于这件事多田司令官的声明，天津的报纸也勘正了不同于以上所谓的声明的错误"②。但事实上日本军政当局对此声明却大加赞赏。10 月 8 日，广田专电有吉，告其"为了解决北支问题，只有蒋介石彻底修正其政策，或者北支五省完全脱离中央政权建立独立政权这两个方法"，并表示矶谷"对多田少将的小册子的主旨表示强烈赞同"，同时认为"只考虑少数人利益的现支那政府可以被衷心考虑支那四亿民众的安

---

① 秦郁彦：《日中戦争史》，原书房 1979 年版，第 56—57 页。

② 《大臣，蒋大使會談要録（第三回）》，1935 年 10 月 7 日，《帝国ノ对支外交政策関係一件・第四卷》，亚洲历史资料中心公开日本外务省档案，档案号：B02030151200。

宁隆昌和考虑多数人利益的政府所取代"①；同时日本决定于 13 日在大连举行由矶谷、多田等参加的会议，传达"对支根本原则案"，其第一条便是"北支五省的独立"，并表示"同北支当局谈判的最终决定方案已经成型，其独立形式不同于满洲国独立的形式，以北平，天津为中心的五省要员们划定各自的势力范围，采取互相独立合作的形式"②；12 日，日本驻北平领事馆参事官若杉要致电广田，告其大使馆与军方"对北支五省联合自治的目标是一致的"③；东亚局于 28 日发行的《新對支政策と国民政府》中则表示，陆军与外务当局已经就所谓"北支事务"达成了一致，"将北支那从国民政府的统治下分离开来已成了必然的方针"，并认为多田声明中"表达出的对支认识及态度是迄今为止最好的"，而分离华北的具体方式则要依靠阎锡山、韩复榘等"反蒋将领"及商震、王克敏、宋哲元等"亲日实力派的官僚、军阀"，"在扫除北支的反独、抗日分子的同时，将经济权和财政同国民政府分离，为防止赤化谋求军事协作等等，由此缓缓培养北支五省的自治体结盟的机会"④。

至此，日本军政两界就分裂华北的原则及方式已经达成了共识。在此方针的指导下，11 月 11 日，奉天特务机关长土肥原贤二正式向宋哲元提出了所谓"华北高度自治方案"，其主要内容有：

1. 自治领域为华北五省，推宋哲元为委员长，委员会中聘日本人为顾问；

2. 由最高委员会主持五省军事，截留五省关税、盐税、统税分配给五省；

3. 向确立日满华三国的合作经济圈迈进，即开发矿藏资源，振兴棉花栽培，脱离国民政府的白银国有令，通货与日本建立连锁

---

① 《广田弘毅致有吉明电》，1935 年 10 月 8 日，《帝国ノ对支外交政策関系一件・第四卷》，亚洲历史资料中心公开日本外务省档案，档案号：B02030151200。

② 《對支根本政策の具體的内容》，《帝国ノ对支外交政策関系一件・第四卷》，亚洲历史资料中心公开日本外务省档案，档案号：B02030151200，原件无具体时间，但根据前后文件及文中所述事件判断，应在 8—10 日间。

③ 《若杉要致广田弘毅电》，1935 年 10 月 12 日，《帝国ノ对支外交政策関系一件・第四卷》，亚洲历史资料中心公开日本外务省档案，档案号：B02030151200。

④ 《新對支政策と國民政府》1935 年 10 月 28 日，《帝国ノ对支外交政策関系一件・第四卷》，亚洲历史资料中心公开日本外务省档案，档案号：B02030151200。

制等；

　　4. 扑灭三民主义和共产主义，宣扬东洋主义。①

　　此方案如果实行，则华北必成为"满洲国"第二，土肥原更以武力相胁迫，要求宋以 11 月 20 日为最后通牒期限，接受此"方案"，华北中国驻屯军更诉诸武力恫吓，为配合华北日军行动，关东军也陈兵长城一线，华北危局自此进一步加深。

（二）吴鼎昌访日与《大公报》的相关言论

　　如前所述，蒋之其意派吴访日，乃是 1935 年 3 月的事情，当时正值中、日两国"亲善"之际，为探听所谓日本"经济提携之真意"，蒋拟派人"前往与之周旋"，就商于吴，吴对此议表示"极赞同"，蒋于是于 19 日电吴请其与蒋作宾协商"赴东之期"。但是国内环境及两国关系的急剧变化使得此议一直搁置，直到 6 月 26 日，吴方又电蒋建议"公前次主张组织经济实业考察团赴日借资周旋之举确有必要，可否请电庸之速办？"②7 月 12 日，蒋电吴请其出访，吴于 15 日复电表示"随时均可成行，惟步骤须预定，……必要时，绝不畏难"③。蒋复电请其于八月"经京沪东行"，并指示其与蒋作宾商量具体事宜④。24 日，蒋致电孔祥熙，指示"赴日考察团以半官半民式为宜"⑤，26 日孔电蒋请示团长人选，蒋复电称"似以达诠居长为宜"⑥。8 月 9 日，蒋作宾电蒋告其"庸之已与达诠商酌名单，即日可发表。达铨日内来京当详达一切，宾俟汪院长回京后即

---

　　①　秦郁彦：《日中戦争史》，原书房 1979 年版，第 65 页。

　　②　《吴鼎昌致蒋介石电》，1935 年 6 月 26 日，台北"国史馆"藏蒋介石档案，档案号：002—090200—00020—132。

　　③　蒋原电今不见，但吴复电中提到"文电敬悉"，亦即蒋电系 12 日发出，而吴复电口气显示蒋此电应为派吴出访之意。《吴鼎昌致蒋介石电》，1935 年 7 月 15 日，台北"国史馆"藏蒋介石档案，档案号：002—080200—00238—091。

　　④　《蒋介石致吴鼎昌电》，1935 年 7 月 16 日，台北"国史馆"藏蒋介石档案，档案号：002—080200—00238—091。

　　⑤　《蒋介石致孔祥熙电》，1935 年 7 月 24 日，台北"国史馆"藏蒋介石档案，档案号：002—060100—00098—024。

　　⑥　《蒋介石致孔祥熙电》，1935 年 7 月 26 日，台北"国史馆"藏蒋介石档案，档案号：002—080200—00240—035。

启行赴日"①。10 日又电蒋云：

> 成都行营杨秘书长呈蒋委员长钧鉴：仗密 达诠今日到京，已详咨一切，名单由达诠与庸之商定，由庸之召集，人选由沪津银行界及实业界酌选十五人乃至二十人，行期促其愈早愈好，我公致达诠委托函，渠意以私为最好，其大意可云值此经济考察之便，可向日本朝野将余欲谋两国亲善之意，代为宣达，尤拾经济提携，倘能令两国有利，亟盼详与接谈，接洽范围，渠拟安排妥后，即先寄呈阅，至接谈后期，拟俟考察毕，达诠一人留东进行之，团员人多嘴杂，进行不易，且拟暂守秘密，不与任何人商谈，一面×生淫诼，但到东时，可对广田等先略示其意云。宾 叩 蒸申印。②

蒋作宾时为中国驻日本大使，也是两国外交交涉中的关键人物，从蒋的这份电文中，我们可以非常明确地看出吴此行所担负的秘密使命，即借经济考察之便，以蒋私人代表身份，向日本朝野传达蒋之欲谋亲善之意，其具体方式则是在考察团抵日后先行向广田等暗示，待考察结束后由吴一人留日进行，而蒋则会以私人委托函形式证明其身份。结合当时两国关系，足见吴此行之意义非同小可，也可见其此时在蒋心目中地位之重要。至此，考察团人选及使命等问题完全敲定，只待确定出发日期。9 月 9 日，因孔延宕考察团事，吴电蒋请其"电催庸之速定人选从事准备"③，13 日蒋回电："已电庸之速照所定人选准备一切，依期东行矣。"④ 20 日吴电蒋告其"考察团月初准可成行"⑤，26 日，吴再电蒋云此次访日团

---

① 《蒋作宾致蒋介石电》，1935 年 8 月 9 日，台北"国史馆"藏蒋介石档案，档案号：002—080200—00243—093。

② 《蒋作宾致蒋介石电》，1935 年 8 月 10 日，台北"国史馆"藏蒋介石档案，档案号：002—080200—00244—140，着重号系笔者所加。

③ 《吴鼎昌致蒋介石电》，1935 年 9 月 9 日，台北"国史馆"藏蒋介石档案，档案号：002—080202—00249—062。

④ 《蒋介石复吴鼎昌电》，1935 年 9 月 13 日，台北"国史馆"藏蒋介石档案，档案号：002—080202—00249—062。

⑤ 《吴鼎昌致蒋介石电》，1935 年 9 月 20 日，台北"国史馆"藏蒋介石档案，档案号：002—080200—00251—034。

"以民间形式自动前往"①。10月6日，吴率团出访，考察团终于成行。

就在吴出发之前，还有一段小插曲。10月2日，孔电蒋认为"吴鼎昌与浙财阀关系甚深，致便日方不悦，故此行恐无甚效力"②，但蒋却未为所动，也许是出行在即，无法临阵换将，但由此也可见蒋对吴之信任，而吴也没有辜负蒋的信任。吴此次访日名为考察经济，实则却是"功夫在诗外"，其主要活动，都在22日考察团解散后进行。23日吴在日本向蒋发回第一份电报报告：

> 东京 禀委员长蒋：筱电③敬悉。昌等赴关西各埠视察，兼游说约一星期，极受欢迎。日下已返东京。今午宴请日本实业界领袖，到六七十人。昌力陈两国间应改善政治环境，俾课着手经济提携。午后，即开恳谈会，商定日中贸易协会章程。决于十一月半前成立。实业界空气颇好。转又以大事小之义，亦于重光请午宴时得机陈说。考察团于养日解散。昌留东邻以个人趋向与重要人物晤谈，谨匀。鼎昌叩梗④

同日，吴又有一电由张季鸾转蒋，告其"此间阁议，目前并不主张多事，已分派人员向关东军及驻华文武传达旨谕并征询意见，当不致遽有行动"⑤，这对于当时的河北局势乃是重要情报。27日吴又自东京电蒋云：

> 昨今会晤高桥臧（藏）相、广田外相、近卫公爵，达意旨。高

① 《吴鼎昌致蒋介石电》，1935年9月26日，台北"国史馆"藏蒋介石档案，档案号：002—080200—00252—011。

② 《孔祥熙致蒋介石电》，1935年10月2日，台北"国史馆"藏蒋介石档案，档案号：002—080200—00253—048。

③ 即蒋17日电，吴出发前曾于6日电蒋请示如政府对币制改革问题有所动作请先示知，蒋17日回电告其"回国再商"，见《吴鼎昌致蒋介石电》，1935年10月6日；《蒋介石致吴鼎昌电》，1935年10月17日，台北"国史馆"藏蒋介石档案，档案号：002—080200—00254—033；002—020200—00026—032。

④ 《吴鼎昌致蒋介石电》，1935年10月23日，台北"国史馆"藏蒋介石档案，档案号：002—020200—00026—041，着重号系笔者所加。

⑤ 《朱培德致蒋介石电》，1935年10月23日，台北"国史馆"藏蒋介石档案，档案号：002—080103—00026—003，标点系笔者所加。

桥所言较少，祇云日人性质太急，难免过当，现在从民间经济联络着手，静待时机，可望逐渐转圜。广田对于经济提携各点甚表同情，云时机到来不难就绪。又前外军两部已取协调主义，河北事不致扩大，对于中国答复其三项提议[①]前，太空洛意在推缓等语昌。前日本提议三原则太广泛，以具体的缩小范围个别商议为便。近卫对于尊见亦表同意，甚盼公直接当中日交涉之冲。广田近卫均盼促成公与军部人物直接多见面之机会，对于民间加强经济联络特移空气一节，广田近卫与高桥所见相同，极赞成两方努力进行。高桥旦××后×表读沅云，日方亦应组织团体还礼。昌以个人资格与广田近卫谈话甚长，容面陈。昌因×唔之人已闻。回国之期尚难定。团员中最后回国之信云作民二号可抵沪，公有咨询事件请昵时询之可也。吴鼎昌叩[②]

从日方材料来看，其对吴所负担的秘密使命也是心知肚明，这一点从对考察团的接待问题上便可以看出。吴此次访日，乃是率领由周作民、钱永铭等经济界名流以及秘书、技师等三十余人组成的代表团，以“中国工商界赴日经济考察团”的名义出访。按常理来说，日方出面接待的，应当是主管财经的大藏省或主管工业的商工省，至少也应该是外务省，但实际却是海军省。据日本外务省史料馆所藏的档案“中華民国経済視察团1行見学に関する件”中记录显示，吴等在日本的许多行程，都是由海军省副官田结穰具体安排，而这些安排大多要直接上报日海相大角岑生。如该团参观三菱重工业株式会社长崎造船厂的行程，便是于10月2日、3日、5日、9日先后四次由该社“常務取締役”元良信太郎与大角等敲定的[③]，所有日方参与者，除了元良、大角与田结外，还有陆军省副官牛岛满等，均为军人。又如10月20日，中方团员黄文植、南夔提出希

① 即广田于10月7日与蒋作宾会谈时提出的所谓中国须彻底取缔排日言行，采取亲日政策；须最终正式承认满洲国，现须默认其独立；须在与外蒙接壤地区与日本合作的三项原则，亦即所谓“广田三原则”。

② 《吴鼎昌致蒋介石电》，1935年10月27日，台北“国史馆”藏蒋介石档案，档案号：002—090200—00015—432。

③ 《中華民国訪日経済視察団呉鼎昌外34名長崎造船所見学第4類にて許可》，1935年10月，亚洲历史资料中心公开防卫省档案，档案号：C05034174400。

望参观枥木县帝国制麻公司，也是先于次日由儿玉致函大角，提出申请①；22 日，外务次官重光葵又专函海军次官长谷川清，再次申请，"望贵省能够满足两人的期望"。② 同日，日方同意了这一请求，而发给两人的"觀覽許可控"上面，赫然盖有"艦政本部"与"軍務局"两枚印章，而签发人则是海军部副官小岛。③

吴在日本遨游公卿，《大公报》则在国内发表多篇社评予以配合。10月 5 日社评《送经济考察团赴日》对该团提出四点建议：（1）中、日间对于经济问题的根本分歧，在于是否"立脚于独立的中国国民经济之利益之上"；（2）此次考察团不谈政治，但欲谈经济提携必"先主张政治相安"，而日方对华的政治态度使"考察团促进经济提携之愿望，恐前途甚不易达也"；（3）日本应意识到此次考察团虽为民间人士组成，但"在华方等于表示今后国家政策之一重要部分，盖为官民一致之审慎主张"；（4）再次重申此次出访只谈经济，不谈政治④，这等于在出访前最后为此次访问定了调子；14 日社评《所谓日本对华新政策》将当时日本当局公布之所谓"对华新政策"条分缕析，并声明：（1）中国之"最后退让，已达限度"，经济提携能否实现"是在日方如何处之而已"；（2）"万一对方要求，逾越程度，危及中国之生存，则瓦碎夫复何惜，决心必须一致"⑤；19 日社评《关于中日问题》针对日本日前召开的上海会议提出五点态度：（1）对于日本策动之所谓"华北五省自治运动""中国不论何党派或无党派，不论何地何界，凡具有国民意识者"均不能赞同；（2）中日提携"不独可能，且有必要。……然有一绝对前提焉，则日本须认识并同情中国国家之立场，不侵略，不威胁"；（3）中国对日绝无"二重政策"；（4）对于华北问题，"中国民族，除非亡国，断不放弃完整国土一部之华北"；（5）两国"彼此之互尊互亲，乃最有利益之政策"⑥；23 日

---

① 《儿玉谦次致大角岑生函》，1935 年 10 月 21 日，亚洲历史资料中心公开防卫省档案，档案号：C05034162400。

② 《重光葵致长谷川清函》，1935 年 10 月 22 日，亚洲历史资料中心公开防卫省档案，档案号：C05034162400。

③ 《中華民国経済視察団 1 行見学に関する件》，亚洲历史资料中心公开防卫省档案，档案号：C05034162400。

④ 《送经济考察团赴日》，《大公报·津版》1933 年 10 月 5 日第 2 版。

⑤ 《所谓日本对华新政策》，《大公报·津版》1933 年 10 月 14 日第 2 版。

⑥ 《关于中日问题》，《大公报·津版》1933 年 10 月 19 日第 2 版。

社评《中日贸易协会之发起》则回顾了此次考察团访日之经历，称其
"最大特色，为在商言商，不谈政治"，文章对新成立的中日贸易协会提
出了几点建议，最终呼吁"今者国交尚不安，前途未敢过作乐观之断语，
但吾人深信此次考察团之赴日，在表示中国经济界之愿望提携一点上，定
已留有良好之印象，今后将看贸易协会本身之如何运用，尤其在日本执政
权者如何运用此珍贵之时机！"①

上述社评虽一再宣称"不谈政治"，但吴在日的活动，自然无法瞒得
过日人的眼睛。更何况这些社评虽然极言"不谈政治"，但实际却都是经
济搭台，政治唱戏，归结其中心不外乎两点：其一，向日方一再声明中方
之底线为维护国家独立及领土完整，坚决抵制所谓"华北自治运动"；其
二，向日方一再表明中国的弱国地位及不屈的决心，希望处于强势地位的
日方多加自省。前者是弱者愤怒的呐喊，后者则是对强者无奈的求告，而
在华北风云诡谲、双方底线不明的情况下，《大公报》此举，无异于一再
地将中方的底线告知日方及在日本谈判的吴，而日方明眼人及吴对此自是
心知肚明。

（三）张季鸾在国内的交涉及情报活动

吴紧锣密鼓地准备出访，国内的交涉及情报活动便由张来负责。8 月
9 日，张奉蒋命面见川越，与之交涉两国关系问题，嗣后张将会面经过函
蒋云：

> 委员长钧鉴：
>
> 炽章昨晚回沪，今晨见川越大使，已将遵嘱转达，即："我公不
> 久将赴广东，由广东回南京，彼时将据政府既定方针，关于种种具体
> 问题，准备计划，与日方商洽。惟近闻绥远受扰，情形可虑，希望此
> 期间无意外发生。"
>
> 又："日方若虑中国政府于解决两广后将转趋强硬，此属错误。
> 实则两广事后，政府愿认真努力于外交之进行。"
>
> 以上为转述我公托带之话，此外附以鄙见：（一）绥远若被扰，
> 政府职责上不能坐视。（二）观察我公甚明瞭日本情形，对于调整国
> 交，有计划有决心，而自两广解决后，中央负得了任何责任。

---

① 《中日贸易协会之发起》，《大公报·津版》1933 年 10 月 23 日第 2 版。

（三）观察我公数年来，其欲努力办中日外交，无如今日之真挚与便利者，此实良好机会，不可失去。（四）关于日本之对俄备战，中国并不欲加以妨碍，故即关于内蒙之事，日本亦尽可与我中央商量。

川越氏杂谈甚久，总纪要点：（一）对我公意见甚同情，对绥远事，谓不能即作负责之回答，允去设法。（二）谓日本对俄国策，殆已一定，中日谈话应谈此事。"关于此点，炽告以我公曾谈过，如中日间自身之问题能解决，则关于两国之国际问题亦可以谈。彼谓我公此意极是。"（三）满蒙问题，现在全划归关东军。关东军过去，本敌视傅作义，近闻亦有意与之妥洽。（四）日本军队不会加入。（五）彼近日中将赴北方视察，赶月杪回南，彼时愿与我公晤谈。

炽请其可将赴北行程通告我政府，以便早约定会晤时期。

川越氏自承日本政情复杂，反不如中国之好办。

综合观察，川越对中国政情认识明了，对我公是好意，对炽章所言表示信任，专此报告。

敬颂：钧安

张炽章敬上
八月九日①

10 日，张又有一函托杨永泰转蒋，报告其对晋绥局势看法云：

（1）阎百川②对日持负责应付之态度，日方诱其反中央单独妥协，阎已明白婉拒，故日方对阎不满，北方今日，阎为最识大体有责任心之人，望公与之密切筹商，示以机宜，嘱其负责应付，赵次陇③云，彼现在能确保百川与我公一致负责，山西各师长之观察亦就，由华北及西北大局今后之重要观之，信托百川请其多加筹划于国事定有裨益。

（2）宜生④对内蒙前途，极端忧虑，蒙政会之存在，现在徒供日

---

① 《张季鸾致蒋介石函》，1935 年 8 月 9 日，台北"国史馆"藏蒋介石档案，档案号：002—080103—00002—014，加着重号部分为原文中红色铅笔画线部分。

② 即阎锡山，字百川。

③ 赵戴文，字次陇，著名爱国将领，阎锡山生死兄弟，阎系元老之一。

④ 傅作义，字宜生，阎系重要将领，时任晋绥军第 35 军军长、绥远省政府主席等职。

方操纵之用，而政府别无统治之方法，西二盟王公虽拥护中央，而蒙政会之权在于德王一人，日方正用全力诱惑协德王，绥省府对此无计可施，又日本军人近对绥远啧有烦言，业已开始压迫，望公速定方略，或并征百川意见，先决定一种目前应付之方法。

（3）绥远以西迄宁夏一带，将来在日俄发生战争时，当为政略及战略上最重要之区域，故在中国为绝不能撒手者，当此日本加紧窥伺之日，务须早有方略上之决定，是否乘陕北区乱，大举派兵，将来即以河套一带形成一军事根据地，要之此乃中国最后之形胜，望公早筹虑及之。①

土肥原向宋哲元提出所谓"最后通牒"之后，11月14日，张奉命再访川越，探听日方对此事态度，并于此后向蒋报告"华北事，今晚据此间日总领事谈，在此间绝无阻止之方法，只有与东京交涉，如能成立较大的谅解，或解决些具体问题，则东京当有转变此间空气之方法"②。17日，张又去拜访宋、萧，并将两人态度通过孔祥熙转蒋云：

（上海）限即刻到南京蒋委员长：密 顷接北平来电，张季鸾谏（16日）午特来访宋等，以宋态度尚好，随晤秦，亦稳健，又同见秦、萧，而萧除牢骚外，并声述中央无办法，日方则严切敦促，不可终日，已至无法应付。业请派吴忠信③北来，俾易解决云云。萧复大哭，秦亦落泪，张本不明其内部真相，疑信参半，因来问当将三人不同之点分拆告之，张乃明白。随访周作民，周与土肥原善，近在平往还，亦频曾与土谈自治，易流于共产，至接收中央财政机关亦无办法，土亦并不坚执。张以周述远不似萧言之严重紧张，今早返津前又来语，文嘱密电中央如吴能来，倘无适当办法，万不可与土肥原高桥等见面，恐萧有作用。至熊斌此次来平，毫无结束，萧亦拒不与见等

----

① 《杨永泰呈蒋介石报告》，1935年8月10日，台北"国史馆"藏蒋介石档案，档案号：002—080200—00456—242。

② 《杨永泰呈蒋介石报告》，1935年11月17日，台北"国史馆"藏蒋介石档案，档案号：002—080200—00459—065。

③ 吴忠信，字礼卿，蒋介石重要幕僚，时任国民党第5届中央执行委员兼国民政府蒙藏委员会委员长，奉蒋命前往华北处理对日交涉事务。

语。最可虑者，宋对于萧，已非往昔，而将此重要之事，仍任萧担任接洽，窃觉危险，再启予已避往大名，日人谓之滑头，刻已派人追问，并闻等语。谨转陈。弟　熙　叩①

张季鸾此电，寥寥数百字，将宋、萧等人之情状及华北各重要人物之间错综复杂的关系描摹备至，足见其深厚的功底。18日，张又有一电通过吴转蒋云：

> 仙阁少文告弟，土肥坐催变局，推宕计穷，全代会后必不能再延。对方对新组织无具体案，但曾赞同不脱离中央之原则。仙阁谓若中央谅解，在此原则下从速周旋，当保全不少。三五日后局势更坏，明轩丞盼礼卿来传达大计，决定一切，萧秦语时皆泣嘱电兄祗悉。②

就在土肥原限定宋哲元"最后通牒"到期前一天，19日，张又通过周作民向蒋汇报重要情报，云：

> 季鸾来言，闻板垣并不以土办法为然，当即转告秦萧似此尚有应付余地，此间自应设法请求当局慎重应付，其详情当由桐兄③明晨飞京面陈，倘荷电示俾有准绳，尤所企盼。周作民　叩　皓④

周此电要求"即刻转呈蒋委员长"，足见此电之紧急，而此电中所报告的情报，也是非常重要。面对日方的一再紧逼，蒋感觉已无法退让，是日，蒋先是在国民党五全大会上做了《最后关头》的演说，表示将维护中国独立主权的完整，不再对日让步，一方面又命何应钦率军

---

① 《孔祥熙致蒋介石电》，1935 年 11 月 17 日，台北"国史馆"藏蒋介石档案，档案号：002—080103—00025—002，标点系笔者所加。

② 《吴鼎昌致蒋介石电》，1935 年 11 月 18 日，台北"国史馆"藏蒋介石档案，档案号：002—090200—00020—089，加着重号部分为原文中红色铅笔画线部分。

③ 殷同，别号桐声，1889 年生于江苏江阴，毕业于日本陆军高级经理学校，1933 年起任行政院驻北平政务理事委员会顾问、《塘沽协定》交涉委员，时任北宁路管理局局长。据刘国铭主编《中国国民党百年人物全书》"殷同"条，团结出版社 2005 年版，第 1986 页。

④ 《周作民致蒋介石电》，1935 年 11 月 19 日，台北"国史馆"藏蒋介石档案，档案号：002—090200—00020—063，加着重号部分为原文中红色铅笔画线部分。

事要员北上稳住宋哲元，同时盛陈兵势于陇海线，对日示以强硬[①]；但同时他对能否对日开战仍然缺乏信心，仍然希望能够通过做出一定的让步来解决眼前的危机。从事件最终的处理结果来看，南京政府及宋哲元并未按照所谓"最后通牒"的要求行事，而是在双方妥协之下，于12月18日成立以宋为首的"冀察政务委员会"，其间固然吸收了王揖唐、王克敏等亲日分子，但其核心权力仍然掌握在宋、萧、秦等人手中，虽然该委员会实际上是一个半独立政权，但由于宋等仍然忠于民国政府，所以日本试图分裂华北的阴谋，事实上并未完全得逞。那么，是什么原因导致蒋、宋等人可以不理"最后通牒"呢？

"蒋档"文件显示，19日夜，蒋连续有两份急电致宋，其第一电云：

> 北平宋司令明轩兄勋鉴：顷接东京日外交部对我驻日丁代理大使之答复称：华北为中国领土，如华人不愿自治，日本军官有何办法等语。请兄详察敌情，坚忍主持，以救党国。余托石敬亭[②]兄本夜来平面谈，近情盼详复。中正手启。皓酉机京。[③]

第二电云：

> 北平宋司令明轩兄勋鉴。顷接东京丁代使十九晚来电称：关于华北自治风说及上海水兵案件[④]，日本内阁与元老等恐惹起国际纠纷，不欲行使武力，昨日冈田首相谒西圆寺公即为决定此方针，已电令驻华武官制止其妄动等语特闻中心。皓戌 机京。[⑤]

---

① 宋志勇、田庆立：《日本近现代对华关系史》，世界知识出版社2010年版，第141页。

② 石敬亭，国民党著名将领，时任国民党第五届候补中央执行委员会委员兼冀察政务委员会委员。

③ 《蒋介石致宋哲元电》，1935年11月19日，台北"国史馆"藏蒋介石档案，档案号：002—020200—00025—084。

④ 1935年11月9日，日本海军一等水兵中山秀雄在上海公共租界被射杀，日方借口此事向中国当局提出缉拿杀人犯、公开谢罪及取缔排日活动等多项要求，是为"上海水兵事件"。

⑤ 《蒋介石致宋哲元电》，1935年11月19日，台北"国史馆"藏"蒋介石档案"，档案号：002—080200—00259—016。

　　上述两电显示，促使蒋在最后时刻下定决心决定对土肥原"最后通牒"置之不理的原因，乃是丁绍伋发自东京的两份电文，但笔者以为，张所提供的情报应当也在蒋做出决定的过程中起到了重要作用。近代日本朝局非常混乱，政府事实上难以真正制约军部少壮派军人的行为，对于在华军人则更是鞭长莫及，"九·一八"便是明证。所以东京虽然有决定，但如果军方置之不理，悍然动手，结局如何也未可知，所以在华日军的态度也是至关重要的因素之一。而当时日本在华北的中国驻屯军仅有两千余人，如果没有关东军的支持，即使真的动武，也很难掀起大的风浪，板垣时为关东军副总参谋长，乃是实权人物之一，他的态度在很大程度上就代表了关东军当局的态度。周电中所谓"板垣并不以土办法为然"一句，事实上揭示了关东军与中国驻屯军在处理华北问题上可能存在的矛盾，应当对蒋判断局势、做出决断起到了一定的作用。

　　总之，在风云诡谲的1935年里，"三巨头"特别是吴、张二人或为蒋运筹帷幄、出谋划策，或对日刺探情报、进行交涉，或对华北实力派多加劝诫、进行安抚，可谓殚精竭虑、擘画周详。也许是因为在此事件中所表现出的能力，吴最终得以非蒋嫡系的身份"登堂入室"，入主实业部；而张也就此成了蒋的座上嘉宾、入幕之客。同时，《大公报》也配合"三巨头"的活动，发表言论，对内呼吁统一，反对分裂，坚定地拥护以蒋为核心的国民政府，其后来所主张的"国家中心论"，至此已逐渐形成；对外则始终坚持民族独立和领土完整的底线，绝不动摇，并一再向日方声明此点。这一态度，是该报在24年的历史上一以贯之的态度，也是该报在身当此国家民族生死存亡之际，得以脱颖而出、矫矫不群的重要原因之一。

　　虽然在蒋的勉力应付之下，1935年的华北危机总算有惊无险地渡过，但日本的侵略野心却已不可遏制。在国、共两党的共同努力下，西安事变后，抗日民族统一战线最终形成；半年后，"七·七事变"爆发，伟大的全面抗战由此开始，《大公报》及"三巨头"的活动，也就此掀开了新的一页。

第四节　"国家中心论"的形成

一　《大公报》对共产党问题的态度

如前所述，《大公报》对共产党的态度，一直不佳。即使是在内忧外患不止的 1935 年，《大公报》还是对"剿匪"问题频频发论，而其论调则基本延续了之前的态度。1934 年 10 月，中央红军开始长征，翌年 1 月，红军到达川黔边境，12 日，《大公报》发表社评《关系全局之四川问题》，对"剿匪"局势表示忧虑："时至今日，朱毛主力渐渐迫近川南腹地，而萧贺两匪则驰逐湘西之余，尽可以重出酉阳秀山，以薄川东，原在川北之徐向前顿兵绥宜，更不难随时突进。设一旦三方呼应，恐数十万饿疲之川军，将有面面受逼之虑，此危机之昭昭可睹者也"，文中对川湘地区局势及"共匪"活动特点进行了细致分析，并建议："第一，切望中枢方面飞调大军援川，愈速愈好。蒋委员长并宜即往主持。第二，切望湘省当局，从速以全力平治湘西，先纾川省侧顾之忧，再施联合兜剿之策。第三，切望粤桂领袖勿认援黔已足，必须惩戒前失，在中央整个的计划之下，将入黔部队，推进川省，协同动作"，最后呼吁"时机迫切，惟全国人士共起图之！"① 5 月初，中央红军抢渡金沙江，红四方面军也强渡嘉陵江，两支红军会师在即，23 日，《大公报》发表社评《今后之川西军事》，对"剿匪"局势进行一番分析后认为"居今判断，各路官军之追击作战，此后应不甚难"，并且向当局提出两点建议："其一：观川军士气之振作，证明一般军官有顺应时势求新向上之心，此不可无以鼓励之"；"其二：观徐向前朱毛窜扰三省之经过，彼等以劣势饥疲之众，劳军官数十万之长期剿击，今尚未达肃清之城，则可证明军事以外，实亟须推动政治，安定民生，从根本上孤匪之势"，并勉励川军"川人易于接受新潮，军人亦然，过去之不良，风气使之。彼等非不知理论上所应为，但竞相为恶，久而习惯，设一旦决心向上，其智识与勇气固足以推进之也。关于杨晒轩刘元璋之事，知四川军人已由愧而生奋矣，前途光明，殆系诸此一念欤！"② 24 日社评《安内为先》将"剿共军事"与"日本问题""经济金融"列为当前时局焦虑的三大问题，

---

① 《关系全局之四川问题》，《大公报·津版》1935 年 1 月 12 日第 2 版。
② 《今后之川西军事》，《大公报·津版》1935 年 5 月 23 日第 2 版。

并认为要解决这些问题，必须"谋全国各方面之和平一致"，而"安内或和内，自一种意义言，将为国家施行任何大计之前提"①，这显然是侧面呼应蒋的"攘外必先安内"论。

时至6月，华北局势逐渐恶化，"三巨头"也频繁奔走其间，当此之际，张却也没有忘记"剿匪"大业。其时，红军已经开始转战陕北，而奉命在陕"剿共"的国军部队作战不力，张对此忧心忡忡。23日，张就陕北"剿匪"事专电杨永泰云：

> （天津）成都 杨秘书长畅卿兄鉴：借笃密 陕北局势日危，延绥两属糜烂，高桂滋②师损失日重，榆林数县较安，但高师不支亡后，井③师亦难独存，请特陈委员长，速遣援兵由晋陕二路救援延绥，迟恐不及。弟 张炽章 叩 漾印④

"蒋档"中存有大量张就内政外交等问题致蒋的建议，但直接就军事部署问题提出建议，却仅此一例，足见张对"剿共"问题的重视。29日，杨复电云：

> 天津大公报张季鸾先生：漾电特悉，密 经转陈，介公已另定部署矣。弟 杨永泰⑤

7月，徐海东率红二十五军翻过终南山，抵达西安附近，与陕北的刘志丹、谢子长部南北呼应，一时"匪势"大起。29日，《大公报》发表社评《论陕乱》，认为"陕北之乱，由地方问题，而演成不可忽视之军事的及政治的问题"，并指责"政府当局者，言开发建设西北者若干年矣，口惠而实未来，今一方驱赣川之大股，渐窜西北，一方又久久漠视陕北农村赤化之

---

① 《安内为先》，《大公报·津版》1935年5月24日第2版。

② 高桂滋，时任第84师师长，奉命在陕北"剿匪"。

③ 井岳秀，时任陕北镇守使，第86师师长，在陕北"剿匪"。

④ 《张季鸾致杨永泰电》，1935年6月23日，台北"国史馆"藏蒋介石档案，档案号：002—080105—00003—003。

⑤ 《杨永泰致张季鸾电》，1935年6月29日，台北"国史馆"藏蒋介石档案，档案号：002—080105—00003—003。

事，致其成为巨祸"，后文对陕西"剿匪"军事形势及"农村赤化问题"进行一番分析后，认为"今诚欲救民安陕，必有赖于相当之财力"，而"军事方面，亦有应改进者，即须明赏罚，严纪律，尤要为统一指挥"，并提醒当局"默观大势，陕甘之安定与进步，甚为国家立国所需，过去之贻误已甚，但盼其不至贻误到底耳"①。8月3日，该报再发社评《如何根本消弭共祸》，就阎锡山最近在太原宣布的所谓"解决土地问题"的"根本防共之主张"发表意见，认为此论"忧深虑远，立言甚警"，"共党借阶级之说，煽动人民，而济之以严密之组织，惨酷之手段，此本有时代之背景，而有充分燃烧性者"，而全国上下"反共之最强烈的理由，乃因爱国家与望建设之故耳"，并认为若要"消弭共祸"，"第一要保住国家，第二要绝对施行法治!"②《大公报》对"剿共"之关切，可见一斑。

虽然《大公报》一再呼吁，但奈何"国军"实在不争气，"剿匪"屡战屡败。8月，刘志丹部歼灭晋军一个团，取得了陕甘边苏区第三次反"围剿"的胜利，陕北、陕甘边两块苏区连成一片，为中央红军北上建立了落脚点。9月18日，徐海东率红二十五军到达陕北苏区永平镇，与刘志丹率领的红二十六军、红二十七军胜利会师，陕北"匪势"大有愈演愈烈之势。面对这种局势，《大公报》于9月、10月间，就陕甘问题连发6篇社评，9月9日社评《陕甘军事》开篇即云"近时最值得注目之形势，为朱毛徐向前之主力，与原在陕南之徐海东股，及陕北之刘子丹股，显有联合动作之企图"，文中分析了陕北"匪势"后认为"匪情严重，仍为一时现象，其平定应为时间问题"，但华北外患，才是"至可虑者"，并提醒当局"剿匪军事，不纯为军事问题，而将随时受此后外交大局之影响"③。14日社评《今日之甘青宁》认为现在的问题"不仅在如何剿共，而应在如何治甘"，文中历数甘青宁三省军阀横征虐民之暴行，痛陈三省人民"困顿于苛政及高利贷两重压迫之下，过非人之生活，有求死不得之苦痛"的痛苦，呼吁当局"努力为救民固边之设施"，否则"因人民苦痛不能解除，或更因军事而增加苦痛之故，不但剿匪不易奏效，国家

① 《论陕乱》，《大公报·津版》1935年7月29日第2版。
② 《如何根本消弭共祸》，《大公报·津版》1935年8月3日第2版。
③ 《陕甘军事》，《大公报·津版》1935年9月9日第2版。

建设西北之希望，恐失实现之机会矣"①。26 日社评《所望于陕甘军事当局者》则提醒当局应注意"剿共"中的政治解决，并提出两条建议：其一，"共党之不能容，与其必不能成功之故，为其嗜杀"，故应"对于所谓游击队赤卫队等之胁从群众，除因战斗外，一律保全生命，概不追究"；其二，"共党文武不可分，不能单论军队"，"故于军队配置完成之日，似宜采劝抚兼施之方略"，总之，"今当政府用兵之最后阶段，诚不能不望当局者本以仁胜残之主旨，求迅速平乱之至道"②。10 月 8 日社评《陕甘军事》就军政问题提出两点建议：其一，就军事而言，陕甘集中兵力过多，后勤运输与统一指挥问题亟待解决，故"恐非蒋委员长躬任之不可也"；其二，就政治而言，甘肃经济凋敝，人民困苦，回汉难容，故甚望蒋"详查地方实状，先严整官纪军纪，对本省各界，务宜周询民隐……同时请中央在万难中为甘省筹划经济上之辅助……在原则上绝不存汉回界限，赏罚黜陟，公是公非"，同时，"陕甘军事之前途，尚须视国家大局如何"，"倘国家仍继续受打击，政府继续失威望，则因大局而影响及于陕甘军事者，恐甚重大也"③。15 日社评《再论陕甘军事》提出"军事上有两点可注目。其一：陕北匪患正扩大。其二：毛泽东股正窜陇东"，并提出三条建议："其一：治军之道，首在赏罚严明，而军实被服之补充，亦极重要"；"其二：过去之军事布置，在地理形势上恐有疏略，各军间之联络呼应亦欠周密，此皆亟待西安总部之统筹"；"其三：尤要之点，为鼓舞士气，此必须使各军彻上彻下，了然于国家整个的大计，使其悲时忧国之心，有所寄托，方可以期其一致牺牲也"，文末又再提醒当局注意华北局势对"剿匪"军事的影响，告诫"蒋阎张诸公"，"陕甘现局之能否迅速收拾，除战略战术问题之外，尚须看政府对国事全局负责之情形何如也"。28 日社评《防共欤？长共欤？》认为"共祸之发生与扩大，一由于政治之不安，民生之困苦，青年之烦闷，二由于军队之复杂，官吏之腐恶，人心之不平"，"而近来外患侵迫，政府再三退让"，则"是外患又不啻意外的发生助长共祸之作用"，"且也，外人明知中国政治，需要有安定的局面，而偏偏以种种手段，不许其安定。明知剿匪工作，需

---

① 《今日之甘青宁》，《大公报·津版》1935 年 9 月 14 日第 2 版。
② 《所望于陕甘军事当局者》，《大公报·津版》1935 年 9 月 26 日第 2 版。
③ 《陕甘军事》，《大公报·津版》1935 年 10 月 8 日第 2 版。

要有有力的领袖，而偏偏以感情作用，打击其人物，此于防共本旨，殆类于南辕而北辙，此真令人大惑不解者也"，所以要防止"共祸蔓延"，"第一须了解中国国民心理，重视其爱护国家民族的情绪"；"第二须顾全中国中央政府之地位，勿打击其当轴，勿助长其内争，勿破坏其权威"；"第三以光明之手段，健全之方法，博中国国民之信用"，"盖合乎此者，可以防共，反乎此者，必成长共，吾人忧深思远，敢下如此断语，何去何从，智者其知所别择乎？东亚大局之运命系之矣！"①

综观《大公报》上述言论，我们不难发现，该报对共产党的负面态度非常明显，虽然我们也应该注意到上述言论中对当局弊政的批判，呼吁"政治解决"、力劝慎杀的护民之意，以及时时借陕北而言华北，要求中央维护国家独立完整的爱国之情，但其立论的根本，却始终立脚于如何迅速而根本地"消弭共祸"。同时，这些社评中也一再强调"蒋委员长"的作用及维护"有力的领袖"的重要性，这一点与该报同时期论及日本及国内派系斗争问题的其他社评的态度如出一辙，这也从一个侧面证明了其"国家中心论"乃是在这一时期逐渐形成的。

二　《大公报》对建立抗日民族统一战线问题的态度

在日寇步步紧逼，国难深重之际，中共开始了建立抗日民族统一战线的努力。1935 年 8 月 1 日，中共发表《八一宣言》，呼吁各党派和军队停止内战，一致抗日；12 月，中共在瓦窑堡会议上正式提出了关于建立抗日民族统一战线策略的总路线；次年 5 月 5 日，中共向国民党政府发出《停战议和一致抗日》的通电，将"抗日反蒋"政策转变为"逼蒋抗日"政策；8 月 25 日，中共中央公开发表《中国共产党致中国国民党书》，再次呼吁停止内战，建立抗日民族统一战线。

但是，中共建立抗日民族统一战线的主张，与《大公报》素来所持的"国家中心论"存在天然的矛盾，加上他们对中共固有的负面态度，所以《大公报》及"三巨头"，在这一问题上一直持一种负面的态度。虽然在西安事变后改变了原来"共匪"的表述，但其真实态度却一直未变。这一点在这一时期的两大事件——"西安事变"和"七君子事件"中，表现得非常明显。

---

① 《防共欤？长共欤？》，《大公报·津版》1935 年 10 月 28 日第 2 版。

（一）"西安八条，中全会不应理会"——张季鸾对"西安事变"的态度

在中共建立抗日民族统一战线政策的感召下，加之对红军作战不力，而蒋又分明是借"剿共"之名行"削藩"之实，再加上对收复东北失地的热望，时任西北"剿总"副司令的张学良首先开始与红军交涉。1936年2月21日，红军与第67军达成了几项停止内战、恢复通商的口头协定；3月4日，张学良亲自驾机飞往洛川，与李克农进行了第二阶段会谈，双方又达成几项口头协定，并约定由中共再派全权代表与张再做一次商谈；4月9日，中共全权代表周恩来到达延安，与张学良进行会谈，双方就停止内战、一致抗日达成了八项口头协议，至此，张学良完全接受了中共建立抗日民族统一战线的主张①。

就在张学良开始与红军接触的几乎同时，出于团结内部准备抗战的需要，更由于想要借助共产党的关系争取苏联援助，蒋介石也开始试图与中共取得接触。1936年年初，蒋派驻苏联武官邓文仪在莫斯科先后与潘汉年和王明会晤，就有关国共第二次合作事宜交换了意见；同年1月，宋子文又指派曾养甫、湛小岑与中共北方局代表周小舟、吕振羽在南京接触；同时陈立夫也派曾养甫与中共上海组织代表张子华谈判；同年，潘汉年与陈立夫在上海和南京多次会面，就共同抗日问题进行了一系列谈判。上述谈判虽然都没有取得实质性的进展，但毕竟打破了第一次国共合作以来两党十余年对立的坚冰②。

但是，蒋介石始终把共产党作为心腹之患，对待谈判的态度也是三心二意，特别是红军长征到达陕北之后，面对集中在地瘠民贫之地的寥寥数万"共匪"，蒋以为"最终解决时机"已经到来，所以对张学良的一再劝谏置若罔闻，反而一再斥责其"是非不明，本末颠倒"。1936年12月4日，蒋亲临西安督战，要张做"最后五分钟之努力"，张学良于7日、9日两度苦劝不成，最终决定发动"兵谏"。12日凌晨，张学良部扣押了蒋及其随行的陈诚、卫立煌、蒋鼎文等国民党大员，震惊中外的西安事变爆发。

---

① 步平、荣维木主编：《中华民族抗日战争全史》，中国青年出版社2010年版，第210—212页。

② 同上书，第112—113页。

西安事变发生当天上午，张、杨联名于学忠、何柱国等，发布《对时局宣言》，公开提出抗日救国八项主张，即：

一、改组南京政府，容纳各党各派共同负责救国；

二、停止一切内战；

三、立即释放上海被捕之爱国领袖；

四、释放全国一切政治犯；

五、开放民众爱国运动；

六、保障人民集会结社一切政治自由；

七、确实遵行总理遗嘱；

八、立即召开救国会议。

上述八项条件，成为张、杨以及共产党方面与蒋交涉的基础，经过多次谈判，蒋最终于 24 日口头承诺部分答应了上述条件；25 日，张学良亲自乘机送蒋离陕，西安事变和平解决。

在西安事变从爆发到结束的两周时间里，《大公报》多次发表社评，一再斥责张、杨，表示拥蒋之意，或云张的《给西安军界的公开信》等篇乃是应陈布雷之请所作，但笔者并未见到确切证据[①]。对于这些社评的

①　关于西安事变中张所作评论之原因一事，王泰栋先生在所著《陈布雷大传》中记录："左舜生有一回忆说：西安事变爆发，布雷于国民党临时中常会及中央政治委员会开会后，过余寓长谈，对事变前途，表示充分忧虑，认讨伐与轰炸为操之过急；对冯玉祥态度更不放心；并告余曾力阻蒋夫人前往西安，已为所拒。余乃根据种种事实与理由，告以决无危险；盖张性冲动而顾虑甚多；张、杨临时偶合，决难同恶相济到底；中共在借抗日以求生存，实无加害于蒋先生之必要；蒋夫人能使紧张状态趋于缓和，有利无害；宋子文与张私人关系不恶，能毅然一行，必可迎刃而解。布雷于余说亦首肯，但余视其出门时之面色，似仍疑信参半也。事出非常，当时全国谁不焦虑？谁不悲愤？布雷先生对领袖一片忠心，虽感忧虑，却做了不少工作。如不同意《大公报》张季鸾先生运用某方的外交力量的主张。因为请求他国过问一国的内政是引狼入室，损害国家主权与独立的事，而要他在报上拥护中央讨伐立场，因此，《大公报》接连有四篇评论"，王著此段只有一上引号，经笔者与左著核对后发现，王文中自"西安事变爆发"至"似仍疑信参半也"为左舜生《以身殉职的陈布雷》中记录，而后文所谓"要他在报上拥护中央讨伐立场"云云，则非左文中之记载，王文中未注明此说根据，笔者曾直接电联王先生，未得到确切答复。陈布雷日记现藏于南京第二历史档案馆，笔者曾亲往查询，却被告知不许查阅，笔者又辗转得知其日记亦有一份复印件在陈氏后人陈重华女士处，便辗转与陈女士取得联系，但无论致电拜托还是去函相求，却始终未得许可，今只能存疑，甚憾。见左舜生《以身殉职的陈布雷》，载左舜生《万竹楼随笔》，文海出版社 1967 年版，第 287 页。

态度及影响，此前学界对此早已论述颇多，在此不再赘述。笔者此处拟从"蒋档"中所藏文件一探张对此事件的态度。

1936 年 12 月 26 日，蒋介石抵达南京，5 天后，蒋便专门约见邵力子、张季鸾、朱培德、顾祝同等人，与之谈西北方略，最终确定了"对西北决定以政治为主军事为辅之方略"①。2 月 4 日，张又奉蒋命上对日方外交意见函一份，函曰：

尊电奉悉，惭感之至。日本事，新材料太少，今日欲再访川越，问其意见，乃彼正患感冒，须稍待一两日始能晤谈，兹姑先贡鄙见如下：

（一）日新阁为纯粹军部内阁，其对华行动，更少国内之牵掣，但同时对关东军之统制力增强，故可判断对中国将停止局部扰乱之行为（如绥远之事），但不远之将来，恐将对我再开大的交涉。

（二）日本有主张缓和日俄之有力的空气，但在军扩完成以前，军部将不变态度，故新阁之基本政策，仍承继前内阁以反俄备战为第一目标。

（三）日本对华，关于领土欲方面已达饱和状态，今后殆仍注重与华北市场及资源之垄断，与对中国全部之发展贸易。

（四）对蒋公之未来，乃我政局之一般趋势，正在研究，尚未得结论。尤注意于西安善后如何，倘彼等察知中国确已容共，而同时知我政府不能紧密的统一全国，则对我有转为急遽猛烈压迫之可能。

（五）日本财界并不反对新预算。军部政权，实际稳固，经济上之破绽，为惯性的，故应判断，中国今后须有长期奋斗之决心与方略，方可应付。

因此主张应对之方法如下：

一、日人多数信蒋公人格之坚卓、主义之不变，蒋公此种信望，为维系大局掩护国难之主要因素，万不可毁损，是以对共党问题须极端慎重。弟常云：国策转变，须如轮船离岸状况，虽转向而

① 《事略稿本》，1937 年 1 月 1 日，台北"国史馆"藏蒋介石档案，档案号：002—060100—00121—001。

不感知。

二、但陕变之打击太大，军阀割据之野心复活，幼稚无聊之政客又太多，其中惟共党是内行，所有"实时抗战"一套议论，皆彼等所主动，故对共党政策，实际上又不容不考虑。

三、弟意，第一步是否能办到停战而不'容'，如此或与国家最利，因政府主张，并不改变，只实际上不战斗，一切交涉徐徐行之。（共党取消苏维埃，匪部受编，亦甚足刺激日本，且共党此时亦必不肯也）。

四、三中全会，若能邀至宋韩川刘桂李等一致到会，最为有利。弟看广西最有成见，但亦最有政治意味，而不离国民党立场。政府似宜侧重和桂，使之参加中央政治，可否宜嘱阎李白分约宋韩刘等必到会，借开军事会议，说明国策，决定趋向，而此统一的新阵容，日本必然重视，而不敢轻举妄动也。（阎先生与中央虽一致但其心眼小，亦须时刻注意，加以优崇。）

五、西安八条，中全会不应理会，政府只能自动的做应做及可做之事，不能认错。认错徒损国威而长敌焰也。惟国中现实有不少党派，其中有绝对坏者，（弟看陈铭枢一帮最不可救药）只有置之不理。其凡有政治意义者，宜设法疏通。对言论出版方面，宜略修正统制之方法。鄙意只欲禁妨碍国防军机与宣传赤化之两点，其外开放之，而采事后纠正主义，即遇有触犯法律者，可控告之。①

张季鸾此函，涉及日本局势、中日及日苏关系，对共产党态度及处理意见，对华北、山西、西南等各地方实力派的处理意见等，单就共产党问题而言，笔者以为，其基本态度可以归纳为以下三点。

①基本态度：张此函中将共党称为"幼稚无聊之政客"，并称其部为"匪部"，可见其对共产党的基本态度仍为负面。

②对共产党的处理意见：考虑到当时的局势特别是日本的态度，建议采取先停战，然后通过谈判逐渐消化收编其力量的做法。

③对"西安八条"的态度：建议不予理会。

① 《张季鸾致蒋介石函》，1937 年 2 月 4 日，台北"国史馆"藏蒋介石档案，档案号：002—080103—00004—006，着重号为原文所加。

　　由此笔者认为，张此时虽已不再建议武装"剿匪"，也赞同应当尽快实现各政治派别的大联合，但其主张与中共的抗日民族统一战线政策，却相去甚远。中共所提出的要求，乃是红军改名为国民革命军，工农政府改名为中华民国特区政府，但保持军队编制及行政区划上的独立性，在此基础上建立国共统一战线，一致对外，也就是要"容"入蒋所领导的抗日队伍中去；但张所建议之"共党取消苏维埃，匪部受编"的要求，等于要共产党彻底取消独立性，也就是要把中共"融"入蒋所领导的"中央"中去，成为其忠实部属，二者之差别，一望可知。再者，"西安八条"的核心就是要求各党各派平等联合，共赴国难，而张却劝蒋对此"不应理会"，也足见其对这一问题的态度。而张的这种认识，在同年发生的另一件重大事件——"七君子事件"中，也得到了明确的体现。

（二）"七君子事件"与"国家中心论"的最终形成

　　面对日本步步紧逼的侵略步伐及当局对外一再妥协却重兵"剿匪"的现实，全国有识之士群情激奋，纷纷要求迅速结束内战，一致抗日。1936 年 5 月 31 日，马相伯、宋庆龄、何香凝、沈钧儒、章乃器等人在上海宣布成立全国各界救国联合会，发表宣言，通过《抗日救国初步政治纲领》，向全国各党各派建议：立即停止军事冲突，释放政治犯，各党各派立即派遣正式代表进行谈判，制定共同救国纲领，建立一个统一的抗日政权等。11 月 23 日，国民政府以"危害民国"罪在上海逮捕了救国会领导人沈钧儒等 7 人，是为"七君子事件"。

　　"七君子"事件爆发后，引起了国内外各方人士的强烈抗议和谴责，各方积极开展营救工作，张、杨发表的《对时局宣言》中也将"立即释放上海被捕之爱国领袖"列为"西安八条"之一。而据胡子婴女士回忆，1937 年 6 月，张季鸾曾应其所请，专函致蒋关说此事，对于事件的解决起了关键作用。胡文发表在《文史资料选辑》第 82 辑。长期以来，由于她的章乃器前妻和事件当事人的双重身份，再加上《文史资料选辑》的重要地位，故此说流传甚广，一直被广泛采信，大凡论及张季鸾在"七君子事件"中的表现者，大多都会引用，如《报人张季鸾先生传》（徐铸成，1986）、《大公报史》（周雨，1994）、《百年沧桑——王芸生与大公报》（王芝琛，2001）等，皆然此说。特别是 2011 年出版的《中华民国史》中，在论及此事时，基本完全引用了胡的上述说法，可见此说影响

之大。但从"蒋档"中现存文件来看，胡文中所述却并非事实，张固
然确曾写信，但其态度与胡文中所述，却大相径庭乃至根本南辕北辙。

1. 胡子婴的记述

在《"七君子"狱中反诱降的斗争》一文中，胡子婴女士详细记述了
张季鸾与《大公报》在整个事件中的作用。

据胡回忆，1937年4月，江苏高等法院发表对"七君子"的起诉书，
"七君子"马上写了一篇针锋相对的答辩状予以驳斥，而上海报纸迫于当
局压力，不敢登载，为了将答辩书及时公之于众，6月6日晚，她去见
《大公报》社长张季鸾，经交涉后，张同意于次日在《大公报》上发表
"七君子"的答辩状，同时告诉她蒋介石欲邀请"社会贤达"举行"共商
抗敌御侮、复兴民族的'大计'"的庐山会议，希望"七君子"出席，
"以壮门面"，故此希望此案快些收场。但"叶楚伧、陈布雷等人却别有
用心地策划了一个诱降之计"，计划在江苏高院审讯后，将七人"押解到
南京反省院，具结'悔过'，再由杜月笙出面把他们保释出来，送到庐山
参加会议"。她得知此消息后，第二天便到苏州告知"七君子"，经协商
后，认为"利用敌人的内部矛盾，粉碎他们的计划，却有可能使'七
君子'一案早日结束"。于是由沈钧儒写信给张，请其"再上庐山，向
蒋介石面陈'七君子'抵制进反省院的决心"，于是她便拿了这封信赶
回上海，再会张季鸾，告诉他"七君子"决心誓死斗争到底，但张不
愿被蒋认为成"七君子"的说客，态度冷淡。于是胡便进而告之，如
"七君子"因强送反省院而绝食致死，对蒋威信的损害，将远远超过逮
捕他们。

> 这几句话对他好象有所触动。他在房间里低着头踱了几个来回，
> 最后坐下来对我说："庐山我是不再去了。既然沈老托我，我就给蒋
> 公写封信吧，试试看有没有回旋的余地。"于是他就当着我的面，把
> 信写好。他的信并不长，内容大意是：钧座毅然决然地要实行抗战，
> 这就要动员全国民众，共同对敌。但是现在主张抗战的最大群众组织
> 救国会的七位领导人，却还关在监牢里，这是与人民对立，对抗战不
> 利。据我所知，他们七人坚决反对进反省院，甚至准备采取绝食的手
> 段。如果万一发生不幸，则各方的反应将对国家、对钧座个人的威信
> 均有不良影响，请钧座三思。

6月11日，"七君子"案首次开庭，次日下午，律师向法院提出，由于首次庭审中审判长对被告和律师提出的对起诉书列举事实和有关人员进行调查对证的合理要求不予考虑，故此认为审判官不公道，申请当事人回避。13日下午，钱新之赴监狱探望"七君子"，并告之12日蒋介石电询陈布雷"七君子"案能否顺利了结，能否如期送人上庐山，陈表示"七君子"同意进反省院，办完手续即可送庐山。但当天下午，由于张季鸾的信，事情又起了变化：

> 就在这天下午，蒋介石又去电话告诉陈布雷，张季鸾曾有信给他说："七君子"对进反省院要抵制到底，打算用绝食来抗拒，他很不放心。……陈布雷无法再隐瞒，就把申请回避的事，汇报给蒋介石，蒋介石听后大怒，大大申斥了陈布雷一顿。陈布雷挨了蒋介石的一顿臭骂之后，知道是张季鸾捅的娄子，于是就托钱新之告诉杜月笙和黄炎培，务必约请张季鸾一同到苏州去找"七君子"，安抚他们不要性急，还说什么蒋介石也是要抗日的，彼此并没有什么根本的分歧，将来可以合作等等。当然，"七君子"早已心中有数，对于他们的话根本不加理睬。[①]

2. 对胡子婴记述的质疑

从胡的记述中，我们可以看出，张季鸾在事件过程中，至少起到了以下几个作用。

第一，同意发表《答辩状》，将"七君子"的声音公之于众。

第二，告知"七君子"敌人的诱降阴谋，使其有所准备。

第三，致信蒋介石，告知"七君子"如进反省院则将绝食以争，于蒋的威信将大有损害，蒋由此得知"七君子"申请回避之事，痛斥陈布雷。

就胡文分析可知，在事件的整个过程中，由于张季鸾的作用，"七君子"巧妙地利用了CC系与蒋之间对此案的分歧：蒋希望快些结案，叶、陈、杜等则希望诱降"七君子"，但蒋毕竟是最高领袖，一旦得知诱降失

---

① 本节内容均引自胡子婴《"七君子"狱中反诱降的斗争》，载中国人民政治协商会议文史资料工作委员会编《文史资料选辑（第82辑）》，中华书局1982年版，第87—97页。

那么，是否有这样的可能，即张先书一函致蒋，内容依胡文所述，而后再书一函呢？笔者认为这种可能性不大。首先，从时间上来看，如此说成立，则第一函当在 7 日、8 日两日，如系 7 日，则胡须于当天自沪赴苏，经过商议之后，再由苏返沪，然后再见张，以当时的交通条件来看，似乎不太可能。如系 8 日，则张需在一日之内，两度就同一事件上书蒋介石，这种情况，就"蒋档"中所藏之张与蒋之间往来信函和电文来看，仅在 1940 年 9 月张在香港主持与和知鹰二的中日"和谈"事时，为揭破所谓"宋子良"的骗局，有过两次，而 1940 年事件的紧迫与重要程度，与此事件无法相比，而张函中也并未流露出前面还有一函的口气。

那么，还有一种可能，即张先书一函致蒋，然后应胡所托，又书一函。笔者以为，这种可能性也不大，除了前述一日两函的问题之外，最重要的是，"蒋档"中所藏之 1937 年 6 月张致蒋的信函，就笔者所见，仅此一件，且由于"蒋档"中张函与胡所述之张函态度几乎截然相反，如果确有两函，那么张必定在蒋面前，在一天之内，就同一问题前后态度矛盾，这也是不太可能的事情。

至此，我们基本可以确认，胡文中所提到的张函，与"蒋档"中所藏的张函，似应为一物。更为关键的是，通过对此函的解读，我们似还可以确认以下问题。

首先，我们非但无法从"蒋档"藏张函中看出张季鸾帮助"七君子"抵制诱降，恰恰相反，张反而表现出了与"诱降"一致的论调，因为张认为，对"七君子"撤回公诉的前提，是他们对救国联合会"善后"或"新订合法纲领"，同时公开"表明承认过去方法主张上之错误"，这实际上是要求"七君子"公开宣布放弃其立即停止军事冲突，释放政治犯，各党各派立即派遣正式代表进行谈判，制定共同救国纲领，建立一个统一的抗日政权等政治主张，简单来说，就是承认其认为的"救国不应获罪"是"简单谬论"。但这恰恰是庭审中"七君子"与法庭辩论的焦点。如沙千里就表示：

　　所谓勾结赤匪，所谓颠覆政府，所谓危害民国等等，这在当局简直成了呆板的一套，凡是主张抗日的，凡是参加救国会的，都适用这一套，可以随便加在一个人身上，无须乎事实，无须乎证据，"救国即是危害民国"成了新的逻辑。①

沈钧儒亦云：

> 钧儒等……自问无罪，天下亦尽知其无罪，为国家前途计，亦终认救国无罪四字应令其永留史册。②

这些表述，与张函中的表述，可谓格格不入。而依胡文所述，叶、陈等所定的诱降计划，恰是经审讯后，押至反省院，具结"悔过"，再由杜月笙出面保释，这种论调，与张函中的主张，倒是不谋而合。

其次，张虽确有信致蒋关说此事，但其目的却并非从团结御侮出发，而是为了维护"全国"所向之"心"，亦即蒋本人。至于以"七君子"将绝食之事相告云云，就"蒋档"中张函来看，并无此事，而胡文中所记钱新之所云之蒋电话陈布雷，说张季鸾有信告其七人将绝食，并由此"大大申斥了陈布雷一顿"云云，似乎也并非事实。

张的上述主张，也可以在同期《大公报》言论中得到验证，如11日社评《沈钧儒等一案公判》即云：

> 当本案公判之日，吾人所最注意者，为期待知悉沈等今日之新感想。何则？夫假令沈等今日仍主张"各党各派，立刻遣正式代表，人民救国阵线愿为介绍进行谈判，以便制定共同抗敌纲领，建立一个统一的抗敌政权"，则无论其答辩状内所称"政权"非"政府"之辩是否牵强，总之违反国家利益，将有触犯法律之浓厚色彩。③

23日社评《对于国事之共同认识》中亦云：

---

① 沙千里：《七人之狱》，生活书店1937年版，第55页。
② 周天度：《救国会》，载《近代史料丛稿（二）》，中国社会科学出版社1981年版，第242页。
③ 《沈钧儒等一案公判》，《大公报·沪版》1937年6月11日第2版。

愿一致认识拥护国家中心组织，为建国御侮之前提条件。故一切思想行动，凡增加向心力者为是，反促进离心力者为非。①

这些社评，均出自张季鸾之手，而其中所表现出的态度，与"蒋档"中的张函可谓一致。很明显，张的这种态度，与救国会和"七君子"的主张，显然是格格不入。所以，我们基本可以确定，张季鸾在事件的过程中所起的作用，似乎并没有那么关键，也没有那么光明正大。作为沈钧儒30多年的老友，张的确没有对"七君子""见死不救"，但是他的这种救法，却并非如胡子婴女士所言，倒是与CC系的诱降计划相一致的。

胡子婴女士的这篇文章发表于1982年，30余年来，此说流传甚广，但以笔者看来，此说似应不确。胡文发表之日，距"七君子事件"已有46年，而当时胡已有73岁，记忆有误，并非不可能的事情。并且，胡文中也仅提到张"当着我的面，把信写好"，依常理推断，胡似乎不可能在张写信时在一旁看信，而张亦似无将信件示胡的必要，故胡对于信的"大意"的记述，很可能是听到张简单的叙述，加上自己的认识写成的，这就有失误的可能。笔者认为，张在这一事件中的拥蒋态度，与其在此前一系列事件中的表现，一脉相承。《大公报》的"国家中心论"，至此正式形成。

第五节　抗战前期《大公报》与蒋政府互动之一例——汪精卫叛国事件

1937年7月7日夜，日军在北平西南卢沟桥附近演习时，借口一名士兵"失踪"，要求进入宛平县城搜查，遭到中国守军第29军严词拒绝。日军遂向中国守军开枪射击，又炮轰宛平城。第29军奋起抗战，"七七事变"爆发，伟大的全面抗战也由此开始。此后，《大公报》与全国人民一起，共赴国难，辗转迁播，虽报社财产损失不赀，人员颠沛流离，但对于鼓舞民众坚持抗战这一天职，却无一时或忘，写下了该报历史上最为光彩夺目的一段华章。

---

① 《对于国事之共同认识》，《大公报·沪版》1937年6月23日第2版。

由于这一时期中、日两国的民族矛盾成为中国人民所面临的最主要矛盾，许多其他矛盾被暂时掩盖了起来；而在团结御侮、誓死不降这一点上，蒋与《大公报》意见一致；经过多年的互动，双方对这一模式都已谙熟于心，无须多做嘱托；同时自1937年起直至1941年去世，张的主要职责乃是刺探日方情报并在香港主持"和谈"，所以在这一时期的档案中，双方互动的记录寥寥无几，但仍有一件非常重要的事情，就是《大公报》对汪精卫叛国事件的报道。

一　汪精卫离渝及当时各报报道情况对比

1938年12月，正值抗战的紧要关头，18日，时任国防最高会议副主席、国民党副总裁的"党国"第二号人物汪精卫忽然以赴成都演讲为名，偕陈璧君、曾仲明等人离开重庆，于当日下午1时多抵达昆明，次日转赴越南河内，以"旧疾复发，延医诊治"为由，滞留不归，并与日本首相近卫文麿等人暗通款曲、屈膝求和。这段时间里，汪反迹未彰，各报对其行踪及目的虽颇感奇怪，也并非毫无觉察，但是大体上这段时期的报道还是以其行踪为主。

当时各主要报纸大多从24日开始以重要位置报道这一事件。《文汇报》（以下简称《文汇》）当天第2版（新闻版头版）头条新闻题为《汪精卫离滇飞河内，返渝时期行将展缓，传系旧疾复发延医诊视》，综合报道了汪此次离渝转滇赴河内的行动过程，虽未予置评，但文中暗示"最近重庆举行之某重要会议中，对汪空气甚恶，当局对汪之轻于发言，亦表示厌恶"① 乃是汪出走的主要原因。25日、26日两日，《文汇》又分别在第2版发表加框新闻《汪精卫行踪：现仍在河内就医》和《汪精卫之谜：已否到港传说不一》，对事件的发展进行追踪报道。

24日《申报·港版》（以下简称《港版》）也在第8版左上角以加框新闻的形式报道了此事，题为《汪精卫赴河内，赴滇游览旧病复发，现在河内延医诊治》，并于第6版下中位置配发题为《汪精卫氏离渝赴越》的"小评"，隐然将前日近卫文麿发表的"第三次对华声明"与汪的这次出走联系起来，同时认为汪主张抗战乃"早已为中外人士所共见"，而对

①《汪精卫离滇飞河内，返渝时期行将展缓，传系旧疾复发延医诊视》，《文汇报》1938年12月24日第2版。

于"中途妥协就是整个灭亡""这样的大道理，汪先生当然是'洞若观火'"，提醒外界"不要纷纷猜测，上了×①人汉奸们的当！"② 名为提醒"外人"，实则是对汪进行规劝。

面对各界的规劝，汪始终一意孤行，在汉奸的道路上越陷越深。22日，近卫文麿发表所谓"第三次近卫声明"，宣称：日本政府在"决定始终一贯地以武力扫荡抗日的国民政府"的同时，要"和中国同感忧虑、具有卓识的人士合作"，"共谋实现相互善邻友好、共同防共和经济合作"③。"近卫声明"发表后，一时和谣四起，随着汪滞留不归的时间越拖越久，外界猜疑渐盛，纷纷将近卫声明与汪之出走联系起来，有鉴于此，蒋介石于26日发表正式声明，对近卫声明逐条进行批驳，并于结尾处对汪离渝之行为进行"附带说明"。但是，鉴于当时的形势，本来"附带"的汪精卫部分却成了次日各报报道的焦点。《文汇》（头版头条：《蒋委员长重要表示：中国有不屈服决心，认近卫声明为日野心总暴露，汪离渝系疗疾外间流言不可信，在中央共患难多年不致有他意》）、《港版》（28日④第8版头条：《蒋委员长重要谈话：汪氏离渝纯系个人行动，外讯所传显属别有作用》）均在显要位置以大幅标题报道了此事。28日、29日两日，上述各报除继续新闻报道外，均发表相关社评，配合蒋的声明，对此事表明态度。如《文汇》就认为：

　　据我们观察，汪先生此去，于个人于国家多没有什么影响，于抗战前途，更毫不相关。……汪先生自有他皎然的人格，假使因为他轻于发言，便怀疑他会堕落，会在政治上有什么企图，这无疑是一种根本的错误。……中国只有一条出路，只有一个不变的国策，就是抗战建国。……汪先生平时也是竭力主张团结救国的人。⑤

① 应为"日人"，当因其时港府新闻检查之故，下文中"×人"等处皆同。

② 《汪精卫氏离渝赴越》，《申报·港版》1938年12月24日第6版。

③ 《近衛聲明》，1938年12月22日，《支那事変戦争指導関係資料（大本営陸軍部の部）昭和十二年5月29日—十五年12月2日》，亚洲历史资料中心公开日本防卫省档案，档案号：C12120098200。

④ 当时港版报道重庆新闻大多比沪版延迟一日，当为通讯之故。

⑤ 《关于汪先生》，《文汇报》1938年12月29日第3版。

相对于《文汇》，《申报》的态度则要激烈得多，《港版》明确要求汪迅速表明态度：

> 吾人无论为国家利益计或汪先生个人计，皆切盼汪先生能立即发一言，以自明心迹。……汪先生静默之时间愈久，×人之阴谋愈亟，而汪先生欲自明心迹取信于国人之机会亦愈少。……窃为汪先生惜而又为汪先生危也！①

在事态进一步严重的情况下，《大公报》终于打破沉默，于27日在2版头条发表新闻《蒋委员长重大表示：近卫声明为灭华阴谋总暴露，国人益坚抗战决心决不屈服，汪副总裁离渝毫无政治意味》，认为汪此次离渝"纯为私人养病而往"，"与中枢毫无关系"，而外界传言纯属敌人"散播谣言"②。同日2版并发加双框新闻《汪已到港，本报港版评论希速力疾返渝》。次日社评《敬聆蒋委员长的报告》仅在倒数第二段约略提到汪事，文曰：

> 关于汪副总裁离渝之事，原是为健康之故的个人行动，暴日竟借此大放谣言，挑拨离间，并将此事与近卫声明强作搭题，扯在一起胡说，真是无聊之至。以汪先生的光荣历史及坚贞人格，谁能相信敌人的无耻谣言？……我们万分祝祷汪先生早复健康，速返重庆，主持中枢党政。③

这一时期，同在重庆的《新民报》的表现与《大公报》类似，也仅在23日（《汪精卫离滇飞渝》，第一张第二页）、27日（《蒋委员长痛斥暴日鬼蜮伎俩，对汪精卫离渝事件附带有所说明》，第一张第二页）、28日（《汪精卫确已抵港》，第二张第二页）和30日（《汪副总裁在赴港途中所乘何轮拒不宣布但谓将转欧》，第二张第二页）发表了几篇新闻，此当为当时重庆政府新闻检查之故。汪的出走，对于重庆政府来说，是一件

---

① 《论汪精卫先生离渝》，《申报·港版》1938年12月29日第7版。
② 《蒋委员长重大表示》，《大公报·渝版》1938年12月27日第2版。
③ 《敬聆蒋委员长的报告》，《大公报·渝版》1938年12月28日第2版。

大事，所以在对外口径上必然会慎重处理。据陈纪滢先生回忆，在汪出走的这段时间，"一连多少日子，报馆中都为汪的出走审慎的处理新闻。一切消息，完全依照中央发布的为凭。就是有自己采访的新闻，也要先送检，以免妨碍了中央的大计。"① 这种检查，《新民报》想来也不可能例外，而《文汇》《申报》等，由于身处外地，重庆政府鞭长莫及，自然论调要更加激烈一些。但是，在事件发展的第二阶段，即使是与《新民报》相比，《大公报》也体现出了明确的"冷处理"态度，这就不能单纯以新闻检查为理由来解释了。

二　"艳电"发表后各报报道情况对比

12月29日，汪精卫于河内发表《致国民党中央党部诸同志公开信》（即俗称之"艳电"），公开主张对近卫所提之善邻友好、共同防共、经济提携三点，"应在原则上予以赞同，并应本此原则，以商订各种具体方案"②，立即在全国上下乃至世界范围内掀起了巨大的波澜，各地爱国人士纷纷愤怒声讨汪这种叛国投敌的行为，各报更是一马当先，不遗余力。

12月30日，"艳电"消息传出，《港版》当日发表社评《最后忠告汪精卫先生！》云：

> 我们敢最后忠告汪先生：全中国民众已经在日本帝国主义六十年来的压迫之下起来反抗了！已经从十八个月的下×（字不清）来反抗了！已经从十八个月的人英勇抗战中认识的自己力量！我们这种力量，在英明的领导之下，和全国抗日党派的团结合作之中，强大起来了！我们的军事，政治，经济，都有重大的进步，我们在国际的地位也渐增高了！我们愿忠告汪先生：快些"悬崖勒马"吧！再进一步便将永无反（翻）身之日，所毁灭的不是中华民族，而只能是自己你！③

---

① 陈纪滢：《抗战时期的大公报》，黎明文化事业股份有限公司1981年版，第73页。

② 杨天石：《找寻真正的蒋介石》，华文出版社2010年版，第83页。

③ 《最后忠告汪精卫先生！》，《申报·港版》1938年12月30日第7版。

　　12 月 31 日,"艳电"于香港《南华日报》发表,《文汇》在头版发表新闻《汪果已堕落乎? 港传其发表谈话大放厥词》,以"美联社香港电"的形式,报道了"艳电"事件,并配发"短评"《汪精卫切腹?》,对"要把日本刀来切腹"的汪精卫痛加斥责,认为"秦桧吴三桂乃至王克敏梁鸿志辈显然还不能比拟他",而汪此举,"于抗战形势决不会发生丝毫的影响"①。《港版》在第 8 版显要位置以梅思平林柏生来函的形式发表"艳电"全文,并配标题《前线将士浴血苦战,汪兆铭竟倡和议》。次日,各报又均以显著位置刊登各界对汪的斥责,如《文汇》(第 3 版头条:《国际间轻视汪谬论,认中国必抗战到底,各地民众及华侨一片指责声,政府态度坚定痛责汪之狂吔》);《港版》(第 3 版第 2 条:《汪兆铭公然主和,舆论一致申斥》,第 3 版专文:《斥汪兆铭》)。

　　1939 年 1 月 1 日下午,国民党中央召开临时中常会暨驻重庆中央委员会议,决定开除汪精卫党籍,并撤销其一切职务;2 日,周恩来就汪事件接受路透社记者专访;同日,国民党中宣部、政治部就汪事件对外发表紧急声明。对于这些消息,《文汇》《港版》都在第一时间以显著位置进行了报道,并同时报道了国内外各地对汪的痛斥、对抗战前途的信心以及对"中央"的拥护,并配发社评或短评,如《文汇》1 月 3 日社论云:

　　　　时代的力量是伟大的,同时也是冷酷的;具有相当历史与资望如汪精卫者,已被淘汰下去;不能随着时代前进的人们,也只有继续被抛弃到垃圾堆里,任何已往的光荣,都不能保障你不受淘汰,除非能正确地把握住现实,并站到时代的前面,在抗战的队伍中坚决努力。②

　　外地报纸猛烈抨击,而重庆的报纸也不甘人后。《新民报》于 1 月 3 日、4 日两天以大量篇幅报道此事,相对而言,《大公报》的报道量则要少得多(表 3—1)。

---

① 《汪精卫切腹?》,《文汇报》1938 年 12 月 31 日第 1 版。
② 《时代的淘汰》,《文汇报》1939 年 1 月 3 日第 2 版。

表3—1　"艳电"发表后《新民报》与《大公报》对汪事件报道对比表

《大公报》			《新民报》		
时间	版次/版位	标题	时间	版次/版位	标题
1.2	第2版头条	汪兆铭氏违法乱纪，中央予以除籍撤职		第2页头条	汪逆精卫通敌求和叛党卖国，中央开除党籍并予撤职
	第2版左位	社评：汪兆铭违法乱纪案		第2页左上	社评：汪精卫开除党籍
	第2版中位	中宣部、政治部为汪案对外声明		第2页中右	沪报斥汪逆为今日秦桧
	第2版下中	沪港各报对汪大抨击		第2页中位	汪逆背国策之原电
			1.3	第3页头条	对汪精卫叛党卖国事，中宣部政治部发表对外声明
				第3页左下通栏	对各级党部及各军政训人员指示
				第6页中位	短评：请政府通缉汪兆铭
				第7页下半版	刺汪逆精卫叛国特辑
1.4	第2版下中	郭大使谈话，汪氏主和殊可扼腕	1.4	第2页头条	中政部昨发表紧要声明
				第2页中位	汪处分分发表后
				第3页上加框	伦敦对汪艳电毫不重视
				第6页上半版	《成渝一致严词申讨》（专版，包括《渝市抗敌会通电斥汪》《汪逆叛国，何×之等请连惩随行人员》《省垣民情激愤，电请通缉汪兆铭》四篇新闻，并配短评《汪逆祸国的前途》）
				第7页整版	《斥汪兆铭特辑》（包括《讨叛逆汪精卫》《唾弃叛逆汪兆铭》《汪兆铭违法乱纪案》）

　　不仅报道量少，就言论态度而言，《大公报》也表现得相当克制。2日社评《汪兆铭违法乱纪案》中认为，汪事件是"可痛而亦可喜之事"，"可痛的是：在如此紧急的抗战关头，以汪氏这样有历史有地位的人，竟有这样的举动，无论如何，均是极可痛惜的事"，而"可喜的是：此事是在敌欲毕露，国策人心均极坚定之时爆发，不致撼动大局"，文末并云：

　　　　一个国家遭逢危难，在存亡主奴的关头，当然会有少数心脏衰弱的人受不了大时代的气压，这种人只有为无情的洪流淘汰以去，对于国家是没有什么损失的。根据此义，我们只有为汪氏个人惜而已！①

　　而《新民报》3日社评《汪精卫开除党籍》中，则称汪为"丧尽天良的民族败类"，"简直是自绝于人类，其罪真不容于死"。文末呼吁：

　　　　我们为了国家民族，为了抗战建国，我们自政府公务人员至民众，绝对拥护中常会永远开除汪精卫党籍并撤去所负一切职务之决议。我们更要求领导我们的国民党，澈（彻）底整饬党籍，肃清党的阵容，不让再有丧尽天良如汪精卫这样的人侮辱党格。我们还要求国民政府整肃官箴，刷清机构不要再让如汪精卫这样作汉奸勾当的人混迹政府。②

　　纵观事件的整个过程，《大公报》对汪事件"冷处理"的态度，可谓非常明显，而作为当时陪都最重要的报纸之一，《大公报》的这种行为，显然是不合常理的。那么，是什么原因导致《大公报》做出这样的选择呢？

三　《大公报》对汪事件"冷处理"原因分析

　　可能觉得这种"冷处理"的态度实在不太正常，1939年1月2日的《大公报》上以《沪港各报对汪大抨击》为题，发表了一篇新闻，对这种

---

①　《汪兆铭违法乱纪案》，《大公报·渝版》1939年1月2日第2版。
②　《汪精卫开除党籍》，《新民报》1939年1月3日第1张第2页。

处理方式做出了解释，文云：

> （香港三十一日下午六时发专电）三十一日各报均刊载汪向中央建议全文，但一致猛烈抨击，并引蒋二十六日训话，反驳响应近卫声明之谬误。本报未为披露，仅揭载此消息，并说明既系向中央建议性质，在中央未经审议决定前，不应公开发表，致淆听闻。……①

从这条新闻来看，似乎《大公报》对汪事件冷处理完全是出于对中央建议性质，既然是"建议"，那么就应当等"中央"有了明确决定后，再行报道评述，如此做法，自然是一种负责任的态度。

但是，细细推敲起来，这个解释还是有些说不通：依常理推断，如果说在"艳电"发表前，汪反迹未彰，《大公报》此时谨慎处理还可以理解成是出于不致混淆视听的目的的话，那么当 29 日"艳电"发表后，汪卖国求荣的行径已经大白于天下，对于这种再明显不过的卖国行径，《大公报》却还是进行了"冷处理"，似乎未免有过分"谨慎"之嫌。那么，导致《大公报》对汪事件"冷处理"的原因，究竟是什么呢？

"蒋档"中藏有 1938 年 12 月 27 日，蒋就汪事件报道问题对张进行指示的电文，电云：

> 近日港地各报论调何如？请兄注意运用，以期言论不致歧复。对汪先生务当为之宽留转旋余地，并本爱人以德之义，从舆论上造成空气，防止其万一失足之憾，但不可出以攻击语调。此中几微，兄所明悉，务望鼎力主持为荷。②

就此电文看来，《大公报》对汪事件"冷处理"的原因，乃是接受了蒋的明确指示，而并非其自称的"向中央建议性质"。这份电文的时间，恰好能与《大公报》在整个事件过程中的态度相印证：事件发生时，张

---

① 《沪港各报对汪大抨击》，《大公报·渝版》1939 年 1 月 2 日第 2 版，着重号系笔者所加。
② 《蒋介石致张季鸾电》，1938 年 12 月 27 日，台北"国史馆"藏蒋介石档案，档案号：002—06010—00135—027，着重号系笔者所加。

正在香港，一面主持刚创刊的《大公报·港版》的言论工作，一面暗中为蒋主持的对日议和问题忙碌。香港在当时是各种信息的集散地，对于汪的所作所为，张不可能不知情，以张的性格，对此行径亦不可能保持缄默。27 日之前，事态未明，《大公报》自不会做明确表态；而 27 日之后，张对蒋的要求已经明了，自然也不会做出令蒋不满的事情。如此，在汪事件的整个过程中，蒋便很好地掌握了《大公报》的舆论方向。

通过上述分析，我们基本可以确认，在对汪精卫叛国事件的整个报道过程中，张季鸾与《大公报》乃是接受了蒋的明确指示，尊令而行。当然，就这一事件本身而言，为了尽量延缓汪精卫叛国的进程，争取其迷途知返，尽量减少阵营分裂对抗战的不良影响，《大公报》循蒋之请，对汪事件进行"冷处理"的做法自有一定道理，但该报在这一事件中的表现，与所谓"不党"云云，似乎确实不那么合拍。而张之所以做出如此选择，则明显是受到了"国家中心论"的影响。

如前所述，这一事件乃是自"七·七"至张去世之间《大公报》与蒋的唯一一次密切言论互动，但这并不代表张、蒋之间的关系就此疏远。在这段时间里，张承担了更为重要的任务，在对日情报收集及主持"和谈"的秘密工作战线上，发挥了更大的作用。1938 年 7—8 月，张奉蒋命前往香港，与《朝日新闻》编辑局主任神尾茂、日本退职外交官矢田七太郎进行了一次"和谈"，是为"张季鸾—神尾路线"，双方在此次谈判中于 8 月 21 日前后达成了一份"备忘录"，对停战、撤兵、赔偿、"满洲国"及"华北特殊化"等问题达成了基本协议，并且决定由陈立夫等出面，在澳门进行进一步谈判①，但最终由于蒋瞻顾局势，主动刹车；1939 年 5—8 月，张又深度参与了日本"民间人士代表"小川平吉②、萱野长知③所主导的"小川路线"的谈判，在即将进入实质性谈判的最后关头，

---

① 矢田七太郎：《香港の夢——平和論者？宇垣外相》，载《読売評論》1950 年第 9 期，第 116—127 页；又见神尾茂《香港日記》，精文堂 1957 年版，第 62—63 页。

② 小川平吉（1869—1942），号射山，日本长野县人，1898 年加入东亚同文会，1903 年当选为众议员，辛亥革命后与玄洋社大佬头山满、内田良平等组织有邻会，援助中国革命，1925 年任司法大臣，1927 年任铁道大臣，"九·一八"后，参与组建伪满洲国，1936 年铁道大臣任内因受贿罪入狱，次年 6 月被保释。

③ 萱野长知（1873—1947），号凤梨，日本高知县人，长期追随孙中山革命，先后加入兴中会、同盟会，并曾于 1915 年被孙任命为中华革命军顾问，"九·一八"后，曾受首相犬养毅委托，秘密来华商谈日本撤兵问题，后因军部反对而被召回。

由于《苏德互不侵犯条约》的签订及苏、日诺门坎战役的结局使得蒋认为苏、日关系出现了有利于中国的重要变化，所以再度紧急刹车；1940年9月，张更手持由蒋亲自审定的《处理敌我关系之基本纲领》等文件再度赴港，试图与日方接洽，但由于当时日方实际主持"和谈"的今井武夫、铃木卓尔及其背后主持人板垣征四郎等人都被当时自称为"宋子良"的蓝衣社特务曾广所蒙蔽，全力以赴于所谓"桐工作"，张季鸾这尊"真神"却引不来"香客"，无奈之下，张只得与日本另一路谈判人员和知鹰二过从，甚至主动频繁对外公开放风，最终引起蒋不满，将其召回重庆，此次"和谈"也最终流产。

虽然张在抗战中屡屡充任蒋之"和谈"代表，其早期对中国抗战前途也较为悲观①，但是他所进行的"和谈"，与王克敏、梁鸿志、汪精卫之流的卖国行径，却有本质的区别。首先，张之所为，皆是奉命而行，其一切行动，都随时向蒋汇报，而所有表态，也都是向蒋请示之后方才做出，在所有历次谈判中，其最为越轨的行为，也只有1940年对外公开放风这一次而已，可谓始终谨守本分，所以笔者以为，张只不过是蒋在"和谈"中的一个传声筒，如果说卖国，那也是蒋所为，绝非张之行动。其次，张之参与"和谈"，固然有其主观意图，但他在所有交涉过程中，始终坚持最大限度地为中国争取利益，由于战事不利，处于弱者的一方若想达成和议，就不得不向日方做出让步，但以笔者所见，较之其他中方谈判人员，张对日方的态度可谓最为强硬，以至于1938年8月17日绪方竹虎②在给神尾茂的一封信中感叹：

> 到目前为止，高宗武③谈到的内容最为甜蜜，而张季鸾的谈话则

---

① 张曾在1938年8月23日与神尾茂的谈判中表示"刚开始我觉得和日本的战争应该没有希望，但是过了一年时间，已经适应了"。见神尾茂《香港日记》，精文堂1957年版，第66页。

② 绪方竹虎，日本福冈县人，著名记者、政治家，毕业于早稻田大学，1911年进入大阪朝日新闻社，曾加入头山满组织的玄洋社并师事之，1934年任东京《朝日新闻》主笔，其时在后台操纵"张季鸾—神尾路线"，负责在日本与各界要员联系。

③ 高宗武，1905年生于浙江乐清，早年留学日本，后进入外交界，1934年5月任外交部亚洲司日本科科长，次年5月任司长，专事对日外交，"七·七事变"后，加入由汪精卫、周佛海等人组织的"低调俱乐部"，此时正在香港与影佐祯昭等人接触，为汪精卫出逃叛国行动铺路。

是一等辛辣！①

总之，在吴鼎昌入阁为官之后，张季鸾便在很大程度上接替了他在
《大公报》社内的角色，与蒋继续密切互动。在长期的合作中，张以他卓
越的洞察力、敏锐的判断、对大局准确的把握，加上他恬退的性格、飞扬
的文采，以及与日方深厚的关系，成了蒋心目中不可或缺的人才。全面抗
战爆发后，蒋更是对张日渐倚重，并拟意将其纳入自己的"智囊团"②，
唯未见最终实施，但从实际表现来看，蒋对张之信任却是有目共睹。但
是，天不假年，1941 年 9 月 6 日，张盛年遽逝，报纸主笔换成了王芸生，
而随着张的去世，《大公报》与蒋之间的互动关系，也出现了新的特点。

① 《绪方竹虎致神尾茂函》，1938 年 8 月 17 日，见神尾茂《香港日记》，精文堂 1957 年
版，第 69 页。
② 1938 年 3 月 6 日《事略稿本》记录："公思延揽人才，成立一类似智囊团之组织，以备
咨询决策，蓄意已久而未果行。今见诸名单者张君劢、胡适、王世杰、张家璈、张季鸾、张群、
蒋廷黻、朱家骅、周鲠生、左舜生、傅斯年，凡十一人，仍未做决定。"见台北"国史馆"藏蒋
介石档案，档案号：002—060100—00126—006。

第 四 章

分歧时期（1941—1946）

1941 年 9 月 6 日，沉疴难愈的张季鸾于重庆溘然长逝，享年 53 岁。张季鸾的去世，对于《大公报》与蒋政府间的关系，是一个重要的分水岭，双方长达近 10 年的默契就此终结，自此频繁摩擦。

事因人而兴，作为一家民间报纸，主持人的性格特点对报纸的选择具有重要影响，这一点在王芸生身上体现得尤为明显。他清高、孤傲，崇尚自由主义，反对一切独裁，虽然有时候在压力下不得不低头，但却从未真正屈服。更重要的是，他跟蒋之间从来没有像张那样亦师亦友的关系，再加上蒋独裁本质的逐渐暴露，所以双方的摩擦也是自然的事情。但是在这一阶段，双方还能基本保持一致，这首先是由于抗战大局的影响，其次也是蒋刻意扶植所致。在这一阶段，《大公报》给蒋制造了许多麻烦，但其时该报大名已著，蒋即使有意下手，也是投鼠忌器，所以这段时期蒋对该报的策略则是既打又拉，既有停刊三日之惩戒，也有官价美元、铸字金属及白报纸等紧缺物资的扶持。

第一节　张季鸾去世后的《大公报》与王芸生

一　张季鸾的最后岁月

1941 年，张季鸾已是重病缠身，《大公报》事务也多已不能处理，但即便是这样，他仍然时常或与蒋会面，或通过陈布雷上书，对内政外交诸多问题提出建议。是年 1 月 31 日，蒋、张会面，"谈国内外之大局"①；

---

① 《事略稿本》，1941 年 1 月 31 日，台北"国史馆"藏蒋介石档案，档案号：002—060100—00148—031。

3月24日，张又向蒋报告所收到之罗集谊①与山崎靖纯②交涉之经过大要，并提出对"和谈"问题的建议③；4月17日，张又与蒋会面，谈经济问题④，蒋并嘱其推荐山西行政人才；19日，张函蒋推荐"可胜任省府秘书长职务者：雷宝华"，"可胜任不兼厅之省委：寇遐"，并"若使其先得参预省政，经过相当时期之后，当可成为行政方面有用之人材：李梦彪、李龙门、景志傅"，并认为"以上诸人与近年党政军各界隔阂，倘使有效力之机会，则逐渐当能有所表现"⑤；25日，张再函蒋建议为稳定法币，解决通货膨胀问题，"可否乘美使归国之便，托其带话，作一新的借款交涉，我方窘迫之实状，宜详告美方，使其了然。美政府如以为原则可商，则于召回子文先生之后，别派特别代表，渡美办理"，并告其川中各界因物价变动"向多怨言"，建议其可"在重庆召集全川绅耆之谈话会，使每县来一人至三人（依县之大小）优礼招待，其宗旨为钧座向全川绅耆亲询各县情形，商榷庶政，慰问疾苦"，同时通过陈布雷向蒋表示"彼自身拟于五月下半月到香港一行，彼时当设法探敌方有无对美作战之决心并乘间进行打击敌方之宣传"⑥。

　　然而，时入五月，张之健康状况更为恶化，已无力赴港，但其仍未停止为蒋谋划。23日，蒋与张、陈布雷讨论"如何促使美方能认识倭为其真敌也"⑦；6月27日，蒋、张再度会面谈日、苏关系问题⑧。到了7月，

---

①　罗集谊，1896年生于陕西扶风，中国近代外交官，曾任中国驻日本领事馆领事，"七·七事件"后，任英国香港总督秘书，后任中国驻港领事，曾于1939年6—8月参与中日"小川路线"和谈，其时在港与山崎交涉"和平"问题。

②　山崎靖纯，日本经济学家，主张统制经济，曾任"昭和研究会"常务委员，该会系近卫文麿政策研究智囊之一。

③　《张季鸾致蒋介石函》，1941年3月24日，台北"国史馆"藏蒋介石档案，档案号：002—080103—00030—005。

④　《事略稿本》，1941年4月17日，台北"国史馆"藏蒋介石档案，档案号：002—060100—00151—017。

⑤　《张季鸾致蒋介石函》，1941年4月19日，台北"国史馆"藏蒋介石档案，档案号：002—080101—00009—002。

⑥　《张季鸾致蒋介石函》，1941年4月25日，台北"国史馆"藏蒋介石档案，档案号：002—080200—00622—025。

⑦　《事略稿本》，1941年5月23日，台北"国史馆"藏蒋介石档案，档案号：002—060100—00152—023。

⑧　《事略稿本》，1941年6月27日，台北"国史馆"藏蒋介石档案，档案号：002—060100—00153—027。

张已无力再与蒋面谈，但仍通过陈布雷不断将其意见上报：12 日，张通过陈向蒋提出两条建议：（1）敌方"强化汪伪"一举，乃其"政治的进攻"，而我方反攻之办法，"最好莫如设法分化汪伪组织之内部，而拉拢其可为中央效力之一部分人员与力量，使之暗中受中央之命而工作"，并认为"陈公博阴沉难与，今彼与周佛海已有裂痕，周佛海表面狂妄而内心实怯，中央若于期间善为妥密运用，当可造成汪逆心腹之患，而减少敌伪政治进攻之力量，惟此时须假手于表面灰色的分子，绝端慎密而为之可"；（2）"日前应为解决中共携贰之良机"，而具体办法则应"在军事上是否可嘱令前方军事长与朱德加紧联络，动以大义，结以感情，而在政治上是否可根本考虑宪政时期后中共所处之地位，而剀切明告以前途，然须与之申明在战时彼党活动应受限制及约束"①。22 日，张又函蒋报告对日本情报局局长伊藤述史言论分析之意见，认为"其言外之意，似大有变更三国同盟关系之可能也"，并判断"今后敌对英美之关系，不大紧则大缓，恐不久有确实表现。而我所最虑者，则敌人南进北进，一齐停止，认真缓和美国，而专以全力攻华也。是以关于敌海军动向，有迅速调查之必要"，同时告其已函嘱崔士杰在港调查日海军情报，又建议可派李择一在上海进行同样工作②。26 日，张又函蒋分析日军占领越南之后的局势，认为"敌屯兵安南③后，暂时决不攻荷印，亦不攻新加坡，而专打中国。至于压迫泰国，乃附带进行之事"；而"美国政策，亦尽可推断，除非直接挨打，绝不动手抵抗"，所以"可推料敌人在进攻中国之时，仍向美国表明其和平意愿，期待牵制美国不动"，张认为"就目前而论，日本据优越之势，而成方张之寇，就中国言，独力已不能应付，就美国言，若坐看中国失败之后，亦将不能应付"，所以昆明保卫战"务须达到长期相持，犹如过去之武汉，至少保持三个月以上。如是方能诱导美日之正面冲突"，同时"望切实告美国以真相，犹如英人在美绝不讳言其危险"④。

---

① 《陈布雷呈蒋介石报告》，1941 年 7 月 12 日，台北"国史馆"藏蒋介石档案，档案号：002—080103—00050—016。

② 《张季鸾致蒋介石函》，1941 年 7 月 23 日，台北"国史馆"藏蒋介石档案，档案号：002—080103—00006—024，着重号为原文所加。

③ 越南旧称。

④ 《张季鸾致蒋介石函》，1941 年 7 月 26 日，台北"国史馆"藏蒋介石档案，档案号：002—080103—00050—015。

时入 8 月，张季鸾之病情已极为严重，但面对危急的局势，张仍强撑病体，于 6 日再函蒋就外交军事问题提出建议。就外交言，张认为"察美国现阶段之远东政策，自一种意义言，实际与中国不利"，而"吾人不能强劝美国速战，故只建议：请政府向英美交涉，使英美不负参战之责任，但必须实际助战"。其实际办法为：（1）"英美并重"；（2）"请英美各派出一部分空军，加上中国所得之美制飞机，及美国义勇队，共组成一空军部队，其中应含有新式重轰炸机及中型轰炸机各数十架，又战斗机一百架，常保此数。此项空军，完全编入中国空军，以中国空军之名义，闪击安南"；（3）"我空军可放弃其他各战场上之军事利益，而集中英美助力，专炸安南"。而就军事言，张认为中国之大战略应由"坐东向西"转为"坐北向南"，"即对于长江黄河诸战场，皆取守势，而全力与敌人争此西南一角之最后生命线"，"而滇缅线若失，则军火汽油皆成无源之水，更不能执行反攻"，故"无论如何，滇缅线必须永远确保，不容丧失"，同时"托苏联忠告共党改变态度，使之担负一部分防河责任"，又切嘱"惟有一事望特别筹划者，即准备于日本攻苏联之时，如何策动东北以助苏联？"并建议"起用张学良本人，使之负责号召"。此函最后云：

> 总之，敌我已在最后拼命关头，而我之目的，在务必达到敌败而我成，敌崩溃而我胜利，万不甘与敌人同倒。现在世界大势，自英苏同盟，美作后盾，就人口资源工业数字上，已确定反轴心国之胜利。日本在此大斗争中，结局必败，毫无疑问。然我国物价民心如此，若使滇缅线有失，诚恐政府逐渐不能保持其威信。美国争得太平洋霸权之日，诚恐我已在杜鱼之肆矣。是以论势衡情，美国果助我，必须在此时相助，应视云南为必须共同保卫之国际的战场，而非中国单独之事。以上浅陋之见，敬启睿察！①

抗战进行四年余，中国屡战屡败，大片国土沦丧；在欧洲战场上，德国凭闪击战横扫各国，只剩英国苦苦支撑，但也似乎朝不保夕；国际上最有实力的美、苏两大国此时仍置身事外，毫无动作。其时正值中、日两国

---

① 《张季鸾致蒋介石函》，1941 年 8 月 6 日，台北"国史馆"藏蒋介石档案，档案号：002—080103—00050—017。

争夺云南的关键时期，云南若失，则滇缅公路这条中国抗战唯一的大陆输血管将被掐断；同时，大后方法币膨胀，物价腾贵，民怨沸腾，此时可谓已到了抗战最为危急的时刻，在形势似乎一片灰暗之际，张却确认日本"结局必败，毫无疑问"，其间洋溢的乐观精神，不能不令人敬佩。

这封信，也是"蒋档"中所藏之张最后向蒋提出的建议。此后张病情急剧恶化，药石罔效，一个月后，9月6日，张撒手人寰，享年53岁。

张季鸾的一生，素以报国为志，前半生颠沛流离，苦寻救国之道，自主《大公报》笔政后，逐渐被蒋看重，成为其亦师亦友之重要幕僚，于彼之外交、内政方针，多有建议，虽然他对共产党及红军抱有根深蒂固的偏见，同时其对蒋的扶掖，也不能不说有愚忠之嫌，但这更多的是因为他所受的传统教育及其所秉承的"报恩精神"所致。终其一生，张都始终坚持将国家和民族的利益放在首位，直到去世前一月，仍不忘为国谋划，可谓鞠躬尽瘁，死而后已。他没有能够看到太平洋战争爆发对中国战局的决定性影响，也没有能够看到日本最终投降的场景，但是他忧国忧民的情怀和充溢的乐观主义精神，将永远鼓舞后人。

1945年9月9日9时，日本中国派遣军总司令冈村宁次在南京中央陆军军官学校大礼堂向同盟国代表、中国陆军总司令部总司令何应钦表示无条件投降，仪式结束后，何应钦发表讲话：

> 敬告全国同胞及全世界人士，中国战区日本投降签字仪式已于9日上午9时在南京顺利完成，这是中国历史上最有意义的一个日子，这是八年抗战的结果。中国将走上和平建设大道，开创中华民族复兴的伟业。

季鸾先生泉下有知，必当含笑。

三顾频烦天下计，两朝开济老臣心；出师未捷身先死，长使英雄泪满襟！

张季鸾先生永垂不朽！

二　王芸生接手后的《大公报》

对于张季鸾的去世，蒋介石表现出了非常的悲痛。还在张弥留之际，蒋便遣陈布雷前往探视[1]；张去世前一天，蒋又亲往探病，并感叹"其为人也，有识见，尚侠义，恐不能长寿耳"[2]；张去世当天，蒋便致电其家属致哀[3]；26 日下午，蒋又亲临重庆嘉陵宾馆祭悼，并送挽联："天下慕正声，千秋不朽；重朝嗟永诀，四海同悲"[4]；11 月 27 日，蒋又参加国民参政会为三位已故参政员路费伯鸿（陆费伯鸿，即陆费逵，中华书局创始人之一）、张季鸾、罗文干举行的追悼会并担任主祭，当日自记曰"内心至感悲戚"[5]。张之身后哀荣，可谓备至。而直到张去世一年后，蒋又亲往西安与善寺之张季鸾灵前致祭[6]；13 日，蒋又亲往张墓园视察，"徘徊良久始离去"[7]。足见蒋对张身后事的安排，在很大程度上是一种真情流露。但是，死者长已矣，蒋却仍然希望与《大公报》维持互动关系。对于继任者王芸生能否像张一样与之合作无间，他实在是没有把握，所以蒋之所为，却也不乏做给活人看之嫌。与张主笔时一样，王芸生接手后，《大公报》与蒋之关系也是时有磕碰，但与张不同，蒋、王并没有从磕碰走向合流，反而由龃龉走向摩擦，最后决裂，笔者以为，这主要是由于以下两点原因的影响。

（一）蒋、王关系与蒋、张关系的差别

蒋、王之间的交往，开始于 1934 年。其时王的巨著《六十年来中国与日本》刚刚出版，一时名声大噪，被朝野目为日本问题专家，而当时对蒋来说，最大的威胁之一便是日本帝国主义的侵略，所以王芸生也迅速地引起了蒋的注意。是年 7 月 22 日，蒋致电吴鼎昌询问王芸生的情况，

---

① 《事略稿本》，1941 年 9 月 2 日，台北"国史馆"藏蒋介石档案，档案号：002—060100—00156—002。

② 《事略稿本》，1941 年 9 月 5 日，台北"国史馆"藏蒋介石档案，档案号：002—060100—00156—005。

③ 《事略稿本》，1941 年 9 月 6 日，台北"国史馆"藏蒋介石档案，档案号：002—060100—00156—006。

④ 《事略稿本》，1941 年 9 月 26 日，台北"国史馆"藏蒋介石档案，档案号：002—060100—00156—026。

⑤ 《事略稿本》，1941 年 11 月 27 日，台北"国史馆"藏蒋介石档案，档案号：002—060100—00158—027。

⑥ 《事略稿本》，1942 年 9 月 5 日，台北"国史馆"藏蒋介石档案，档案号：002—060100—00168—005。

⑦ 《事略稿本》，1942 年 9 月 13 日，台北"国史馆"藏蒋介石档案，档案号：002—060100—00168—013。

并请其来庐山一叙，电云：

> 天津吴达诠先生：著中日六十年来之关系者是否为王芸生先生？可否请其来庐山一叙？中正。①

从这篇短短的电文中，我们不难发现蒋对王的重视。当时王只有33岁，学历仅念过几年私塾，进入《大公报》工作也仅有5年的时间，却被蒋冠以"先生"相称，不能不说是一种非常的礼遇。笔者以为，这种情况应当有两方面的原因：首先，蒋确实以为王在中、日关系问题上颇有见地，值得重视；其次，对于王颇得张季鸾青睐这一问题，蒋不会不知道，蒋的这种举动应当也有借此示好《大公报》和张季鸾之意。而从当时各方面的情况综合来看，后一个原因所占的比例应当更大一些。

24日，吴复电蒋，告其已约王芸生赴庐山。8月8日，王芸生奉张季鸾之命赴庐山，此行有两个任务：其一是应蒋之请赴庐山"一叙"；其二则是为《大公报》采访蒋及各路要人，同时也是张特意安排其得意门生"闪亮登场"。但是这一时期蒋对王本人的重视程度尚还不够，8月23日，王在美庐别墅采访了蒋介石，但此事在当日《事略稿本》中却并未见记载。在这次采访中，蒋提到他对《六十年来中国与日本》很感兴趣，并希望王能专门为他讲一堂课，内容是"三国干涉还辽"一节②，王接受了邀请，并于9月3日再进"美庐"，为蒋讲述这段历史。蒋听得非常认真，并且提出了很多问题，当日《事略稿本》中记载蒋的感受云：

> 听王芸生讲陆奥宗光与丰臣秀吉历史，公为之感想千万，与黄郛谈倭祸，彼此唏嘘，若大祸之在眉睫。公则义愤为之填膺，叹曰："吾惟教军民抵御外侮与复兴民族而已。"③

由此可见，蒋、王二人间的首次会面，应当还是比较成功的，双方互

① 《蒋介石致吴鼎昌电》，1934年7月22日，台北"国史馆"藏蒋介石档案，档案号：002—010200—00116—057，标点系笔者所加。

② 贺伟：《王芸生在庐山给蒋介石讲课》，《新闻爱好者》2007年第3期。

③ 《事略稿本》，1934年9月3日，台北"国史馆"藏蒋介石档案，档案号：002—060100—00086—003。

相留下的第一印象应该也还不错。1936年6月16日，国民政府秘书长张群邀请各界名流组织谈话会，王本不在受邀之列，蒋得知此事后特地电告张群，嘱其加邀王参加①，可见蒋对王的重视。

　　但是，自此后一直到王就"飞机洋狗事件"致函陈布雷，"蒋档"中便再无关于王芸生的任何记载，究其原因，笔者以为，一则全面抗战已经开始，作为抗战最高领袖的蒋事务繁杂，抽身乏术；二则在这段时间里，蒋与张之间的关系一直保持良好，而其时张正当盛年，在蒋看来，控制了张，也就等于控制了《大公报》②，虽然在《大公报》内，王的接班人地位已经非常明显，但真正接班，总要等到张退休之后，那已经是多年以后的事情了。但是，张的盛年遽逝使得蒋措手不及，王芸生的接班一下子从仿佛很遥远的事情变成了既成的事实。要控制《大公报》，就必须控制王芸生，所以在张去世后，蒋对其极尽哀荣，未必没有做给活人看的意思；同时又有命陈布雷致函王的行动。但是在经过了长时间的相互隔膜之后，临阵抱佛脚已是意义不大，如果说胡政之与蒋的关系乃是若即若离的话，那么王芸生与蒋的关系则更属泛泛，更重要的是，双方此时的身份已可谓霄壤之别。如前所述，蒋对张一直礼贤下士，特别是1934年南京之宴，采信陵君宴侯嬴之故事，举座皆惊，虽有邀买人心之嫌，但平心而论，张的确当得起蒋如此厚遇。张比蒋只小一岁，可算同龄人，且张于民元便为孙中山起草《临时大总统宣言书》并担任其秘书，算来在"革命阵营"中的资历亦不弱于蒋。更重要的是，蒋、张开始打交道的20世纪30年代，蒋虽已位高权重，但却还远没有后来那种绝对领袖的地位，而张去世后的40年代，蒋早已非吴下阿蒙：国民党内两大反对派中，胡汉民斯人已逝，汪精卫叛国投敌；国内实力派中，冯玉祥、阎锡山、张学良等早无当日风光，实力尚存的李宗仁、白崇禧、龙云等人，在"抗战建国"的大旗下，也都至少在形式上表示了对蒋的效忠；内政方面，内弟宋子文、连襟孔祥熙或掌财政，或主内政，堪称"打虎亲兄弟"；外交方面，中国

---

　　①　《蒋介石致张群电》，1936年6月16日，台北"国史馆"藏蒋介石档案，档案号：002—010200—00177—032，标点系笔者所加。

　　②　在这个问题上，另一个明显的证据是：在这一时期的"蒋档"中，除了偶然可以见到有关胡政之的记载之外，所有与《大公报》有关的内容，几乎全部与张有关，而同时期与王同辈的《大公报》重要干部，如曹谷冰、徐铸成等人，则根本一条记载也无，可见蒋认为控制了张，就可以控制《大公报》，而无须另外进行感情投资。

独力抗战四年余，早已赢得世界尊重，而作为抗战领袖的蒋本人更是誉满天下；再加上一直以来的"心腹之患"共产党也在抗战大旗下宣布"支持中央"，所以此时的蒋，真可谓天下在握，虽然还比不上后来担任中缅印战区总司令及参加开罗会议位列"三巨头"之风光，却也早已今非昔比。居移气，养移体，如今的蒋介石，哪怕张季鸾重生，只怕也未必能做到像当年一般，更何况年龄、资历、阅历等皆不如张的王芸生呢？

（二）王芸生政治态度及性格的影响

王芸生幼年家贫，很早便被迫失学，不得不在茶叶店当学徒以补贴家用，但王志存高远，并不甘心碌碌一生，业余时间刻苦自学，最终靠给各报投稿而进入新闻界，并于 1928 年 5 月受聘天津《商报》总编辑，靠与张季鸾打笔战而被张看中，最终进入《大公报》，又因编写《六十年来中国与日本》而名动一时，最终在《大公报》年轻一辈中脱颖而出，成为张季鸾的继任者。王的这种成长经历，造成了他性格及政治态度上与张迥然不同的特点，也成了他与蒋摩擦乃至最后决裂的重要原因。

旧时中国的知识分子，极为看重出身、师承等"标签"，而近代以来，则尤以留洋为上，在这一点上，王可谓先天不足，且不说吴、胡、张"三巨头"皆有留日经历，张更曾师从关学大儒刘古愚，即令与王平辈之《大公报》众人，李子宽、金诚夫均毕业于北京大学，徐铸成毕业于北京师范大学并曾一度在清华大学就读，曹谷冰毕业于同济大学并曾赴德国柏林大学留学，可谓都是出身名门，相比之下，王的学历就不值一提了。所以王虽然以自己的勤奋与天赋获得了《大公报》第二代接班人中最重要的位置，但这种近乎与生俱来的差距，却无法弥补。而王偏偏又是一个自视甚高的知识分子和一个成功的报刊政论家，这就决定了他性格中存在着极端矛盾的两面：一方面，出身的差距与社会的风气使他难免自卑；另一方面，自学成才的经历与震动天下的文名又使他非常自负，于是，这两种看似非常矛盾的性格，都集中在了王芸生一个人的身上，从而使他在生活中表现出清高、孤傲、不容于人的特点，正如陈纪滢所记：

> 新闻界排斥王芸生的暗流非常普遍而流行，究其原故，据王芸生自己说：这是嫉视大公报。是一班特务喽啰们干的。这话虽非绝对无的放矢，但芸生忘记了：他自己人缘欠佳。他的人缘如何欠佳？一句

话，吃了"傲"字的亏。他个人长得既器（其）貌不扬，再加上那副傲脸，若不是他的文章好，可说是周身无一处招人喜欢。不但社外人如此对待他，社内人因他的作威作福，也是怨声载道。每逢芸生在外惹了事，皆是谷冰来为他打圆场。政府中人对于谷冰观感则甚好，谷冰的长处是为人平和，谦虚，诚恳爽快，虽然拘谨点，但颇酷似季鸾先生。①

李秋生也有一段相似的记载：

> 就新闻事业而言，芸生是一出色人材，头脑灵活敏捷，在言论和编辑方面都有过人之长，他自知学力不够，在成名后更加发愤用功。……他的缺点在于气度不够，有时失之峻急褊狭。大公报同人在该报第二代人物中，最受敬佩的是曹谷冰，其（甚）至徐铸成也比芸生受人爱戴，徐之离开该报，有人认为是被芸生迫走。②

虽然陈、李作为去台人物，对带《大公报》"投靠共匪"的王芸生不免颇有成见，但平心而论，二人特别是陈对王的记述与评价，尚属中肯，王的孤傲和气度狭小，也许是天性使然，也许是以此来掩饰自己的自卑，但无论如何，蒋、王二人，一个难以做到"礼贤下士"，另一个也不会轻易"摧眉折腰"；一个惯于颐指气使，另一个则坚持傲骨铮铮，这样两个人之间爆发矛盾，也是自然的事情。

对于王的这一性格特点，曾经与王进行过笔战的前《中央日报》主笔陶希圣曾有过如下一段论述：

> 王芸生的作风与季鸾先生不同。季鸾对学术界尊重、联络，"温良恭俭让以得之"，王芸生也是一样，很客气，那时中央研究院在四川李庄，傅孟真先生每次到重庆来，我去看他，王芸生总在座。芸生很客气，但不大说话，不像张季鸾那样侃侃而谈，开诚布公的谈，他只是客气。芸生走了，孟真说："你看他当面客气，他背面就会要笔

---

① 陈纪滢：《吊大公报》，载陈纪滢《报人张季鸾》，文友出版社 1967 年版，第 48 页。
② 李秋生：《我所知道的王芸生》，《传记文学》1981 年第 2 期。

头子干你！"为什么呢？我就看出来，因为季鸾先生以鲁仲连的作风，温良恭俭让的气度和学界的人交往，王芸生则对学术界的人士有自卑感，很深的自卑感，他总是认为，好，你们看我不起，我有一张报，我干你！他用这个气概对付学术界，也用这个气概对付政府，《大公报》就走了样子。①

更重要的是，张虽亦幼年家贫，但毕竟出身官宦之家，且很早便得陕西学台沈卫瞩目，对其多有关照，而王则出身底层，从无贵人帮扶；张成长于晚清时期，幼年便受到严格的儒学教育，素以"报恩"为人生信条，而王则成长于辛亥风云之中，从未受过系统的儒学教养，乃是靠自学成才，其间最重要的"教材"就是当时流行的各种报纸杂志，而当时正值"西学东渐"之高潮，各种西方社会思潮在中国流传甚广，而王的出身决定了他对陈独秀、李大钊、瞿秋白等人所宣传的马克思主义及社会主义理论具有天然的亲近感，所以他曾积极参加天津工人为抗议"五卅"惨案所组织的天津洋务华员工会，并曾一度加入共产党，虽然不久后便退出，但是他的思想，仍然是更贴近自由民主主义多一些，这一点在他早年所写的许多文章中，都有体现。如《再寄北方青年》：

> 我以为国民党及其党员应该痛切认清这个大任务，放宽襟度，走一条公正和平的坦途。西安事变发生之后，我就同朋友们估量，我认为西安事变的结果如实现一个噩梦中的情景，必将逼着国民党走上一条狭隘而反动的路；蒋先生如平安脱险，重任国家领袖，则国民党必将更开明的走上民主的路。这条路就摆在我们的面前，国民党想能认识得更清楚。②

又如《五寄北方青年》：

> 我从各方面来审查我自己，或尚勉强够一个公民的资格。我誓愿

---

①　陶希圣：《遨游于公卿之间的张季鸾先生》，《传记文学》1977 年第 6 期。

②　王芸生：《再寄北方青年》，载《由统一到抗战——芸生文存第二集》，上海大公报馆1937 年版，第 16—28 页。

尽忠国家，永不做违反国家利益的事；但是叫我举手宣示信仰三民主义，却踌躇了。我不反对三民主义，并且在原则上是赞成的，但若一定叫我举手宣誓，承认不折不扣的信仰，最低限度，还得给我一个充分的时间再把三民主义仔细的读几遍。①

王芸生作于 1936 年 12 月—1937 年 5 月间的 6 篇《寄北方青年》，采用书信体，针对当时青年所提出的各种问题提出自己的看法，其内容从内政、外交、抗日，再到统一战线、国共关系，可以说是王当时政治态度的一个总的表露，我们从中不难看出他对于民主自由思想的推崇。但是，蒋介石和国民党并未能如他所愿走上那条"民主的路"，反而背道而驰，走上了一条愈发专制独裁的路，这显然与王所秉持的政治观点根本相悖。

总之，王芸生与蒋介石在政治观点上可谓格格不入，这种矛盾几乎无法调和，这种分歧必然导致两种结果：要么蒋痛改前非、从善如流；要么王放弃理想、彻底臣服。但两人的性格又决定了这都是绝不可能的事情，所以王接手《大公报》后与蒋之间的关系，必然是渐行渐远。但在抗战期间，由于共同的民族矛盾的存在，所以双方虽不断摩擦，但还基本维持和平共处的局面，但较之张蒋之间的合作无间，却已相去不可以道里计矣。

第二节   "飞机洋狗事件"与《青年与政治》

如前所述，王芸生接手《大公报》后，该报与蒋政府的摩擦和分歧便逐渐显露，其中最具代表性的事件，当属 1941 年 12 月的"飞机洋狗事件"。在这一事件的过程中，就《大公报》的倾向看来，王芸生的态度在一个月内似乎发生了突变。长期以来，由于王的自述，学界一直以为造成这种转变的原因乃是王徇陈布雷之请，在政府的压力下所致，但是据笔者所见的材料显示，这种说法似乎不确，王之所以会出现这种"转变"，乃是对于先前的不实报道的一次正常的纠正，虽然有政府方面压力的考虑，但并非主要原因，而王闪烁其词的做法，则更有其复杂的原因，这一事件

---

① 王芸生：《五寄北方青年》，载《由统一到抗战——芸生文存第二集》，上海大公报馆1937 年版，第 133—141 页。

所折射出的，乃是在变化了的形势下，《大公报》与蒋政府互动关系的新的特点。

一　"飞机洋狗事件"及《大公报》的两篇文章

1941 年 12 月 7 日，太平洋战争爆发，本来安全的香港立时成为日本军队进攻的主要对象，为此，国民政府计划派飞机将在港要人接至重庆，《大公报》总经理胡政之亦在其列。9 日，自港飞渝的最后一班飞机降落，前来迎接的《大公报》记者没有见到胡政之，却见到了孔夫人宋霭龄、孔二小姐令伟、老妈子、大批箱笼和几条洋狗，回到报社报告主笔王芸生后，王非常气愤，遂写成社评《拥护政治修明案》（以下简称"《拥》文"），发表在 12 月 22 日的《大公报》。

《拥》文发表后，于 24 日被昆明《朝报》转载，题目亦改为《从修明政治说到飞机运狗》，由是引发了昆明西南联大学生大规模的抗议运动。1941 年 1 月 6 日下午，西南联大、云南大学、中法大学等约 3000 名学生上街游行，并于当天发表讨孔通电。1 月中旬，内迁遵义的浙江大学学生继起"讨孔"，大后方开展了轰轰烈烈的学生运动，是谓"飞机洋狗事件"。

事件爆发后，国民党政府疲于应付，十分狼狈。这一点从蒋 1 月 25 日发给各省主席、省党部主任委员、书记长等人的一份电报中便可见一斑：

> 本月鱼日（6 日），昆明西南联大等校学生，借口大公报所载全非事实之论据，结队游行，张贴诬蔑政府、侮辱中央之标语。铣日（16 日）遵义浙大学生，亦发生同样情事。抗战方艰，而一部分青年，轻浮狂妄至此，殊可痛恨。查此辈学生越轨妄行，所据之借口，均为十二月二十二日大公报所载关于飞机搭载洋狗，指为政府中人所为之一语。实则大公报该项社论之所指，已据交通部查明，携带洋狗，系美籍机师二人所为，已予申儆。交通部并正式函至该报，于三十日登载，该报亦自承传闻之非确。事实真相，早已大白，不料青年学生，乃竟以此诬蔑政府，且更扩大谣言，转辗传播，显见有反动汉奸，有意从中鼓动，企图摇惑人心，扰乱后方，以遂其动摇抗战根本、损害国家威信之毒谋。据报，近复有若干都市，亦发现性质相同

之荒谬标语，可见此项汉奸反动阴谋，犹在活动进行之中。我各省党政负责长官，与各大学校长，诚不能不切实戒备，洞瞩其内幕，严防其煽动，使奸人无所施其技也。查我国抗战，已将五年。国内外形势日见好转，胜利光明在望，国家地位已见提高，凡我中华民族、皇帝子孙，对此血战所得之成绩，宜如何与以爱护，而使之发扬光大。然卖国汉奸与反动政客之流，则唯恐抗战胜利之后，不能售其出卖民族之奸计，遂乃倒行逆施，无所不用其极。此种卑劣自私之企图，其酝酿发动，已非一日，即如国家社会党党徒之通敌卖国，甘为敌寇与纳粹作伥，中央曾屡次得确报，知该党主要分子汤芗铭等，接受纳粹巨款津贴，在南京上海公开组织其党部，以供敌人驱策。在香港则其党徒徐傅霖等，主办国家社会报，与倭寇汉奸狼狈合作，每月接受敌方津贴五千元，其言论与在港敌伪所办各报，如出一辙，而其污辱国体、诬蔑中央、狂妄荒谬，且犹过之。去冬该党并向敌方领得活动费六十万元，专充策动西南抗战根据地，反对中央之用。在昆明等地，亦有该党党徒混迹潜伏，与北平上海南京等地之奸伪互相策应，专作破坏抗战之阴谋。此等文化败类，专以利用我青年之纯洁心理，造作无稽谣言，煽动反对中央，破坏后方秩序为目的。同时不顾国家利益之共党，最近颁发宣传纲领，有（一）必须以军纪不良，士兵饥困等口号，动摇国军之根本。（二）必须以贪污腐败之罪名，加诸政府军事与财政各当局，毁灭中央信用之语。则此次在昆明遵义等地所发生而更图蔓延及于各地学界之反中央阴谋，其发动之背景如何，从而扩大利用者为何人，更可不言而喻。关于昆明学生游行之后十天，敌国同盟社十七日东京电，即有昆明学生数万人游行示威，反对对日抗战之语，可见此举正为敌人所快心，亦可见汉奸与敌人相互策应之密切。青年学生固心底简单，但其不明内容，竟作卖国者毁灭中央威信之工具，言之可谓痛心。抗战以来，中央在军需浩大，国库拮据之中，于教育经费之筹增，学生学业生活之维护，不遗余力。原所以为国育材，培养抗战建国之继起力量。而一般青年学生，不念前线将士血战之辛劳，不察政府主持抗战之艰苦，不知敌人处心积虑，以图扰乱我后方秩序之阴谋，更不明战时纪律与抗战关系之重要，竟尔轻听浮言，附和奸逆，诋毁中央，侮辱政府。我教育界有此怪诞离奇之现象，其将何以对国家？何以对军民殉难之同胞？何以对反侵略共同作战之盟国？当此战事日趋重要之际，国家威信，必须绝对维持；后方秩序，必须绝对整饬。断不容稍有违纪越轨之任何言行。除已另电通令绝对禁止各地以任何名义集众游行外，特再将敌奸阴谋，电达周知。凡我各地军政当局，负有地方治安执行法令之责任，必须在事前周密防范，临时则妥速处理，绝不得稍有怠忽与瞻徇，贻国家以大患。至我各地党部，更须知防止反革命之险恶阴谋，为无可旁贷之职责，务必协同当地政府与学校当局，及青年团团部，共同一致揭破奸邪之企图，使学校青年及社会同胞，共知是非真伪，邪正利害值分别。务使各级学校校长与教职员，凛然于自身所负责任之重大，对青年学生切实晓谕，严正申诫，咸使明了事实，洞察利害，勿中奸谋，自误身世，专心求学，毋负厚望。本委员长总持抗战，绝不能对破坏抗战，妨碍纪律之任何行动，有所宽纵。如有不听劝告，不从制止，即当执法严惩，绝不姑息，以维护国家之利益，务望各尽职责，勿稍因循疏忽，除分电外，即希切实转告当地各大学及各级学校当局，一致遵照为要。①

　　读此电文，蒋之口气，几可谓气急败坏，其将学生运动完全归咎于"奸党破坏"而不自省，未免有些神经过敏之嫌，但无论如何，《大公报》此篇社评给政府造成了极大麻烦，确是事实。而就在蒋发此电前三天，1942年1月22日，《大公报》又发表社评《青年与政治》（以下简称"《青》文"），话锋一转，认为学生"讨孔"是"越轨之举动"，"无益于国家有害于学业之事"，"若青年学子不审时辨事，纯凭一时的感情冲动，辄尔荒废学业，干扰秩序，甚且无意中为敌奸所利用，影响政府威信，爱国者适足以误国，应为青年所不忍为②。"这篇社评立即引起了青年读者的质问，而当时《大公报》却未做出解释。直到1962年，王芸生才在《1926至1949的旧大公报》一文中说，《青》文是他"徇陈布雷的要求，实际是在蒋介石的压力之下，写这篇违心之论，是很可耻的"③。

---

　　①　《事略稿本》，1942年1月25日，台北"国史馆"藏蒋介石档案，档案号：002—060100—00160—025。

　　②　《青年与政治》，《大公报·渝版》1942年1月22日第2版。

　　③　王芸生、曹谷冰：《1926至1949的旧大公报》，载中国人民政治协商会议全国委员会文史资料研究委员会编《文史资料选辑（第27辑）》，中华书局1962年版，第246页。

长期以来，由于王芸生和《1926》一文的特殊地位，这种说法一直被广为采信，如《史稿》中即云：

> 蒋介石恐怕风潮扩大，遂让陈布雷叫王芸生再写一篇社评，劝学生不要闹事，于是 1942 年 1 月 22 日《大公报》上发表了一篇题为《青年与政治》的社评，主要对一月前的《拥护修明政治案》进行委婉的辩解。……在巨大压力之下，作此违心之论，个中苦涩滋味，只有作者自己知道。①

又如《中国新闻事业通史·第二卷》：

> 《大公报》于 1941 年 12 月 22 日发表社评《拥护修明政治案》，直斥"某部长"（外交部长郭泰祺）以巨额公款购公馆，而某巨室（孔祥熙家族）以"逃难的飞机竟装来了箱笼老妈与洋狗"。……《大公报》在当局的压迫下，不得不再次撰文劝阻学生运动。②

《史稿》是《大公报》史研究界的扛鼎之作，而《中国新闻事业通史》的地位更不待言，二书皆从此说，可见这一说法流传之广。

但是，从笔者从台北"国史馆"所藏"蒋介石档案"（以下简称"蒋档"）中发现的材料来看，这种说法似乎颇值得商榷。

二　"飞机洋狗事件"报道的失实及《大公报》的处理措施

据杨天石先生考证，引起大后方学潮的这篇报道，是一篇"貌似确凿而严重违离真相的报道"③。事发当日，蒋介石便严令交通部彻查真相，时任交通部部长的张嘉璈于 12 月 29 日将调查结果具函告知《大公报》社，函称：胡政之之所以未能同机返渝，是因为"香港与九龙间交通断

---

① 吴廷俊：《新记大公报史稿》，武汉出版社 2002 年版，第 310 页，着重号系笔者所加。

② 方汉奇主编：《中国新闻事业通史·第二卷》，中国人民大学出版社 2000 年版，第 728 页，着重号系笔者所加。

③ 关于此问题，请参见杨天石《"飞机抢运洋狗"事件与打倒孔祥熙运动——一份不实报道引起的学潮》及《关于"洋狗飞渝"事件的再考证》，载杨天石《找寻真实的蒋介石》，华文出版社 2010 年版，第 257—272 页。

绝，电话亦因轰炸不通"导致无法通知；"大批箱笼"乃是中央银行公物，而"洋狗"则是美籍机师所携带，与孔家毫无关系①。

从"蒋档"中文件来看，在张函之前，《大公报》便已经知道此事系误报。1942 年 1 月 12 日蒋致龙云电文中提到，事发当日，蒋即向《大公报》询问消息来源，并要求报社负责查明内容，穷究虚实。次日，《大公报》回函，说明"事属子虚，自认疏失"②，可见，最迟到 23 日，《大公报》已经知道此事真相。故 29 日接到张函之后，王即于次日将此信标上"交通部来函"五字，刊于次日《大公报》上。两相对照，我们似可以认为，至 30 日张函发表之时，《大公报》业已知道自己的失误，而发表张函，则纯属一种正常的更正行为。

但是，这种更正显然是不够的：首先，作为事件的始作俑者，《大公报》并未明确承认自己的报道失误；其次，当时国民政府官员腐化堕落的程度，人所共知，政府公信力极差，对于类似"飞机洋狗事件"之类，人们是宁愿信其有而不愿信其无，所以张的这份本来应该极有说服力的官方信函，反而被认为是政府文过饰非的官样文章，非但没有起到澄清事实、稳定局势的作用，反而火上浇油。1 月，学潮兴起并逐渐扩大，在此情况下，《大公报》发表《青》文，开篇即云：

> （本报）立言之意，全本爱国热忱，阐明修明政治的必要，偶凭所闻，列举一二事例，并非立论之中心，且关于飞机载狗之事，已经交通部张部长来函声述，据确切查明系外籍机师所为，已严予申儆，箱笼等件是中央银行的公物。本报既于上月三十日揭载于报，因此函又为中央政府主管官吏的负责文件，则社会自能明察真相之所在。③

文中声明：《拥》文中列举的"一二事例"，系"偶凭所闻"，"并非立论之中心"，而此事"已经交通部张部长来函声述"，"社会自能明察真

①　《交通部来函》，《大公报·渝版》1941 年 12 月 30 日第 6 版。
②　《蒋介石致龙云电》，1942 年 1 月 12 日，台北"国史馆"藏蒋介石档案，档案号：002—0601—00160—012。
③　《青年与政治》，《大公报·渝版》1942 年 1 月 22 日第 2 版，着重号系笔者所加。

相之所在"。可见，此文似系对30日张函的一个补充，同时也是《大公报》纠正自身错误、向社会公开说明事件真相的步骤之一。

但是，这种做法也还是不够的：首先，《大公报》虽然以"偶凭所闻"四字隐约暗示了自己报道的失实，但是仍未明确承认；其次，《青》文用以说明真相的论据，仍是张函，而如前所述，仅靠张函是不足以取信于民的。那么，王芸生为什么要做如此处理呢？

三 事件过程中王芸生的态度分析

"蒋档"中藏有1941年12月23日王芸生就此事致陈布雷的信函，函云：

> 布雷先生侍右
>
> 奉廿二夜手示承传委座之谕"今日大公报社评《拥护修明政治案》文中涉及政府官吏私人行检，此点殊有背大公报向来谨严公正之态度，亦有负当局一向期许爱护大公报之意，足以耸动听闻，贻讥中外，影响国家信誉。如此轻率指摘，实应严切纠正"。奉谕之下，惶悚万分。窃以敝报历受国家社会厚遇，尤承领袖期许爱护，敝同人等素切感激奋勉之忱，尤其季鸾先生受委座之特知，居常诰诚芸等务以国士自许，黾励报国，临终之顷，尚以拥护领袖，拥护政府为嘱。芸等虽不肖，而恪守季鸾先生之训诚，亦十余年如一日。至于立言之分际，季鸾先生亦尝规示芸等，谓当大局危疑震撼之时，务宜维护中枢威信，以积极情调鼓舞人心。若当战局稳定，外交康夷之时，则不妨检讨自己以鞭策内政之进步。盖士气之扶持与政治之进步，固当相机并顾也。现今国家环境，外交形势大定，支撑艰巨，争取胜利端视自身之努力。此次九中全会开幕，委座有除旧布新之训示，大会有修明政治之决议，芸等闻风感奋，以为今后内政之进步与国运之开拓，实系于此英明训示及伟大决议之实行。感奋之余，爰撰该评，本期以拥护之忱，加强中央决议之力，意在倾泻忠悃，不觉流于激切。委座所谕，芸等知罪，今后立言，自当力求谨慎，敬请上陈，以释厪虑。今日恭读委座在中央扩大纪念周之训词，以政治的道理训示同志，百僚尤获光明之启示。夫哀公问政一章，其最警惕之一节，为"故为政在人取人，以身修身，以道修道以仁。"委座以一身系国族之安

危，惕励忧勤，以身垂训百僚，众庶诚能以领袖之心为心，以领袖之行为行，则政治何患不修明，国家何愁不进步？无如领袖垂训谆谆，难免少数之人听者藐藐，陷于远道，失仁于身，不检之行揆以。为政在人之义，究不免影响政治之隆污。回览史册，任何郅治之世皆不免有少数不检之臣，而处士横议亦未必尽切于当。诚如委座除旧布新之训示，则旧垢既除，新机自生。郅治昌明，天下景芝，则一丝一瞬之云翳，亦正无害于日月之光华。兹当中央励精图治之际，正国家起散振衰之时，但期以此次中央全会为枢纽，政治修明，国运宏开，芸等失言之罪，正有补赎之机。万望先生斟酌转陈，倘邀涵宥，则感悚不尽矣。

　　专此敬颂：

　　道安

后学王芸生谨上
卅年十二月廿三日①

　　从这封信中，我们至少可以看出以下几个意思。

　　第一，认罪。撰写《拥》文，"本期以拥护之忱，加强中央决议之力，意在倾洒忠悃，不觉流于激切"，所以，"委座所谕，芸等知罪"。

　　第二，自责。自认未能"恪守季鸾先生之训诫"，有负"国家社会厚遇"，"领袖期许爱护"。

　　第三，拥蒋。"委座以一身系国族之安危，惕励忧勤，以身垂训百僚，众庶诚能以领袖之心为心，以领袖之行为行，则政治何患不修明？国家何愁不进步？"

　　第四，辩解。"任何郅治之世皆不免有少数不检之臣，而处士横议亦未必尽切于当"。

　　第五，补救。"今后立言，自当力求谨慎"。

　　第六，求情。"万望先生斟酌转陈，倘邀涵宥，则感悚不尽矣"。

　　王芸生为什么会有如此表示呢？笔者认为，至少有以下几个原因。

　　第一，确知此事有错。王函写于 23 日，联系前文所引之蒋致龙云电

---

① 《王芸生致陈布雷函》，1941 年 12 月 23 日，台北"国史馆"藏蒋介石档案，档案号：002—080103—00055—005，着重号系笔者所加。

文中《大公报》社复蒋函内容，我们有理由相信，此时王应已知道"飞机洋狗"事系误报，对此事所造成的影响，王应有悔意，故此才有"知罪"之说。

第二，张季鸾的影响。王系由张发现而延入《大公报》，此后又一直对他提携有加，可谓恩师。而张9月去世，尸骨未寒，在他手里从未与政府龃龉的《大公报》便发生此事，作为接班人的王自然心怀愧疚。同时，由于张孜孜以拥护"国家中心"为念，与蒋的关系更是不一般，王也不可避免地受到了他的影响，故此有"以一身系国族之安危"之表示。

第三，对政府腐败等问题的不满。王对当时的"少数不检之臣"是颇怀不满的，对于政府的腐败等问题也有相当的认识。仅就《拥》文本身而言，责孔"以飞机运洋狗"事虽属不确，但责郭"以公款购公馆"之事却是证据确凿。所以，虽然承认自己有失言之处，但对于蒋一概以"轻率指摘""影响国家信誉"斥之，王应当是颇有些不服气的，所以才有"处士横议亦未必尽切于当"一句，委婉地替自己辩解。

第四，外界的压力。《拥》文系王"违检"发表，事后国府曾拟严惩，时任国民党政府中央宣传部部长的王世杰22日日记记载云：

> 大公报主笔王芸生今日在报端著一文，题曰"拥护修明政治案"……题中主旨在抨击孔庸之与郭复初①，惟未明言二人姓名耳。午后九中全会开会时，有人询予何故未将该文检扣。予即席声明，该文一部分，原系检查机关删扣，该报故意违检，仍将被删之部份刊出。但予决不主张因此而停该报（检查局有罚其停刊数日之拟议云云。）……②

可见，事发后国民政府确有处罚《大公报》之议。对此，王应当是心知肚明。更兼此事自己确有失察之处，故此才表示今后将"谨慎立言"。而与蒋关系密切的张季鸾已经去世，自己与蒋的关系又属泛泛，故只能拜托陈布雷"斟酌转陈"，以期获得蒋的"涵宥"。

---

① 即孔祥熙与郭泰祺。

② 《王世杰日记（手稿本）·第三册》，"中央研究院近代史研究所"1990年版，第214—215页。

那么，《青》文是否是"违心之论"呢？笔者认为似大可存疑。首先，在此之后的一个月里，并没有发生能够令王态度突变的事情，而《青》文中对于"飞机洋狗事件"的说明，乃是事实，并不"违心"。其次，《拥》文发表后，社会对文中事属真相的郭泰祺事不甚关心，却对报道失误的孔祥熙事愤愤不已，各地学潮口号，"讨孔"之声一片，对此，作为一个职业新闻人的王应当是心怀愧疚的，故此《青》文中才有"据最近所闻，竟有若干学校之学生因诵该文而荒废学业，作越轨之举动。此种无益于国家有害于学业之事，若万一蔓延，或将使抗战以来一般青年日趋严肃笃实之学风濒于隳弃。因此，使我们深感立言之难，而为之心疚"[1] 之说。再次，《青》文中，"（政府）有权要求人民拥护政府，拥护抗战。人民应当服从政府，应当牺牲一切以求抗战目的之贯彻，应当拥护政府的威信，而不损害其威信"的表述，与前述王函中拥蒋的表述，可谓一脉相承。最后，在"蒋档"中，笔者并未见到任何有关陈布雷拜托王芸生写作《青》文的记载。

那么，王为何不肯明确承认报道失误，所论失察呢？笔者认为，这是由于王与蒋、孔之间复杂的关系所致。

四　王芸生与蒋介石、孔祥熙的关系分析

王与蒋之间的关系问题，前文已有分析，在此不再赘述；而王与孔的关系，则是一贯紧张。全面抗战开始后，孔任国民政府行政院院长兼财政部长、中央银行总裁，为主管财经的首脑人物。在他的主持下，国统区物价飞涨，通货膨胀严重，而他推行的专卖、统制物资等政策，更使民营企业难以为继，人民生活困苦。同时，孔家却借此囤积居奇，大肆聚敛，发国难财[2]。对此，王早已颇为不满。《拥》文发表前的12月2日、3日、13日、16日及之后的29日、1月3日、10日、12日、20日，《大公报》连发9篇呼吁"紧缩"的社评，矛头直指孔祥熙。在《大公报》的历史上，在如此短的时间内就同一问题进行如此密集的评论，尚不多见，由此

---

① 《青年与政治》，《大公报·渝版》1942年1月22日第2版。

② 对于孔的行为，蒋亦有认识，1942年1月21日日记云："滇黔各校反对庸之夫妇之运动已酝酿普遍之风潮，此乃政客、官僚争夺政权之阴谋，可谓丧心极矣。然而平时之不加自检，骄矜无忌，亦为之主因也。"转引自杨天石《找寻真实的蒋介石》，华文出版社2010年版，第268页。

可见王和《大公报》对孔的态度①。

对于王孔矛盾，王芸生有一段生动的记载：

> 孔祥熙……对大公报这一套言论甚是讨厌。一天，他柬邀王芸生到曾家岩他的官邸吃茶……依次入座后，孔发言，就大公报某篇论财政的文章，说其中所引的事实及数字不确，表示抗议。王芸生表示如认为报上文章某点不合，孔副院长或有关部（门）可致函大公报辩论或要求"更正"。在座大官们都默无一言，一幕戏剧性的场面收场了，孔祥熙也终无文字来辩论。②

王孔矛盾之深，由此可见一斑。所以，王对"讨孔"运动，实际上应该并不反对。所以，如果明确承认《拥》文报道有误，就等于使"讨孔"运动失去了合理性基础。所以，作为一个自由主义者，他不愿屈服于外界的压力；作为一个职业新闻人，他不得不承认自己的疏失；作为一个有良心的中国人，他又希望看到孔祥熙倒台，所以，《青》文中"偶凭所闻"四字，可谓用心良苦。

至此，我们似可以得出这样的结论：《青》文并非王"违心之作"，而是作为一张负责任的报纸，对其言论失误做出纠正的正常步骤之一。王之所以始终未曾明言失察，当是由于其对国民政府特别是对孔的极端不满。而王之所以在《1926》一文中做如此表述，则应当是因为若自承失察，则无异于替孔辩护。在当时的政治环境下，王、曹等人皆战战兢兢，批判自己尚唯恐不彻底，又如何敢为"四大家族"之一的孔做仗马之鸣？

五　《大公报》与政府的其他冲突及处理

除了前述"飞机洋狗事件"之外，这一时期的《大公报》在王芸生的主持下，还与蒋政府发生了其他一些冲突，除了众所周知的《看重庆，念中原！》事件以及"爱、恨、悔"运动以外，还有以下两端。

（一）《大公报》伦敦专电事件

1941年年底太平洋战争爆发后，世界反法西斯阵营最终形成，中、

---

① 这些社评虽为谷春帆所作，但如总编辑王芸生不同意，自然不可能发表。

② 王芸生、曹谷冰：《1926至1949的旧大公报》，载中国人民政治协商会议全国委员会文史资料研究委员会编《文史资料选辑（第27辑）》，中华书局1962年版，第242页。

苏、美、英四国作为世界反法西斯阵营的核心力量，实现了联合。但是，四国间矛盾依然存在，尤其是英国为维系其在远东地区的殖民地等利益，与中国矛盾重重。长期以来，丘吉尔首相一直坚持"先欧后亚"的打击法西斯的原则，对独立抵抗日本法西斯的中国军民态度倨傲，这引起了包括蒋介石在内的中国朝野的普遍不满，宋美龄因此而拒绝丘吉尔访英的邀请；出于对被压迫民族争取独立自由的共同感情，中国国民政府一直支持印度人民的独立运动，1942 年 2 月 5 日，蒋介石夫妇访问印度，会见甘地、尼赫鲁等印度国大党领导人，引起印英当局的强烈不满；同年 3 月 12 日，应英缅当局之请，中国远征军 3 个军约 10 万人入缅作战，协助驻缅英军抵抗日军侵略，但由于英方采取将远征军推至第一线，掩护英军撤退的战略，甚至一再不通知中方而独自后撤，致使远征军侧翼一再受到日军威胁，最后不得不在遭到巨大损失后撤退回国；1943 年 5 月 20 日，丘吉尔在太平洋会议的发言中公然声称西藏为"独立国家"，这更是对中国领土主权的粗暴践踏，当时与会的国府外交部部长宋子文当场予以反驳，蒋更于 23 日电令宋子文询问罗斯福"对于丘言作何感想"，"如何处置"，并严正声明："西藏为中国领土，藏事为中国内政。"[1] 所有这些，都使得中、英之间存在着巨大的矛盾。

蒋介石非常明白，要争取抗战的胜利，美国的援助至关重要，而无论从民族感情还是从战略地位上考虑，中、英两国在美国心目中的地位，都不可同日而语。所以对于能够直接影响美国的英国舆论，蒋一直非常重视。但是由于双方存在的种种矛盾，造成英国舆论对蒋政府一直观感不佳。1944 年 11 月 1 日，正值抗日战争黎明前的黑暗，《大公报》特派员自伦敦发回一则"专电"，报告英国舆论情况，电文云：

（十一月一日伦敦发专电）如果记者在此的责任，应将此间的真实情况，报告于国内读者，则在罗斯福总统发表史迪威将军的声明以后，大西洋两岸的报纸，同时对中国军政发表严刻抨击之文字，实为中国在海外威望最黑暗之一日，乃不容讳言。希腊及南斯拉夫的保皇党和现在伦敦之波兰人，今犹可得美国右派人士之支持，顾中国今日之处境乃最不幸，而并受左右两派的攻击。一九四〇年以前，中国大

---

① 杨天石：《找寻真实的蒋介石》，华文出版社 2010 年版，第 181 页。

受左派之赞扬，惟右派则多蔑视，及珍珠港事变以后，左右两派同对中国表示友好。同时外人亦为中国涂染一种法西斯国家的色彩，除非重庆方面立即有坦率的说明并在政策上实际采取透澈（彻）的办法，则今日西欧国家由于今日之控诉而引起之对华印象，恐须经许多年努力，然后方可校正过来。史迪威被召回的消息，使伦敦人士为之震撼，盖人人都以为只有史迪威一人支持陆上作战军略，与尼米兹作战海上而忽略中国战场者不侔。今日英伦报纸均以显著地位刊此消息，但均未刊载社评，遂使此事传遍各地而看不到英国对此事之舆论。每日镜报今于第一页战讯之上，刊一整栏之标题曰："中国被控冒混作战"英国所有驻美记者均将最近由华返美之记者爱金生及美联社记者在纽约时报发表之论文电致伦敦。每日记事报称，最近发布之消息系由美陆军部正式授权刊露。并谓"史迪威之被召回，为彼临危的，不民主的，以保持其政治优势尤重于对日作战之政权之政治胜利"。新闻纪事报继之而刊载一身历其境者之论文，指责中国领袖注重反共，甚于抗日战争，并谓国民党为最有效的独裁者，置有秘密警察，集中营及行刑队，重庆更被斥责囤积租借物资准备内战。伦敦泰晤士报除转载爱金生论文外，并提及美国外交协会杂志所刊载之论文，综论中国一切问题均集中于国共分裂一事。全国性报纸之撰述评论议及此事者，仅有一曼哲斯特导报，据称美国对华失望，由于彼早即赞誉中国为一强有力的民主国家，而英国舆论自使即颇稳健，因于此震撼虽具同情而不失望。省市报纸只有苏格兰人报发表社评，追述重庆对丘吉尔首相关于滥责援华物资说明所作批评，并称："所感不幸者运往中国的物资确乎不多，中国军队装备奇劣，但中国之脆弱要由于政治之不统一，而须以大批军队防范共党。"该报于结论中说，如果苏联亦参加太平洋之战，则东欧方面之情形，可能在中国复演云。①

从这封电文中，我们可以明显地看出当时英国舆论对国民党政府的负面态度。电文中所述之英国对国民政府的指责，既有相当的事实根据，也

---

① 《大公报驻英美特派员专电》，1944 年 11 月 1 日，台北"国史馆"藏蒋介石档案，档案号：002—080106—00026—002。

有由于双方矛盾所造成的成见问题。当时抗战正值最关键的时期，且日本败迹已露，战后国共矛盾问题已逐渐凸显。在这个敏感的时候，这封电文如果发表，则必然会对蒋政府的形象造成极大的损害。为此，当《大公报》将此电文送审时，被监察机关查扣，而《大公报》此次也"遵检未发"，而没有像"飞机洋狗事件"中那样"违检发表"。

（二）《黄金案的处理》事件

抗战军兴，东南沿海地区大片国土沦陷，国民政府收入锐减，而相应地以军费开支为主的支出却大大增加，面对这种形势，国民政府除了一再向美国请求援助之外，只有滥发纸币一条道路好走。1941年后，巨额的财政赤字基本由银行垫支填补（表4—1），而"这些银行垫款则主要是靠增发法币来实现的"[1]。

表4—1　　　1941—1945年间国民政府财政赤字及银行垫支情况[2]

年份	政府收入（百万法币）	财政赤字（百万法币）	银行垫支占财政赤字（%）
1941	1184	8819	106.8
1942	5269	24511	104.7
1943	16517	42299	96.7
1944	36216	135473	103.4
1945	1241389	1106696	97.9

1945年年初，抗战胜利的曙光初现，国民政府开始考虑战后复员问题，整顿战时混乱的财政金融一事便被提上了议事日程。面对大后方法币恶性膨胀的现实，为维护战后法币系统的稳定，国民政府开始考虑法币对黄金贬值。1945年3月28日，时任国民政府财政部部长的孔祥熙在得到蒋介石同意后，指令中央、中国、交通、农业四行及中国信托局、邮政储金汇业局等金融机构，宣布于30日起，将黄金价格由原来的每两2万元提高到每两3.5万元。但是，财政部的这份"绝密文件"却在实施前走漏了消息。28日当天，重庆黄金出售的数目便猛增1万多两，各路达官

---

① 石源华、金光耀、石建国：《中华民国史·第十卷》，中华书局2011年版，第220页。
② 资料来源：石源华、金光耀、石建国：《中华民国史·第十卷》，中华书局2011年版，第218、221页相关表格内容。

贵人各显神通，纷纷抢购黄金，牟取暴利。次日，财政部命令经报纸披露后，引起各界舆论哗然，蒋介石下令"彻查"，并严令对相关人员严加惩处，孔祥熙也因此被迫辞职，是为抗战后期的"黄金抢购潮"事件。

就在黄金案轰动陪都的时候，1945 年 4 月 20 日，《大公报》发表社评《黄金案的处理》，公开表示要对行政院决定的"将挪用公款化名购金证据确凿的戴仁文朱治廉二人撤职法办外，并将全案送交法院侦查究办"的处分决定发表"几点感想及意见"。此文虽然认为"政府这种作风，是值得赞美的"，也认为"政府于行政处分之外，将此案交付司法办理，甚为妥当"，但仍严词斥责"见利忘义"的"不肖官吏"，并呼吁彻查"泄露消息"的"相当高级人员"，并对"大户"们依法严惩①。此文于 5 月15 日被美国著名广播评论家 Raymond Swing 在美宣布，引起美国舆论哗然，也使得当时正在美交涉援华黄金运输问题的宋子文焦头烂额，不得不紧急召见 Swing 予以说明，并将此事急电告蒋，电云：

主席均鉴：

　　毛财长因我急切要求运济黄金，曾托词我财政部出售黄金美金储券及公债黑幕重重，并谓此事泄露美国舆论质问甚难置答。迳经电陈计，蒙钧察。昨晚美著名广播评论家 RAYMOND SWING 果宣布间于黄金案大公报攻击我政府之评论，及该案译情。值此正与美方交涉运济黄金之际，美方第一次广播此案显系毛之授意。俾可借口阻延。职今晨嘱 SWING 来见面，告请于今晚继续广播此问题，作为与职谈话经过。大意略谓三月廿八日决定黄金加价同日出售黄金量数忽较平时为多。我政府疑有泄露情事。立即饬令财政部严厉彻查，依法惩办。我政府此种自动之措施，不但不损其威信，祇有使人民增加对政府之信仰，可表示中国政府正力求廉洁之精神，同时嘱 SWING 说明，出售黄金为我国目前抵制通货膨胀之最有效方法，及此次大公报等之评论，乃根据我财政部与检察院报告此案之文件，更是见此案乃我政府自行发动，舆论不过响应而已云云。职固时机迫切，不愿美财政部有所借口，故嘱其如此宣布。SWING 为人尚无偏见，广播结果将于我

---

① 《黄金案的处理》，《大公报·渝版》1945 年 4 月 20 日第 2 版。

方有利也。谨陈。职文叩，咸日。①

　　如前所述，美国援助对维系国民政府的财政稳定至关重要，特别是在抗战即将胜利，国、共两极决斗即将登场的大背景下，美国对蒋政府的态度问题，就显得尤为关键。而罗斯福去世后，继任的美国总统杜鲁门对国民政府的态度并不像他的前任那样友善，在《雅尔塔密约》《中美商约》以及对共产党阵营的态度和推动国民政府走向民主化等内政、外交的诸多问题上，双方矛盾重重。在这样的时候，曾获密苏里学院新闻奖的《大公报》对于政府的态度，对于美国朝野的对华态度，有着重要的影响。从现在披露的材料来看，《大公报》发表这篇文章，似乎并未受到惩戒，但此事令政府相当难堪，却是事实。这也从一个侧面证明了王芸生接手后的《大公报》与蒋政府关系之微妙。

　　总之，这段时间内，《大公报》与政府间虽屡有摩擦甚至冲突，却仍基本保持一致，而为了更好地控制《大公报》，蒋所采取的策略，除偶有惩戒外，基本以经济扶持为主，这就是该报历史上鲜为人知的铸字金属事件与广为人知的 20 万美元官价外汇事件。

第三节　《大公报》购买铸字金属事件及战后白报纸配额问题

　　《大公报》自续刊之日起，便标揭"四不"原则，声称"不受一切带有政治性质之金钱补助，亦不接受政治方面之入股投资"。从现有的材料来看，该报基本没有接受政府的投资，但是在诸如白报纸、官价外汇以及铸字的稀有金属等国家统制物资的获取上，却的确是获得了政府的特别关照。

一　《大公报》申请稀有金属铸字事件

（一）国民政府资源委员会的"特矿统制政策"

　　"九·一八事变"之后，日本帝国主义加紧侵华步伐，国民政府面

---

　　① 《宋子文致蒋介石电》，1945 年 5 月 16 日，台北"国史馆"藏蒋介石档案，档案号：002—020300—00031—066。

临着巨大的压力，被迫整军备战，而当时中国军工生产极其落后，不得不大量从国外进口军火。但当时中国缺乏可以出口换汇的工业产品，只有直接出口矿产品换取急需的外汇。当时的欧洲也是战云密布，纳粹德国积极扩军备战，也急需大量稀有金属用于军工生产，于是双方一拍即合，从1935年12月开始，中国开始大量向德国出口钨、锑等稀有金属，以换取德国的军火装备和人员训练。"据统计，到全面抗战爆发时，国民政府从国外进口的武器装备中有83%来自德国，有将近三十万军队接受了德国的军事训练和武器装备，还有三十万也准备在短期内采用德国步兵师的编制与装备。"① 即使是在七·七事件后，在盟国日本的强烈要求下，德国仍然于1938年与中国达成口头协定，以军火交换中国的钨、锡、锑等矿产资源。1938年以后，德国对华援助基本结束，苏联成为对华援助的主要国家，而在中国政府偿还苏联对华援助的物资中，包括锡、钨、锑等在内的稀有金属也占了极大比重，由此可见稀有金属矿藏对国民政府的重要意义。

为了更好地管理稀有金属资源的生产活动，从1935年年底开始，国民政府资源委员会开始逐渐对钨、锡、锑等稀有金属进行"统制"，特别是全面抗战开始后，随着政府对国民经济全面统制政策的实行，"特矿"生产更是被全面纳入政府管理的轨道。1942年5月11日，国民政府制定《战时管理进口出口物品条例》（渝文字第五三二号），并于同年5月18日由司法院颁布施行（司法院训令，修字第二六五三号），规定四种物品须由政府机关报运出口，其中就包括"三、矿产（钨锑锡汞铋钼六种）"② 当时的所有"特矿"产品，几乎全部用于出口，国内企业如许购买，则必须向资源委员会申请，呈明购矿理由，经批准后方可购得。

（二）《大公报》两次申请购锑

但是，"特矿"中的锡、锑两种原料，乃是浇铸铅字的必备材料，而当时的重庆，各种物资奇缺，报纸印刷质量极差，这一点从现存的报纸原件上便可一目了然，而铅字在报馆来说则是随时需要更换的重要耗

---

① 张燕萍：《抗战时期资源委员会特矿统制述评》，《江苏社会科学》2004年第3期。

② 《战时进出口物品条例卷》，1942年5月18日，台北"国史馆"藏国民政府档案，档案号：318—004。

材之一，所以，谁能够获得紧缺的"特矿"铸造出铅字随时更换，无疑地便在竞争中占据了先机。1943 年 3 月 6 日、5 月 3 日，《大公报》总经理曹谷冰两次向资委会申请购锑共计一吨半，其中 3 月 6 日申请函云：

> 敬启者
> 　　敝报全部铅字使用已久×××（此处纸张缺损）铸兹拟向贵会价购纯锑半公吨，以备目前需要并备日后浇铸补充铅字及材料之用，谨奉函恳商，敬祈鉴核，准予购买，是所至幸，价值若干，并请赐示为荷。
> 　　此致
> 资源委员会
> 大公报馆敬启
> 负责人曹谷冰
> 三二·三·五①

资委会于 9 日批复云：

> 　　贵馆本年三月五日台函，以浇铸铅字，需价购纯锑半公吨，……查本会库存纯锑为量不敷，兹拟先售二百公斤，……请于函到十日内持函携款来会，以凭提货……②

5 月 3 日函云：

> 敬启者
> 　　敝馆前因缺乏铜模致报纸版面颇感单调，最近已将留置香港之铜模大部运出，急须浇铸大批新字以期报纸式样美观，拟向贵会请购纯

---

① 《大公报社致资源委员会函》，1943 年 3 月 6 日，台北"国史馆"藏资源委员会档案，档案号：003—010303—0014，标点系笔者所加。
② 《资源委员会复大公报社函》，1943 年 3 月 6 日，台北"国史馆"藏资源委员会档案，档案号：003—010303—0014。

锑一公吨，以应需要，至祈鉴核赐准，无任公感。

　　此致

资源委员会

大公报馆敬启

负责人曹谷冰

五月三日①

资委会5日批复云：

　　贵馆本年五月三日函，需购纯锑一公吨等由，自应照售，……其交货地点及付款提货等手续，统照前例办理，相应函复，即希查照为荷。②

　　由上述两函可见，《大公报》两次申请，都很快得到了批准，那么这种情况是不是当时陪都的普遍状况呢？我们来看一下当时其他各机构申请"特矿"的情况。

（三）重庆各机构申请"特矿"情况

　　《大公报》两次申请购锑的行为，看似正常的商业行为，但在当时政府"统制特矿"的背景下，却殊不寻常。就资委会现存档案来看，当时重庆地区能够申请购买稀有金属并获得批准的，除了国民党党营机构之外，民营报馆只有《大公报》一家，而其他大批民营报馆则要么申请未获批准，要么压根儿没有申请（表9）。

　　从表9可见，当时在渝各家出版机构想要获得"特矿"铸字，都必须向资源委员会申请，即使是《中央日报》及军委会办公厅机要室等机构也概莫能外。同时，《大公报》两次申请的时机也颇堪玩味，我们来看一下从1942年1月到1944年12月三年间资委会售锑价格的变化（图4—1）。

---

　　① 《大公报社致资源委员会函》，1943年5月3日，台北"国史馆"藏资源委员会档案，档案号：003—010303—0015，标点系笔者所加。

　　② 《资源委员会复大公报社函》，1943年5月3日，台北"国史馆"藏资源委员会档案，档案号：003—010303—0015。

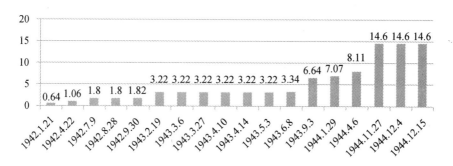

图4—1　1942.1—1944.12资委会售锑价格变化
（单位：万元法币/吨）

从图4—1不难看出，1942年1月—1944年12月的三年间，资委会售锑价格从每吨法币6430元涨到了146000元，上涨了约23倍，几乎每隔一段时间就会有大幅上涨，而这三年时间里，锑价相对稳定的时间，就是1943年2月19日—6月8日，其间基本稳定在每吨32234元，而《大公报》两次申请购锑恰恰就发生在这一时期，这段时间里获准购锑的机构，除《大公报》馆外，还有国民党中央执行委员会秘书处中央文化驿站总管理处、新疆日报社、中央训练团印刷所、上海华丰印刷铸字所重庆铸字厂等四家，其中华丰印刷铸字所性质无考，但另外三家却明显都是国民党或政府机构。当然，我们无法就此确认其间存在着关联交易问题，但该报申请时间之巧妙，却当为事实。

更为重要的是，在申请流程上，《大公报》也颇受关照。审视表9，我们不难发现，当时各家机构从申请到获批，再到实际拿到货品，大多要经历十几天到一个月不等的时间，在当时大后方物价剧烈波动的情况下，早一天拿到货品，就意味着在价格上占了便宜，最起码也可以减少企业流动资金占用的时间，对经营可谓大有好处。而《大公报》两次申请，分别只用了4天和12天，这个速度在所有时间可查的申请者中可谓最快，甚至超过了中央训练团印刷所（11天、17天）、中央警官学校印刷所（14天）等官方机构，这不能不说是政府特殊关照所致。

表4—2　1941.1—1945.4 重庆各出版机构申请购买"锑矿"情况①

时间	机构	申请项目及数量	用途	批复意见	备注
1942.1.21	光华印书馆	纯锑半吨	铸字	呈悉,应准照数拨售,可在昆明就近交货,每吨内销价格贰仟陆佰元外加运昆运费叁仟叁佰叁拾叁给元	1.31批复
1942.2.20	亚康印书馆	纯锡四吨	铸字	查本会库存锑不多,现可售给纯锑贰佰公斤,售价每公吨壹万零陆佰叁拾伍元	
1942.4.22	中央训练团印刷所	纯锑壹仟磅	铸字	呈悉,查锑为本会专管理之品,商氏不得自由买卖转运。该商拟前往湖南购锑,应径向本会锑业管理处(设湖南零陵)请购,自当填发运输护函。即令该处于该商请购时查核售	②
1942.5.29	文渊印书馆	每月需纯锑二市担,请发给准购证暨运输护照各一自在长沙等地购锑	铸字		
1942.7.9	中央训练团印刷所	锑七十五公斤	添铸铅字	本会可售纯锑七十五公斤,售价每公吨玖佰玖拾捌给元,须购之铝,可向湖南建设厅洽购	7.20发货
1942.8.28③	中央训练团印刷所	纯锑七十五公斤	④	按照市价每公吨壹万零捌仟零玖拾玖给元售给	9.14交锑

① 资料来源:台北"国史馆"藏资源委员会档案。

② 笔者注:凡"备注"栏中空白者,均系无法从原始档案中查到具体批复交货日期情况者。

③ 此项申请没有原申请函,从原件内容来看,似应为原申请,但原案时间为此案时间,现以该训令时间为此案时间,但如系正常申请者,申请时间当在此前。

④ 由于没有原申请原文,现以该项申请用途不明,故此项申请用途不明,以此单位性质来看,似应为制造铅字之用。

令、但查不到此原文,现以该训令此函,文中提到此案为资源委员会资(卅一)矿字第一一五〇六号训令

续表

时间	机构	申请项目及数量	用途	批复意见	备注
1942.9.30	上海华丰印刷铸字所重庆铸字厂	纯锑二十公吨，纯锡五公吨	铸字	拟通知照售，惟本会渝库存量不多，准先售纯锑拾公吨及纯锡两公吨，余额俟纯锡运到再行通知续购。纯锡每公吨售价壹万捌仟柒佰贰拾贰元，纯锑每公吨售价伍万柒佰玖拾贰元	11.6 发货
1942.12.7	中宣部直属三民印刷所	纯锡半吨	浇铸铅字	拟照售（纯锡单价每公吨柒叁仟陆佰零叁元）十二·九	12.23 交货
1943.2.19	侨光印书馆①	纯锑二吨半，纯锡一吨	铸字	拟先售纯锑壹公吨，单价每公吨叁万贰仟叁佰拾肆元，纯锡半公吨，单价每公吨柒万玖仟陆佰捌拾柒元	
1943.3.1	大业凹凸版印刷公司	纯锡一吨	制造钞票铅版	拟俟大业公司呈请洽购时再行核办 三·四	
1943.3.2	文友印刷厂社②/经理李修润	纯锡二吨，纯锑叁吨	铸字	应先将如何配成合金，成分究需锡锑若干等详晰呈复，并取得经济部工业调整处证明文件，一并呈来本会，再凭核办	

① 该馆系若干旅外侨胞发起集合国内部分文化工作人士等筹资创设，专印政府公报刊物并发行学校参考用书。
② 该会承印党政军各机关夫公报及书籍杂志等，并承印资委会公报年余。

续表

时间	机构	申请项目及数量	用途	批复意见	备注
1943.3.6	大公报馆/曹谷冰	纯锑半吨	当前铸造铅字并日后备字浇铸补充铅字及铅材料	查本会库存纯锑为量不敷，兹拟先售二百公斤，单价每公吨叁万贰仟贰佰叁拾肆元……至贵馆如需续购，后货运到后，再行通知洽售	3.10批复
1943.3.27	国民党中央执行委员会秘书处中央文化驿站总管理处	纯锑五百公斤	铸字	自应照售，单价每公吨叁万陆仟贰佰叁拾肆元	
1943.4.10	新疆日报社	纯锑半吨	铸字	照售，价款叁万陆仟壹佰壹拾柒元	5.13发货
1943.4.14	中央训练团印刷所	纯锑三百公斤	铸字	拟照售，纯锡单价每公吨叁万贰佰叁拾肆元四·十六	
1943.5.3	大公报馆/曹谷冰①	纯锡一吨	铸字	自应准售单价每公吨叁万贰仟贰佰叁拾肆元	5.15发货
1943.5.19	成都中央日报社	纯锡叁吨	铸字	纯锡可暂售壹公吨，单价每公吨贰仟叁佰捌拾柒元	
1943.6.8	上海华丰印刷铸字所重庆铸字厂	纯锑拾公吨、纯锡叁公吨	铸字	呈悉，准予照售纯锑拾公吨、纯锡两公吨，纯锡单价每公吨叁仟叁佰肆拾元，纯锑价格每公吨叁万玖仟壹佰叁拾肆元；纯锡捌万捌仟捌佰拾柒元	

① 此项申请以中国国民党中央执行委员会秘书处总务处公函形式下发。

续表

时间	机构	申请项目及数量	用途	批复意见	备注
1943.9.3	正中书局	纯锑五十担	铸字	该局需纯锑两公吨半，拟为数照售，纯锑单价现为每公吨陆佰柒拾叁元零贰分	
1944.1.29	军事委员会办公厅机要室	纯锑三百五十公斤	铸字	拟准照售，单价每公吨柒万零柒佰贰拾叁元	
1944.4.6	自由西报	纯锑二百市斤	铸字	拟照售，纯锑单价每公吨捌万壹仟零捌拾元	4.15批复
1944.9.7	中央警官学校印刷所	纯锑一吨	铸字	纯锑可以照售九·廿一	
1944.11.27	自由西报	纯锑一百公斤	铸字	拟照售，纯锑单价每公吨肆万陆仟元	12.12.批复
1944.12.4	中央训练团印刷所	纯锑一百公斤	铸字	可以照售（每公吨价肆万陆仟元）	12.12批复
1944.12.15	大业印刷公司	纯锑二百磅	制版印钞	自可照售，纯锑单价每公吨肆万捌仟陆佰元	1945.1.5批复
1945.3.18	汉口新快报社	纯锑半吨	铸字①	属特种产品，依章应先函请同业公会或县商会出具证明文件，并填报需用原料调查表，再凭核售	6.17，新快报社补交证明文件等，7.20批复：纯锑可配售壹公吨；每公吨售捌拾捌元及每公吨补税一七九○二五元
1945.4.19	军委会政治部	纯锑四百公斤	铸字②	自应照售，纯锑单价每公吨捌万肆仟元	4.30批复

① 此时抗战已近尾声，新快报社是为了筹备在江北复刊事申请购买纯锑。

② 军委会政治部为知识青年自愿从军印刷宣传品而自行成立印刷所，此项申请系以战时生产局材料处公文名义下发。

为了更好地说明当时民营印刷机构申请"特矿"之难，我们可以以重庆亚康印书馆申请购锡一事为例，来看一下当时的具体情况。

（四）重庆亚康印书馆申请购锡经过①

1942年2月20日，重庆亚康印书馆向资委会申请购锡4吨，函云：

> 敬陈者：窃继生深感后方排印书版日见困难，长篇巨著穷年累月不易出版，即月报季刊亦恒延期，此种状态于陪都出版界中似已司空见惯，毫不为奇。惟思长此以往，对于抗战时期文化宣传损失至巨，继生有鉴及此，爰组织亚康印书馆，从事印刷出版业务，期为出版界弥补若干缺憾。创立伊始，拟采购纯锡四吨，配合川产土铅，以作铸造铅字之用。伏恳钧会准予所请，指令桂林锡业管理处照数供应，俾克日购运回渝，不特解决后方出版上部份之困难，抑亦有助于抗建大业，理合。具文呈请鉴核示尊，实为德便。
>
> 经济部资源委员会
>
> 亚康印书馆谨呈②

3月3日资委会就此事复函重庆印书报业公会，函云：

> 案据亚康印书馆呈以经营印刷出版业务，恳予准购纯锡四吨以便铸造铅字等情，本会亟须明了四点以凭据办：（一）渝市能铸字者若干家及其商号名称详细地址，（二）各项书号之铸造铅字能力（每年各铸若干总产量若干吨），（三）铸造铅字需要铅锑锡之配合成分，（四）亚康印书馆规模大小及其制造铅字能力。相应函请查明见示为荷！

---

① 需要指出的是：A. 亚康印书馆此次申请系发生于1942年2月—4月间，比《大公报》两次申请要早一年左右，时过境迁，事情可能会有一些变化；B. 亚康印书馆所申请购买之特矿品种为纯锡，而从资委会档案来看，该会对锡的控制似乎要严过锑。但考虑到：A. 资委会档案散失严重，亚康印书馆一案系所有申请中现存资料最为完整的一宗；B. 资委会战时特矿管控专卖办法一直没有大的改变；C. 锡、锑同为资委会管控之特矿，故笔者认为，此事于《大公报》购锑一事应有一定的类比价值。

② 《亚康印书馆致资源委员会函》，1942年2月20日，台北"国史馆"藏资源委员会档案，档案号：003—010303—0032，标点系笔者所加。

此致

重庆市印书报业同业公会①

4月22日，在未获重庆印书报业工会复函的情况下，似因亚康印书馆不断催促，资委会决定暂售其"次锡"2吨，函云：

前据该馆本年二月廿日呈以铸造铅字需纯锡四吨，请准购用等情，本会为欲明了本市印刷铸字业实情以便统筹支配起见，当经致函本市报业及印书业同业公会，请即查明函复各在案。惟迄今尚未准复，而该商需锡迫切，未能久待，除令锡业管理处（设桂林）售给次②锡贰公吨俾资应用外，令行通知该商径向该处洽购！

右通知亚康印书馆准此③

虽然已经准卖"次锡"二吨，但事情却还没有结束，23日，重庆第二区印刷工业同业公会就该会3月3日询问函复函云：

案查前准：

贵会资（卅一）矿字第二一五六号函略闻：

"案据亚康印书馆呈以经营印刷出版业务，恳予准购纯锡四吨以便铸造铅字等情，本会亟须明了四点以凭核办相应函，请查明见复"等由：准此，查亚康印书馆，现有铸字机一部，正拟扩充设备，添置机件，现在每年可铸造铅字约二万磅，以70%之铅、15%之锡、15%之锑之配合比例计算，每年约须纯锡一吨半以上，连同铸制铅版与损耗，年约需纯锡二吨有余。至本会所属其他有铸字设备之各商号，业经分别调查清楚，准函查照为荷！

此致

经济部资源委员会

---

① 《资源委员会致重庆印书报业公会函》，1942年3月3日，台北"国史馆"藏资源委员会档案，档案号：003—010303—0032。

② 原稿此处原作"纯"，后涂掉改为"次"。

③ 《资源委员会致亚康印书馆函》，1942年4月22日，台北"国史馆"藏资源委员会档案，档案号：003—010303—0032。

附铸字商号表一份（略）

第二区印刷工业同业公会主席 许永清

中华民国三十一年四月廿三日①

5月12日，资委会再度复函第二区印刷工业同业公会云：

贵会本年四月廿三日函附送铸字商号调查表一份，至为感韧，惟尚有亟须明了者四点：（一）贵会称第二区，是否可以代表重庆全市？抑尚有其他公会可代表重庆全市？（二）表列各铸字商号每年需用铅及锑之数量甚大，以前如此大量之原料自何处采购？（三）锡量未列入表内，铸字合金锡是否必须之成分？（四）全市各铸字业每年需铅及锡锑总额最多量各若干？最少限度每年究需若干？相应函请查明惠复为荷！

此致

第二区印刷工业同业公会②

　　从现存档案中无法得知第二区印刷工业同业公会是否再就此事与资委会往还，但资委会对"特矿"申请审批之严格、手续之烦琐，却足见一斑。同时，当时陪都报纸云集，需要铸字的显然不止《大公报》一家，而除了《中央日报》外，无论是《新民报》等民营大报还是《新华日报》等共产党报刊，在长达三年多的时间里却集体缺席"特矿"申请③，确实是一件难以解释的事情，究竟是这些报刊知难而退，还是别有神通，抑或是档案散佚，我们不得而知，但无论如何，《大公报》在这一问题上

---

① 《重庆第二区印刷工业同业公会致资源委员会函》，1942年4月23日，台北"国史馆"藏资源委员会档案，档案号：003—010303—0013。

② 《资源委员会致重庆第二区印刷工业同业公会函》，1942年5月12日，台北"国史馆"藏资源委员会档案，档案号：003—010303—0013。

③ 新民报社于1945年4月27日向资委会申购"青铅五吨"以为"铸字制版之用"，唯因当时已近战末，资委会已放开此项货品购销行为，故该会于5月2日函复新民报社，检寄《特种矿产品用户须知》一份，并嘱其"查照该项规定办法自行洽购"，唯因此事并非由资委会批准，乃系正常商业行为，与《大公报》申请购锑一事性质完全不同，故此认为新民报社并未申购"特矿"。见《新民报社致资源委员会函》，1945年4月27日；《资源委员会复新民报社函》，1945年5月2日，等件，台北"国史馆"藏资源委员会档案，档案号：003—010303—0013。

获得的优遇，却似乎是不争的事实，由此也足见这一时期政府对《大公报》的特别关照。

二 白报纸配额事件

抗战胜利后，国共内战随即开始，人民期盼的国内和平并未到来。在战争环境下，中国本就相当薄弱的工业生产遭到了严重的破坏，工业产品严重依赖进口，而在报业方面，印刷报纸所需用的白报纸几乎全部依赖进口，抗战结束后官方规定的法币对美元的低汇率，更使得大量美制纸张涌入中国市场，本土纸厂纷纷倒闭，更使得报界"纸荒"雪上加霜。

战后国统区报界白报纸问题之严重，从1947年4月10日蒋介石致蒋梦麟一函中，可以一窥究竟：

> 行政院蒋秘书长勋鉴：据报自政府公布纸货输入限制办法后，白报纸进口锐减，对于出版业所需不敷甚巨，投机商人复争相购储，致价格猛晋，目前每令价格竟达十四万元。更因商业萧条，一般商人无力再作广告宣传，致报业收入锐减，而生活指数又节节上升，是以各报业已临空前之难关等情。①

在外汇不足的情况下，官方进口的白报纸数量严重不敷需要，在"僧多粥少"的情况下，官方进口的白报纸配额，成了各报争夺的焦点。国民党政府在优先保证党报需要的情况下，将剩余的进口量分配给民营报馆去争取。"国民党的作法是先决定全国各地白报纸的分配量，再交由各地报业同业公会自己去分配细目。报业同业公会由会员报社组成，按照各报的发行量比例分配该地配额，待白报纸运来后各报依照中央信托局向海外订购时的官定汇率结汇，便可领纸应用。"②

国民党政府的这种看似公平的做法，由于各报与政府关系远近亲疏不

---

① 《改善白报纸输入生产及分配办法》，1947年4月10日，台北"国史馆"藏国民政府行政院档案，档案号：700.3—734.1。

② 高郁雅：《国民党的新闻宣传与战后中国政局变动（1945—1949）》，博士学位论文，台湾大学，2001年，第170页。

同，言论地位的差别，加上官价纸张与实际用量间巨大的缺口，导致各报间堪称惨烈的"纸张争夺战"。在这场不见硝烟的"战争"中，《大公报》也是颇受照顾。1947年，李子宽成为上海市报馆商业同业公会理事长，"朝中有人好做官"，在同期官价白报纸配额的分配上，《大公报》所占份额仅次于实际已被政府接管的《申报》和《新闻报》，大大超过《文汇报》《立报》《商报》等其他民营报纸（表4—3）。

表4—3   1947年5—7月上海各主要报馆白报纸分配①

报名	配额（吨）	报名	配额（吨）	报名	配额（吨）
《新闻报》	330	文汇报	85	正言报	58
《申报》	190	东南日报	75	前线日报	50
《大公报》	165	商报	63	益世报	45

诚然，当时官价白报纸分配的依据，乃是根据各报发行量及影响力得出，《大公报》在这两项上面，虽不至于独步望平街，却也大是不俗，但该报所获份额如此之高，却不能不说是另有原因。从表4—3中我们不难看出，《大公报》一家所获份额，超过其后的《文汇报》和《东南日报》的总和，而两报在当时也是颇具影响力，《大公报》的发行量和影响力是否能够等于《文汇》《东南》之和，似乎颇值得怀疑。总之，在战后上海报界的"纸张争夺战"中，《大公报》获得了相当的优待，其中虽然有该报自身影响力的原因，但政府对该报的特殊关照，也不能不说起到了一定的作用。

除了上述两端事件之外，这一时期内政府对《大公报》特别关照的最重要事件，乃是1945年4月的20万美元官价外汇事件。

第四节   20万美元官价外汇事件

1945年4月，时任《大公报》总经理的胡政之向蒋介石申请购买20万美元官价外汇，成为《大公报》史上最具争议性的事件之一，长期以

---

① 参见高郁雅《国民党的新闻宣传与战后中国政局变动（1945—1949）》，博士学位论文，台湾大学，2001年，第175页。

来一直争议不断。早期论者多以为此事件乃是该报出卖言论权的铁证，而90年代以来，学界对于这一问题的看法逐渐改变，认为此事系一件"正常的商业行为"，但却并未就此事达成共识。由于此事件对于研究《大公报》后期历史具有非常重要的意义，故此特以专节讨论。

这一事件对于研究《大公报》史的重要意义，首先表现在其资本构成方面。"（大公报）是以五万元资金创办的……1946年第二次增加资本为六亿元。……在1946年进行第二次增加资本登记时，新记公司董事会和股东会……曾先后决议，'本公司资本应保持实质为美金60万元'。当时的资本60万美元，是包括20万美元官价外汇和李国钦投资五万美元在内的。"[1] 20万美元占了其总资产的1/3。虽然是以官价购买的，但是当时"二十比一的官价汇率，好几年来，早已与实际币值脱节甚远"[2]。黑市价格其实成了当时外汇市场的主导价格，而1943年之后，大后方美元黑市价格"大多数是以重庆市价为基础的"[3]。而当时的重庆外汇黑市价格为1美元兑换法币1705元[4]。若按此汇率以法币计，这20万美元相当于法币3.14亿元，除掉该报拿出的400万法币，仍占到了其总资产的56.17%。

这一事件的另一重要意义，在于其对研究《大公报》言论倾向的意义。"小骂大帮忙"是《大公报》一直以来最为人争议之处，在这一问题上，该报是否曾经接受过国民党政府的津贴，是问题的关键。在该报24年的历史中，其有据可查的与蒋政府的金钱联系，仅此一次。那么这一事件是否能够作为考察其言论倾向的分界点，便成了一个很重要的问题。

一 事件论争的经过

检视这一事件论争的历史，笔者发现，自1945年下半年起，《新华日报》便已将这一事件作为反击《大公报》的重要材料。1945年10月25日，《大公报》发表了著名的《为交通着急》，28日，《新华日报》发表

① 王芸生、曹谷冰：《1926至1949的旧大公报》，载中国人民政治协商会议全国委员会文史资料研究委员会编《文史资料选辑（第27辑）》，中华书局1962年版，第31—36页。
② 林华清：《当前外汇汇率问题》，《中央银行月报》1946新1（1）。
③ 张公权著，杨志信摘译：《中国通货膨胀史》，文史资料出版社1986年版，第192页。
④ 根据中央银行经济研究处编的美元牌价表，转引自张公权著，杨志信摘译《中国通货膨胀史》，文史资料出版社1986年版，第33页。

新闻，澄清事实真相，并在次日的副刊上以答读者信的形式对其进行了
批评：

> 八路军、新四军在抗战中的功绩，中共在解放区所实行的民主措
> 施，早已有中外人士的定评。其中有记者、教授、学者、名流，他们
> 既不是共产党员，又没有从共产党得到什么美金外汇，他们的批评，
> 才真正是出于良心，大公无私的。……那些以"奸伪"诬人者，却
> 正和奸伪一家，甚至和敌人合作，借敌人的血手来屠杀自己的同胞，
> 这不已是天下皆知的事实了吗？以"大公"自命者，对这件事，却
> 连气也不哼一个，何等奇怪呵！①

次年，上海《文萃》杂志发表了赵则诚的长文《与王芸生先生论大
公报书》，文中在谈到这一事件时这样说：

> 抗战胜利之后，大公报尽管获得了政府二十万美金的"救济"，
> 在事业上也很快的复员发展，但在读者心里却因为言论态度的日渐软
> 化笼统，而被厌弃了。②

1948 年 9 月，民主出版社出版的《蒋党内幕——三十年见闻杂记之
一》中，对这一事件做了这样的评价：

> 大公报并不直接拿国民党的津贴，但比接受津贴的报纸要多得实
> 惠数百倍以至千倍。如日本投降之前，重庆的美汇市价要三千元蒋币
> 换美金一元，大公报从财政部获得外汇二十万美元，是照最低的官价
> 二十元蒋币换美金一元计算的，就是以四百万元换到价值六万万元的
> 外汇，其所得超过一千个职员全年的薪金，比大公报全年的开支要大
> 几倍，那（哪）里有这样大的津贴！③

---

① 《不祥的信号》，《新华日报》1945 年 10 月 29 日第 4 版，着重号系笔者所加。
② 赵则诚：《与王芸生先生论大公报书》，《文萃》1946 年第 2 期，着重号系笔者所加。
③ 翊勖：《蒋党内幕——三十年见闻杂记之一》，民主出版社 1948 年版，第 86 页。

此书著者翊勋，是恽逸群的笔名。恽时任华东局政治秘书、代理宣传部长等职，此书对这一事件的评价，可以认为是新中国成立前共产党阵营的最终态度。

这一时期就此事批评《大公报》的，绝非仅有共产党阵营。时任蒋政府高级参议的坚定反共派、《救国日报》主笔龚德柏，也将此事作为攻讦《大公报》的重要炮弹，以至于成了当时街头小报的谈资：

> 惟其时龚之《救国日报》已复刊，遂日日痛骂大公报发胜利财，买外汇，夺政权，以伪君子姿态出现报界，胡王等闻之，竟无可如何，诚新闻界之新闻也。[1]

新中国成立后到"文革"结束前，由于极左思潮的影响，"旧《大公报》"的一切几乎全被否定，而这一事件更是被作为《大公报》的重要"罪证"之一。如德山《旧大公报剖视》：

> 胡在重庆的时候，曾一次从蒋介石那里敲到二十万美金，名义是请外汇，但是外汇官价比里市（疑为"黑市"之误，笔者注）低的很多，二十万又是一个不小的数目，很显然这是蒋介石"送礼"。[2]

又如熊复[3]云：

> 据说，张季鸾就曾为此（与共产党所办的《新华日报》竞争）十分得意，从蒋介石那里得到过奖赏，从美帝国主义那里也得到过20万美元的"援助"。[4]

---

① 大华力士：《买外汇，夺政权，龚大炮痛骂大公报发胜利财》，《大观园周刊》1946年第7期第3版。

② 德山：《旧大公报剖视》，《新闻战线》1958年第1期。

③ 熊复，1915—1995，四川临水坛同镇陡水坡村人，中国共产党新闻宣传活动家，1937年入党，曾任重庆《新华日报》编辑部主任、总编辑。

④ 熊复：《幸好没有辜负党的委托和人民的期望》，载范剑涯、石西民编《新华日报的回忆》，重庆人民出版社1959年版，第41页。

80 年代，随着政治空气的转向，学界逐渐转变了之前对该报一概否定的态度，开始客观地看待《大公报》和胡政之。但是，在 20 万美元官价外汇这一问题上，这一时期仍然延续了之前的否定态度。

笔者所见的这一时期涉及这一问题的最早记录，见于徐铸成先生的《旧闻杂忆·续篇》：

> （1947 年，陈立夫、潘公展等国民党要员宴请徐铸成、严宝礼，提出政府要"投资"十亿元给《文汇报》，徐当席表示）："……各位都知道，我是《大公报》出身的，我之所以毅然脱离《大公报》，主要因为胡政之接受了二十万美金官价外汇（当时黑市美金一美元合'法币'二千元以上，官价只有二十元，给官价外汇，等于白送），我当然不会容忍《文汇报》比它更不干净……"①

而《新闻界人物》中虽然对胡政之评价颇高，但对这一事件也持否定态度：

> （胡政之）参加伪国大的原因并不是因为他"要存《大公报》这份事业"，而是因为他早就得了二十万块官价外汇，不得已而为之。同时，他的生活道路，他的阶级本质，就决定了他要跟蒋介石走。②

与胡政之共事多年的《大公报》重要干部曹世瑛也基本持相同态度：

> 胡政之购买官价外汇是犯了一次严重的错误，因为购买官价外汇是一种不等价交换。……美元官价外汇每元牌价为"法币"二十元，黑市时时波动，要高一二十倍不等。这样大的数字《大公报》是担

---

① 徐铸成：《旧闻杂忆》，四川人民出版社 1982 年版，第 102—103 页。
② 《新闻界人物》编辑委员会编：《新闻界人物（四）》，新华出版社 1984 年版，第 151—152 页。

负不了的。[1]

1991 年出版的《大公报人忆旧》中，第一次出现了对此事件的正面评价：

> 大公报是一家私人经营的报纸，资金来源都是民族资本，从未接受任何政治集团的津贴和资助。在抗战胜利前夕，为发展战后大公报事业，按当时官定牌价购买到 20 万美元用来购置印刷设备，以填补在抗战时期辗转搬迁时的设备损失，这纯属商业行为，完全不是接受国民党的津贴或资助。[2]

王芸生先生之子王芝琛在 1999 年所写的《〈大公报〉与"小骂大帮忙"》一文中基本沿用了袁光中的说法：

> 在抗战胜利前夕，《大公报》为发展事业，按当时官定牌价购买到 20 万美元，用于购置印刷设备，这纯属商业行为，完全不是接受国民党的津贴或补助。[3]

但这一时期批评的声音依然存在，如盛沛林先生的《小骂大帮忙的〈大公报〉》：

> 1945 年抗战胜利后，蒋介石批准《大公报》购买 20 万美元官价外汇，实际上等于发给他一笔巨额津贴。[4]

这一时期还出现了中立的观点，如《史稿》中，对此基本是"存而不论"的态度，首先，在叙述该报资本构成时，将其略去不谈，只是说

---

① 曹世瑛：《〈大公报〉与胡政之》，载中国人民政治协商会议全国委员会文史资料研究委员会编《文史资料选辑（第九十七辑）》，文史资料出版社 1985 年版，第 103—104 页。

② 袁光中：《大公报的经营管理》，载周雨编《大公报人忆旧》，中国文史出版社 1991 年版，第 21 页。

③ 王芝琛：《〈大公报〉与"小骂大帮忙"》，《黄河》1999 年第 5 期。

④ 盛沛林：《小骂大帮忙的〈大公报〉》，《南京政治学院学报》1995 年第 2 期。

其"1946年估值资本为6亿法币，1948年财产为60万美元，其中5万美元为旅美华侨李国钦入的股"①。其次，书中仅提到了这20万美元的用途："1945年4月，胡政之……用向国民党政府购买的20万美元的外汇向美国华尔德·史考托厂订购轮转印报机3部和部分通信器材、卷筒纸及办公用具"②，而对其来龙去脉不置一词。

2000年以来，批评的声音逐渐消失，方汉奇先生在《大公报》中的论断，几乎起到了"盖棺论定"的作用：

> （大公报）为订购新式印刷机器，曾从国民党政府处购买过20万美元的官价外汇，因此遭到诟病，其实也是小题大做。首先，中国的报纸为购买国外的设备，申请一点官价外汇，这本是光明正大的事，其性质属于公事公办。虽然官价低于市价，《大公报》因此得了点便宜，但毕竟要照价购买，不能等同于馈赠。再次，《大公报》并没有因此放弃既定的办报方针，接受控制，改变主张。③

至此，对于这一问题的争议似乎可以画上一个句号，但是事情远没有这么简单。审视论争的双方，笔者发现，他们都或多或少地从自己的角度出发，对历史真实进行了一定程度的"修改"，如反对派普遍夸大了当时的黑市汇价，而赞成派则对当时巨大的汇价差视而不见；同时，双方都没有从当时的历史现实出发，仔细地考察这一事件的真实情况，对事件的分析稍显单薄甚至张冠李戴，结论也略显武断。

其实，要弄清楚这件事情，只需要弄清楚这样几个问题：1.这件事情发生的经过如何？2.这一事件是否纯属"公事公办"？3.《大公报》究竟是否因此而接受控制，改变主张？

二　考察事件本身的经过

由于现在并未发现直接当事人留下相关记述，我们只能通过其他人员

① 吴廷俊：《新记〈大公报〉史稿》，武汉出版社2002年版，第29页。
② 同上书，第249页。
③ 方汉奇：《再论大公报的历史地位》，载方汉奇等著《〈大公报〉百年史》，中国人民大学出版社2004年版，第16页，着重号系笔者所加。

的记载来考察事件的经过。

相对于对这一事件的争论，对事件经过本身的记述要少得多，笔者仅见到两例，其一是王芸生和曹谷冰所写的《1926 至 1949 的旧大公报》：

> （一九四五年初）胡政之……在一次蒋介石约见他的时候，袖交蒋介石一封信，请准大公报申请购买二十万美元的官价外汇，准备抗战胜利后购买新机器，以装备复员后的大公报。这封信递交后，好久没有下文，胡政之很焦急，他又在一个机会上向蒋介石当面催询。蒋介石终于批准了。①

另一条记载见于贺善徽先生的《大公报的抗日言论》：

> 当时旧金山会议即将在美国举行，筹备成立联合国，胡政之被选派为中国代表团成员。出发前不久，胡政之在一次编辑部会议上说：蒋介石约见代表团全体人员，"散会以后，我留下与蒋先生单独谈了一次。我说抗战以来，大公报在沿海的产业损失殆尽，抗战胜利后大公报要复员，没有力量。蒋先生当即批给 20 万美元的外汇。"这段话是我在会上亲耳听到的，文字不一定完全准确，但大意不会错。②

两相对照，我们基本可以确定，20 万美元的最终敲定当是在胡政之被选为联合国代表团成员之后到赴美之前，而具体的时间则应当是在这期间面见蒋介石的时候。中国代表团名单于 3 月 27 日公布，4 月 5 日晨，胡政之与吴贻芳同机离渝赴美③，事情应当就发生在这 9 天之内。据"蒋介石档案"及同期《大公报》资料显示，这段时间内，胡唯一一次面见

---

① 王芸生、曹谷冰：《1926 至 1949 的旧大公报》，载中国人民政治协商会议全国委员会文史资料研究委员会编《文史资料选辑（第 25 辑）》，中华书局 1962 年版，第 17—18 页。

② 贺善徽：《大公报的抗日言论》，载周雨编《大公报人忆旧》，中国文史出版社 1991 年版，第 63—64 页。

③ 见《旧金山会议我国代表团发表》，《大公报·渝版》1945 年 3 月 28 日；《旧金山会议我代表吴贻芳胡霖昨赴美》，《大公报·渝版》1945 年 4 月 6 日。

蒋，乃是 4 月 2 日晚，蒋宴请旧金山会议全体代表时①。据此，笔者认为，这一事件发生的具体时间，应当是在 1945 年 4 月 2 日。

三　同期国民党政府外汇政策及《大公报》购汇手续问题的考察

那么，这一事件是否"纯属公事公办"呢？这需要我们先来梳理一下这一时期国民党政府的外汇政策。

抗战开始之后，国民党政府认为："维持现有的汇率将是必要的，结果势必要准许外汇无限制的买卖，这两种措施必须同时坚持到底。对国内来说，这可以提高人民的信任，并可以巩固中国财政金融的地位；对国外来说，这可以表示中国长期抗战的决心，从而争取友邦的援助。"② 但是，抗战初期国军在正面战场上的节节失利使得国民对抗战前途一片悲观，银行提存与资金外逃现象十分严重。至 1938 年 3 月，由于中国、中央、交通三行外汇基金大量消耗，特别是华北日伪中国联合准备银行成立之后企图以伪币调换法币进而套购外汇，故国民党政府于 1938 年 3 月 12 日宣布限制外汇购买，外汇黑市由此产生。1939 年 3 月，中英平准基金委员会成立，试图再度通过无限制买卖外汇维持法币汇率，但由于供需矛盾太大，基金数目有限，最终 1941 年 7 月 26 日，英、美宣布封存资金，这种努力宣告失败。

1941 年 8 月，中美英平准基金会正式成立，决定放弃过去无限制买卖外汇的政策，代之以审核制度。同年 12 月太平洋战争爆发后，上海"孤岛"沦陷，对外运输日益困难，外汇统制的重要地位已显著下降，代之而起的是英、美现钞的黑市问题。1943 年后，大后方美元黑市价格大多以重庆市价为基础，法币与美元间汇率一跌再跌，官方汇价虽仍维持在开战之初的 20∶1，但实际上已经失去了意义，官价与黑市之间存在着巨大的差距（图 4—2）。

---

① 见《事略稿本》，1945 年 4 月 2 日，台北"国史馆"藏蒋介石档案，档案号：002—060100—00199—002；另见子冈《飞往旧金山之前吴贻芳谈赴会感想》，《大公报·渝版》1945 年 4 月 4 日第 2 版。

② 张公权著，杨志信摘译：《中国通货膨胀史》，文史资料出版社 1986 年版，第 181 页。

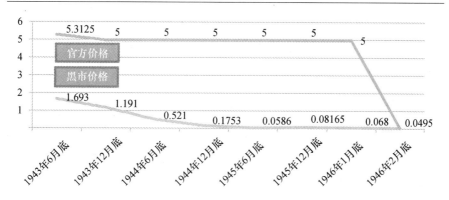

图4—2　1943—1946年重庆美钞官价市价对照［1法币＝（若干）美分］①

汇价差距巨大，申请手续也很复杂。1941年4月国民党政府成立外汇管理委员会，"名义上是我国管理外汇的最高机构，实际上它不能管理平准基金委员会所有的外汇"②。而当时中国企业进口所需外汇，则基本都需向平准基金委员会申请。据1941年9月平准基金委员会颁布的《供给商业外汇办法》中规定：

> 进口商需用美元或英镑外汇，应向此特许银行填具申请书，由各该银行分别转送重庆本会总办事处，或本会香港办事处，或自由中国境内各地本会特定之代理机关，申请外汇之进口商，必经依照本会规定之表式，填具申请书，由各该银行负责，查明申请书内填报事项，详尽准确，备文转核本会办理。③

时至1945年，日寇败相已明，战后重建事业便提上议事日程，而当时中国满目疮痍、百废待兴，重建所需之一切机器设备几乎都需进口，由是外汇缺口便更加明显，于是就在胡政之申请外汇几乎同一时间，国民政府财政部于1945年6月14日公布《战时工商业请购外汇办法》（渝参字第二六五三号）规定：

---

① 数据来源：四联总处报告。
② 黄如桐：《抗战时期国民党政府外汇政策概述及评析》，《近代史研究》1987年第4期。
③ 《平准会颁布供给商业外汇办法》，《中国经济评论》1941年第4期。

第一条：工商业因正常需要向国外订购器材或货物确能在战时运入者，所需价款得照本办法申请外汇。

第二条：工商业向国外订购器材或货物申请外汇时，应填具工商业外汇申请书一式二份，送由经营外汇业务之特许银行（现有中中交农上海商业浙江兴业金城汇丰麦加利等九行），查验证明转送中央银行审核决定，申请书格式另订之。

第三条：工商业向国外订购器材或货物于填送工商业外汇申请书时应随缴左列各证件：

（一）战时生产局核准订购及空运吨位之证明文件暨规定承允代购机关之证明文件，证明申请人所拟购之货物业已按照现款购料办法接受委托，并已向国外购料机关询明货价等证明全部可获供应。

（二）订货合同或经中央银行认可视为有合同效力之订货文件，应附有订货清单，详细开列货物之中英文名称、单价及总价、保险费及运费，并注明交货之方式，如船上交货（F. O. B.）、船边交货（F. A. B.）及起岸交货（C. I. F.）等。

工商业提供之证件应以原本为限，如需取回者，应随缴副本，原本为外国文字时并应附译中文对照。

第四条：中央银行对于工商业订购器材或货物外汇之供给以不属于战时管理进出口物品条例者为限，并以国外口岸报价为根据，加运入国境之实际运输及保险杂费，其在国境内支付之一切费用概不核给外汇。

第五条：中央银行经审核准予结购外汇时，应先将原申请书一份签章后发还原申请银行，转交承允代购机关，洽办代购手续。

第六条：中央银行于接盘承允代购机关通知代购器材或货物已可提运并提供证明文件后，既发准购外汇通知单，由承运代购机关向原申请银行结汇，各该行在国外购货所在地设立之分行或经理人即凭下列证件支付外汇：

（一）厂商所出之正式货价发票。

（二）制造优先证、出口许可证及运输证件，或与以上有同等效力之文件。

（三）货物保险单（该项保险单须照核准之外汇单位承保货价全部并须包括兵险）。

第七条：进口厂商应于规定期限内将器材或货物运入国境，检同海关进口开单、领馆签证、货单、报税发票、运费单据等向中央银行办理销案，如在规定之期限内未运入国境时，应将核准之外汇全部售还中央银行。

（一）自印度订购者应自外汇结购之日起六个月内运入。

（二）自英美或其他较远之国家订购者应自外汇结购之日起一年内运入。

第八条：工商业向国外购买器材或货物已进口者概不核给外汇。

第九条：本办法自公布之日起施行。①

从上述办法中我们可以看出，当时工商业如需以官价外汇进口器材或货物，至少需满足这样两个条件：

第一，需有全套购买、运输及保险证明文件；

第二，需在半年到一年内运入中国。

那么，《大公报》是否也是按照这种手续申购外汇的呢？"蒋档"中存有 1945 年 7 月 8 日胡在美致陈布雷电一份，谈到此事云：

> 陈主任布雷先生：弟到美两月，忙于开会，昨宪章签字，定艳日赴纽约订购机器，俟有结果即行返国。此次会议以否决权问题为中心，苏联态度各国侧目，英美○（字不清）为折服，世界之势也向左倾。美国政情复杂，舆论善变，我仍宜修明旬政、自力自助、顺应世变，盼示。请由魏大使转交委座，已凭请安，弟胡霖 斋 叩。②

从上述电文中我们不难看出，胡到美两月，并未急于进行购买机器之事，当然，胡所进行之联合国成立大会一事，比之购买机器，确实重要得多，但较之其他厂商需要先谈妥一切事务方可申请外汇，却还不知是否可以获批的境遇，胡先拿到外汇，再施施然洽购机器，诚可谓是"手中有粮，心里不慌"。所以笔者以为，胡在申请外汇时只有一个大概的用途，

---

① 《战时工商业请购外汇办法》，1945 年 6 月 14 日。

② 《胡政之致陈布雷电》，1945 年 7 月 9 日，台北"国史馆"藏蒋介石档案，档案号：002—060100—00001—112。

并没有确定明确购买物品清单，更谈不上可以提供全套文件。同时，胡政之从申请外汇到所购白报纸、印刷机等实际运到中国，其间经历了三年多时间，以至于当时由于内战形势紧迫，所有货物并未运到大陆，而是转运香港，成了香港版《大公报》复刊之基。由此可见，以前述正常申请程序中之两项条件衡量，《大公报》此次申请，可谓条条不符，所以笔者以为，《大公报》此次购汇，绝非"纯属公事公办"。

　　面对战后百废待兴的局面，其实各家企业都明白，谁能先获得外汇，购得原料、器材，谁就可以在战后的竞争中占得先机，所以有限的官价外汇就成了各家企业竞相争夺的对象，但巨大的汇市价差，烦琐的申请手续，使得当时的企业获得官价外汇成了一件非常困难的事情。以至于1946年的《银行周报》中这样感叹：

　　　　查现在买卖外汇无公开市场，对外贸易陷于停顿，因之工商企业并相观望，实为经济复员之一大障碍。①

　　不仅如此，根据中央银行公布的数据显示，在这一事件发生的1945年4月、5月、6月三个月间，中央银行分别核准用于"教育文化"项目为外汇255 199.75美元、23 896.19美元和469 625.50美元；而核定"工商业"中"各公司厂家订购器材"一项②，1945年4—12月仅有70 406.85美元③。20万美元官价外汇，无论放在哪一个类别里，都占了很大比例。

四　同期《大公报》言论态度考察

　　那么，《大公报》的言论态度是否受到了这20万美元官价外汇的影

---

　　① 《银行周报》第30卷第11期，转引自中国人民银行总行参事室编《中华民国货币史资料·第二编》，上海人民出版社1991年版，第775页。

　　② 因为无法找到大公报申请20万美元官汇的原始材料，所以笔者只能据常理推断其所属项，《大公报》属于私营报业，应当属于"教育文化"类，又，胡政之申请官价外汇的用途是借访美之机购买印刷设备等，故亦可能属于"各公司厂家订购器材"类。

　　③ 据中央银行公布数据计算得来，数据见中国第二历史档案馆编《中华民国史档案资料汇编·第五辑第三编，财政经济（二）》，江苏古籍出版社2000年版，第344—345页插表，《中央银行核准各机关工商业及个人外汇统计表（三十四年四月至十二月）》，《中央银行核准各机关工商业及个人外汇用途统计表（三十四年四月至十二月）》。

响呢？为了更好地说明问题，笔者随机选取了 1944—1946 年每年一周的报纸，进行了内容分析。

通过分析我们可以发现，在这三年间，《大公报》对于国民党及国民政府的态度与之前一样一贯坚定地支持，而对于共产党阵营的态度则发生了微妙的变化。在所选择的 1944 年的报纸中，《大公报》对共产党的态度基本正面，如在这段时间内连载的《西北纪行》系列通讯中对陕甘宁边区政府实行的诸如土改、"大生产""二五减租""三三制"等政策及中共领导下的军队和民兵的情况进行了较为客观的报道，并给予了较高评价。如"二五减租"政策使得"几辈不得翻身的贫苦农民如释重负，生产情形因之提高"[1]；大生产运动使得"吃穿向来不能自给"的边区"食粮已能自给，且部分农民已有余粮"[2]；"在陕甘宁边区的军队近年因为自己开荒生产，士兵饮食相当的好"[3]；在"三三制"原则的指导下，边区举行了"直接，平等，不记名投票的普选"，且"共产党人被选超过三分之一时，应以辞职办法退至三分之一"[4]。总之，这些通讯描绘了一个自由民主、斗志昂扬的边区形象，而这一时期《大公报》对共产党的态度，则可见一斑。

但是，到了 1945 年，随着抗战胜利之势渐明，战后国、共矛盾的问题便逐渐凸显出来，而在这一时期，《大公报》倾向国民党政府，反对中共的态度也逐渐明显。5 月 17 日，国民党第六次全国代表大会宣布了对中共问题决议案，次日《大公报》在第 2 版版心位置发表新闻《对中共问题决议，将秉一贯方针寻求政治解决，深愿中共共体时艰实践宿诺》，隐约暗示问题责任在中共一方；19 日社评《六全代会之观感》中，则认为"'政治解决'万万失败不得……政治解决之道……首先应该倡导祥和之气，纵使是文字或口头，也不可有剑拔弩张之态。"[5] 可见这段时间该报虽略偏向国民党，但对国共争端仍然持一种相对中立的态度。

但是，到了 1946 年，随着内战形势的逐渐形成，《大公报》对共产党的态度出现了明显的变化。1946 年 7 月，军调仍在进行，国、共两党

① 孔昭恺：《西北纪行之八》，《大公报·渝版》1944 年 7 月 29 日第 3 版。
② 同上。
③ 同上。
④ 同上。
⑤ 《六全代会之观感》，《大公报·渝版》1945 年 5 月 19 日第 2 版。

尚未公开决裂，所以《大公报》仍然对共产党及其领导的军队冠以"共党""共军"之称，但报道上的倾向性已经十分明显。7月29日，中共山东军区第三军分区司令王道率部投降；8月1日，冀东边防区司令杨正春等率部投降，《大公报》在报道时均使用了"反正"一词，且借杨之口声称："共军在鲁殃民祸国，内部分裂，高级将领仇视斗争，末路将至。"①对当时国共双方在苏北地区的战事进行报道时，《大公报》在报道共军动向时多用"进犯""窜至"等词，而在报道国军动向时则多用"击溃""收复"等词，两相比较，该报倾向性显而易见。8月1日，该报沪版发表社评《从苏北军事说起》（2日渝版、3日津版转载），认为中共在苏北地区的土改运动"是以土地革命的手段，把农村社会划了一道鸿沟，成了仇恨相拼的两个壁垒。……因为有了这种深刻的背景，所以苏北的军事已不同于普通的兵争，而将成为仇恨相杀的大悲剧。"②此文更进一步认为，"中共行动（即土改政策）已超出当年的四项诺言"③，并提醒中共"莫以实行民主及实行三民主义的口号而从事暴力的土地革命"。此文虽然对国民党政府治下的"经济凋敝、贫富悬殊、政治寡效、贪污流行"亦表示了不满，但仍然认为"今天的全国人民，是在要求共产党忠实于自己的诺言，走进步的路，莫走暴力的路"。《大公报》对共产党的负面态度，可以说非常明显。

五　胡政之申请官价外汇原因考察

通过上述分析，我们似可确认，在1944—1946年，《大公报》对共产党的态度，经历了一个从正面到中立再到负面的转变，那么，是否可以就此认为这是由于20万美元所致呢？笔者认为并不能如此简单地定论，这就需要我们梳理一下这一时期该报与蒋的关系及其主持人的政治态度。

如前所述，王芸生接手该报后，与蒋政府摩擦渐盛，而在国、共双方竞逐的过程中，舆论的力量不容小视。在蒋看来，作为一家有重要舆论地位的民营报纸，由《大公报》对外发布与政府有关的消息，较之党报更

---

① 《共军投国军》，《大公报·津版》1946年7月30日第2版。

② 《从苏北军事说起》，《大公报·沪版》1946年8月1日第2版。

③ 即1937年9月22日中共发表的《共赴国难宣言》中提出的遵守三民主义、取消推翻国民党政府的暴动政策及赤化运动、取消苏维埃政府、取消红军名义等四项承诺。

能取信于人①。所以蒋仍希望双方能保持一种合作的态势。对于该报的"越轨"行为虽偶有惩戒，但更多的是在经济与物资上予以扶持。如前述之购锑、白报纸分配等事例，而这 20 万美元官价外汇，只不过是政府"关照"该报的诸多行动中之一。

那么，胡政之又为何要申请这笔外汇呢？笔者认为其原因有二。

首先，作为一个卓越的报人，面对战后百废待兴的局面，胡雄心勃勃："（胡政之从美返渝后）畅叙他对战后《大公报》发展的设想。他打算撤销董监事联合办事处，成立大公报社总管理处，领导上海、天津、重庆三馆的业务，并且计划创办广州版，使《大公报》占据华东、华北、华西、华南四大据点，成为中国报界的盟主。"② 而当时该报的经营状况并不足以支持他的这一计划。抗战期间，百业凋敝，《大公报》财产损失不赀，而《渝版》虽有曹谷冰勉力支撑，奈何巧妇难为无米之炊，1945年 4 月 4 日该报头版刊登的一篇启事可为明证：

> 近年物价不断上涨，本报常务经营，久感困难。入春以来，产地纸价较之去冬腾涨二倍以上，水陆运费亦复称是，而油墨器材等等，价格近亦日见腾贵。周转资金，本苦竭蹶，值此环境，更费张罗。迫不得已，决自即日起紧缩发行，以期直接减少纸墨器材之用量，间接压抑□□（两字不清）资金之需要……③

其次，作为一个政治人物，在这一时期，胡对共产党的态度是基本与蒋保持一致的。1944 年 11 月 3 日，胡在参加国民参政会延安视察团归来后向蒋表示"国家实应以有力量能代表大部份人民之一党专政为佳，所谓联合政府，实非办法"④。4 日，胡又对陈布雷表示："钧座所指示'早日结束训政须待六全大会决定。'及'政府名称不可改'，自当接

① 王新命：《新闻圈里四十年（下）》，龙文出版社 1993 年版，第 497 页。

② 方汉奇等著《〈大公报〉百年史》，中国人民大学出版社 2004 年版，第 285 页。

③ 《本报紧缩发行启事》，《大公报·渝版》1945 年 4 月 4 日第 1 版。

④ 《叶镇宇致蒋介石函》，1944 年 11 月 3 日，台北"国史馆"藏蒋介石档案，档案号：002—080200—00300—023。

受。……祗要人心安定，后防基础巩固，则敌人与共党均不足为患。"①

所以，笔者以为，在胡看来，要发展《大公报》事业，就必须获得政府的支持，而由于双方政治主张基本一致，对"拿人手短"无须过分顾忌，所以他才会下定决心向蒋申请这20万美元官价外汇。

六　结论

由此，我们可以得出以下结论：

第一，《大公报》申请这笔官价外汇，未循正常渠道申请，乃是靠胡走"上层路线"所得，并在其中获得了巨大的利益。

第二，蒋批准这一申请，乃是出于维护双方良好关系的考虑，也是政府关照该报诸多行动中的一例。

第三，胡申请这笔外汇，既有发展该报事业的考虑，也有其政治态度的影响。

第四，《大公报》在接受这笔外汇前后，对共产党的态度发生了明显的变化，虽然我们无法确定这一事件在其中起了多大作用，但该报却难脱瓜田李下之嫌。

总之，在张季鸾去世后的最初几年里，出于维护双方良好关系，以便在国共内战中保持一个"独立"却亲政府的舆论机关的需要，政府扶植《大公报》可谓不遗余力，但是政治意识上的分歧，却使得双方渐行渐远，最终决裂。

① 《陈布雷致蒋介石函》，1944年11月4日，台北"国史馆"藏蒋介石档案，档案号：002—080106—00026—002。

第 五 章

决裂时期（1946—1949）

1945年8月15日，日本政府电告中国外交部，宣布接受《波茨坦宣言》，向盟国无条件投降，伟大的抗日战争终于取得了完全胜利。

抗日战争的胜利是积贫积弱的中国自1840年鸦片战争以来第一次在抵御外侮的战争中取得完全胜利，中国人民的浴血奋战极大地提高了中国的国际地位，中国位列联合国五大常任理事国之一，使得中国人获得了前所未有的民族自豪感和自信心，从而也极大地激发了他们建设祖国的热情。随着抗战的胜利，蒋介石的声望也达到了顶峰，作为领导中国坚持抗战的领袖，他受到万民景仰，举世称颂。同时，中国与当时的世界第一强国美国也建立了良好的关系，包括《大公报》人在内的知识分子以及大多数国民都相信，在美国的帮助下，在蒋的领导下，中国很快就会走上一条独立、自由、民主、富强的康庄大道，而百年来知识分子们孜孜以求的救国强国之梦，也即将在他们手中实现。

但是，残酷的现实却击碎了他们的一切幻想，蒋政府最关心的问题并非国家建设与民生幸福，而是如何打击异己、维护独裁。同时，共同敌人的消失必然使本就冰炭不同的国共两党再难相容，而战后逐渐形成的两大阵营冷战格局也在中国投下了它绵长的阴影，于是，战胜的喜悦迅速被内战的阴云所笼罩，两极决斗也很快取代了建设国家的热情。随着战场上的节节失利，蒋政府愈加专制独裁，将一切批评都视为反对"党国"的言论而加以打击，凡此种种，都使得主张自由民主主义的《大公报》人对其深深地失望，随着失败—压制—再失败—再压制的恶性循环不断深入，这种失望也逐渐变成了绝望，最终，随着王芸生发表《和平无望》，《大公报》与蒋政府最终决裂。

第一节　正正堂堂，反对枪杆——胜利之初《大公报》对中共的态度

从历史上来看，《大公报》人与共产党是隔膜的，虽然王芸生早年曾一度加入中共，但他们对于中共所秉持的理念是难以接受的，这一点从张季鸾到王芸生，一贯如此。同时，他们也坚定地奉蒋所领导的国民政府为正朔，视毛所领导的中共政权为地方政权，认为后者应当服从前者，如果不然，那就是叛乱，就应该剿平之。他们对中共与国民党之间的矛盾有所认识，但认识不深，也正因为如此，所以在抗战结束之初，他们曾一度对中共表现出了相当友好的态度，其原因并非真心支持，而是出于简单的反内战的愿望及其一直所秉持的民主、自由理念，希望两党能息兵争，开谈判，联合各党共同组织政府，罢"训政"，行宪政，让中国走上他们所向往的康庄大道。也正因为遵奉国民政府、反对内战及呼吁民主这三个原因，使得他们把发动内战的责任安在了共产党身上，在1945—1946年，他们一直反对中共的"兵争"，为国军的进展而欣喜，同时不断呼吁双方罢兵和谈。而随着军事形势及国民政府政策的变化，他们虽然对蒋政府逐渐失望，但对中共的态度却少有改变。兹就这段时间里该报对中共态度的发展历程梳理如下。

一　《毛泽东先生来了》与"不要另起炉灶"

1945年8月10日夜，日本通过瑞士政府请求转达接受《波茨坦公告》的消息传到重庆，八年奋战，一朝得胜，一时之间，陪都人民陷入了爆炸式的狂欢。但是，就在人们恣意欢庆的同时，伴随着对受降权的争夺，国、共两党的对决也就此拉开了帷幕。

抗战期间，国、共两党以民族大义为重，搁置争议，一致对外，兄弟阋于墙外御其侮；然而，当时两党的分歧是不可调和的，矛盾也是无法化解的。早在抗战时期，国民党便屡次发起反共摩擦，两党争斗从未真正停止过。由于中国战场没有经历大规模的反攻作战，"国军"远在大后方，对东北、华北、华南大片沦陷区一时鞭长莫及，而共产党领导的游击队和敌后武装却正可以近水楼台，所以自日本投降的消息传来，受降权问题便成了争论的焦点问题。8月11日，国民党中央委员会和国防最高委员会

召开临时联席会议，通过有关受降及沦陷区问题各案，蒋于当日电令第十八集团军司令部，要其"就原地驻防待命"，并称"政府对于敌军之缴械，敌俘之收容，伪军之处理，及收复地区秩序之恢复，政权之行使等事项，均已统筹决定，分令实施。……各部队勿再擅自行动，为要"①，试图以一道命令将中共排斥在受降之外。针对这种情况，朱德以第十八集团军总司令身份及延安总部名义，于同日连发7道命令，命令中共军队有权接受敌伪军之投降；15日，朱德又以中国解放区抗日军总司令身份电令日本驻华派遣军总司令冈村宁次，令其"停止一切军事行动，听候中国解放区八路军、新四军及华南抗日纵队的命令，向我方投降，除被国民党政府的军队所包围的部分外"②；13日、16日两日，毛泽东两度电蒋，公开反驳其不许中共受降之命令，并提出中共及其武装有权参加受降及受降后工作、国民党应立即废止一党专政、召开各党派会议成立联合政府等六项建议③。两党对决的大幕，已经徐徐拉开。

为了缓和局势，也为了给向华北、华南、东北沦陷区调集部队争取时间，国民党高层经过反复协商，决定邀请毛泽东来渝举行谈判。8月14日、20日、23日，蒋三度电毛，称"如何以建国之功收抗战之果，甚有赖于先生之惠然一行，共定大计"，并表示"兹已准备飞机迎迓，特再驰电速驾"④！29日，毛泽东自延安出发，飞赴重庆，重庆谈判开始。

在这种大背景下，《大公报》一方面发表呼应蒋之举措，发表社评劝毛来谈判；另一方面又对谈判前景抱有相当的乐观。蒋第一电发出后的8月16日，该报发表社评《日本投降了》，乐观地认为，沦陷区的和平收复"自然大减内乱的危险"，而"解决国家问题，民主宪政是一条坦途"，"国民党既决心还政于民，国民政府也准备结束训政，民主宪政的实现，应该是水到渠成的事了"。文末又就蒋电邀毛泽东赴渝"共商国是"之举表示"兴奋欣慰"，认为："果使国家的统一与团结完成于一席谈，那真是喜上加喜，不但八年抗战为不虚，且将奠定国家建设的千年大计！忠贞

---

①　第六战区参谋处编：《第六战区受降纪实》，1946年版，第3页；载汪朝光《中华民国史·第十一卷》，中华书局2011年版，第10页。

②　《朱德选集》，人民出版社1983年版，第185—186页。

③　《第十八集团军总司令给蒋介石的两个电报》，1945年8月，载汪朝光《中华民国史·第十一卷》，中华书局2011年版，第11页。

④　《蒋介石致毛泽东电》，1945年8月14日、23日，载《中央日报》1945年8月16日、25日。

爱国的中国人，都在翘待毛先生的惠然肯来了！"①

　　蒋第二电于 20 日发出后，《大公报》21 日发表社评《读蒋主席再致延安电》，提出三点意见：（一）抗战胜利得来不易，"给我们国家保留了无限的元气，给我们国家赐予了建国的资本"，这胜利"我们若使之有分毫的减损，或竟蹉跎辜负了，我们这辈中国人的罪孽可就太大了"；（二）"国家胜利了，在受降之际，无论如何，应维持一致的步骤。这军事的最后一步，不可错落了步伐。对国事尽可有异见，这一点实不可纷歧"；（三）"国内各党派尽管有异见，总可以政治方法解决之"，并力陈"殷切盼望毛先生不吝此一行，以定国家之大计"②。29 日，毛抵达重庆，《大公报》又发表社评《毛泽东先生来了》，开篇即云："昨日下午三点多钟，毛泽东先生到了重庆。毛泽东先生来了！中国人民听了高兴，世界人民听了高兴，无疑问的，大家都认为这是中国的一件大喜事。"并认为："一切好事，有的已经到来，有的已在开始，循此发展，国运开拓，前途无量。为今日的中国人民，真是光荣极了！"并陈述三点建议：（一）"今天抗战胜利交给我们的任务，不仅仅在于重整旧山河，更积极的还要建设我们的新国家，不拘限于消极的守旧，而锐意于积极的建设"；（二）"抗战胜利了，我们接受这胜利，应该不仅仅限于狭义的报仇与雪耻，还要广义的认识抗战胜利是一大革命"；（三）"现在毛泽东先生来到重庆，他与蒋主席有十九年的阔别，经长期内争，八年抗战，多少离合悲欢，今于国家大胜利之日，一旦重行握手，真是一幕空前的大团圆！"③

　　从上述社评中，我们不难看出《大公报》当时洋溢的乐观情绪。同时，此时的《大公报》也同时获得了国、共两党领袖的重视。国民党一方自不必说，在共产党方面，重庆谈判期间，周恩来曾亲往王芸生家中探望，毛泽东也约见了王芸生、孔昭恺等人，这些待遇，在当时陪都各报中，仅《大公报》得以专美。但从这些社评的字里行间，我们也不难发现，当时该报及其主持人的政治态度仍然偏向国民党一方。9 月 20 日晚，《大公报》在李子坝报社设宴招待毛泽东、周恩来、王若飞、董必武一行，席间，王芸生劝毛"不要另起炉灶"，毛当即回以"不是我们要另起

---

①　《日本投降了》，《大公报·渝版》1945 年 8 月 16 日第 2 版。

②　《读蒋主席再致延安电》，《大公报·渝版》1945 年 8 月 21 日第 2 版。

③　《毛泽东先生来了》，《大公报·渝版》1945 年 8 月 29 日第 2 版。

炉灶，而是国民党的炉灶里不许我们造饭"①。王这番言论，也代表了当时《大公报》对国、共两党的态度。

但是，《大公报》的乐观并不能改变两党决裂的必然趋势。虽然经过一个多月的反复磋商，双方最终于10月10日签订了《政府与中共代表会谈纪要》（即所谓"双十协定"），对建国原则、军队国家化、政治民主化、党派平等合法、召开政治协商会议、限制特务机关活动及释放政治犯等问题达成了一定的共识，但随着两党争斗愈演愈烈，"双十协定"也只能成为一纸空文。很快，双方便在东北大打出手，《大公报》期待的"大团圆结局"，至此已成泡影。

二　从《军事接收中的烦闷》到《质中共》

东北地区土地面积占全国的1/7，人口占全国的1/10，可耕地面积占全国的1/3，可谓地域辽阔、物产丰富。更重要的是，张作霖、张学良父子主政期间，东北工业便已有相当基础，"九·一八"之后，日本又在东北地区进行了大规模的工业建设，据1943年统计，东北钢铁产量占全国产量的90%左右，煤产量及铁路长度均占全国一半，发电量更占到2/3以上②。可以说，东北地区是当时全国仅有的重工业生产基地，"得东北者得天下"，并非虚言。

对于东北地区在两极对决中的重要地位，国、共两党都有清醒的认识。早在1945年6月9日，蒋便召见熊式辉，指示对上海、平津、东北接收工作早做准备；8月31日，国民党六届中常会第九次会议通过《收复东北各省处理办法纲要》，决定在长春设立军事委员会委员长东北行营；9月1日，熊式辉被任命为东北行营主任，张嘉璈为经济委员会主任委员，蒋经国为外交特派员，何柱国为参谋长；10月26日，杜聿明被任命为东北保安司令长官，国民党当局接收东北的一套班子正式形成。

就在国民政府筹划接收东北之际，中共也开始了经略东北的行动。1945年8月8日，苏联对日宣战；11日，朱德便电令吕正操、张学诗等部向察、热、辽、吉进军；同时，以抗联旧部为主体的苏联远东军第八十八独立步兵教导旅主要干部周保中、李兆麟、冯仲云等人也以卫戍副司令

①　周雨：《大公报史》，江苏古籍出版社1993年版，第249—250页。
②　汪朝光：《中华民国史·第十一卷》，中华书局2011年版，第328页。

身份随苏军进驻东北 57 个城市；9 月 19 日，中共中央制定了"向北发展，向南防御"的战略方针。如此，两党在东北对抗的局面已经形成。

对于迫在眉睫的内战危险，《大公报》忧心忡忡，"双十协定"签订前一天，10 月 9 日，该报发表社评《军事接收中的烦闷》，认为中国战区军事接收延宕原因除了地域广阔、交通工具缺乏以及日军故意破坏之外，更重要的是"真刀真枪听得见响声的军事行动"，而"目前若干地区的军事行动，假使是含有政治性的，我们希望只是一时的误会，必须赶快停止"，"我们诚恳希望把一切问题放在团结商谈之内，开诚相见，以力求其解决"，"万望国军旌旗招展，早早顺利完成接收的工作，使饱经苦难的同胞早日脱离苦海"，并特别指出"这里所说的国军，是指国家的军队而言"①。25 日，又发表著名的《为交通着急！》，对"此时还要破坏交通的有枪杆者"提出抗议，认为他们"如果不管老百姓死活，一味用破坏手段去求达到目的，在这些势力集团本身来说，也是作践人心，自掘坟墓"②。11 月 2 日，渝版发表社评《中国政治之路》（6 日沪版转载），对当前的局面表示忧虑，认为"双十协定""实际问题并未曾解决了多少"，而当前是国家地位机运时势"千载一时的黄金时代"，"只要我们自己不乱，就一切有办法"，"只要政治解决，和平解决，就毫无危险"；后文劝蒋放弃国民党专政，还政于民，召开政协、国大，选府制宪，实现军队国家化，不计个人得失，任人唯贤，关心民生疾苦，务使政治清明，坚持国家统一与法纪，"凡有形同割据障碍国家统一以至破坏地方秩序的现象，我都不忍见其存在"；又劝毛放弃共产主义，实行三民主义，"绝没有打碎国家的形式而组织一种类似苏维埃政权的野心"，"要求国民党结束训政，但并不必由共产党专政"，"争党的地位公开"，"争各种基本的人权自由"，"这一切得到保证，我即宣布取消边区政府，我即宣布改组我党的军队，使之一律国家化"③。同日，刚刚复刊的沪版发表社评《谁忍再见内战！》，回顾重庆谈判时全国的喜悦之情，而"毛泽东先生刚刚离开重庆，回到延安，就传来了内战的帮报"，文中列举了中共与傅作义、阎锡山部在晋绥地区冲突的现实，认为根据国府命令，"接收绥东，是他

①　《军事接收中的烦闷》，《大公报·渝版》1945 年 10 月 9 日第 2 版。

②　《为交通着急！》，《大公报·渝版》1945 年 10 月 25 日第 2 版。

③　《中国政治之路》，《大公报·渝版》1945 年 11 月 2 日第 2 版。

（傅）的职权"，而双方发布的消息真假难辨，问题的关键在于"在绥东晋北这些冲突的地点，是以前即为十八集团军所驻呢？是傅部先到而又退让呢？"绥省局面"虽一时难辨是非，总之不该打"，而"听说共党军队又四路发动，急急渗入，把山海关北戴河都占了"，并建议：（1）停止冲突；（2）恢复交通；（3）尽速举行三人小组会议，"以期在统一的军令及一致的步骤之下从事进行受降及收复的工作"[1]。

虽然《大公报》一再大声疾呼，但冲突非但没有停止，反而愈演愈烈，于是《大公报》便开始直接点名中共。11月13日，沪版发表社评《为国家想一想》，认为造成目前冲突的原因，是由于"政府方面，看到共党处处破坏交通，阻碍接收，复员工作不能顺利推进，日伪军队无法妥善处置。毛泽东来谈，谈不出结果，周恩来再谈，也谈不出多少诚意。忍耐，也许最后要有忍不了的时候"；而"共党方面，自然另有一套自己的算盘。不管你说他们割据也罢，占地盘也罢，总之他们要群众控制住所谓'解放区'，保持并扩充相当的军力，至少，他们要把这些作为将来政治上周旋的本钱。现在，国军一路一路开到华北，并准备接防东北；在他们想，这就受了大威胁，各铁路的交通打通，他们就认为一块块的'解放区'被分划，因而最后有被消灭的危险。所以他们不惜一切要破坏，要阻碍"；文章更列举了中国迭经战乱积贫积弱的现实，并认为"我们至今还相信，共党并无挑动内战的本意。政府当局，更始终诚意要加强团结，努力建设，愿以最大的忍耐来化除内战的危机"，呼吁双方停战，"尽速召集政治协商会议"，开始谈判[2]。20日，渝版发表著名的《质中共》（23日沪版转载），开门见山地提出："今天的局面演成，从文义上寻索，日本宣布请降之初延安总部发布的朱德总司令的命令是一个根源"，认为"这命令，显然与中央的军事委员会对立，而以独特的统率，从事单独的进兵与受降"。又质问中共"这局面，若说是政府进攻'解放区'，则范围之大实不限于原来的所谓'解放区'。若说是为了争受降，则被攻的傅作义马占山等都是爱国军人，既不是敌人，更不是汉奸。毛先生在重庆时，曾几度在公开集会上大声的说'和为贵'，'忍为高'；目前这局面，试问中共究曾和了几许？忍了多少"？并告诫其"凡是一个政党，都是为

---

① 《谁忍再见内战！》，《大公报·沪版》1945年11月2日第2版。
② 《为国家想一想》，《大公报·渝版》1945年11月13日第2版。

了争取政权而组成,所以政党要争取政权是应该的。问题在于应该以政争,而不应该以兵争"。"为共产党计,应该循政争之路堂堂前进,而不可在兵争之场滚滚盘旋。我们希望共产党为国家人民争民主,争宪政。在这方面,应该一切不让。同时我们也希望共产党放下军队,为天下政党不拥军队之倡,放下局部特殊政权,以争全国的政权。与其争城争地驱民死,何如兵气销为日月光? 我们希望中共转此一念,那不但是国家民族的大幸,则延安诸公也将被全国同胞弦歌丝绣而奉为万家生佛了!"①

《大公报》这篇社评,引起了中共的强烈不满。次日,重庆《新华日报》便发表社论《与大公报论国是》,斥责其"借大公之名掩大私之实,借人民之名掩权贵之实",并对其所提出的内战责任在中共、"要政争不要兵争"等问题逐一驳斥,指责"大公报在抹煞受降办法不合理的事实,隐瞒国民党发动'剿匪'的事实,并把国民党当局要乱不要变的事实转嫁给共产党以后,配合着今天国民党军敌军伪军乃至美军向解放区的大举猛烈进攻,跑到火线上来要求共产党强迫人民的军队放下武器,向反动派无条件投降",并认为"在若干次要的问题上批评当局,因而建筑了自己的地位的大公报,在一切首要的问题上却不能不拥护当局。这正是大公报的基本立场"②。

这一事件,也是抗战胜利后《大公报》与中共第一次公开冲突。对于《新华日报》这篇社论,《大公报》并未做出回应。27 日,美国总统杜鲁门批准赫尔利辞去驻华大使职务;12 月 20 日,马歇尔来华调停国共冲突;1946 年 1 月 10 日,由马歇尔、周恩来、张群组成的三人小组就停战问题达成协议并下达停战令。在这一段时间里,《大公报》的主要精力在关注和评论美国的远东政策,同时在内战问题上秉持了既往立场,坚决反战,并为停战呼吁,同时话里话外仍然对中共夹枪带棒。12 月 17 日,渝版发表社评《请先停手!》(20 日津版转载),认为"政府很有避免冲突的诚意,但局势演进,停不了手;共产党天天宣传不要内战,而它的破坏未曾停过",又举共军进攻绥(远)包(头)事为例,认为"以这种手段争民主,只有民遭殃,更从何民主起?"故此呼吁"请先停手!"③

---

① 《质中共》,《大公报·渝版》1945 年 11 月 20 日第 2 版。
② 《与大公报论国是》,《新华日报》1945 年 11 月 21 日第 1 版。
③ 《请先停手!》,《大公报·渝版》1945 年 12 月 17 日第 2 版。

1946 年 1 月 2 日渝版社评《新年三愿》（3 日津版转载）对新年提出三个愿望："一望和平息争，大家过安宁的日子"；"二望民主进步，人人都不要违逆潮流，兜圈子，开倒车"；"三望人民幸福，少受灾殃"①。1 月 11 日，渝版发表社评《欢庆停战令下!》，盛赞此令"是中国和平、民主、团结、统一的第一步"，又称赞蒋对政协会议致辞为"一种宽和博大的表示"并勉励："谁若感觉过去会有错误，以致拖累国家，今天更应该及时努力以赎罪。为国尽心，为国努力，此正其时!"② 次日沪版社评《停战以后》也认为此令"真是国家民族的大喜事，是不幸中的大幸"，并高度赞扬蒋"郑重宣布四项人民权利的保证"，进而探讨国大组织及制宪问题③。17 日渝版社评《停战·裁兵·军队国家化》（20 日沪版、26 日津版转载）对"冀鲁豫各地局部的战斗尚未停止"提出批评，但又认为"由于交通工具通信设备的欠缺，或由于双方若干战区犬牙相错，甚或由于相持下双方的下级人员意气未宁帖，以致战斗还有余波，这不是不可能的，只要调处工作顺利展开，便不会再生枝节"。文章主要讨论内战停止后的全国裁军问题，并进而提出军队国家化的问题，呼吁"军不干政，军党分立"，并认为当前时机已到，"由停战，裁兵至实现军队国家化只是同一问题的三个步骤，要解决就须彻底，我们郑重呼吁各方，加劲努力，一气呵成"④。

　　虽然《大公报》对停战问题表现出了极大的乐观，但事实证明一纸停战令根本不可能真正约束任何一方，而该报所主张的军队国家化问题，则更是遥遥无期。所以随着局势的再度恶化，该报对中共的态度又转为批判，终于导致双方的再度论战。

三　从《东北的阴云》到《可耻的长春之战!》

　　1946 年 1 月 10 日，政治协商会议在重庆召开，就施政纲领、改组政府、整编军队、召开国大及制定宪法五项问题进行讨论。31 日，政协闭幕，渝版《大公报》于 2 月 1 日发表社评《政治协商会议的成就》（2 日

---

① 《新年三愿》，《大公报·渝版》1946 年 1 月 2 日第 2 版。
② 《欢庆停战令下!》，《大公报·渝版》1946 年 1 月 11 日第 2 版。
③ 《停战以后》，《大公报·沪版》1946 年 1 月 12 日第 2 版。
④ 《停战·裁兵·军队国家化》，《大公报·沪版》1946 年 1 月 20 日第 2 版。

沪版、3日津版转载），认为"这个会确实未曾失败，而且成功了"，并且呼吁"由今天起，各党派都要痛感责任，忠实于其本身的任务"①。6日津版社评《和平·统一·民主》（8日沪版转载）认为"国事前途真可乐观，大可能出现一个和平·统一·民主的中国"，并逐一分析世界主要国家采取的民主形式，盛赞美式民主体制，认为值得效仿②。9日渝版社评《国家与国民党的成功》（13日沪版、14日津版转载）认为停战协定及政协协议"是国家的成功，国民党的成功"；文章认为"国民党是不是要和平？是不是要团结？是不是要民主？是不是要建设？其答案当然都是个'是'字"，并盛赞蒋"是一位能够领导抗战并且能够领导民主建国的领袖"，"国家能够从此和平团结民主进步了，当然是国家的成功，人民的幸福；而这成功与幸福的荣誉与功绩，都将首先归诸国民党，这还不是国民党的大成功吗"？"抗战后的和平民主建国，是符合全国利益的，应该由国民党来领导，且必将领导成功。这是国民党不能诿谢的一种使命。但，只须附带一个条件，就是莫太计较一党的利益。"文末又评价蒋对外国记者谈话云："国民党以此廓然大公的襟怀，来领导今后的建国大业，必将成功无疑！"

但是，《大公报》的乐观终究无法改变残酷的现实。蒋之所以会同意谈判并批准停战令，其主要原因既是对苏联态度的怀疑，又苦于东北无兵可用，实在不过缓兵之计而已。1946年1—2月，全副美式装备的国民党军精锐嫡系新一军、新六军、第七十一军和滇系第六十军、第九十三军等部由美舰陆续运到东北，"国军"实力大大增强；与此同时，通过张嘉璈、蒋经国等与马林诺夫斯基③、斯拉特科夫斯基④等人的不断交涉，蒋对苏方的真实意图也逐渐心中有数，所以蒋在东北问题上开始渐趋强硬。1月19日，蒋电令熊式辉、杜聿明，要求"凡我军已进入东北部队，无论其兵力大小，亦无论行军贮宿，皆须随时完成作战之准备，千万勿忽"⑤。2月13日，蒋又再次下令，要求对各地要点有苏军者力予接收，

---

①　《政治协商会议的成就》，《大公报·渝版》1946年2月1日第2版。

②　《和平·统一·民主》，《大公报·津版》1946年2月6日第2版。

③　马林诺夫斯基，苏联元帅，时任"外贝加尔方面军"总司令，负责率苏军对日作战。

④　时任苏军经济顾问。

⑤　《蒋介石致熊式辉、杜聿明电》，1946年1月19日，台北"国史馆"藏蒋介石档案，档案号：002－080200－00304－039。

无苏军者可能占领则占领之，以防东北成为"第二华北"①。此时国民党认为战争准备已近完成，东北已是山雨欲来了。

就在这个时候，2月18日，《大公报》渝版发表社评《东北的阴云》（21日津版、22日沪版转载），对东北问题提出7点疑问：（1）苏军延迟撤退问题；（2）国府接收延宕问题；（3）苏联对东北经济的"新要求"问题；（4）张莘夫案②问题；（5）新疆问题；（6）《雅尔塔协定》问题；（7）中共发言人谈话问题。文章引中共中央发言人所云中共军队在东北的行动及地方政权的建立是"由于苏军的协助"一句，认为此举"与中苏盟约所订的相矛盾"，并特别就中共中央发言人提出的要求国府承认东北民主联军及地方自治政权等问题提出主张：

> 今天的问题是：中国国民政府能不能够接收东北？如果不能接收，或接收受了限制，那就发生了我们的领土主权的问题，这不可与内政相混。我们谨以中国人民的立场，声明一个界限，就是：我们要对内争民主，对外保独立。若国家的独立不存或有损，尚何民主可言？③

《大公报》此文，旗帜鲜明地支持"中央"，反对中共，在蒋已经决定在东北开战之际，此文对政府争取舆论不啻为一个大大的"帮忙"。从现有的材料来看，我们无法确认此文是否与蒋有关，但蒋对此文非常满意，却是事实。此文发表当日，蒋便将此篇社评剪报存档④，这是"蒋档"中除1932年"法西斯蒂事件"外唯一仅见的蒋对该报的剪报记录，蒋对此文之满意，可见一斑。

---

① 《熊式辉日记》，1946年2月13日，载汪朝光《中华民国史·第十一卷》，中华书局2011年版，第393页。

② 张莘夫，原名张春恩，吉林德惠县人，中国地质学家、矿业工程师，获密歇根工科大学地质学博士学位，抗战胜利后被国府任命为经济部东北行营工矿处副处长，负责东北工矿接收事宜。1946年1月7日，奉张嘉璈之命前往抚顺交涉煤矿接收事宜，16日晚，苏军告其抚顺煤矿不能由其接收，要其尽快返回沈阳，当晚张所乘之专列行驶至抚顺以西25公里的李石寨站时，被一群"不明身份的武装分子"拖下专列杀害，是为"张莘夫案"。

③ 《东北的阴云》，《大公报·渝版》1945年2月18日第2版。

④ 《国共协商（六）》，1946年2月18日，台北"国史馆"藏蒋介石档案，档案号：002—080104—00014—007。

3月13日，重庆《新华日报》发表周保中①将军讲话，要求国人承认中共领导的东北民主联军及民主政权的存在。15日，渝版发表社评《东北的军事与政治》（16日沪版、津版转载），认为"东北的问题有外交问题，有内政问题"，而由于"自从苏联参战苏军进入东北之后，中国共产党所领导的东北民主联军及东北民主政权都大大的发展而出现了"，所以"东北的内政与外交问题隐然成了连鸡之势"，而如果政府对东北民主联军及民主政权，"如承认了，东北就特殊化了，不承认呢，就是打仗了"；又劝中共"假使事情那样演出，那当然不是国家之福，实际也非共产党之福，纵使得到广大而肥美的东北，却将丧失了全部政治生命。因为中国人民最痛恨的就是假借外势，以割裂自己国家的人物及其企图。犯了人民这种痛恨的人物或集团，最后无不失败。远溯千年的史例，近在昨日的事情，都可为证"。文中对东北问题提出三点建议：1. 苏军撤退；2. 整编军队；3. 民主选举；并认为"我们可以不问东北各地的民主政权是如何产生的；但有一个原则，人民的选举必须在无恐怖的环境下，不受特殊力量的干涉，而自由行使选举权，那才算民主"，文末又再度声明：

> 东北是中国的，全国人决不容东北离开国家而特殊化。至于假借东北人民的名义，而使东北特殊化，那自然是更不可以的。②

3月27日，国、共、美三方达成协议，同意向东北派出军调小组；29日，美方代表白鲁德飞抵沈阳，与熊式辉商讨派出小组问题，被熊拒绝；4月2日，中共军调代表甫抵沈阳便被软禁，其他小组也多未能到达战地，东北军调前景黯淡，但《大公报》对此却不明就里。4月1日，渝版发表社评《执行小组赴东北》（4日沪版转载），对此事"抱一种谨慎的乐观态度"，认为只要军调可以停止冲突，就可以进而整编军队，其他如政权等问题也都可迎刃而解，"只要苏军撤退无问题，看穿了大家都是中国人，谁都不想因利乘便，谁都不想把持捣乱，则循和平民主之路，实

---

① 周保中，1902年生于云南大理，毕业于云南讲武堂，1927年7月加入中国共产党，"九·一八"事变后回国，任中共满洲省委军委书记，组织领导抗日武装斗争，是东北抗联主要领导人之一，后因寡不敌众而率部撤往苏联，任苏联远东军区第八十八步兵独立旅旅长，苏联对日宣战后随苏军返回东北。

② 《东北的军事与政治》，《大公报·渝版》1945年3月15日第2版。

无不可解决的问题"①。3 日，津版发表社评《执行小组到东北》，认为
"苏军由沈阳北撤以来，中共部队更加活动，政府军队的接收工作时时在
遭受阻滞，因此而形成的军事冲突日趋剧烈"；而"根据中苏友好同盟条
约，苏联以我国民政府为对手，东北当然要交给国民政府接收，条文具
在，毫无疑义"，希望"各方面要开诚相见，解决问题，不要拖泥带水"，
力争东北问题早日解决②。

4 月 14 日，苏军撤离长春，国军接防，中共军队随即展开进攻，并
于 18 日占领长春。战事进行之时，《大公报》渝版于 16 日发表著名的
《可耻的长春之战！》（17 日沪版、津版转载），认为此战"尤其可耻"，
"苏军刚刚迈步走去，国军接防立脚未稳，中共的部队四面八方打来了。
多难的长春，军民又在喋血。那是中国的地方，现在应该光复了，却灾难
愈深；那里的人民都是中国的儿女，现在应该回归祖国的怀抱了，却在斫
斫杀杀，流的都是中国同胞的血！中国人想想吧！这可耻不可耻？"并声
称中共"进攻的战术，常是用徒手的老百姓打先锋，以机枪迫炮在后面
督战。徒手的先锋队成堆成群的倒了，消耗了对方的火力以后，才正式作
战。请问这是什么战术？残忍到极点，也可耻到极点"。文章认为"若说
民主，则必不可割裂国家；再说民主也必不可以军队争夺，以军队争得
的，那必然不是民主"；并且呼吁"快停止这可耻的长春之战吧！由长春
起，整个停止东北之乱；更由东北起，放出全国和平统一的光明"③。

《大公报》此文一出，举国舆论哗然，《新华日报》迅即于 18 日发表
社评《可耻的大公报社论》，认为造成东北问题、破坏停战令及政协决议
者，"中国人民，中外人士，都知道这就是由于马歇尔将军所说的国民党
'顽固分子'作祟"，批评"大公报不但不敢说出这种浅显的真理，反而
借长春战争为题，含沙射影，归罪于中共和中国人民。这样来替顽固派开
脱罪名，并替顽固派帮凶，真是可耻极了"！文章列举国民党当局腐败横
行、官僚发财、特务遍地、民不聊生的事例，质问："'东北是国家的'，
东北难道是这种'国家'的么？全国人民受尽了这种'国家'之苦，难
道东北人民受了十四年亡国惨痛以后，还应该服服帖帖来受这种'国家'

---

① 《执行小组赴东北》，《大公报·渝版》1945 年 4 月 1 日第 2 版。
② 《执行小组到东北》，《大公报·津版》1945 年 4 月 3 日第 2 版。
③ 《可耻的长春之战！》，《大公报·沪版》1946 年 4 月 16 日。

之苦么?"文章认为"中国可以有个好国家,其雏型(形)已见于各解放区,如果政协决议实现,全国就可以慢慢照此雏型(形),建立起一个民主的新国家,真正人民有主权的国家。不说别的,解放区里至少没有'五子登科'的'接收大员',没有官僚资本,没有特务暴行,没有饿死的人,没有乞丐,没有妓女"。又质问《大公报》:"用徒手的老百姓打先锋"云云"是负责任的话,还是只当放屁放一放的呢?"这种战术"除了从专门造谣反共反人民的特务机关那里,除了从国民党的'素有经验的特工同志'办的报上抄来以外,世界上找不出这样战术";并且指责"大公报里是有好人的,但它的社论作者,原来是这样一个法西斯的有力帮凶,在平时假装自由主义,一到紧要关头,一到法西斯要有所行动时,就出来尽力效劳,不但效劳,而且替法西斯当开路先锋,替吃人的老虎当虎伥,替刽子手当走狗,以便从法西斯和刽子手那里,讨得一点恩惠,舐一点喝剩的血,嚼一点吃剩的骨头"①。

此番论战,是 1949 年之前《大公报》与中共阵营的最后一次论战,也是最为激烈的一次。如果说《质中共》与《与大公报论国是》那次论战,双方还保持了起码的风度的话,那么这次已经近乎撕破脸皮,《新华日报》所谓"放屁"云云,则几近人身攻击,中共阵营与《大公报》互相之观感,可见一斑。

四   《我们反对武力解决!》与《要和平反破坏》

虽然《新华日报》对《大公报》的言论屡屡批判,但《大公报》却并未改变其对内战责任的判断。5 月 20 日,沪版发表社评《我们反对武力解决!》(21 日津版、渝版转载),虽然此文在题目中看不出究竟反对哪方,但开篇便云"国军对长春势在必得,攻势在进行中;共军则到处发动破坏战,以困窘国军",其后更列举共军进攻热河、朔县、沧县、济南等地的行动,质问"连东北带华北,这半部中国完全陷入战乱之中。是为了什么?这是国家的需要吗?这是人民的意思吗?""人民的眼睛是雪亮的,已烛照无遗。谁在弄兵,谁在嗜战,谁在造乱,人民都看见了,人民都知道了,谁也骗不了人民。你们以为人民易欺吗?你们以为人民无力吗?但你们要知道,众怒难犯,凡是人民所反对的事情,最后一定失

---

① 《可耻的大公报社论》,《新华日报》1946 年 4 月 18 日第 2 版。

败，绝无侥幸。"并且"警告嗜战者：你们不要以为你们聪明，要知道你
们才是糊涂透顶。你们不要以为武力可靠，贼夫人之子，又岂能得好
报？"① 23 日，新六军占领长春。沪版于 28 日发表社评《全面停战恢复
交通》（29 日津版、渝版转载），呼吁"乘着胜利的转机，敞开政治的大
路，政府应该有此雅量与远识"；又质问中共"你们又毕竟得到些什么？
徒然做到破坏，徒然把半壁河山搅得稀烂，徒然苦害了人民。你们不是主
张民主并要认识人民吗？这苦害人民的局面又何必再继续下去呢？"后文
再就破坏交通问题批评中共："这件事，中共固然是为了要在军事上与政
府争短长，结果这手段也止于做到残忍的破坏，大大的苦害了人民，也大
大的失掉了民心。一个现代的政党，假使它还知道爱惜其政治生命的话，
这种徒苦人民而无益于其党的事，实在应该毅然决然的放手了。"②

就在国共双方在东北大打出手的时候，马歇尔也在积极履行他的调停
人责任，最终于 6 月 4 日劝得蒋同意停战半月。6 日，蒋正式对外宣布
"余刻已对我东北各军下令，自六月七日正午起，停止追击、前进及攻
击，其期限为十五日。此举在使中共再获得一机会，使能确实履行其以前
所签订之协定，政府采取此一措施，绝不影响其根据中苏条约有恢复东北
主权之权利"③。《大公报》沪版于次日发表社评《从东北停战十五天说
起》（8 日渝版、津版转载），对此事"当然感到喜慰，但还不到兴奋的
程度"；文章列举当时国府治下低能寡效、贪污一片、通货膨胀、物价高
涨、工潮汹涌、洋货涌至的现实，呼吁"政府在这时，除了坚决停战以
谋团结之外，更要有大仁大勇，以天下之饥实己饥之，天下之溺实己溺
之，在政治上要大振作，大整顿，在经济上更要根据民生主义，立作紧急
措施，向有钱人要钱，而不使通货膨胀的洪水灭顶"。又劝"中共是中国
的共产党，我们相信中共也一样的爱国。今天的中国，真如一只危舟飘
（漂）荡海中，翻了船大家灭顶；真正亡了国，则皮之不存，毛将焉附？
在这时，我们相信中共也必能有所憬悟。"④ 在 15 天停战期届满前的最后
一天，津版发表社评《最后一天！》，认为中国"固有文化"的弱点在于

① 《我们反对武力解决！》，《大公报·沪版》1946 年 5 月 20 日第 2 版。
② 《全面停战恢复交通》，《大公报·沪版》1946 年 5 月 28 日第 2 版。
③ 《中央日报·宁版》1946 年 6 月 7 日第 1 版。
④ 《从东北停战十五天说起》，《大公报·沪版》1946 年 6 月 7 日第 2 版。

"流于客气，忽略现实"，具体到国共争端上，则表现为"蒋主席最近提出共军在关内外尽地留驻的方案，显然是鉴于容共时代的教训与共军近来到处破坏交通攻城夺地的事实，认为不宜混和相处，必须分开"；"共党年来主张联合政府乃至凭持武力据张地盘，显然是因为国民党治下有霉米霉布饿莩载道的事实，认为采取通常手段，不能希望政治改善，必须参加治权"；"然而心里尽管存着这类的想法，口头决不坦白直率地陈说，所以表面上两方面都说要和平，而事实上战云密布，到处烟硝，至于今日，连和平的声浪也几于不复可闻。假使说，在一年以来的商谈中，两方面都能够把本身的主张与对方的弱点全盘宣示，必能使对方洞明利害而有所更张，也必能使民心知所向背而获得支持，而大局情势也决不至陷于今日之沉闷阴晦"。最后建议"两方面应在这最后关头，摒除客气，再作最后之一谈"，"为两党本身计，为国家前途计，切顾两方珍展时机，发挥智慧，着求最后之一着！"①

6月22日，原定之15日停战期满，经双方协商，又延长8天，此后双方在东北一直维持着谈谈打打、打打谈谈的局面，战事非但没有真正停止，反而逐渐扩大。对于这种局面，《大公报》仍然坚持其既有的反战、反共立场，虽然偶尔也为所谓的"停战"欣喜，但绝大部分时间是烦闷苦恼的。7月2日，沪版发表社评《还是拖！》（3日渝版、津版转载），警告各方"人民的忍耐也自有其限度。过此限度，哑叭（巴）也会讲出话来"，并呼吁"为政府计，为争政权的党派计，要斗争，不能靠武力，一条大路，是争取人民。违逆了全国人民的心，无论如何是不会成功的"②。12日，沪版再发表社评《黄梅天气的时局》，感慨当时的时局"就像目前的江南天气，是阴郁郁湿漉漉的'黄梅天气'"，认为这样拖下去"政治搁浅，经济恐慌，再加上军事纠缠，迟早政府拖垮，国家大遭其殃"；而"假使中共估量中国尚不能一气呵成而实现共产革命，则中共所要争取的还应该是民主，共产党自身也应该做一个宪政的党"；又劝"国民党也应该明确认识，一党专政之局，势不可久，则拿得起，放得下，应该从民主宪政的大道上打开党派争持的牛角尖"，并告诫当局"政府的精神也不可陷于拖的状态中。应该振作精神，积极尽其在我，努力做

---

① 《最后一天！》，《大公报·津版》1946年6月21日第2版。
② 《还是拖！》，《大公报·沪版》1946年7月2日第2版。

自己所应该做的事情。一个'坏政府'，纵使无敌党斗争，也是不能持久的"①。19 日，沪版发表《搁浅而恶化中的时局》（20 日津版、渝版转载），劝双方"讲到武力，古今中外，只有一时的，绝无永久的，尤其没有彻底的"。"政党的竞争，要凭政治，不能恃武力。根本之图，要改进政治，收拾人心，还要力避恐怖"②。27 日又发表《国际干涉之渐》，借评价莫斯科广播电台 22 日批评美国对华政策之言论中表露的对中国问题进行干涉之意，提醒双方"快放下内战的手吧，一旦国际干涉到来，国家就更不成样子了！"③ 9 月 3 日，沪版发表《胜利转瞬一年》，感叹"人家已在准备第三次大战，只有中国昏昏噩噩，关门阋墙相争"，"世态炎凉固可恨，但我们也应惕然于自侮人侮，我们在国际上所得胜利的光辉，一年来已俨然消逝殆尽"④。10 月 7 日社评《不许破裂，必须和平！》（8 日渝版、9 日津版转载）声言："我们呼吁政府，万万不可关闭和平之门，要尽一切可能，以贯彻'政治解决'的方针。我们更呼吁中共，也要真切省悟，真正为人民者必不残民，谋国事要有识有量。国家局面如此严重，必要掌握一切和平协商机会，不使大局陷于破裂。"⑤ 15 日再发表《要和平，反破坏》（30 日津版转载），呼吁"自我杀伤，好像就是中华民族擅长的本领。因此我们国家不能进步，永远沉滞。假定今天还是走这条道路，在血泊中建筑升平的楼阁，我们这个民族就应该退出世界舞台了"。"我们'要和平，反破坏'，实在这是国家图存的起码条件，是人民最低调的要求了。一面埋头内战，一面拼命破坏，不择手段地破坏，我们人民是坚决反对的。"⑥

　　纵观这一时期《大公报》的言论，我们不难发现其中微妙的变化，即该报反共的态度已逐渐淡化，虽然其支持"中央"正朔之意仍然未改，但业已不像《质中共》与《可耻的长春之战！》中所表露出的态度之激烈。笔者以为，这主要是该报在这段时间里对蒋政府态度的变化所致。

---

① 《黄梅天气的时局》，《大公报·沪版》1946 年 7 月 12 日第 2 版。
② 《搁浅而恶化中的时局》，《大公报·沪版》1946 年 7 月 19 日第 2 版。
③ 《国际干涉之渐》，《大公报·沪版》1946 年 7 月 27 日第 2 版。
④ 《胜利转瞬一年》，《大公报·沪版》1946 年 9 月 3 日第 2 版。
⑤ 《不许破裂，必须和平！》，《大公报·沪版》1946 年 10 月 7 日第 2 版。
⑥ 《要和平，反破坏》，《大公报·沪版》1946 年 10 月 15 日第 2 版。

第二节　哀其不幸，怒其不做——胜利之初《大公报》对蒋政府的态度

如前所述，在抗战结束后一年左右的时间里，《大公报》一直坚定地奉蒋介石及其领导的国民政府为正朔，特别是在抗战胜利之初的一段时间里，该报对蒋的推崇可谓到了登峰造极的地步。但是，由于该报在内政、外交的几乎所有问题上都与蒋政府存在着矛盾，而同时该报所一直希望实现的清除腐败、消除通胀、稳定物价、实现民主等要求反而愈演愈烈，凡此种种，都使得该报与蒋政府之间的裂痕越来越大，而其对蒋政府的态度，也由吹捧、扶掖、建言转为批判、失望，这也成为双方最终决裂的根本原因。兹就这段时间里该报对蒋政府态度变化的历程梳理如下。

一　从《蒋主席到上海》到《为蒋主席寿》

抗战胜利之初，蒋作为全国领袖的声望达到了顶点。《大公报》于日本投降次日发表社评《日本投降了》，声言："我们感激最高统帅的英明领导，以他那副坚强的意志，使国家历万险而不挠。"① 1946 年 2 月 11 日，蒋战后首次视察上海，《大公报》沪版于 12 日发表社评《蒋主席到上海》，借沦陷区人民之口，对蒋表示感激："感念他过去的为国宣劳，信赖他必能把稳了舵，克复一切困难，消除一切危机，使国家在惊涛骇浪中，安然达登复兴强盛民主团结的彼岸"；又就 1 月 10 日达成停战令一事称赞蒋"在这千钧一发的关头，蒋主席以大智大勇，毅然坚持以政治解决国内的纠纷，又为国家赢得了和平。这个成功，比赢得抗战的胜利更艰难，更可贵"。还将上海物价暂时稳定一事与蒋到来相联系，认为"蒋主席到沪，物价也低头表示欢迎。新春以来，物价平均涨了一倍，黄金美钞，不停的狂跳。昨天金价骤跌二十多万，其他物价也站稳了。这真是难得的喜讯"②。该报此时对蒋的推崇，由此可见一斑。

不仅如此，在中共报纸对蒋进行批判时，《大公报》也积极反击。4 月 8 日，重庆《新华日报》转载了延安《解放日报》6 日《驳蒋介石》

---

① 《日本投降了》，《大公报·渝版》1945 年 8 月 16 日第 2 版。
② 《蒋主席到上海》，《大公报·沪版》1946 年 2 月 12 日第 2 版。

社论，对蒋于 1 日在参政会的政治报告进行批驳。《大公报》渝版于次日发表社评《过分的宣传》①（12 日沪版、15 日津版转载），认为中共之"宣传战到了这样程度，真令人惊悸，而不禁为国事前途惧"；"共产党以第二大党的资格，有所争论，作为政争的问题，都是可以的，全国人民都愿意听取其意见，以为是非曲直的判断。但若要争取全国人民的听信，却不可过分歪曲了是非。过分的宣传，除了宣泄一时的快意之外，反会失掉众人的同情"。文章针对《驳》文中所云之蒋在"九·一八"后对日妥协退让的说法进行批评，认为蒋虽非"这十九年来始终负着政府的主要责任，无论是他的敌党，或是全国人民，要批评他的政绩，批评他的理论，都不是无懈可击；但要说他通敌卖国，妥协投降，那可就太无事实的根据了。"文中盛赞蒋"有一个超越常人的长处，就是他那坚强的意志。……抗战军兴之后，多少艰难惊险危疑震撼的局面，许多人悲观失望了，蒋主席则始终不动摇，永远以坚定勇毅的意志领导全国军民抗战。从淞沪沦陷以后南京危急之时起，托德曼的奔走，近卫的勾诱，敌人多少次向我们诱和诱降，一个个皆为蒋主席所粉碎。死了的汪兆铭，最近判处死刑的陈公博诸逆，都被敌人勾诱，成了汉奸，成了乱臣贼子，而蒋主席则始终屹然挺立，成为象征中华民族不倒的民族巨人"。文章认为《淞沪协定》《塘沽协定》《何梅协定》等"是争取准备抗战的时间所必须的"，"但到七七变起，蒋主席毅然发动抗战，且抗战八年之久，以迄赢得胜利，则政府与蒋主席的用心，实已不辩自明。……政争的宣传，本可各说各理，但无论如何，不可太颠倒了是非。我们不完全同意蒋主席对国事的见解与作风，但若说他通敌卖国，妥协投降，我们却不能不说这是太颠倒了是非，这种宣传必然要失掉众人的同情。"文末更云：

　　大战八年，全世界都已厌乱思治，中国也应该安定安定了！求求拥有武力的党派们，你们再不要给中国制造内战了，也再不要用杀气腾腾的宣传战来恐吓我们人民百姓了，我们实在受不了了！

　　《大公报》此文的态度，一望即明，毋庸赘述，但此文背后所表现出的态度，却颇堪玩味。在抗战期间，张季鸾、胡政之曾多次受蒋之委托，

---

① 《过分的宣传》，《大公报·渝版》1945 年 4 月 9 日第 2 版。

前往香港与日方代表进行所谓"和平"交涉，1938年8月有所谓"张季鸾—神尾路线"①，1939年有所谓"小川平吉路线"②，1940年有所谓"桐工作"，而对于这些事情，王芸生并非一无所知③，当时尚在世的胡政之更是全部亲历，而历次"和谈"所列条件中，无不写明"东北问题另案处理"，实则就是要拖延时日，待机承认"满洲国"④。蒋当时对这些条件并未明确反对，只是由于形势的变化，所以都未能更进一步而已。这些行为，如果说不是"通敌卖国，妥协投降"，尚十分牵强，更万万谈不上一直"意志坚强，屹然挺立"，这些论调，恰恰出自与此事关系颇深的《大公报》人之手，此时该报对国共双方的态度，也就不言而喻了。

5月23日，蒋携白崇禧、张嘉璈等人飞抵沈阳，并决定克日赴北平，视察东北、华北地区。25日，津版发表《蒋主席巡视东北华北》，认为东北局势现状："乃因三巨头雅尔达会议切求苏联对日宣战，忽视中国根本主权，本末倒置，种下祸根，而中苏条约的文字与精神又未得关系方面的遵守与重视，更因阋墙煎迫，不择手段，竟由党派之争，演为争夺之战，于是东北领上主权之接收，不能按照开罗宣言及中苏条约的规定顺利进行，我东北同胞遂亦总续陷于惨痛无比之境，而不能获得战胜国民应有的地位。这真是人类的悲剧，文明的耻辱！"称赞蒋"自九·一八以来，他实无时忘却东北的河山，亦无时不以东北同胞的痛苦为念，更无时不为解脱东北同胞的桎梏枷锁，恢复东北全境的领土主权而宵旰忧劳"。认为

① 此事详情，请参见拙文《抗战初期中日和谈"张季鸾—神尾路线"始末析》。

② 此事详情，请参见拙文《1939年中日和谈"小川路线"始末析》。

③ 据王芸生在《1926至1949的旧大公报》一文中云，1938年1月初，张季鸾要去香港，告诉他"我这次到香港去，是受蒋先生之托，去向敌人撒一把迷眼的沙子"，王认为所谓"撒沙子"，"当然是替蒋介石到香港向日本帝国主义谈所谓'和平条件'"。又云"在重庆时期，张季鸾也曾经几次到香港，表面上是照料大公报香港版的业务，实际上每次都负有为蒋介石探听日方消息的任务，以至继续进行秘密谋和活动"。足见王对张的行动并非一无所知。参见王芸生、曹谷冰《1926至1949的旧大公报》，载中国人民政治协商会议全国委员会文史资料研究委员会编《文史资料选辑（第二十五辑）》，中华书局1962年版，第29—30页。

④ 在1938年"神尾路线"谈判中，张、胡与矢田七太郎、神尾茂达成的一份"备忘录"中明确规定："不谈及满洲国的承认问题，暂时进行搁置，等形势趋稳，也就是不刺激国民感情的情况下进行承认"；而1939年"小川路线"谈判中，中方代表柳云龙、杜石山与日方代表萱野长知于3月17日达成的七项原则中也规定"满洲问题另行协定"，蒋对此说也并未反对。神尾路线记录见矢田七太郎《香港の梦——平和論者？宇垣外相》，《読売評論》1950年第9期；小川路线记录见冈义武等编《小川平吉関係文書》，みすず書房1973年版，第614页。

"蒋主席之来，对于华北大局，必将澈（彻）底研究，指导安定。然究极言之，怎样转戾气为祥和，化干戈为玉帛，使人民有求生之乐"；并告诫"有力有势者悬崖勒马，大彻大悟，为国家保命脉，为人民留生路"；又希望"人民方面，更须痛念政治中心建立之艰难，民族领袖产生之匪易，出其伟大无比的力量，竭诚支持而拥护之，转危为安之道在此，转祸为福之道亦在此"①。30 日，蒋结束东北视察返回北平，津版又发表《蒋主席东北归来》，除再度重申 25 日社评中论调外，又向蒋提出尽快实行历届国民党全代会及中全会通过各案；提高行政效率及公教人员待遇、尽快肃贪；加强整理军风军纪三项建议。

10 月 31 日，蒋六十大寿，这一天，沪、津、渝三版少见地联合发表社评《为蒋主席寿》，称赞其"以一身系国家之安危，其功其绩，有如日月之明，众见众仰，褒之不足加荣"，并将华盛顿领导独立战争类比于蒋领导抗战，以林肯领导南北战争胜利后对南方宽大处理及孙中山求自由平等实行宪政的遗训寄望于蒋之领导内战与建国，文末云：

> 蒋主席的功业，已极辉煌，但还有极大的事业在等待着完成。中国还需要大政治家，建立民主，重整统一。我们愿蒋主席做中国的华盛顿，中国的林肯，并完成国父的遗志。谨以此为蒋主席寿！②

从上面几篇社评当中，我们不难看出这一时期《大公报》对蒋及国民政府的态度，而该报内部对编采方针的指示，则说得更加明白。1947年 1 月，《大公报》总社确定了四点编采方针；10 日，渝版社长王文彬将这一方针向该报渝馆人员传达；2 月 5 日，国府参军处军务局长俞济时向蒋报告此事云：

> 大公报重庆分社社长王文彬于元月十日在渝市青年路该报社，召开编采会议，将总社方面指示数点发表如次：
>
> （一）大公报日刊，大体上应替政府说话。小处应毫不客气攻击政府，暴露政府弱点，使读者认为我们中立。

---

① 《蒋主席巡视东北华北》，《大公报·津版》1946 年 5 月 25 日第 2 版。

② 《为蒋主席寿》，《大公报·沪版》1946 年 10 月 31 日第 2 版。

（二）言论方面，同情政府。对中共民盟，不在必要时，不得有所抨击。

（三）大公晚报可以较左之手法出现，力求争取中共及民盟之同情。

（四）编采人员，不得参加任何党派及小集团，尤不能自由参加任何签名及宣言等，决以无党无派姿态出现。①

由此可见，至少到 1947 年年初，《大公报》对蒋政府，仍然采取"大处支持，小处批评"的做法，而这种手法，也是该报处理与政府关系的一贯方针。对于这一问题，早在 1943 年 10 月 1 日的社评《今后的中国新闻界》中，该报便已有明言：

> 为了国家利益着想，有人谓报纸对于政府，应该是小批评，大帮忙。假使批评为难，则帮忙时也就乏力。因为在那种情况下，一般民众以为反正报纸都是政府的应声虫，不会有真知灼见，而国际读者也以为你们的报纸没有独立精神，而不重视，到那时报纸虽欲对政府帮忙，而也没有力量了。本此见解，我们以为政府应该放宽新闻检查的尺度，使报纸渐有活气，一可培植舆论的力量，并可给报界以产生人才的生机。②

如前所述，这种"小批评，大帮忙"的做法，一直得到了政府的认可，而这种做法，也成了后来批判《大公报》"小骂大帮忙"的理论由来。笔者以为，不论这一罪名是否可以坐实，这段时期内《大公报》的言论政策，应当是与之前保持一致的，所以在这段时间里，《大公报》基本上仍然保持了之前与政府的关系，虽偶有摩擦，但是仍基本保持一致。

但是，随着内战局势的逐渐明朗，《大公报》对国共双方特别是对国民政府的态度开始出现了明显的变化，这也直接导致蒋对该报的不满乃至愤怒。

---

① 《俞济时呈蒋介石报告》，1947 年 2 月 5 日，台北"国史馆"藏蒋介石档案，档案号：002—080200—00541—020。

② 《今后的中国新闻界》，《大公报·渝版》1943 年 10 月 1 日第 2 版。

二　从《欧洲这面镜子》到《军事形势鸟瞰》

如前所述，战后初期的《大公报》仍然保持了与政府的较为良好的合作关系，这种关系的保持，一方面是由于惯性使然，更重要的则是由于当时蒋政府仍然处处以"自由""开明"的形象示人，使得《大公报》及王芸生等人仍然相信可以通过对政府的"小批评，大帮忙"来实现自己建设一个欧美式的民主宪政国家的愿望。但是，现实总是残酷的。随着国军在内战战场上的节节败退，为了维护自己的统治，国民政府特别是蒋本人独裁专制的一面逐渐显露，这也导致向往自由民主的《大公报》与政府矛盾的进一步加剧。

1946年7月29日，巴黎和会开幕，包括联合国五大常任理事国在内的21个国家的代表与会，商讨战后世界事务的处理问题。在和会召开期间，8月2日，《大公报》沪版发表社评《欧洲这面镜子》（5日渝版、津版转载），对欧洲战后局势做一分析，并借此影射国内政局。文章在对欧洲各国自30年代以来的历史做一梳理之后，认为"在世界大同尚未实现而国家尚如小家庭各立门户之今日，一个政权的站立，必须本身健康无疵，否则，迟早必倒台"。文章并以三民主义为尺度来衡量一个政权"健康的尺度"，云：就民族主义而言，取消不平等条约"仅是消极的，如国无定策，专靠外力，必仍招致变相的不平等条约，以至重蹈列强分据之故辙。……古今中外，好而有力的政府，莫不对内徇顾舆情，对外不亢不卑，坚守大政方针。一旦以对外让步为保全自身政权之策，则对内必失人心，对外必丧尊严，让来让去，必至政权垮台，国家破碎"。

就民权主义而言："以武力维持政权及以武力推翻政权，同为伤财耗命，终必失败之死路一条。""如以民主比诸足球，则宪政为比赛规则。……球者，政权军权也。如一方抓住不放，其可能结果有二：（一）为外人干涉，将球剖为两半，双方俱踢不成功。（二）一旦对方抢到手，也必采独霸主义，以致暴力重演不断。欲制止此循环悲剧，唯有在对方未抢到手前，由握球者自动发出。……由长远计，为政者优容异己，尊重民权，是只有好报可得的。""要争取民心，实行宪政还不够，还得根本改善政府与人民的关系。由主对奴，警察对囚犯，而变为名实相符，以民为主的本旨。对于民意，尤应任其宣泄。……压制舆论，只是逼人将言论变为行动。"

就民生主义而言："政权的基础，最根本是给人民有饭吃。假如少数人吃山珍海味，多数人喝西北风，即使全国设秘警，遍地是集中营，政权也无从稳定。……贫穷饥饿，必逼人民走上极端绝途。……盖生产不振，民生无保障，人心必惶惶不安。每遇人号召'打倒'，辄必嚣然参加，于是国家乱。国家乱，于是外患接踵而至。所以讲求民生，不但为保全人民，也是稳固政权的要途。"①

《大公报》的上述言论，无疑是针对当时国民政府内、外政策的直接批评。从外交方面来看，抗战结束前后，为了在即将爆发的内战中占据优势，国民政府向美、苏两强都做出了相当的妥协。在对苏方面，1945年8月24日，两国正式签署《中苏友好同盟条约》，明确了苏联在《雅尔塔协定》中所要求的诸如设大连为"自由港"、使用旅顺海军基地、参与中东路和南满路经营以及外蒙古独立等特权，国民政府签订这一条约，既有希望苏军对日作战的需要，也不乏希望苏联在战后不要支持中共势力的考虑②。在对美方面，为借助美国的海空军将远在西北西南地区的大批国军运至内战战场，同时依靠美援稳定经济，武装军队，在美国的压力下，1946年2月5日，关于中美商约的谈判在重庆开始举行，美国提出了一个看似平等但实际严重不平等的条约文本，因为条约中所规定的包括互相给予对方最惠国待遇和国民待遇等条文，对中国来说不啻于一纸空文，而对美国来说，则无异于打开了一扇通往中国市场的大门。虽然《欧》文发表时，关于这一商约的谈判仍在进行中，但国内舆论界对其却普遍观感不佳，认为这个貌似平等互惠的条约实际上是一个新的不平等条约。而《大公报》对政府的上述举动早已表示过不满，如1946年2月16日社评《读雅尔达秘密协定有感》中便认为苏联此举是要"恢复以前俄罗斯帝国之权利"③，而同年1月7日、7月29日社评《在华美军的任务及其去留》《国际干涉之渐》中，则一再表示对美军滞留中国的不满，要求美军尽快撤离。

在内政方面，重庆谈判中国共双方为"军队国家化"和"政治民主

---

① 本部分内容皆引自《欧洲这面镜子》，《大公报·沪版》1946年8月2日第1、2版。

② 如《中苏友好同盟条约》第二条规定：苏联支持中国国民政府，见石源华、金光耀、石建国《中华民国史·第十卷》，中华书局2011年版，第478页。

③ 《读雅尔达秘密协定有感》，《大公报·沪版》1946年2月16日第2版。

化"的先后问题争执不下，而在内战一触即发的情况下，国民党政府独裁统治愈加强化，特务遍地，舆论高压，人民动辄得咎，民权丝毫得不到保障。同时，抗战胜利后，各路"接收大员"纷纷粉墨登场，"接收变劫收"，大后方人民生活困苦的局面并未改变，而沦陷区人民则是"想中央，盼中央，中央来了更遭殃"，大量官吏凭借手中的权力囤积居奇，勒索搜刮，而在内战将至的环境下，国民政府亦无心安定内政，发展工商业，抗战期间困扰国民政府的通货膨胀、民生凋敝等问题，非但没有得到解决，反而愈演愈烈。于是，一边是骄奢淫逸的政府官吏，另一边是饥肠辘辘的升斗小民，所谓"民生主义"，只能是空头口号而已。对于国民政府的内政问题，《大公报》也早在《莫失尽人心！》《为江浙人民呼吁！》《民主的习惯》等社评中一再提出过批评，而《欧洲这面镜子》一文，则是上述态度的集大成之作。

《大公报》的这种态度，立即引起了蒋介石的不满，当日《事略稿本》中记载蒋看到这篇文章之后的感受云：

> 公以今日大公报言论，几全为"共党"宣传，已丧失其昔日之公正立场，至为惋惜。[1]

蒋的这一感受，乃是"蒋档"中自 1933 年之后首见的对《大公报》的负面态度的记述，由此可见双方关系已经开始出现裂痕，而随着国府局势的进一步恶化，蒋专制独裁倾向的进一步加剧，这种裂痕也进一步扩大。

1946 年 6 月，全面内战爆发，蒋介石以为"一切可能之条件，皆操之在我，我欲如何，即可如何"[2]，妄图凭借军事装备上的绝对优势，"一举荡平共匪"。但是，由于国民党军队指挥无能、协调不周、将无斗志、兵无士气，导致其在各个战场上频频失利，损兵折将，不得不由全面进攻转为重点进攻。1947 年 2 月，正值"国军"重点进攻山东解放区的关键

---

① 《事略稿本》，1946 年 8 月 2 日，台北"国史馆"藏蒋介石档案，档案号：002—060100—00215—002。

② 《国军将领的耻辱和自反》，1947 年 6 月 1 日，载《先总统蒋公思想言论总集·卷 22》，第 135 页，转引自汪朝光《中华民国史·第十一卷》，中华书局 2011 年版，第 444 页。

时刻，14 日，《大公报》沪版发表社评《军事形势鸟瞰》（15 日渝版转载），认为"徐州或鲁南战事，严格说，不是会战"；而"国军这个进攻形势，对中共的控制华北，并不全面抵触"。同时，"中共深入民间，有粮有兵。它控制着面，即控制着农村，粮食不虞匮乏。中国史上的农民暴动，往往像博雪球，愈博愈大。中共的兵源也采此形式。特别是中共现所占有区域，都是往古农民暴动的故乡，民风骠悍，从乱如归"。所以"国军不可能于数个月内消灭中共，中共也不可能在短期内拖倒国民党。我们的内战，很可能是一个长期拖延的烂仗。此外若再加上国际因素，那可就更悲惨而难知了"。故此"这个战事已不可再打，军事不能解决问题。若必要继续打下去，只有荼毒人民，祸害国家"。这等于公开与蒋"剿共"的既定战略唱反调，且文中并云"据中共发表，'由去年七月到今年一月，已歼灭国军五十六个旅'"①。在蒋看来，这无异于"为匪张目"，所以此文一出，便引起了蒋的震怒：

> 阅上海大公报社论，其诬蔑政府，偏袒"中共"，靡有纪极。而值此经济紊乱，物价腾涨之际，尤足以煽惑人心，摇撼国本。公谓："未审该报负责人胡霖等究何心肝，而必欲与国家为仇至此耶？"②

上述记述，乃是"蒋档"中所见之蒋对于《大公报》的措辞最为严厉的评论。此后，政府与《大公报》的关系逐渐转趋恶劣。3 月 10 日，蒋就限制"左"倾报纸赴东北采访活动一事电令熊式辉云：

> 凡左倾报纸如文汇新民大公等报派往东北之记者，应禁止其往前线采访，以防泄漏军情，并可间接设法限制其工作，使之不能在东北宣传，终至自动离开。惟此事不得见诸任何文件，以免受人口实。③

---

① 《军事形势鸟瞰》，《大公报·沪版》1947 年 2 月 14 日第 2 版。
② 《事略稿本》，1947 年 2 月 14 日，台北"国史馆"藏蒋介石档案，档案号：002—060100—00221—014。
③ 《蒋介石致熊式辉电》，1947 年 3 月 10 日，台北"国史馆"藏蒋介石档案，档案号：002—070200—00023—080。

此封电文，乃"蒋档"中 1947 年以前唯一见到的政府明令限制《大公报》行动的电文。之前政府对该报虽亦曾有惩戒，但无论是明令电文要其更正"不实报道"，还是惩罚性地暂时停刊，均为公开指令，而此次行动则明确指示"不得见诸任何文件"，可见这时的蒋政府业已将《大公报》与《文汇报》《新民报》等报纸一样，视为敌对阵营的舆论工具，对其的限制措施，也已经不再像之前那样公开进行，而是采取"打暗拳"的方式。至此，《大公报》与蒋政府的最终决裂，已经只是一个时间问题了。

三　《大公报》与蒋政府在内政问题上的分歧

如前所述，《大公报》与蒋政府的决裂，其根本原因在于二者之间矛盾的扩大。那么，《大公报》究竟在哪些问题上与蒋政府存在矛盾呢？笔者以为，就内政来看，二者间的矛盾主要可以概括为以下五个方面。

（一）"接收"及腐败问题

抗战胜利后，国民政府开始逐步进行各沦陷区的接收工作，在此过程中，国民党当局的腐败无能表现得淋漓尽致。一时间，各地"接收大员"满天飞，"车子、房子、票子、条子、女子""五子登科"，广大人民则是"想中央，盼中央，中央来了更遭殃"。沦陷区的民心迅速丧失，这也成了后来国民党当局迅速失败的重要原因之一。

对于这一问题，《大公报》很早便有警觉，并于抗战胜利不到一月时即发表社评《收复失土不要失去人心》，表示"我们对于社会这黑暗的一幕看得太多了，对于当前的事情就不能不有所担心"，并列举先到南京的接收人员占据公产、盗卖公物、勒索伪官的事实，呼吁尽快加强监督、整肃官箴、安定秩序并制定合理的伪币与法币比率，要求："我们带着胜利回去，一切要为国家着想，为收复区的同胞着想，公私活动都要做得象样，不能叫人失望。"① 27 日，又发表社评《莫失尽人心！》，对政府收复政策缺乏准备及收复人员素质低下的问题提出严重批评，并提出四条建议：1. "对收复区谨慎从事"；2. "把战后建设的计划、办法以及新的事实拿出来，给全国人一个有计划有事实的新希望"；3. "放手用人，打破党、派、系、谊种种的关系与界限，大量延用有能力有操守的新人才"；

---

① 《收复失土不要失去人心》，《大公报·渝版》1945 年 9 月 14 日第 2 版。

4. "乘此时机把机构彻底调整一番"。文末呼吁:

> 天心厌乱,人心望治,这是千载一时的机运,政府应该循此机运
> 励精图治,莫轻辜负了!①

虽然《大公报》一再呼吁,但腐败的国民政府却毫无触动,局势的恶化只有愈演愈烈。面对这种局面,10月24日,《大公报》发表了著名的《为江浙人民呼吁》,开篇即云:

> 抗战胜利了!这光荣的胜利已到来了两个月,凡是纯良的中国
> 人,无论男女老幼,贫富尊卑,都应该享到这光荣,沾到这光荣。这
> 是毫无问题的天经地义。八年苦战,时间不为不久,大家苦痛不为不
> 深;而最后胜利却是倏然而至。就因为最后胜利来得如此倏然,人们
> 都感到异样的欢欣,也都显得异样的纷乱,甚至有极大部分的人受到
> 了胜利的灾难。

那么,是什么原因导致这"胜利的灾难"呢?正是因为那"随着胜利而来的财富大转移"。这首先是"用封条作符号的财富转移",但这毕竟"是有形的,而且是有限的";而"无形的无限的是用伪币的人的财富转移到用关金②法币的人的手里"。"在京沪吃阳澄湖大蟹,在夫子庙征歌选色,在崇树襟阁上婆娑醉舞的,都是腰缠法币的人"。当局制定的1:200的币制比值,"贬低了伪币(中储券③)的价值,而伪币(中储券)在江浙人民的手里,实是江浙人民的财产,实际就是贬低了江浙人民的财产。因为是大大的贬低,几乎近于没收,江浙人民如何受得了!如何不痛苦!"文章痛陈"原在京沪一带的人们,就是中产阶级的人们,已

---

① 《莫失尽人心!》,《大公报·渝版》1945年9月27日第2版。

② 关金券,即"海关金单位兑换券"的简称,是国民党政府专供进口关税所使用的一种货币,以中央银行名义于1931年5月正式发行,原来只是为进口商提供纳税的便利,并不在市面流通;1942年4月,国民政府财政部规定关金券与法币1:20的比价,与法币并行流通,成为当时中国市场上通用的货币之一。

③ 中储券,汪伪政府"中央储备银行"于1941年1月开始发行的货币,是抗战时期沦陷区的主要流通货币。

经到了食不敢肉的程度了"；而更严重的，则是"抗战八年，大后方通货膨胀，还未到使工商业大量破产的程度；而今胜利到来，一开手，就使全国财富之区的江浙一带陷于经济崩溃的危险，这真太严重了！"并大声疾呼，希望当局速定补救办法，并且对"约束少数收复人员的不检，清理接收的财产及物资，使之涓滴归公，作合理的分配，合理的使用"，"政府也应该毅然行之，而无所逡巡"①。

随着当局对"接收"变"劫收"问题的逐渐重视，同时东南及华南地区的接收也逐渐进入尾声，这一现象多少受到了一点遏制，但却又产生了新的问题，就是处理封存物资效率低下。《大公报》沪版于12月4日发表社评《为封存物资说几句话》，首先称赞当局接受了在上海等地接收问题中得到的教训，"上海人虽吃了一点亏，但北方情形，因为有上海的借镜，已经显有改进"；但是虽然敌人交出物资"手续相当清楚，账簿也相当完全"，而"上海区现在封存的敌伪物资，确实的数目有多少，至今还没有公表，而我们所听闻到的，尽是些保管者竞相争取，处理局分配为难的消息"，"这一点简直叫敌人好笑，真是国家的耻辱"。又提醒"政府要注意处分这些物资的时候，不要用财政的眼光，就是政府如何可以得意外的收入，而应该拿物资来救济社会"②。15日，渝版也发表社评《快快处理收复区封存的物资》，认为"这一大批物资如能处理得当，对于民生将大有裨助，而于国家财政上更是一大挹注"；并要求"在原则上，这一批物资必须立即启用，不必再予封存"；又建议将目前分配中采取的投标改为配给的办法，"由政府定出官价，准许人民直接购买。这办法似较适宜"③。

但是，国民党政府的腐败已经深入骨髓，绝不是靠《大公报》几篇文章就可以扭转的。不仅如此，这股"劫收"的歪风，还随着"大员"们，从华南和东南地区吹到了华北。1946年5月27日，津版发表社评《接收与清查》（6月4日沪版、11日渝版转载），批评"论理，二中全会和参政会二次大会对于接收工作既有检讨和质询，而且检讨得那么认真，质询得那么严正，便该彻底清查了，但是一拖了之"；虽然5月24日已经

---

① 《为江浙人民呼吁》，《大公报·渝版》1945年10月24日第2版。
② 《为封存物资说几句话》，《大公报·沪版》1945年12月4日第2版。
③ 《快快处理收复区封存的物资》，《大公报·渝版》1945年12月15日第2版。

确定了"分七区清查，限五旬竣事的原则，清查团并有六月十日出发之讯"，但"究竟如何，还得看参政会与中央察委员会及察院接洽的结果"。文章认为"接收工作之所以发生毛病，（一）由于接收初期权责不清，办法不善；（二）由于干部接收人员缺乏优良的'班底'，遂致腐恶分子混入滥竽，成为害马"；并呼吁"无论接收过程中有了弊病，使物资短少，或是胡乱接收，非分占有，都是以使国家遭受损失。损及国家，便犯大罪，必须清查，且须速查！"① 6 月 11 日，津版再发表《北方敌伪产业的处理》，认为虽然"我们承认负责机关已尽具最善之努力"，但"处理工作进行停滞，却也不容漠视"，并就处理敌伪产业中的工厂、房产及物资标售问题提出建议，并再度强调"必须与经济政策配合。而经济政策的良好运用适是以增加财政的收入"；又提醒"政府不要单因为财政的收入而忽视了经济政策，不要忽视扶植北方工业的重要，尤其不要忘却了北方购买力的薄弱"②。

6 月 8 日，国民政府行政院粮食部长徐堪在立法院接受质询时声称："三十三年度敌伪在沦陷区存粮，胜利之初原由军政部接收。迄今为止，本部所知此项存粮数字并不甚多，上海仓库存粮，目前启封点验者为数甚少，且确有发现存粮霉烂等事实。又因启封仓库，依法必须会同各方面有关人员，而每次辄因若干有关人员之缺席而不克执行，致多贻误时机。"是语一出，举国舆论哗然，13 日，《大公报》津版发表社评《存粮霉烂与饿莩载道》，对徐之发言提出四点疑问：（1）"接收迄今已八九月，为什么主管机关还不能知道其确实数字？"（2）"到了现在还不一往启封点验，究竟等待些什么？"（3）"这个'等'字究竟是指的什么？又为什么不让社会知道？"（4）"处理敌伪物资是多么紧要的事，为什么任令有关人员缺席而坐致贻误？既然确认为贻误了，为什么对于那些缺席的人员不加处分？如果说他们的缺席具有正当理由，不应处分，那末又为什么不把启封仓库的办法修改一下？"又批评当局"最令人痛心的是：一方面有几千百万的饿莩，一方面期待于国际救济的又不能一一实现，而一方面却有存粮在那里霉烂……这个强烈对照的存在，实在太惨了！也太可耻了！"文末并质问当局：

---

① 《接收与清查》，《大公报·津版》1946 年 5 月 27 日第 2 版。
② 《北方敌伪产业的处理》，《大公报·津版》1946 年 6 月 11 日第 2 版。

徐部长主持粮政，而处理敌伪物资中的存粮，却为粮食部执掌所不及，他看到存粮处霉烂与饿殍载道的强烈对照，看到上海仓库的处理情形，他的表示应该不以对于立法院的报告为止，应该更有纠正与补救的积极表示。而政府方面必须根据徐部长报告的事实，迅速彻底究问，更是不待论的。假使说这样的情形可以不问，试问怎能维系人心？又怎能继续管理众人之事而无愧？[①]

1946 年年初，粮食部官员汪达人、杨锡志等，勾结上海米商吴蓉生、王美乐等人，滥用职权发放粮食贷款逾 10 亿元，吴、王等人凭借这笔贷款大量囤积米粮，并拟在米价高企时抛出牟取暴利。4 月 15 日，沪上米价暴涨，中央乃派大员前来调查，震惊上海的"粮贷舞弊案"由是东窗事发[②]。6 月 17 日，此案在上海地方法院开庭审理，《大公报》沪版于 19 日发表社评《谈粮贷舞弊案》（22 日渝版、24 日津版转载），对该案处理提出质疑，认为"打得还是苍蝇，而非老虎"，并批评："近年官吏贪污已成了风尚，检举一案，又一案发生，官官相护，被包庇起来的大小贪污案子，更仆难数。政府也好像没有整肃官箴的决心。遇有贪污案件被揭发，不得已办几个倒霉的僚属了事，高高在上的巨恶大憨，恒得逍遥法外。"又认为"现在所有大商人差不多都有官僚的背景了。官商勾结，渗透了一切经济部门。弄到只有官不官商不商，实际是亦官亦商的人，才可在社会上胡作非为，左右逢源。政治由此糟糕，经济由此混乱。但此现象非常普遍，粮贷案仅为偶然暴露的一桩案子而已"。25 日，沪版又发表社评《粮贷案在途中》（28 日津版、渝版转载），认为："办贪污案，常是虎头蛇尾。开头严重，其势汹汹，中间平顺发展，最后不是大事化小，就是小事化无。看来粮贷案子，也有遵循此道发展的可能，现已走到中途半端了。"并提出："第一、追究批准粮贷的高级官员"；"第二、审判要公开"两点要求，文末又大声疾呼：

---

① 《存粮霉烂与饿殍载道》，《大公报·津版》1946 年 6 月 13 日第 2 版。

② 关于粮贷舞弊案事情况，请见《米价步涨》，《申报》1946 年 4 月 16 日第 4 版；《高抬米价，四商人拘解警备部》，《申报》1946 年 4 月 26 日第 4 版；《粮贷舞弊案后日侦讯，汪达人等须出庭》，《申报》1946 年 6 月 15 日第 4 版；《严惩贪官米蠹》，《申报》1946 年 6 月 16 日第 2 版等。

　　粮贷案还在途中。其发展极可注意，特撰此论，望政府从根本着想，振肃官箴，以平民情，则国家幸甚！①

　　以上所举者，仅为抗战胜利之初《大公报》对当局腐败问题批判之重要几例，在此问题上，该报自1945年9月至1946年年底之间，尚有许多论述，不待一一言之。总之，这一问题乃是抗战胜利之初该报最早对当局产生不满的重要原因之一，除此之外，双方在处理汉奸问题上，也产生了很大分歧。

（二）惩办汉奸问题

　　抗战八年，有许多曾经在国府位居高位者，向日寇屈膝投降，在伪政府中任职，为虎作伥，残害同胞。抗战胜利，国土重光，人民强烈要求重处这些汉奸，以儆效尤。侍从室曾于1945年9月拟定处理汉奸意见，建议："（1）凡附逆之汉奸均应受特别审判，褫夺公权，其受有任务参加秘密工作者经审查确实准予另案办理；（2）敌产逆产由政府组织特种委员会调查处理；（3）伪军之处理方针当视其对国军协助与贡献之成绩，本宽大之旨分别处理之。"但是由于"为受降便利起见，未予发表。其后，共党倡乱，破坏道路，煽惑伪军，如是政府处理伪军之方针动摇，所有伪军均予收编，利用暂时维持地方秩序。伪军察知政府之处境，恬不知耻，向政府要挟需索"②。由于国民党当局需要时间将处在大后方的军队调往沦陷区，需要借助伪军的力量暂时维持地方，以免被共产党抢占，所以对汉奸的处理一再延宕。对于这一现象，《大公报》表示了强烈的不满。1945年11月9日，渝版发表社评《快办汉奸严办汉奸》，直言："在收复区最举人失望的事情，除了少数接收人员荒唐不法的行为外，就是奸逆的横行无忌。"并质问当局："（惩处汉奸）这是关乎民族气节国家体面的大事，绝不容马虎延宕，而在执行上又非太困难太复杂的事，有什么不可从严速办的地方？""现在华中华南若干收复的城市虽已开始逮捕汉奸，工作仍未彻底。北方是汉奸最先出现的所在，那批国贼都是奸逆中的老牌脚色，直到今天，竟未见一个就逮，这还成什么样子！"并提出"我们希望

①　《粮贷案在途中》，《大公报·沪版》1946年6月25日第2版。
②　唐纵：《在蒋介石身边八年》，群众出版社1991年版，第540、579页。

政府将汉奸的名单迅速决定，迅速提出"；"法院审判汉奸应用公开的方式"，最后呼吁："我们要催促政府惩办汉奸，快快的办，严严的办。"[①] 23 日，又发表《快办北方汉奸》，对政府收编伪军一事提出批评，认为如此处理"弄得不清不白，既授人以攻击的口实"；并以王克敏、王揖唐、王荫泰三名巨奸今仍逍遥法外为例，提醒当局："大大小小摇身一变的汉奸，依然有权有势，照样骑在老百姓的脖子上。请问今天的北方老百姓作何感想？胜利的意义岂不大打折扣？此非小事，务请注意！"[②]

　　11 月 23 日，国民政府终于公布《处理汉奸案件条例》，规定了对汉奸的认定及处理办法。12 月 1 日，沪版发表社评《再请速惩汉奸》，批评"日本投降已过一百天了，京沪汉粤虽有捕捉，漏网者仍多。而北方各省，尤其是北方汉奸的荟萃地方之平津，至今全无动静。王克敏等依然逍遥法外，甚至京沪的汉奸和梁鸿志陈彬龢等也逃到北方，徜徉自在，这是国人大惑不解的"；并呼吁："望眼欲穿的惩治汉奸条例已公布多日了，国人正拭目以瞻其实行！"[③] 12 月 6 日，国府又公布了重行制定的《惩治汉奸条例》，规定有图谋反抗本国等 14 项罪名的汉奸可处死刑或无期徒刑；汉奸案件应迅速审判并公开之等条[④]。13 日渝版再发表《捕奸与惩奸》（27 日津版转载），认为"现在汉奸虽已拘捕了一部分，还得雷厉风行，不容漏网，还得迅速处分，从严发落"。并提出"现在已经被捕的汉奸，应该准许人民到监狱里参观参观"；"汉奸必须迅速提审，公开审判，并准许人民团体代表观审"；"逆产应该追查，用以改善民生"及"处理汉奸案件要严，但不必株连，以期无枉无纵"四条建议[⑤]。1946 年 3 月 18 日，汪伪政权头号汉奸陈公博以叛国罪被起诉，陈虽诡辞狡辩，奈何罪证确凿，加之他乃是众目睽睽之头号汉奸，对当局又已失去利用价值，自然难逃一死。4 月 12 日，江苏高等法院判处陈公博死刑。13 日，沪、津两版同时发表社评《陈逆公博判处死刑》，赞赏政府此举"国法伸张，人心大快"，"正合国法的尊严与人民的愿望"，"表明了政府惩治汉奸的大公无私，同时也给纷乱中的人心一大安慰"。并且希望："胜利以来，

---

① 《快办汉奸严办汉奸》，《大公报·渝版》1945 年 11 月 9 日第 2 版。
② 《快办北方汉奸》，《大公报·渝版》1945 年 11 月 23 日第 2 版。
③ 《再请速惩汉奸》，《大公报·沪版》1945 年 12 月 1 日第 2 版。
④ 汪朝光：《中华民国史·第十一卷》，中华书局 2011 年版，第 224—225 页。
⑤ 《捕奸与惩奸》，《大公报·渝版》1945 年 12 月 13 日第 2 版。

因为各地接收人员的举动不当，大失人心，不要再让惩奸这件事影响人心了。现在陈逆公博判处死刑，人心一振；快办汉奸，严办汉奸，请从此案开始！"①

1945 年 10 月 14 日，曾任汪伪"国民党中央监察委员会常务委员""中央党部秘书长"兼伪政府行政院副院长、外交部部长等职的巨奸褚民谊在广州被捕。褚一直被认为是除汪精卫、陈公博、周佛海之后的汪伪第四号人物，民愤极大，对他的审判引起了广泛的关注。1946 年 4 月，褚民谊被苏州高等法院判处死刑，但就在举国欢庆元凶即将正法之时，褚突然提出愿献出珍藏多年的宝物（即其在抗战胜利前于孙中山灵寝前盗出之孙中山肝脏），以求免于一死；而苏州高等法院也以其"保护国父'灵脏'及遗著不能谓无功"为由，提请再审，并通过报纸详细将褚如何与日本人交涉，如何获得孙中山肝脏及文献等情公之于世，意在为褚表功。针对这一事件，《大公报》表现出了极大的愤怒。7 月 10 日，沪版发表社评《对褚逆民谊再审事质疑》（12 日津版、16 日渝版转载），直斥如果按照这种逻辑，则"汪逆精卫可谓民族的圣雄，因为他毕竟在沦陷区，重树了青天白日旗，保存了国民党，并公开宣扬过三民主义"；又以孔子诛少正卯与之类比，认为"苏高院裁定再审，既曲国法，且侮辱国父"；再以京沪间流传"人心思汉②"之语提醒当局"法有例外，而可走人事，下次再遇国难，'忘（王）八蛋才不当汉奸'！"最终警告：

> 褚逆民谊不过汉奸群中的一个丑角，死不死没有什么，偌大中国，也不吝惜那几斗米。但为保存一条汉奸命，而丧失国法的尊严，鼓励道德的堕落，开恶例，活群奸，结果忠奸无界，是非混淆，这民族——中华民族的前途，就不堪设想了！③

在全国一致的舆论压力下，褚民谊最终未能脱罪，并于 8 月 23 日在苏州狮子口监狱刑场被执行枪决。24 日，《大公报》沪版发表社评《周

---

① 《陈逆公博判处死刑》，《大公报·沪版》1946 年 4 月 13 日第 2 版。

② "汉"即"汉奸"，抗战胜利后，国民党当局许多举措让沦陷区人民大失所望，以至于觉得生活还不如在汉奸政府统治下过得好，于是便有此说流行。

③ 《对褚逆民谊再审事质疑》，《大公报·沪版》1946 年 7 月 10 日第 2 版。

佛海丁默邨怎样呢?》（28 日津版、29 日渝版转载），表示欣喜之外，更借此对"与褚逆地位相埒，罪恶更大的周佛海①丁默邨②二逆"的处理问题提出质疑，认为"周丁二逆叛国之罪太大了，太显著了，我们不相信这两个人可逃避刑罚。不管他们怎样投机取巧，实在罪无可赦"。并质问政府"惩治汉奸条例第十四条规定：'汉奸案件应迅速审判，并公开之。'这是政府制定的法律，自然要严格执行。为什么办理周丁案件，既不'迅速'，不'审判'，又不'公开'呢?"并且呼吁"八九年来人民与为虎作伥的汉奸斗争，记忆犹新，若巨奸不早伏法，多年锻炼培植起来的民族气节，将不免有所耗伤。国家多事，祸患未已，日本投降不过一年，其军国主义已见复兴，我们实在还需要民族气节，不能默置周丁诸逆，让奉事五朝八姓十一主的冯道主义，破坏中国的民族道德，贻祸将来。继褚逆民谊之后，周丁诸逆都应该明正典刑了!"③

　　在社会各界的密切关注和强大舆论压力下，1946—1947 年，一批大汉奸如缪斌（伪立法院副院长，5 月 21 日）、梅思平（伪内政部长，9 月 14 日）、林柏生（伪中央宣传部长，10 月 8 日）、梁鸿志（伪立法院长，11 月 9 日）、齐燮元（伪华北治安督办，12 月 18 日）、叶蓬（伪陆军部长，1947 年 9 月 18 日）、殷汝耕（伪冀东自治政府主席，12 月 1 日）等相继被明正典刑（括号中为其所任伪职及枪毙时间），而该报所密切关注的周佛海、丁默邨二人也分别于 1947 年 1 月 20 日及 2 月 8 日被判处死刑，丁于同年 7 月 5 日枪决，周则在陈立夫、陈果夫等人的关说下，于 2 月 26 日改判无期徒刑，并于 1948 年 2 月 28 日病死狱中。可以说，到

---

　　① 周佛海，1897 年出生于湖南沅陵，早年留学日本，接触共产主义并成为中共早期领导人，中共一大代表，1924 年回国任国民党中宣部秘书并退出中共，1938 年 9 月随汪精卫、陈璧君投降日本，历任汪伪"国民政府"行政院副院长、财政部部长、中央政治委员会秘书长、中央储备银行总裁、上海市市长、上海保安司令、物资统制委员会委员长等职，系汪伪政权中仅次于汪精卫、陈公博的三号人物，但由于其自 1940 年起便已秘密向重庆方面靠拢，并于 1943 年被戴笠吸收秘密加入军统，且于日本投降后凭借其所掌握的伪税警团、保安队、伪十二军等维持地方治安，阻止新四军武装收复沪杭地区，对国民政府接收上海有功，所以蒋对他的处理一直非常慎重。

　　② 丁默邨，1901 年生于湖南常德，1921 年加入中共，1924 年第一次国共合作时加入国民党，1926 年加入中统，1938 年投降日军，并与李士群合作组织汪伪特工总部即著名的"极司非尔路 76 号"任主任，后被推选为伪"中央委员""中央常委"兼"社会部"部长等职，系汪伪政权中的重要人物之一。

　　③ 《周佛海丁默邨怎样呢?》，《大公报·沪版》1946 年 8 月 24 日第 2 版。

1946年年底，随着接收及惩奸两项工作的接近结束，《大公报》与政府的矛盾又转向了新的方面。

（三）经济及金融问题

众所周知，财经政策的失败导致的全国上下经济凋敝以及匪夷所思的通货膨胀，乃是国民政府在大陆迅速失败的重要原因之一。在经济方面，战后所接收的庞大敌伪产业中的相当一部分通过自营、转让、标售等方式转移到国家手中，使得中国的国家资本发展到最高峰，与此同时，民营资本则在不断萎缩（图5—1）。

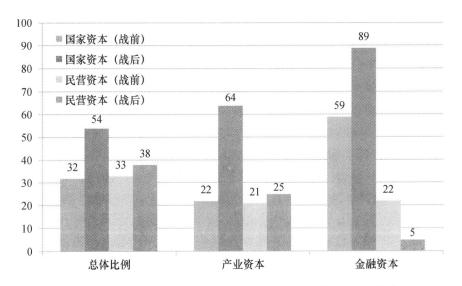

图5—1　抗战前后国家资本与民营资本在总体经济中所占比例变化

（按1936年币制计，单位:%）①

国家资本的极度膨胀造成了非常严重的社会问题，一方面，国家资本责、权、利界限模糊，效率低下，造成了对社会资源的极大浪费；另一方面，国家资本又官商不分甚至相互勾结，凭借其掌握的权力在资金、外汇、能源、材料等方面占尽优势，进一步挤压民营资本的生存空间；同时又通过种种手段将所得利润源源不断地向官僚群体输送，从而使得本就已

---

① 资料来源：许涤新、吴承明主编：《中国资本主义发展史·第三卷》，人民出版社2005年版，第722—723、727、731页。

经非常严重的腐败问题进一步恶化，同时又加剧了社会对当局的不满。"抗战胜利后，国家垄断资本主义虽然因接收了巨额的敌伪产业和美国的援助而高度膨胀，但并没有发挥生产力的作用，而是处于瘫痪状态。它像一个充气的巨人，貌似强大，内部却是孱弱的。"①

　　比国有资本恶性膨胀更加严重的，则是通货膨胀问题。如前文第四章第二节中所述，抗战期间，大后方的通货膨胀便已到了极为严重的程度，但当时大敌当前，为了抵抗日寇，民众尚可暂时忍受，但抗战胜利非但没能解决这一问题，反而变本加厉，这自然会引发社会各界的极度不满。抗战胜利之初，行政院长宋子文凭借手中掌握的大量美元、黄金等硬通货回收法币，稳定物价，但内战造成的军费高企问题却始终无法解决，最终耗尽了政府所掌握的几乎所有社会资源。同时，抗战胜利后普遍人心厌战，而"剿共"的口号远不能如"抗日"一般得到社会认同，广大人民无法在刚刚结束了一场抵御外侮的浴血奋战之后，又在一场莫名其妙的"中国人打中国人"的战争中与政府"共体时艰"，而官僚阶层普遍腐败又加剧了这一矛盾，国家资本的超常规膨胀与金融市场的恶性通胀，再加上腐败与战场上的节节失利，犹如一辆车的四个轮子，拉着国民政府这个乘客，一路狂奔向彻底崩溃的深渊。

　　检视 1946—1948 年的《大公报》，我们不难发现，财经问题始终是该报关注与批判的焦点。早在胜利之初的 1946 年 3 月 6 日，津版便发表社评《经济财政的危机及其对策》，历数在各地发生的米荒、工潮、通胀等现实，认为国家当前的处理办法"当可收效于一时"，但如果财政状况不能根本改善，则"最后仍是不了之局"。文章认为："我们的经济财政危机，根本的毛病在于国家的收支不平衡及社会的财富畸形化。"批评"政府的政策及立法，纵使不特别偏袒了那成堆成群的坏蛋，至少还未曾想到如何妨碍妨碍他们"。并提出"第一、清理发国难财者的财产，课以重税。第二、清理发接收财者的财富，没收其赃产，并课以罪刑。第三、冻结巨富的财产及游资，不使投机作怪。第四、严格推行高度合理的所得税，以经常裁抑贫富悬殊发展的倾向。第五、下绝大决心，不再增印钞

---

① 许涤新、吴承明主编：《中国资本主义发展史·第三卷》，人民出版社 2005 年版，第 603 页。

票"五项建议。① 15 日，津版再发社评《评外汇管理办法》，对政府于
2 月25 日发布的废除 20：1 的固定汇率，按"供求实况"决定汇价，同
时全面开放外汇自由买卖的政策表示谨慎乐观，认为就供求实况来看，
"最近期内，比较自由的进口政策，应当不致于成为过重的负担"；但又
提醒"若有大量资本逃亡而不加防止，则任何政府不能保障其币制。若
有大量投机交易而不加防止，则任何中央银行也将难于'防止过度之波
动'"。最终认为"整个办法，是现在物价情形下所可能采取的一种办法，
也是一个比较切实可行的办法，但办法终究只是一个办法……这要看执行
以后的成效，尤其要看指定银行防止资金逃避及投机的成效如何。而执行
时的技术与运用，也大有关系。这些只能待时间来证明"②。

通货膨胀造成了严重的物价上涨，在这一问题上，上海作为当时中国
最发达的大城市，重庆作为战时陪都，自然深受其害。4 月 2 日，沪版发
表社评《生活费高涨的危机》（3 日渝版转载），直言"我们不知道纸币
已发行多少，也不知道通货将继续膨胀到什么境地，而财政赤字如不获填
补，则社会经济恐怕难免有完全崩溃的一天"。并批评"政府举行标卖物
资，及平价政策，对真正需要物资的贫民，实惠极少，每次平价都增加了
暴利的机会，给投机者增厚操纵物价的实力"。又警告"牟利快捷方式恒
在流通过程，及不流通的囤积。这情形继续下去，建国将无从谈起，饥荒
死亡将如洪水泛滥，实在使人不寒而栗"。并要求政府"宣布停止发行。
将近年发行及财政状况，具体向人民报告。财政赤字应本'有钱出钱'
的原则，强制取给于暴利阶级，以资补填，不可以滥发纸币，为剜肉补疮
之计"。"否则不仅无以建国，恐怕整个社会经济会走向崩溃的边缘。"③
22 日，沪版又发表《美钞·物价·财政》（29 日津版、30 日渝版转载），
认为当前的"物资缺乏实与高物价及大众贫困有关。而高物价及大众贫
因，则基因于恶性的通货膨胀"。又批评"政府以发行弥补预算的赤字，
发行根本就成了一种大众税。无限制的以一张纸去搜罗民间物资，八九年
来搜得民也穷了，物也贵了。物价腾贵，与发行数字正成正比例"。并提
出：（1）尽快变卖敌伪产业；（2）"厉行有钱出钱的租税政策"；（3）改

---

① 《经济财政的危机及其对策》，《大公报·津版》1946 年 3 月 6 日第 2 版。
② 《评外汇管理办法》，《大公报·津版》1946 年 3 月 15 日第 2 版。
③ 《生活费高涨的危机》，《大公报·沪版》1946 年 4 月 2 日第 2 版。

善投资环境以吸引外资；（4）"赶快实现整军计划，以撙节开支"四项建议①。

宋子文执行的财经政策，初期尚有一定效果，但到 5 月以后便开始逐渐失效，为此立法院一再要求其前去接受质询，而《大公报》沪版也于 5 月 30 日发表社评《问财政经济政策》，揶揄"年来政府对财政经济有政策吗？说有也有，说无也无。有主义而无方法，有决议而无执行。……在决议上，琳琅满目，的是好看，不愧为集世界理想之大成。但闹到如今，决议还是一迭废纸。因为这个命令推翻了那个命令，这个决议又否定了那个决议，出尔反尔，层出不穷，老百姓实在看得眼昏，不知道政府的葫芦里究竟装着什么奥妙的政策"。并批评政府的财政政策"就是：帮助有钱的更有钱，使贫穷的更贫穷。做得周到而彻底"；而经济政策则是"国家资本压倒了民间资本……国家资本又渗入官僚资本。我们这大贫小贫的国家，一点儿积蓄，已集中到少数几个人的身上去"②。6 月 1 日，沪版又发表《劳资同命》（4 日渝版、12 日津版转载），列举上海工潮频发的现实，认为"在这国家币制未能稳定，财政不上轨道，整个经济缺乏方针的今日，劳也罢，资也罢，原是一对可怜虫，彼此运命一般无二，谁也逃不了受粮价及一般生活费高涨的压迫，谁也躲不开受通货膨胀的影响"。为解决这种局面，"我们只有呼吁劳资双方，大家认清是同一运命，必须同舟共济。……更望政府方面拿出良心来，在没有总解决办法之前，尽量先替升斗小民，解除倒悬之苦，倘有必要，何妨再来一回计口授粮，采用战时救急办法；他如制裁奸商，取缔垄断，肃清贪污，停止一切扰民措置，更属当局最低限度的责任所在"③。

抗战胜利后，国民党政府为了完成经济复员促进全国经济建设及发展，于 1945 年 11 月设最高经济委员会，并于 1946 年 6 月特派宋子文任委员长、翁文灏任副委员长、王云五等任委员。对于当局的这一举措，《大公报》津版于 6 月 26 日发表《评最高经济委员会》（7 月 2 日渝版转载），开篇即云"我们重视这个机构，而又窃虑其不易有所成就"。虽然"政府的用心，亦复良苦，这是我们应该承认的"；但是"现在委员中诚

---

① 《美钞·物价·财政》，《大公报·沪版》1946 年 4 月 22 日第 2 版。
② 《问财政经济政策》，《大公报·沪版》1946 年 5 月 30 日第 2 版。
③ 《劳资同命》，《大公报·沪版》1946 年 6 月 1 日第 2 版。

多学者，但经济学者无几，诚多经济界领袖，但只限于眩海一隅"，这种做法"无异于否认专家学者的地位，否定科学的价值"。并认为"造成目前经济危机的一部分原因，显然由于近年经济政策及经济行政的未尽妥善"。文末呼吁：

> 我国经济基础本极脆弱，即使经济政策注意保育，经济行政力求便民，经济界经历八年惨烈的战事，犹将不易支持。而事实上竟不幸疏于保育而过会统制，重以官僚资本的膨胀，亦官亦商的活跃，今天经济界几于不能喘息，而有全盘覆灭之惧，是必然的；所以今天最紧急最重要的一点，是主持经济政策及经济行政的机构必须面对现实，迅速给与经济界以苏息的机会；一切加紧经济界的桎梏，加重经济上危机的法令措施，务必一扫而去之！①

由于全面开放市场带来的严重投机行为大量消耗了国家持有的外汇及黄金储备，1946年8月19日，中央银行宣布将法币与美元的比价由2020：1调整至3350：1②，法币一举贬值66%。此举无异于向市场宣布原有的自由买卖外汇政策已难以为继，由是引发了上海黄金及外汇市场的暴涨，一度已经消失的黑市则"刘郎又来"。9月28日，沪版发表社评《物价又在波动》（10月5日渝版转载），认为物价上涨的根本原因是"整个财政经济却依然停滞在战争状态下，紊乱而无条理，一切没有办法"。又一针见血地指出："通货唯一毛病是在财政，财政上的最大支出是军费，军费的最大支付是打仗。""国内政治不能从战争中自拔，把经济弄成了目前的糟糕局面。"③

时间进入1947年，国民政府所面临的经济金融形势进一步恶化。1月16日，中央银行发行500元面值关金券，并规定其与法币兑换率为1：20，等于间接发行万元面值法币，这更进一步刺激了物价的狂涨。30日，沪版发表社评《大额纸币发行以后》（2月3日渝版、4日津版转载），认为此举"指明全国的财政经济，已被迫到了极严重的境界，而且

---

① 《评最高经济委员会》，《大公报·津版》1946年6月26日第2版。
② 汪朝光：《中华民国史·第十一卷》，中华书局2011年版，第293页。
③ 《物价又在波动》，《大公报·沪版》1946年9月28日第2版。

正在发展着"。"造成纸币膨胀的理由非常简单，一言以蔽之，是由于财政不足；而财政不足，尽人皆知是为了内战"；政府出售黄金试图稳定物价的政策并没有起到作用；"而政府对于民营事业所采取的手段，更阻遏经济企业本身的滋长"。并呼吁"通货膨胀这一条路，万万不能再让它溜下去了；全国经济，与人民生活，也再不能跟着它拖下去了！"①

就在《大公报》发表这篇社评的当天，中央银行一天便抛出黄金19000 条（一条黄金合旧制 10 两，共计约合 6 吨），但上海金价仍然在 2月 4 日涨到每条 480 万元，几乎为 1946 年 3 月 8 日刚刚放开时的 3 倍（165 万元），6 日金价已经涨到 550 万元，中央银行黄金储备已无法应对市场投机需要。8 日，央行停止暗售黄金，10 日又停止对各金号的配售，市场一下子失去了制动阀，黑市金价随即狂涨至每条 720 万元，物价指数也随之暴涨，1946 年 12 月的上海物价指数为战前的 5713 倍，到了 1947年 2 月已经涨为 10665 倍，是为"黄金风潮"。就在上海金市汇市剧烈波动之时，2 月 13 日，津版发表社评《金融市场的狂澜》，认为"倘不停止内战，人民终必同为战乱所吞噬。所谓经济总崩溃，决非危言耸听"。"一切枝枝节节的应付，补苴罅漏和弥缝一时的办法，断不足以收拾当前的危局……归根结蒂，当前国计民生的唯一活路，唯一收拾危局的有效方法，是停止内战，实现和平。"②

16 日，国防最高委员会通过《经济紧急措施方案》，同时公布《取缔黄金投机买卖办法》《禁止外币流通办法》《加强金融业务管制办法》《评议物价实施办法》等条例，试图拉住物价这匹脱缰的野马。从 17 日到 20 日，津版连发四篇社评，对这一政策进行评论。17 日社评《经济紧急措施方案》（同日沪版、18 日渝版转载）对政府提出几点要求：首先，"今后政府必须有着眼于整个国计民生的财政经济政策，而断然不可再为官僚资本的算盘所牵掣所影响。一切措施，尤须博采舆论，多听听人民的意见，并增加人民的发言的力量。同时，更要注意：过去一切与民争利的政策，自也须痛切纠正"；其次，"政府今后对于贯彻法令以及这一套法令的连系配合，在执行的时候，须特别警惕留意，不得稍有放松"；最后，"过去政府若干法令，往往徒令安分守法的老百姓们吃苦头，打麻

---

① 《大额纸币发行以后》，《大公报·沪版》1947 年 1 月 30 日第 2 版。

② 《金融市场的狂澜》，《大公报·津版》1947 年 2 月 13 日第 2 版。

烦，而若干特殊人物则往往玩法违法，而政府却无从执法以绳……老百姓要擦亮眼睛，注视将来的事实"①。18日社评《再论经济紧急措施方案》（同日沪版、19日渝版转载）认为此方案："虽然是提出了增税与加速标售物资与产业的主张，但是今后军事费用如果无法减缩，战时消耗如果长此无法减轻，则以有限的收入，决计应付不了无限制的庞大内战支出，结果还是不能乐观。"而"出售国营生产事业，倒是可以祛除今日官民争利的积弊……这一项措施，如果能早见实行，必然会得到民间欢迎的"。总之，"综观经济紧急措施方案，在目前或不失为一治标应急之策，但是国内经济上的积弊，政治上的积弊，币值稳定上的积弊，依然很显明的存在"②。19日社评《三论经济紧急措施方案》，认为此举"可见政府的手忙脚乱以及财政当局的无可掩饰的失败"。当局一边出售黄金稳定物价，另一边却又开足马力加印钞票，"这何异一手以杨柳枝洒点滴滴甘露，而另一手大放焰火"。又列举当局财经政策失败之处三端：（1）"被迫放弃黄金政策，而将更加膨胀通货"；（2）"朝令夕改，举措轻忽，贻误国事"；（3）政府对汇市举棋不定，反而倒追黑市汇率，"简直是向黑市投降"；并对税收、出售国营事业、管制物价、确定生活指数、供应民生必需品及外汇申报问题等提出六点建议③。20日社评《四论经济紧急措施方案》则认为此方案"目的当然是所以求人民生活的安定"，但其能否有效实施，则需先有"廉洁而具有高度效能的行政机构"，否则"所谓方案法令，都将成为一些贪官墨吏用以苛扰百姓的法宝，对人民敲骨吸髓的利器"。但政府"过去所有法令的执行，对于老百姓是苛扰无所不至，凌压在所不惜；而一碰豪门巨室，则煌煌法令立即失效"，同时廉洁高效的检查人员"在今天就如凤毛麟角之少，而纵有此极少数人亦必孤掌难鸣，根本不起作用"。所以这套方案"必须基于新观点新作风，有彻头彻尾与民更始的精神。……然若仍以因循敷衍为得计，以既得利益集团的算盘为算盘，根于旧习惯，循着旧道路，在烂泥坑中滚滚盘旋，则其施行结果如何，也就不问可知了"④。

---

① 《经济紧急措施方案》，《大公报·津版》1947年2月17日第2版。
② 《再论经济紧急措施方案》，《大公报·津版》1947年2月18日第2版。
③ 《三论经济紧急措施方案》，《大公报·津版》1947年2月19日第2版。
④ 《四论经济紧急措施方案》，《大公报·津版》1947年2月20日第2版。

从社评的数量上来看，由恶性通货膨胀导致的经济及金融问题，是这一时期《大公报》对政府批评最多的问题，可以说是造成双方最终决裂的最关键因素之一，而后来发生的金圆券事件，则更直接成为压垮"骆驼"的最后一根稻草（此点后详）。除此之外，在很大程度上由这一问题衍生出来的教育及青年问题，也是这一时期《大公报》批评政府的焦点问题之一。

（四）教育及青年问题

1. 公教人员待遇问题

《大公报》在教育问题上对政府的批评，首先始于为公教人员争取提高待遇问题。恶性通货膨胀造成了工薪阶层实际收入的大幅下降，而首当其冲的便是基层公教人员，即各级政府公务员、事业单位职员及大中小学教师。据统计，一个昆明大学教授，战前月薪为350元，到1945年下半年则涨为超过11万元，为战前的300倍以上；这个数字看似可观，但同期生活消费指数则上涨了6039倍，两下一除，其实际所得才仅为战前的1/20[1]，公教人员的待遇问题成了社会关注的焦点话题。1946年2月21日，同盟会早期会员，曾任段祺瑞内阁海军总长的著名法学家、国立北平大学教授宁协万出于对国民党当局腐败的痛恨以及对前途的失望，于北平家中自尽身亡；3月3日，国立上海交通大学全体教授向国民政府主席蒋介石、行政院院长宋子文、教育部长朱家骅发出联名呼吁电，表示"教授每月所获，尚不及国家银行工役三分之二"，"所得实远不敷所出，已不可终日"，要求政府"于三月份内，作切实解决，否则唯有被迫全体放弃教学，另改他业之一途"[2]。11日，《大公报》渝版发表社评《物价与公教人员的生活》（14日津版转载），对此事做出评价，认为"现在各种公教人员的生活待遇，第一是不平与不合理"；然而"即使合理了，也是决不能维持生活"。并警告当局，当前的社会现实"已使洁身自好的人要不改业便无法生活下去。至于无所守而依违现实的人，则只有从舞弊营私，贪污枉法中去求生活。现在政治上乃至于各种事业的腐败、紊乱、麻木、低能、多是由这里产生。这情形及其后果，都是很可怕的"。并就提

---

[1]　汪朝光：《中华民国史·第十一卷》，中华书局2011年版，第288页。

[2]　《交大全体教授呼吁要求改善待遇》，《申报》，1946年3月3日第5版。

高公教人员待遇问题提出六点建议①。30 日，津版发表社评《抢救教师!》，力陈教育对建国大业的重要意义及当前教师在量与质两方面大幅下降的现实，"要求政府赶快用有效而彻底的方法抢救教师，必得使他们吃得饱，穿得暖，有钱来替儿女教养，有时间来从事于他们的心爱的工作"②。4 月 2 日，津版又发表社评《抢救教授!》，痛陈"国脉所系"的教授们"与许多事业机关的员司工役相等"，"不能赶上缝衣理发的人"的微薄收入；"订报尚且不够，更说不上买书"的研究经费以及"简直形同落伍"，"直是死路一条"的精神待遇。认为"不但应使他们的生活相当优裕，尤其要使他们真能放手去研究著述"；并要求当局"教授以及学术研究人员们的生活的改善，与研究经费的增加，都应以能够养活并留住外国教授们的水平为标准"③。

虽然《大公报》一再呼吁，但公教人员待遇问题一直没有得到真正解决。3 月 23 日，上海市大学教授联合会发表宣言，控诉"大学教授待遇，比不上牛奶公司扫牛粪的，比不上电车卖票的，比不上国家银行的茶房"。教育部长、次长都曾前来商谈，却拿不出具体办法。4 月 30 日，沪版发表社评《教授罢教与尊师运动》(5 月 2 日渝版、3 日津版转载)，回顾教师们在抗战中安贫乐道，为国家和民族做出的贡献；历数当前教师收入之菲薄，生活之悲惨；又力陈教育对于建国大业的重要意义，呼吁"政府正应该考虑两点：(一) 为目前计，必须使教师们继续活下去，使弦歌不辍响。(二) 为根本计，国库若实在负担不了教育经费，则请索兴(性) 放弃管制教育的政策，让地方让社会去自筹经费，自行去办各级学校，也未尝不是一个办法"④。

国民党当局当然不可能放弃管制教育的政策，而沉溺于内战泥潭的政府也不可能正视教师待遇低下这一问题，所以终国民政府在大陆之世，这一问题始终没有得到解决，而《大公报》也始终不渝地坚持呼吁，直到声嘶力竭。9 月 16 日，沪版发表社评《救济和保障教授》，批判当局因"思想问题" 解聘教授的行为 "是我们的敌人法西斯主义者自掘坟墓的把

① 《物价与公教人员的生活》，《大公报·渝版》1946 年 3 月 11 日第 2 版。
② 《抢救教师!》，《大公报·津版》1946 年 3 月 30 日第 2 版。
③ 《抢救教授!》，《大公报·津版》1946 年 4 月 2 日第 2 版。
④ 《教授罢教与尊师运动》，《大公报·沪版》1946 年 4 月 30 日第 2 版。

戏。这种毒素岂容再在胜利者的国土上出现"！并且呼吁："现行的教育
制度亟应改善，官僚党派的作风亟应根除；民族社会的元气正气要从教育
界中去保持。如果这消极的救济和保障教授都不能实现，政府、学校，便
真太对不住社会及人民了！"①24 日，津版发表《为北方大学教授呼吁》，
提醒政府："第一，教授自有其庄严的地位，有其理想抱负，除非冻饿迫
于其身，他们决不斤斤计较物质的报酬，尤不肯为待遇问题而吵闹。至类
似托钵求助的可怜姿态，教授更深引为耻，决不屑为。……大学教授所以
自处者如此，政府所以待教授者又如何？这是政府当局必须深思确认之一
点。""其次，社会正义决不可尽泯。……忍令教授日在冻馁之中，莫之
顾恤，而车载斗量的贪墨鬼混之徒，却具有兼人的享受；多少机关绷着豪
华的场面，多少无聊的茶会及罪恶的舞厅，冬夜灯红，炉火熊熊，而独让
教授学生们僵冻在滴水成冰的试验室图书馆中……果尔，则政府无公道，
社会无是非，那么最后之严重的后果，将不待阐述，而人人尽喻。"②12
月 19 日，津版发表社评《调整公教人员待遇》（28 日沪版、30 日渝版转
载），要求"公教人员最低水平的生活必须维持，且必须尽可能使待遇
标准臻于公平合理：这是今日政府应该尽力做到的一点"；并建议"于
公教人员薪俸，直截了当，即按照各地生活指数计算，大抵薪额与生活
指数相乘时，采递减办法，其起码薪额即径以当地生活指数相乘，较高
薪额则乘指数之九十或八十，递降以至以指数之五十或四十相乘"③。
1947 年 8 月 18 日，适逢教育部长朱家骅到北方视察，津版发表《为北方
教育界请命》（25 日沪版转载），力陈"教员在穷困中，一直咬紧牙关，
缄默忍耐，而今日则生活煎熬日甚一日，已经超过了他们所能忍耐的最大
限度"；要求"当局须以大决心，大果断，正视现实，拿出具体办法，解
决当前问题"④。《大公报》就这样一直坚持为这一问题呼吁，直到最终
绝望。

2. 党化教育，还是公民教育？

究竟应该实行党化教育，还是公民教育，这是《大公报》在教育问

① 《救济和保障教授》，《大公报·沪版》1946 年 9 月 16 日第 2 版。
② 《为北方大学教授呼吁》，《大公报·津版》1946 年 9 月 24 日第 2 版。
③ 《调整公教人员待遇》，《大公报·津版》1946 年 12 月 19 日第 2 版。
④ 《为北方教育界请命》，《大公报·津版》1947 年 8 月 18 日第 2 版。

题上与当局的第二个分歧。国民党政府一直坚持党化教育原则，早在战前的 1927 年 8 月，国民政府教育行政委员会便制定了《学校实行党化教育草案》，成为全国推行党化教育的开端。南京国民政府成立后，根据"训政"的需要，又于 1929 年 1 月颁布了《中华民国教育宗旨及其实施方针》，提出"各级学校之三民主义教育，应与全体课程和课外作业相贯连"。1934 年，又颁布了《大学组织法》，彻底取消教授治校制度。抗战期间，国民政府对各大学实行导师制，对中小学生实施思想、道德训导并全面负责，对学生言行实行军事化管理。1939 年 3 月，蒋介石在全国第三次教育会议上发表讲话，要求进行遵守党员守则，遵守公民法律、道德、秩序，贡献国家的教育，并要求教育工作者信仰"一个主义""拥护党国""服从领袖"。抗战胜利后，国民政府宣布准备实行宪政，1945 年 5 月，国民党第六届全国代表大会通过了《促进宪政实施之各种必要措施案》，其中就有今后"各级学校以内不设党部"一条，但是国民党当局却从来没有真正放松过对教育的控制，特别是随着国共内战的开始，"防共"成为教育特别是大学教育的中心任务之一，党化教育的色彩更加明显。

国民党当局党化教育的做法一直遭到各级学校特别是大学教授们的反对，但在抗战时期，由于大敌当前，各大学对这一做法采取了暂时容忍的态度；抗战胜利后，随着国民党当局公开宣布实行"宪政"，这一问题也就成了教育文化界所关注的中心问题之一。1946 年 3 月 20 日，国民参政会第四届第二次会议召开，通过了有关教育报告的决议及有关教育文化的多项提案，这些提案大多要求政府放弃统制教育，保障学术自由，如江恒源等建议"为策进教育功能，提倡创造教育风气，应请政府对于具有新理想新方法之教育，酌案情形，放宽尺度，准其试验"[①]；周览等则建议："一、大学保持学府应有之自治；二、对于大学之法令，凡属干涉教学事项，有害学术之自由发展者，一律废止；三、国立（及省立）大学财政，定为独立会计，凡有预算上之剩余，悉由大学保留，作扩充设备之用；

---

① 江恒源等：《建议政府对于具有新理想新方法之教育在统一法令下酌察情形从宽准其试验案》，1946 年 3 月，载孟广涵等编《国民参政会纪实·续编》，重庆出版社 1987 年版，第 221 页。

四、国立大学校长改为聘任，以由大学教授或从事研究之学者充任为原则。"①

为响应这一吁求，《大公报》渝版（6日津版转载）于大会闭幕当日发表社评《当前教育文化的几个问题》，对教育文化问题提出五点建议："（一）我们的国家既要变成民主的国家，政治既要变成民主的政治，则在教育文化上不能另有方向。……政府亟应在思想与制度上改弦易辙，把统制学术统制思想的方法与政策放弃干净。校内讲学要有自由，思想应不受干涉，连学校的行政也应该民主化"；"（二）为使研究学术的环境获得和平与自由，各党派应该心口一致，切实由学校总撤退"；"（三）……国民教育虽多半是义务教育，经费由国家担负，但量不太够，质也较低。……今天教育当局应该加倍注意大学教育质的提高，并设法使到由小学毕业的少年有机会通过中学进入大学"；"（四）……改善教师待遇，不是叫政府做慈善事业，而是一种维持社会道义与国家民族精神生活的迫切需要"；"（五）……各学校实可斟酌情形不必搬家过急。等到各地秩序完全恢复，交通转见便利，然后从容回去"五项建议②。

5月4日，适逢五四运动纪念日，《大公报》渝版发表社评《给青年一个好环境》，回顾"五四"的光荣历史，认为"今天的青年有许多方面当然也有进步的地方，但在精神上已没有了那股热烘烘的活力了"。"青年已不复形成改良社会的中心力量，甚或反为社会的恶劣风习所感染。社会上所有的党派斗争，以至国难期间的市民行径有时都不免在学校里具体而微的出现。从若干学校有时所发生的小风波来看，尤觉青年人的冲动往往虚耗了大好热情，未能从事较有意义的努力。"又认为"这一切现象的造成，其责任当然不全在青年本身"；"社会上种种不合理的现象，太刺激了青年人的心，政治上种种腐败的情形，也太叫青年人失望了"。最终呼吁"党派退出学校要早日彻底实行，讲学自由的空气尤要加紧培养；而青年人本身更不可不恢宏志气，努力向前，以求环境的改善"③。

这两篇社评，奠定了《大公报》此后对教育问题态度的基调，即

---

① 周览等：《解放大学教育保障学术自由案》，1946年3月，载孟广涵等编《国民参政会纪实·续编》，重庆出版社1987年版，第223页。

② 《当前教育文化的几个问题》，《大公报·渝版》1946年4月2日第2版。

③ 《给青年一个好环境》，《大公报·渝版》1946年5月4日第2版。

（1）党派退出学校；（2）保障学术自由；（3）学生推进民主。6月3日，津版发表社评《教育的两大目标》，认为教育的两大目标为"第一，人格的陶冶"；"第二，能力的训练"。并认为要达到这两个目的，"不能单靠教育者的努力，主要在学校里的政治休战，一切党派务必实实在在退出学校，使青年学子能以宁静的心情接受训练，增进其学识条养，而后始有能力可负"①。7月24日，教育部在京召集高等教育会议，26日，津版发表社评《论训导长制与导师制》，旗帜鲜明地主张"第一，训导长制应即取消。其主要理由：（一）此制推行多年，实无可称之效果。……（二）效果固如此，制度本身又如何？究极言之，大学根本即无须训导长"。"第二，导师制应继续推行，但须求改善。"② 10月26日，沪版发表社评《致复员后的学生》（29日津版转载），呼吁"无党派的大多数学生，你们要鼓其勇气，结成一个坚强的力量，用正气来战胜邪气，使特殊份子无所遁形，而最后摒出学校门外"；"对于政治活动，你们多已是成年人，当然可以参加，而且作为一个民主国家的公民，也应当参加；凡宪法所赋言论信仰集会结社以及投票等权利，你们自然也当享受。这里有一个分际，就是党争不要进入学校；学生可以有党派，但不可在学校里闹起党争"③。28日，渝版发表《致教师和学生》，希望学生们"今天再也不能读死书，再也不能不关心国事。你们心地纯洁不愿进政党，我们完全赞成；你们尽可对政治无兴趣，但不能不关心政治。国家搞得这样稀烂，让少数人为所欲为，未始不是我们人民过去自鸣清高不闻不问之过，今天再也不可再蹈覆辙了。尤其中国一般人民智识水准低，智识分子责任特别重大；你们应该有'舍我其谁'的勇气，关心政治，过问政治……我们要积极起来，过问政治，消灭战火，救国家，也救了自己。今天各党派作风如此狭隘，不顾人民死活，我们盼望广大的青年学生群积极起来，对国事表现伟大的力量"④。

1946年12月24日晚，北大先修班女生沈崇在去东长安街平安电影院看电影途经东单时，被美国海军陆战队伍长皮尔逊等2人架至东单操场

---

①　《教育的两大目标》，《大公报·津版》1946年6月3日第2版。

②　《论训导长制与导师制》，《大公报·津版》1946年7月26日第2版。

③　《致复员后的学生》，《大公报·沪版》1946年10月26日第2版。

④　《致教师和学生》，《大公报·渝版》1946年10月28日第2版。

施行强奸。适有路人刘玉丰经过此地，闻呼救声即赴军警机关报案。警员当场抓获美兵1人，是为"沈崇事件"。这一事件成了中国反美情绪总爆发的导火索，长期以来，由于《中美商约》问题、美国援助国民党打内战问题、美国在华驻军问题等一系列问题导致的郁积在中国人心中的块垒，一下子全都爆发了出来，北平、天津、上海乃至全国各地数十座城市爆发了共有50万名学生相继参加的抗暴活动，抗议美军暴行。在这场学生运动中，《大公报》坚定地站在了学生一边。1947年1月6日，津版发表社评《今日学生的烦闷》（25日渝版转载），称赞学生们"在爱国情绪的高潮中，心头燃烧着正义的狂焰，然而一天罢课，一度游行，秩序严整，决无越轨行为，充分表现了青年学生克制的精神，足证其一切举止皆能诉诸理智"①。沪版亦发表社评《从学生的抗议示威说起》（8日渝版、9日津版转载），开宗明义地指出"美兵这种行为，是暴行，是犯罪的，必须加以惩处；各地学生激于义愤，起而抗议，是应该的"；并且要求"政府首先不要把学生的行动认为是异党煽动。假使异党果真有此能力煽动这大群学生，那么这做为煽动借口的题目，其本身就必然是个问题了。美国方面也不要把中国学生的这番表示认为是共产党煽动出来的，以为共产党当然是反美亲苏的，而不加以重视"②。同日，重庆学生举行万人大游行，抗议美军暴行，渝版于7日发表社评《学生游行有感》，称赞学生的行动"慷慨激昂，感人至深"，是"堂堂正正的爱国举动"；同时寄望学生"化分散为团结；继承五四以来的优良传统，做国家社会的栋梁"③。

1947年3月15—24日，国民党六届三中全会在南京召开，宣布准备结束训政，开始宪政，实行还政于民。会议闭幕当天，沪版发表社评《党派退出学校》（26日津版、28日渝版转载），直言"近年各校学生读书空气混乱，环境不安，遇事则意见分歧，互相对立，与夫'教授解聘'，'学生退学'等问题一再发生，使人痛感党派退出学校一事亟待彻底实现"。"学校应该只是研究学问追求真理的地方，而不应是党派利益的角逐场。……干政治工作者知道学校是一种力量，难免利用学生纯洁的热情，从事活动，企图使他们成为政争的工具，以致中国政局的纷争，在

---

①　《今日学生的烦闷》，《大公报·津版》1947年1月6日第2版。

②　《从学生的抗议示威说起》，《大公报·沪版》1947年1月6日第2版。

③　《学生游行有感》，《大公报·渝版》1947年1月7日第2版。

在反映于学校的活动上。政争愈烈，学校的环境愈形复杂。驯至学校校长教授之任免，学校行政，无不受政治的支配，好好的教育机关变成官僚衙门。天真的学生也派别森严，怒目相向，政治活动代替了学问的研求，师生同学间没有尊敬友爱，若非同志，便成路人，甚至仇人。"并且呼吁："我们希望这次中全会贯彻过去的决议，督促当局切实执行。社会以后对于任何党派在学校的活动，应加以纠正，务使教育改观，国家前途才会有望。"① 3月29日，适逢青年节②，津版发表社评《青年节感言》，再度申论党派退出学校的原则，认为："以大学论，当然须有自由研究自由讨论的精神，其于学术有然，于政治亦有然。……现今各党派侵入学校，其方法及作风，自多违反了教育的基本原则。"又勉励学生："青年学生自不必亦不能与政治活动绝缘。然有必须严切注意之一点：即对于政治问题，必不可脱离其学生立场。具体一点说，须以自由研究自由发表为重，而尤以涵养民主风度为依归。"③

尽管《大公报》一再呼吁，但国民党当局却不可能真正实现党派退出学校的承诺，同时，由于严重的通货膨胀导致的学校生活水准的大幅下降，使得学生们的情绪逐渐趋于激昂。5月4日，上海法学院学生为纪念"五四"，上街张贴"反对内战""保障人权自由""打倒官僚资本"等标语，与军警发生冲突，造成多人受伤。5日，该校学生集体罢课，并成立"五四事件抗议委员会"赴市府请愿。6日，该校联合交大、圣约翰等34校代表成立"上海学生五四事件后援会"。9日，"后援会"代表700余人聚集市府广场，向上海市市长吴国桢请愿示威，要求保障人权，严惩凶手。以此为契机，一场席卷全国的以学生为主力的"反饥饿反内战反迫害运动"逐渐开展起来。13日，上海交通大学2000余名学生为反对停办轮机、航海两系赴京请愿；14日，中央大学学生代表向教育部及行政院请愿，要求副食费每月每人10万元，上海医学院学生立即响应，开始罢课；16日，北平清华、北大，南京金陵、上海大同等各大学学生也开始罢课；17日，上海暨南、复旦、同济，杭州浙大等大学学生也开始响应；

---

① 《党派退出学校》，《大公报·沪版》1947年3月24日第2版。

② 青年节本为5月4日，1943年，国民政府宣布为纪念黄花岗起义中牺牲的七十二烈士，将青年节改为3月29日，唯黄花岗起义本为公历1911年4月27日，农历三月二十九日，国民政府青年节采其农历日期，以公历同日纪念。

③ 《青年节感言》，《大公报·津版》1947年3月29日第2版。

18 日，蒋介石发表针对学潮的《告全国学生》谈话，要求整饬学风，维护法纪，必要时将采取断然处置；同日，清华、北大、北洋三大学学生分别组成"反内战反饥饿"宣传队赴市区演讲，呼吁停止内战，实现和平，并在西单街头与军警冲突，学生重伤二人，轻伤六人，数十人被捕，平、津、唐等地 11 所院校学生当晚组成"华北学生反内战反饥饿联合会"，决定一律罢课，抗议当局暴行。

就在各地学潮风起云涌之时，19 日，《大公报》沪版发表社评《论学潮》（21 日渝版转载），对政府提出"第一，消弭学潮的动机。……无论制度的规划或政令的推行，事先必须极端审慎，力避草率"；"第二，明快的应付……所谓'明'，是衡量事理，审察实情。举凡学生的愿望，必正视而明辨之，其合理者不吝允准，不合理者，剀切告之。所谓'快'，是当机立断，勿稍迟延"；"第三，安慰青年。……一方面考虑学生的愿望，迅为合理的处置，使能安心求学；一方面修明政治，改善民生，使青年学生获见国家前途的曙光"三条建议。又劝学生"第一，努力学问。……宜爱惜宝贵的光阴，勿旷课业"；"第二，勉求安定。……代表请愿与全体请愿应可发生同样的效力，而全体罢课请愿之是否必要，实在值得考虑"；"第三，洞明利害。……我们于学生请愿目的的一部分衷心同情，且愿为之争取。但若今日罢课请愿的方式，于国家，于社会，于学生本身，是否有百利而无一害，要宜切实审察"。文末呼吁：

> 大家知道：凡是群众运动，不能必无利用操纵之者。蒋主席谈话中所述这次学潮的原因，我们祷祝其不是事实，但在学生本身却不能不特加审慎，免为不必要的牺牲。同时，则愿政府注意：假令这次学潮之起，由于煽动利用，则煽动利用之者，应为极少数人，而应付制止，务以爱护青年学生为最大之前提，以至诚求感召，以慈爱招祥和！①

《大公报》这篇社评，表现出了三个态度：（1）要求政府审慎处理；（2）劝说学生冷静对待；（3）暗示有人"煽动利用"。这种态度，与蒋

---

① 《论学潮》，《大公报·沪版》1947 年 5 月 19 日第 2 版。

18 日讲话中"共党策动学潮破坏社会秩序","学生应加省察勿为奸徒玩弄"① 中的论调,大体一致,只是口气稍缓,由此可见该报此时对学潮及政府的态度。此文发表次日,京、沪、苏、杭地区 6000 余名学生在南京举行"挽救教育危机联合大游行",遭到南京卫戍司令部大批军警镇压,学生重伤 21 人,轻伤 97 人,20 余人被捕,是为"五·二○惨案"。22日,沪版发表《学潮演变可虑》(23 日渝版转载),对此事进行评论,认为"流血可以避免,也绝对应该避免的"。并劝当局"政府今日制止学潮,一方面为着维持社会秩序,一方面也是出于爱护青年",所以"前天京津两地不幸演成那样的情形,真是太可惋惜了"。"学生行动真有背景,则因镇压而致事态更形扩大,更陷于不可收拾的境地,岂不正符幕后人物的企图,中其阴谋,宁非至愚?"又劝学生"近来的行动,也不免太天真幼稚,似不很明了其责任的重大与后果的危险。譬如在南京高唱某种歌词,又在政府机关涂写漫画标语,充分表现其行动的儿戏性……现在时局,复杂微妙,达于顶点,青年人太简单了,处境很是危险"②。这篇社评的态度,与前面 19 日社评基本一致。

但是,《大公报》在支持政府的同时,也有自己的态度,那就是他们一贯所坚持的学校自治、学术自由、反对暴力的原则。6 月 1 日凌晨 3时,武汉行辕及警备司令部纠集大批军警包围武汉大学,搜捕进步师生,引起学生抗议,双方爆发激烈冲突,军警向学生开枪,打死 3 名学生,并逮捕师生员工 24 人,是为武大"六一惨案"。事发后,武汉大学教授会向立法院提出要求政府颁制"学术自由保障法"的要求,立法院对此表示了一定的重视,并于 7 月中旬提交法制委员会研究。就在此时,南京与上海又传出了解聘教授的消息。针对这些现象,《大公报》津版于 7 月 25日发表社评《保障学术自由》,批评"中国承几千年专制的余毒,统制(治)阶级每好以政治牢笼学术,且视为天经地义,无可驳诘。尤以近二十年来,党派斗争阑入大学,思想统制腾为口号,于是学术自由的真实意义,简直为当权多数人所毫不理解"。认为"大学是囊括大典网罗众家的学府,无取乎抱残守缺,是丹非素,存主奴之见,以排斥异己为务。故重

---

① 《为整饬学风维护法纪蒋主席告诫学生自爱自重勿中奸人阴谋》,《申报》1947 年 5 月 19日第 1 版。

② 《学潮演变可虑》,《大公报·沪版》1947 年 5 月 22 日第 2 版。

自由，尚容忍，贵兼容并包，而断断不许武断真理完全站在自己一方面。在这种活泼泼的空气中，才可望有真理的创获，也才可望培育出来具有独立思想和创造能力的真正人才"。并对武大教授们提出的"自由研究学术应受法律之保障"；"以研究学术为目的而发表之言论不负刑事责任"；"任何团体或个人不得在大学内作政治活动"，否则"视为妨害学术自由，应依刑法处断"等原则表示赞同，呼吁"为了保障学术自由，为了保障教授地位，政府对各大学聘请教授，断不容许有任何暗示或干涉。……同时'学术自由保障法'应早日颁布，且忠实遵行。这不仅为学术文化隆替所系，实亦国家民族兴废所关：切望政府当局勿予忽视"！①

　　12月14日，国民政府教育部颁布修正后的《学生自治会规则》，对学生自治会的责任、权利、义务、组成等问题多加限制，并规定学校须监督指挥自治会活动，可以撤销自治会决议，并可基于"违背校规"的理由随时解散自治会。是令一出，立即引起了全国学生的强烈抗议，《大公报》沪版亦于16日发表社评《何必防闲学生活动》，认为教部此举是由于"对于今日学生活动似深感困惑"，"然而囿于这种心理而制定的自治会规则，与现实就不免太扞格了"。"教育部目注心营于统制防闲的一套做法，其结果将根本失掉了学生自治的本意。……且以现状论，此自治会规则虽颁布，恐怕也不易行得通……若必强制执行，则在自治会圈定或解散的一类场合，不知将造出多少纷扰，多少风潮。若果拿出雷霆万钧的压力，且果真生效，则所有学校都将弄得如死水，如坟墓，驯至有热情而富活力的青年个个都暮气充盈，人人都若将就木。"并建议"自治会章则，似不必由教部作硬性规定，而不妨授权于各校当局，博采舆情，斟酌制定。实在无取乎一道同风，削足适履，更无取乎假此为箝制学生种种课外活动的工具"。②

　　进入1948年，随着战场局势的不断恶化，国民党当局对学校的控制也越发严酷。4月7日，北大学生自治会召开全校学生大会，声讨北平当局关于要求该校将何在铄等12名学生自治会理事、人权保障委员会负责人交至警备司令部的命令。8日，北大学生在民主广场开会决议保护12位同学，教授们也纷纷表示要与学生们一起去坐牢，北平当局不得已将逮

---

① 《保障学术自由》，《大公报·津版》1947年7月25日第2版。
② 《何必防闲学生活动》，《大公报·沪版》1947年12月16日第2版。

捕人数减到 6 名,学生们仍不同意。9 日晨,北平当局派出军警袭击北平师范学院,逮捕 8 人,数十人受伤,是为"四九血案"。当日 8 时,该校学生 500 多人前往北平行辕请愿,北大、燕大、清华等校学生也前往支持,许多教授也都到会,痛斥当局非法行径。经双方谈判,最终北平行辕于当晚 9 时同意释放 8 名被捕学生,同时不再传讯北大 12 名同学。10日,津版发表社评《怎样平息学潮》,认为此次事件"直接的起因,则为上月二十七日北平治安当局奉中枢命令查禁学联",而当局之所以视学联为大敌,则是因为"在当局自始即认此为'共党所策动之组织';在学生则认为学联是各院校自治会所组成,而自治会是各校学生根据普选原则产生,且'学联活动亦限于共同解决各校同学的生活福利问题及交换学习经验'"。造成这种局面的原因,是因为"当局与学生之间,似乎还不免存在着若干隔膜。而由于隔膜,似乎就不免平添了不少误解和困惑"。并且建议"只须大家能镇定,能冷静,就可免除多少事端。这种明智的措置,应该是今后处理学潮的指针"。① 12 日,津版又发表《解决学潮的途径》,要求"政府当局对于目前学潮,必须主动而积极的慎筹妥善处理之道"。而"要确定如何才是平息学潮的适当步骤,须先理解学潮的本质。……简洁一点说:一般青年学生近年实在缺乏一种和平宁静的情绪,也更缺乏一个安定自由的环境,大苦闷压得他们几乎窒息,这种情绪刻刻在郁结着,燃烧着,而偶然在这氛围里钻进一个小小的刺激,可能就立时爆发起来,于是就成为澎湃奔腾的学潮,此时若干角落自不免或多或少的为群众心理所控制着,而倾向感情的、冲动的、极端的、带有一些破坏色彩的群众热狂的性格,就更容易受了种种暗示和激荡而抬头起来"。又指出"今日社会各种方面正在加急走向毁灭之途,而这一阵毁灭的暴风自然也吹进了学校的大门"。并呼吁"当前第一件事,自然还是定期复课。……虽然在学潮动荡中,也切勿忘记一个基本观点,就是大学生(教师也自然在内)一切活动,不能放弃了一个大学所应有的水平,也不能离开了学术的岗位……所以政府自应保障学术自由,大学师生也应警惕奋勉,毋使学术沦于名存实亡的悲境"。② 15 日,沪版发表《学潮中的一点诤言》(17 日港版转载),认为"今天学校之所以有种种不安,自然是

---

① 《怎样平息学潮》,《大公报·津版》1948 年 4 月 10 日第 2 版。
② 《解决学潮的途径》,《大公报·津版》1948 年 4 月 13 日第 2 版。

整个政治局势的反映。国内问题既已完全决定于战场，国际关系也一天天的两极化，其所影响于学校的，也是各走极端，壁垒森严，斗争激烈，一切都带上浓厚的政治气味，甚至火药气味"。政府"不能容许共产党在学校活动，固属逻辑的必然"；但是也"不必风吹草动，就以为共产党在捣乱"。在处理程序上"尽可循正常的法律途径"，而不应"让一些不明身分（份）的人到学校随意搜捕，反容易激动一般的感情，影响政府的威信"。又"特别要为学校里绝大多数的无党无派学生请命"，"双方的行动都争取他们参加，要签名，要开会，要这样那样，于是左右为难，进退维谷……假若你不幸被人选为自治会的干事，或是你参加了什么社，什么会，更必殃及池鱼，轻则开除学籍，重则有牢狱之灾"。文末呼吁：

> 总之，当前大局正在动荡，一时还难得安定，但是这一代人的罪孽不要累及下一代。在此学潮起伏中，政治上和教育上有责领导青年的人，特别要开明，要审慎，保存学校的安全，要尽可能的给学生们以安心读书的环境和机会。①

纵观《大公报》在 1946 年至 1948 年上半年之间对教育特别是大学教育的态度，我们不难发现，首先，该报基本坚持了支持政府的立场；其次，该报也在坚持要求政党退出学校，保持教育的纯洁；再次，该报呼吁政府正视大学中存在的问题，在一定程度上考虑学生和教师的要求，做出让步；最后，该报坚持理智处理的立场，既要求政府不要草木皆兵，动辄使用暴力，也呼吁学生以学业为重，不要被煽动而极端化。但是，他们的呼吁不可能被当局接受，抓人—斗争—紧张—镇压—更大规模的斗争，这种恶性循环一直在蒋政府治下的大学里延续，直到这个政权彻底灭亡。

3. 青年的出路问题

除了前述两个方面之外，《大公报》还非常关注青年的出路问题，并积极为此呼吁。抗战结束，百废待兴，本来广大青年学生凭借自己的专业知识，正好大有可为，但内战的爆发与经济的凋敝却使得大量学生找不到出路，"毕业即失业"成为日渐普遍的现象；同时，日渐严重的通货膨胀也使得学校学费逐渐高企，高昂的学费使得大批青年望学校之门而却步，

---

① 《学潮中的一点诤言》，《大公报·沪版》1948 年 4 月 15 日第 2 版。

而正在学校读书的青年也因此而生活拮据甚至衣食不周，这也成了推动国统区学潮不断发展的一大原因。《大公报》对此一直忧心忡忡。1946年9月21日，津版发表社评《急救清寒学生》，痛陈"公立学校粥少僧多……私立学校……学费之昂贵，除了中产以上家庭的子弟而外，几乎使人望而却步。因此成千成万的清寒学生，简直弄得走投无路"。又批评"政府在施政上太不注重教育，把教育经费定得太少，对学校复员或学生升学诸项问题太少帮助"。但"整个提倡教育，普及教育，以及改善教育的巨大工作，如果一古脑儿全部属望于政府，那本来是一件不可能的事"。所以"同时我们愿向全国同胞发出呼吁，希望每一个人对于这关系民族前途的事业，负起责任。尤其是每一个有力量的人，不要视若无睹"。① 11月11日，津版又发表《学校青年的烦闷》，认为"现在学校青年大群，生活在精神烦闷与物质压迫交织而成的铁幕中。这是当前一个严重的问题"。就物质言，"若干学生即天天在冻饿线上挣扎着"；就精神言，"在这动乱时期，他们眼睁睁看着国家毁灭"；再加上"学校设备师资各方面，又不尽能满足青年们炽烈的求知欲；而出版集会，动遭限制，钳口结舌，满腔郁积不得宣泄"；所以"这些青年大群的心声，无往而不充溢着沉痛失望愤激焦躁的衰呼"。并批评"今日教育界负责人员对于陷在穷窘苦恼中的青年，实未能善尽其领导的功能；……同时政府当局，对于在现青年，尤觉隔离淡漠，故所采措置，往往流于武断愚蠢"。文末呼吁：

> 故今日爬梳青年之内心的创伤，透彻明了青年的渴望，牢牢把握并尽可能满足青年的需求，实在是一件重要工作。然同时我们亦须致期望于学校青年大群：在这个大时代，青年要能够经得起锻炼，受得住煎熬，动心忍性，淬厉夺发，以求振转中国之历史的机运，为国家为人类创造光明。②

1947年7月，正值各大学校毕业之际，《大公报》沪版于5日发表社评《毕业即失业？》（8日渝版、10日津版转载），痛陈"今日大学生，都

---

① 《急救清寒学生》，《大公报·津版》1946年9月21日第2版。
② 《学校青年的烦闷》，《大公报·津版》1946年11月11日第2版。

是民间的优秀份子。……因为他们缺乏人事关系，对垄断职业机会的既得利益阶级，无敲门砖。只少数人有特别办法，大多数都感觉前途茫茫，毕业即是失业"。对于他们来说，"工商普遍不景气，农村在骚动与饥荒，公教人员在饥饿线挣扎，说起来，几乎路路不通。所有机关，只见紧缩，不见扩张。现成职位，不是些老手死不放的在挤来挤去，补缺也被姻娅谊属所垄断"。所以"悲观者则沉沦自杀，激越者则变成洪水野火，走向两个极端"。但又认为"天无绝人之路。穷则变，变则通。智识阶级的困厄，在大时代中，总也会变通的，用不着悲观消极"。同时"也希望政府切实注意这个严重的问题。智识份子大群的出路问题，实大有关于国家的治乱"。① 8 月 2 日，津版亦发表《毕业学生无出路》，再度申论大学生"毕业即失业"的悲惨境遇，并要求"政府能严切注意这一个问题，由根本上郑重考虑补救的方案。在这一点上，空洞抽象的官样文章是没有用的，侈谈什么制定国民就业法也是空言无补的"。又"更致期望于毕业学生：今日虽为职业问题所困扰，但仍要经得起锻炼，受得住煎熬，有不出卖的荣誉，有不容牺牲的理想抱负，切勿自暴自弃，而盘旋于悲观堕落的下坡路"！②

虽然《大公报》一再呼吁，但形势的恶化已不可逆转。1948 年 6 月，又是一个毕业季到来。18 日，津版发表社评《毕业生无出路》，认为"青年学生的烦冤困惑失望绝望，在今日可谓已臻绝顶"；而究其原因，"战乱固为大原因，而政府无能，现（代）社会里的老辈和中年人又多不争气，完全丧失了领导并扶掖青年的功能，亦为重大病根所在"。并要求"政府须能深切注意青年学生的出路，能确认这个问题的严重性；然后采取各种有效步骤，尽量由各种方面设法容纳这些毕业生"。③ 19 日，沪版亦发表《暑期谈学生》（21 日渝版、25 日港版转载），质问："是现在的读书人没用吗？是大学生有智识的已太多而过剩了吗？"答案是"今天中国受高等教育的人，在全国人口比例上，按照国家正常应该需要的人才，实在还差得多"。只是因为"今日社会，处处在糟塌智识及智识份子。连年战乱，百业凋残，民间生产事业被摧毁殆尽。公教人员这羊肠小道，则

---

① 《毕业即失业?》，《大公报·沪版》1947 年 7 月 5 日第 2 版。
② 《毕业学生无出路》，《大公报·津版》1947 年 8 月 2 日第 2 版。
③ 《毕业生无出路》，《大公报·津版》1948 年 6 月 18 日第 2 版。

僧多粥少，人浮于事，且必须有姻娅关系或人事背景才挤得进去"。并且警告"一个社会或政府，不能为智识份子谋出路，又失掉了他们的心，办这种教育，实在等于跟自己为难，不是教育要被迫破产，就是社会要临到崩溃阶段了"。①

（五）保障新闻自由问题

要求保障言论自由，呼吁政府放宽对新闻界的限制，乃是《大公报》在内政问题上与政府的又一大分歧。《大公报》所经历的年代，恰好是中国近代史上最为风云诡谲的年代。皇亲国戚、军阀官僚、各路神仙你方唱罢我登场，城头变幻大王旗，言论控制时松时紧，报人一会儿是众星捧月的无冕之王，一会儿又成了噤若寒蝉的秋扇流萤。凡此种种，都是《大公报》及其主持者们的亲身经历，所以他们对于言论自由的渴望自然可想而知。抗战胜利，国土重光，国民政府宣布实行宪政，在《大公报》人看来，这乃是一个千载难逢的良机，他们希望借此将保障言论自由纳入宪政轨道，并憧憬着真正的"第四权力"的到来。1946年1月10日，政治协商会议在重庆召开，蒋介石在开幕式上郑重宣布政府将保障人民的权利，而第一项便是"人民享有身体、信仰、言论出版、集会结社之自由。现行法令，依此原则分别予以废止或修正"。14日，沪版发表社评《欢迎言论出版自由》，对蒋的这一表态表示欢迎，并乐观地认为此事"大概最近期内就可实行了"！文章认为"言论自由是实行民主最重要的因素；言论不自由，民意何从表达？政治没有民意监督，如何能望其清明进步？而且新闻自由，近年已成为世界性的运动……我们是世界的一环，也绝对不许例外"。并对新闻自由提出三点建议，"（一）新闻检查制度当然彻底取消了"；"（二）出版法也要根本废止了"；"（三）对于收复区新闻出版界的种种限制，当然也取消了"。并勉励新闻界"更应痛感责任之重大，严肃注意新闻言论的道德，勿滥用自由，勿趋媚时尚，不私不盲，不淫不屈，树立健全之风尚，奠定巩固之基础，这是最后我们应该自勉的"。②3月6日，中宣部部长吴国桢宣布停止对收复区的新闻检查，上海的新闻检查所于8日零时停止，沪版于同日发表社评《欢送新闻检查》，认为此举证明"政府保障人民自由的诺言，一件一件在兑现"。文章将"压迫言

---

①　《暑期谈学生》，《大公报·沪版》1948年6月19日第2版。

②　《欢迎言论出版自由》，《大公报·沪版》1946年1月14日第2版。

论，封锁新闻"看作"近年民意之消沉，官箴之不振，吏治之腐败"的"最根本的原因"，并欢呼"中国的言论界，从此脱除桎梏，可以步向自由健康的大路了"。并提醒新闻界："我们争得了这种基本自由，就应大胆接受，充分发挥我们言论界的天职，该揭发的揭发，该批判的批判，决不屈于威武，同时也决不应害怕社会空气的压力，不怕强权，也不媚时尚。……我们今后要确保自由，健全舆论，必须特别注意法律的尊严，道德的范畴，认清自由的分际，而严肃自爱。"[①]

应当说，《大公报》对于新闻自由的认识是比较全面的，他们所主张的新闻自由，并不是简单的任意说话的自由，也注意到了新闻界在掌握了巨大的舆论权力之后应当承担的社会责任，他们所主张的是一种在政府适当管理下新闻界自觉责任的自由。这种新闻自由观，与西方战后逐渐兴起的社会责任理论颇有些异曲同工之妙，而西方的这一理论，奠基于1947年出版的《一个自由而负责任的新闻界》，成形于1956年出版的《报刊的四种理论》，从时间上来看还要稍晚于《大公报》，这不能不说是一件值得中国新闻人自豪的事情。但是，政府的承诺也好，《大公报》的呼求也罢，在当时的客观情况下，都只能是一种美好的幻想，更不必说蒋政府的本质就决定了它绝不可能真诚地保障新闻自由，取消新闻检查法令虽然公布了，但只是一纸空文而已，暗地里的检查与控制反倒变本加厉。10月间，中央研究院评议会在南京召开，商讨巩固中研院并推进文化建设事宜。28日，沪版发表社评《向政府要文化政策》（29日渝版、11月2日津版转载），回忆五四时期"那昙花一现的灿烂"，"那种三教九流自由讨论的热烈风气"，认为那"毕竟还是盛世的现象"。又痛陈当下文化凋敝的现实，认为主要原因有二："第一·是中国政治比以前更混乱，斗争比以前更尖锐，国家地位也比以前更危殆"；"第二·是政府对文化急于作消极统制工作，并无积极建立文化的政策"。并向当局呼吁："为了祖宗颜面，为了后代子孙应享受的一笔精神遗产，希望政府扶持这苍白凋敝的中国文化。"同时又指出："扶持，绝不是接收来国营，成分由各系派包办。文化的成就绝不是俸禄所能促成的。它需要一股宗教的虔诚情绪，它需要自由。"文末更是大声疾呼：

---

① 《欢送新闻检查》，《大公报·沪版》1946年3月8日第2版。

中国如要民主，则必先有民主的空气。先秦诸子各有主张，是民主。五四以后的笔战连台，也是民主。今天这死沉沉，清冷冷，孤零零，乱嘈嘈的氛围，是急速走着下坡路。想到战后兴废关头的今日，我们感到可悲；想到民族文化的前程，我们悚然寒噤！我们特大声疾呼，向政府要文化政策！①

11月21日，正值首届"国大"期间，沪版发表社评《减少宣传，多给自由》，开篇即云："国大在开会，训政已上最后一课。宪政即将开始，言论首先应该绝对自由。"文章认为宣传与言论的区别在于"宣传是注入的，并迫人接受的。言论是自由人自由发表的意见。……宣传毕竟未必尽符合事实，未必全是真理，有时甚至是造谣、欺骗。欺骗他人，也欺骗自己"。又引武王使人候殷的故事②与顾炎武论清议的话以及言论自由与现代民主制度的关系，认为"自由说话，是民主政治的基本要素，是不可抗的时代潮流，顺之者，为进步，光明；逆之者，为反动，黑暗"。又劝政府"在国大开会时，正需要博采众议，团结人心，少做空泛宣传，多给言论自由，必能大有助于宪政的前途"。③ 23日，津版亦发表社评《国大制宪与言论自由》，提醒当局："凡是不受批评的政府，那就是无人拥护的政府；就制订宪法的当轴言，多数人民的意见愈能尽量渗入宪法，则此多数人民葆爱拥护这宪法的热诚也愈炽烈。"并且批评国民党籍立法委员提出的所谓"相信我们的主义，才能做我们的国民"的说法，认为"那真是制宪中最危险的观念，也是极其反民主的落后思想"。并进一步指出："一个容忍异己和接受人家批评的人类社会，才是真正孕育言论自由的沃壤，民主政治在这种沃壤上才能开花结实。这样的社会，才是活生生地真有生气的社会。"又反问当局："正当舆论沦亡，政治江河日下，整个社会晦盲否塞，以至于窒息，在这种环境里，还能够希望制出一部应乎时代需要的民主宪法吗？"④

① 《向政府要文化政策》，《大公报·沪版》1946年10月28日第2版。
② 《吕氏春秋·慎大览第三·贵因》记载：武王欲伐殷，先使人候之，俟殷乱兴兵，其人先告武王"谗慝胜良"，又告武王"贤者出走"，武王均认为殷尚未乱，直到其人告武王"百姓不敢诽怨"，武王方才兴兵，纣因此而亡，是为"武王使人候殷"的故事。
③ 《减少宣传，多给自由》，《大公报·沪版》1946年11月21日第2版。
④ 《国大制宪与言论自由》，《大公报·津版》1946年11月23日第2版。

虽然《大公报》一再呼吁，但中国的舆论环境，只在愈发恶化。进入 1947 年，社会更加扰攘不安，打砸报馆事件时有发生，有的是在学生运动中受了池鱼之祸，有的是由于言论"左"倾而被当局指使暴徒捣毁，也有的是对整军运动中裁撤的"抗战老总"们略有不敬便大祸临头。面对这股愈演愈烈的"打风"，《大公报》沪版于 4 月 15 日发表社评《向社会争取新闻自由》（16 日渝版、18 日津版转载），提出三点呼吁：第一，"（报纸的）错误可以更正，失当可以纠正。若是无意的疏忽，宜加宽宥；即使是有意的过错，最后也还有法律在，大可对簿公庭，何必动武？"第二，"（报纸）偶有失当，应受社会的指责，可以警告，不妨打官司，切勿动不动就直接行动起来，破坏法纪，增加社会的混乱"。第三，"我们同业也该格外谨慎，今日无新闻检查，我们自己得负法律及道德的责任，为新闻自由而继续奋斗，向社会争取新闻自由"！[①] 该报的呼吁当然无法解决问题，恰恰相反，《大公报》自己却成了强力部门的受害者。6 月 1 日，该报渝馆曾敏之等八名记者被当局逮捕，驻广州特派员陈凡也遭缧绁；同时天津当局决定自 1—9 日实行新闻检查，该报专电特稿等大半被检扣。5 日，沪、渝两版联合发表社评《逮捕记者与检查新闻》（11 日津版转载），就逮捕记者一事质问当局："大公报有四十多年的历史，同人皆束身自爱之士，抗战时会为国家效过微劳，而今就连职业的自由及身体的安全都叵测不保。景象如此，本报固然不幸，亦岂国家之光？"又批评当局重行新闻检查，乃是"扼杀新闻自由，给国家大开倒车。我们一再思考，无论如何，不能发现复活这已死的恶劣制度的必要"。并更进一步呼吁：

> 捕学生，捕记者，演惨案，是各地治安当局太张皇了。为了国家的荣誉，也为了新闻界的职业自由，我们郑重要求政府从速恢复被捕记者的自由，并永不再让新闻检查的办法复活。[②]

1947 年 10 月 24 日，行政院在临时议会提出了《出版法修正草案》，希望借由行政手段修订法律来进一步干预出版。这是新闻界的一件大事，沪版于 11 月 6 日发表社评《出版法与新闻自由》（11 日津版、14 日渝版

[①] 《向社会争取新闻自由》，《大公报·沪版》1947 年 4 月 15 日第 2 版。

[②] 《逮捕记者与检查新闻》，《大公报·沪版》1947 年 6 月 5 日第 2 版。

转载）对此事进行评论，直斥"就过去一年来说，中央及地方通令全国
保障舆论自由的命令差不多与摧抑言论自由的事情并驾齐驱"。文章认
为，虽然"新出版法比旧出版法进步，现代化，民主化"，但"新出版法
的一个大缺憾是与现行法律重复"。且"在精神上，新出版法依然如旧出
版法，还是消极多于积极"。特别是"除了宪法上一条（保障言论自由
的）空泛诺言之外，在随时随地可以宣布戒严的中国，出版事业甚少保
障，却背负了满身的约束。这种单轨交通的法令，是有欠公允的"。并提
醒当局："我们要求政府信任报界。既有国法明文，不必再叠床架屋的另
订新条。同时，于约束报业之余，对于报业朝夕所遭遇的法外侵犯，也稍
予防范，给报业以保障。出版法的制订，其精神应该是积极的保障新闻自
由，而不是消极的限制。"[①]

　　时至1948年，《大公报》对当局能够真正保障新闻自由的希望，业
已逐渐破灭，就其言论来看，已很少切实的建议，而多为空洞的呼吁。
3月23日，联合国新闻自由会议在日内瓦开幕，沪版于当日发表长篇社
评《自由从自家做起》（25日津版转载），明确指出："'谈'甚至'规
定'新闻自由与实行新闻自由是两件事。""今天任何统治者都不会明目
张胆的驳斥新闻自由，然而又都仅对'准确与公正之新闻'予以安全保
障。什么是'准确'与'公正'的呢？那就要看有关国家的主义，有关
当局的利害了。我们郑重指说，这不是新闻自由。"文章批判独裁国家的
国营报业，"没有比国营的舆论再威胁世界和平的了"；而英美式企业化
报业又会造成托拉斯化，"其影响的恶劣也殊不减于国营，因为它一样是
寡头化，一样是要走上'民可使由之'的末途"。又据中国的情况指出：
"一般人都认民主是一种政治制度，然而这制度如果不建在类似的社会习
惯上，它依然是没有实体的。""再就报人本身来说：在国家呈分裂状态
下，团结固已谈不到，而同业体贴也说不上。……这现象，我们认为与政
府及社会的压迫同样威胁新闻自由。"[②] 津版亦于同日发表《祝新闻自由
会议开幕》，认为此次会议之"成败利钝，不仅攸关新闻事业的本身，抑
且影响人类互助合作及世界和平的前途"。文章分析了冷战格局下新闻自
由理念屡遭厄运的现实及世界人民争取新闻自由运动的历史，呼吁："人

---

①　《出版法与新闻自由》，《大公报·沪版》1947年11月6日第2版。
②　《自由从自家做起》，《大公报·沪版》1948年3月23日第2版。

类要迈进和平的大路，须先扫除各国间的误会猜疑，须先停止操纵舆论掩蔽事实的宣传攻势，须先培植'天下一家'的理想。而这就有赖于新闻的自由传布。对于全世界发生的事情，人民都有知道的权利；能知道真确的事实，才能有公允的判断。而这种权利，须各国以宪法予以保障；而这就是倡导新闻自由的人士的基本要求。"[1] 26 日，港版也发表社评《展望"新闻自由会议"》，除申述前述沪、津两篇社评中观点外，更指出"中国文人相轻，自古已然，越是智识分子，越好沾沾自喜，排斥异己，这样和争民主与自由的大目标真是南辕北辙，因为民主风度就是能虚心坦怀，容忍异己，中国社会如果不能够培养此种风度，而大家一味以专制独裁的作风对人，甚至把与生俱来的一种自由思想都要把持作专利品，这等褊狭的胸襟，去民主不啻十万八千里，所以中国新闻记者争取新闻自由，不特要向政府争，社会争，还要向同样的智识分子去争，这又是中国报界比外国报界更加艰苦的一点"[2]。

这三篇社评，是新中国成立前《大公报》新闻自由观的集中展现，其观点大体可以总结为三条：（1）保障新闻自由，行动比声明重要；（2）新闻自由既不是国营舆论，又非垄断企业，而应该是自由的民间舆论；（3）新闻自由是一种伴随责任的自由，而非绝对的自由，但政府应当有自信与胸怀放宽限制，仅做原则性规定，而相信新闻业自律的力量。这种观点，与其之前的观点既一脉相承（如对新闻界责任的态度），又有所发展（如对所谓"国营舆论"及"托拉斯企业"的态度），这也是当时中国报人新闻自由观的一个缩影。同时，我们不难发现，这些社评中已经很少见到此前对政府的那种期待，转为对新闻界的呼吁，这自然是由于该报在此问题上对政府逐渐失望所致。

9 月 1 日，适逢国民政府所规定之记者节，渝、津、沪版联合发表社评《九一之梦》，虚构了一个"报纸成了人们的第二食物"的社会，这个社会有代表各种阶级利益的"五颜六色的报"，它们"七嘴八舌，各说各的话，只要言之成理，百无禁忌"；这个社会有受过教育、真诚平和的读者，"任何花言巧语，凡把人民不当人看待，或把这三民含义打折扣的，他们立即看穿，不管你的报印得多么漂亮，卖得多么便宜，也没有人要

---

① 《祝新闻自由会议开幕》，《大公报·津版》1948 年 3 月 23 日第 2 版。

② 《展望"新闻自由会议"》，《大公报·港版》1948 年 3 月 26 日第 2 版。

看";这个社会有不怕批评的"当道",即使报纸触当局逆鳞,也认为"没有了舆论,国家就要乱了。报馆是封不得的";这个社会的人们对报纸太有好感,"所以报馆特别多,凡是像样的报纸,销路起码以百万份计";这个社会没有对报馆的特别限制,"一个新的报馆出现,就如同添设一个小店铺一样,不须特许,不须登记证,能开的开,要关的关,自生自灭,全无所谓";这个社会的新闻人才有如雨后春笋,"新闻记者开起大会来,一定要在容纳几千人的大戏院里举行"。在这样的一个社会里,又恰逢记者节,所以"读者们一倡万应,于是各把手上的报纸折迭成王冠模样,给老老少少、男男女女、高高矮矮、胖胖瘦瘦的记者们每人戴上一顶王冠,冠上平排写上'真''正'二字。这'真''正'二字,用意很好,给记者戴上,就是说他是真正的记者,不是掺假的记者或打了折扣的记者;而且更代表的是'真理'与'正义'。加冕既毕,万众欢呼"。①

这样的一个社会,恐怕是当时《大公报》人们能够想象的最美好的社会了,但是可惜,孩子的一声叫喊,惊醒了这美妙的黄粱一梦。正所谓"理想很丰满,现实很骨感",身处当时社会中的《大公报》人,恐怕也只能在梦境中才能与这种美好的乌托邦一亲芳泽。这篇梦境的发表,也意味着《大公报》基本放弃了在现实中获得新闻自由的努力,也基本意味着该报对蒋政府的彻底失望。

以上所举者,为《大公报》自1945年8月—1948年8月在内政问题上与当局的分歧及龃龉之所在。除了上述方面以外,该报在外交问题上对当局也颇有不满,这主要表现在以下几个方面。

四　《大公报》与蒋政府在外交问题上的分歧

(一) 关于对美及对苏政策问题

美国和苏联是战后世界上两个最为重要的国家,又都与中国关系密切,所以对美、苏两国的态度是战后中国外交政策的中心,也是《大公报》关注的中心。审视从抗战胜利直至1947年年底该报相关言论,笔者以为在这一问题上,《大公报》态度的演变可以分为以下几个阶段。

1. 战后初期:感谢美苏,希望建立一个安全稳定的新世界

美国和苏联在第二次世界大战时都是中国的盟国,对中国抗战多有

---

① 《九一之梦》,《大公报·沪版》1948年9月1日第2版。

支援。抗战之初，苏联便给予了中国大量外汇及军火援助，并曾派志愿空军参加中国抗战；而太平洋战争爆发后，美国则成了援助中国抗战的主要力量，两国也在太平洋战场上携手打击日本法西斯。对于两国的援助，《大公报》一直颇怀感激之情，屡有申论。在日本投降次日的社评里，该报便深情地"感激罗斯福故总统，杜鲁门总统，邱吉尔前首相，史达林委员长，以及各盟邦的政治家学者将士们的指导与协助"①。14日，国府外长王世杰与苏联外长莫洛托夫签订了《中苏友好同盟条约》及所属的四个附件协定，这一系列条约将苏联通过《雅尔塔协定》所获得之要求外蒙古独立、租用旅顺军港及大连商港、使用中（国）长（春）铁路等特权以两国条约的形式确定了下来。这本来是对中国主权的伤害，但在抗战胜利的喜悦中，在盟国友好的气氛下，这一问题被有意无意地忽略了。18日，《大公报》发表《愿中苏百年友好》，对这一条约给予了较高的评价，认为"我们虽尚不知条约的具体内容，但望文生义，两国不仅友好，且已同盟，即为事实。天下未有友好同盟而不和平相斗者，所以说，我们已赢得和平"。并且主张"把中苏条约的价值置于日本投降之上"，并对苏联的科技、制度、民族性格及对华政策等多有赞誉，并认为"今后中苏和好乃远东永久和平之所系"。"我们应以新眼光，新态度，新作风，来对待这位盟友，来理解这个必须理解的新锐国家！"② 20日，又发表《建议建立罗斯福纪念碑》，对刚刚去世的美国前总统罗斯福表示深切哀悼，称赞其具有"雄伟的魄力"，"超人的智慧，远大的目光，以及非凡的才艺"；"是一个实践的政治家，同时也是一个伟大的思想家"；"是一个世界性的伟人"；"代表人民世纪的精神"。并建议"应该为他建立一个纪念碑，或纪念塔。所有联合国家，都应该输财输物，共襄盛典"。"所有盟国国旗，都围绕碑塔，随风飘扬，象征盟国永久团结，世界永久和平！"③《大公报》对美、苏两国的态度，由这几篇社评中，可见一斑。

2. 由东北问题导致的反苏倾向

苏联出兵东北，对于加速日本法西斯的投降进程具有重要意义，但苏

① 《日本投降了》，《大公报·渝版》1945年8月16日第2版。
② 《愿中苏百年友好》，《大公报·渝版》1945年8月18日第2版。
③ 《建议建立罗斯福纪念碑》，《大公报·渝版》1945年8月20日第2版。

联也并非没有自己的考虑。苏军进入东北后，对各种机器、物产、资源大肆掠夺，据美国国务院于1946年12月15日发布的美国驻远东盟国赔偿委员会代表鲍莱视察东北后提交的报告估计，苏联占领期间东北工业直接损失为8.58亿美元，而加上间接损失则高达20亿美元。报告认为，"东北工业大部分的破坏都是发生在苏军占领的期间，而且主要是由于苏联对各种设备的迁移"造成的①。1947年2月东北工业会及东北日侨善后联络处发表的《苏军驻留期内东北工业损失调查报告书》也估计东北工业损失为12.36亿美元，再加上无法确证者不下20亿美元②。苏军还接收了伪满银行5000万元以上的现钞和价值300万美元的金条，并发行了约10亿元的军用票，任意购置物资③，这大大超过了两国原来的协议。同时，苏军军纪涣散，抢劫、强奸等案件时有发生，甚至中共高级将领卢冬生也在制止苏军抢劫行为时被杀害④。凡此种种，都使得中国人在战时建立起来的对苏联的美好感情不复存在。同时，苏联与中共天然的关系以及战后中国内战的爆发使得中国人开始怀疑苏联在国、共争端中的角色。由于上述种种原因，《大公报》在这一时期表现出了一定的反苏倾向，特别是在东北问题上对苏联屡有批评。

　　1945年11月7日，适逢苏联国庆，《大公报》渝、沪两版同时发表社评《祝苏联国庆》，盛赞苏联在第二次世界大战中做出的贡献以及对中国的援助，又"敬祝盟邦苏联的国运昌隆，祝中苏友谊与日俱增，并愿我们这两个大国，都珍重这次大战的收获，为人类的幸福，为我们不惜流血牺牲所追求的理想，为联合国在这次大战中共同决定的目标，各尽最大

---

① 《鲍莱调查东北工业报告》，1946年12月15日，载秦孝仪主编《中华民国重要史料初编·第七编：战后中国（一）》，中国国民党中央委员会党史委员会1981年版，第263—267页。

② 《苏军驻留期内东北工业损失调查报告书》，1947年2月，载秦孝仪主编《中华民国重要史料初编·第七编：战后中国（一）》，中国国民党中央委员会党史委员会1981年版，第274—275页。

③ 《鲍莱调查东北工业报告》，1946年12月15日，载秦孝仪主编《中华民国重要史料初编·第七编：战后中国（一）》，中国国民党中央委员会党史委员会1981年版，第263—267页。

④ 卢冬生，1908年出生于湖南湘潭，红军高级将领，曾于1939年被派到苏联伏龙芝军事学院学习，1942年到抗联教导旅（即远东红军第八十八独立旅）任职，1945年9月随苏军回国，历任哈尔滨卫戍司令员、松江军区司令员等职，同年12月14日（亦有11月15日、17日两说）在哈尔滨遭遇两名苏军拦路抢劫，卢以流利的俄语斥责苏军官兵行为，遭到枪杀。

的努力"。① 足见此时该报对苏联态度尚属友好。但好景不长，12 月 27日，渝版发表社评《在华美军的任务及其去留》，虽然主要是谈在华美军问题，但也对苏军滞留中国表示了不满，特别针对《真理报》19 日发表苏联元帅索科洛夫斯基所谓"苏军在这个时候或任何时候留驻在满洲，实较任何一个外国的军队留在华北，具有更多的理由"的言论提出质疑，认为"依据中苏同盟友好条约的记录，在日本战败后三个月以内苏军由中国撤退完毕。这财限原在十二月三日，嗣以中苏两方为交接技术同意推迟一个月。我们绝对相信，至任务完成时，苏军必如约撤退，而无所拖延"。② 可见该报当时已经对苏联有所不满。

1946 年 2 月 11 日，苏、美、英三国正式公布了《雅尔塔密约》，这是影响战后中、苏关系的一件大事。在此之前，中国人民普遍认为苏联出兵东北是支援中国抗战，但这一密约的公布，才使得中国人认识到其背后还大有文章，特别是该密约是苏、美、英三大国在中国全不知情的情况下对中国利益进行的暗箱操作，这对于中国人民的感情是一个极大的伤害，特别是当时抗战刚刚胜利，中国跻身世界五大国之列，民族感情空前膨胀，所以更加剧了中国人民的不满。这一事件与苏军在东北的种种暴行与劣迹相联系，最终导致席卷全国的反苏游行。《大公报》率先发难，渝版于 13 日发表社评《读雅尔达秘密协定有感》（16 日沪版、津版转载），感慨：（1）"罗邱史三巨头作如此重大的决定，且直接涉及中国的领土主权"，却"未经征得中国的同意……这可见中国是处于受支配被处分的地位"。（2）"十月革命之后，苏联曾经发表过神圣的宣言，声明废弃帝俄与中国缔结的一切不平等条约。……苏联今日重新需要旅大两港中东南满两路的权利，就重新主张重新要求好了，何必在文字上公言'恢复以前俄罗斯帝国之权利'？岂不难看？"（3）"忆去年十一月六日莫洛托夫先生在十月革命纪念会的演说，曾有这样一段话：'还要提到的，便是我国对于满州铁道的权利的收回，还有我们对于满州南部旅顺港区域和大连区域的权利的收回。……这些都是新的苏维埃领土。'这是不是把旅顺大连两港及中东南满两路的权利也解释为'新的苏维埃领土'了呢？这些'权利'，在帝俄时代也不曾认为是俄罗斯的领土。我们希望那只是莫洛托夫

① 《祝苏联国庆》，《大公报·渝版》1945 年 11 月 7 日第 2 版。
② 《在华美军的任务及其去留》，《大公报·渝版》1945 年 12 月 27 日第 2 版。

先生一时口滑，其本意并不如此。"① 18 日社评《东北的阴云》中，又质疑苏方"中苏双方所同意的日期，是今年二月一日以前。现在已逾期半个多月，苏军尚无撤退象征，也不知其理由何在"；"近来盛传苏联对东北经济有新要求，内容为何，未见发表"；"外蒙独立了，新疆未全宁帖，又传有所谓'东蒙古人民共和国'的酝酿"；"我们所付的代价，如外蒙古独立，长春路共营，旅顺港共享，大连辟自由港，都已照办。但苏军延期不撤，中国政府不得顺利接收东北，是何原故？"并特别列举国军在东北处处受到苏方限制的事实，质问："国军在东北遭遇如许困难与限制，试问共产党的军队是怎样进入东北的？"又将新华社发表的中共中央发言人谈话中"由于苏军的协助"与苏联在东北的实际行动相联系，质疑："看今天东北的情形，并读新华日报的文章，岂不正与中苏盟约所订的相矛盾吗？"22 日，渝版又发表《东北的经济与金融》（25 日沪版、3 月 7日津版转载），对苏军在东北大肆劫掠及滥发军票行为进行批判："当进行接收东北之初，人人都做着一个美丽的梦，甚至为着美丽的梦着急。人人都知道东北的工矿建设甲于全国，经济部方面的接收人员就在着急……但是他们既到了东北，看了一些工矿，就倏然梦醒，因为机器物件大都被搬走了，又何必为复工发愁着急？……其后知道，苏联方面对经济项目提出了要求，对许多重工业认为是战利品。目前的延不撤兵，或与此不无关系。""苏军入我东北，使用苏军总司令部印制的军用票，这种军用票，将来要由中国收回，所以苏军在我东北的军费是完全由中国负担。……这种军用票，是目前东北的主要货币，没人晓得发行的数额，使用者不需偿还代价，大量的使用出来，大量的流入民间，东北的金融情况可知。"②

　　穆欣先生将《大公报》上述三篇文章称为"三篇反苏反共的社评"，并认为这三篇文章对于 22 日重庆反苏游行及捣毁《新华日报》营业部事件有重要作用③。这些社评是否反共文章，是否与反苏游行事件有联系，并非本书所讨论的重点，但这些社评中所反映出的对苏联的负面态度，却是事实，这也可见当时《大公报》对苏联态度之一斑。

　　也许是出于平衡言论的目的，也许是为了缓和当时社会上激昂的反苏

　　① 《读雅尔达秘密协定有感》，《大公报·渝版》1946 年 2 月 13 日第 2 版。
　　② 《东北的经济与金融》，《大公报·渝版》1946 年 2 月 22 日第 2 版。
　　③ 穆欣：《可耻的大公报社论》，《新闻爱好者》2001 年第 10 期。

情绪，23 日，《大公报》渝、沪、津三版同时发表社评《祝苏联建军节》，向红军"表示热烈的祝贺"，"敬致远大的属望"，并称赞："红军的确自始就执行着庄严的使命，就是进步的，爱国的，和平的及反侵略的使命。二十多年来始终保持着这种性能，也正因其如此，红军才有辉煌的今天。"① 但东北问题却仍旧是一个挥之不去的阴影。3 月 7 日，沪版发表《关于东北问题》，针对苏方两次表示申论四点："第一，关于撤兵问题……我们就希望苏联如约撤兵，现已逾期一个月，希望愈早撤尽愈好。这里应该附带说明的，中国政府所以两度同意苏军缓撤，其原因是出于不得已。且此不得已，也不应由中国政府负其责任。……虽然如此，苏军撤退的最后彼此约定的期限是二月一日，现已逾限一月，中国政府未再要求苏军缓撤，则苏军义应撤去。""第二，苏军何时撤退呢？……留华的美军与在东北的苏军其性质迥然不同。美军留华，是应中国政府之请，其任务是帮助中国受降并遣送日俘离华，目前马歇尔将军又在调解中国内部的军事冲突。……至于在我东北的苏军，是占领的性质。……苏军应撤，便应如约撤去，不必引在华美军为借口。""第三，关于张莘夫等之死……无论如何，我们不能接受'匪徒'杀死张莘夫等的说法。因为在苏军驻防的铁路车站匪徒上火车拖出张莘夫等八人而杀害之，是不可能的事。""第四，便是苏军搬走东北机器的事。……东北工厂的机器，是中国的财产，苏军何得搬走？且任何三国协定也不能处分中国的财产；而况还并没有这种三国协定呢？"② 15 日，渝版又发表《东北的军事与政治》（16 日沪版、津版转载），引 14 日重庆《新华日报》发表的周保中将军的谈话，认为中共所提之要求国人承认东北民主联军及民主政权的存在，是借"外交的特殊的形势，在因利乘便，形成了一个特殊的内政形式，而迫使国人承认"。并提请国人注意："有一个事实，即自从苏联参战苏军进入东北之后，中国共产党所领导的东北民主联军及东北民主政权都大大的发展而出现了。"又警告中共："中国人民最痛恨的就是假借外势，以割裂自己国家的人物及其企图。犯了人民这种痛恨的人物或集团，最后无不失败"。③《大公报》认为苏联违反条约，援助中共，破坏接收的态

---

① 《祝苏联建军节》，《大公报·渝版》1946 年 2 月 23 日第 2 版。
② 《关于东北问题》，《大公报·沪版》1946 年 3 月 7 日第 2 版。
③ 《东北的军事与政治》，《大公报·渝版》1946 年 3 月 15 日第 2 版。

度，于此甚明。

3. 由军调问题导致的亲美倾向

与这段时间里反苏倾向相对应的，是《大公报》表现出的亲美倾向，这主要是由于该报对美国调停国、共冲突的期望。1945 年 11 月 27 日，美国驻华大使赫尔利向报界发表言论，批评美国政府的对华政策，杜鲁门总统于是批准了他的辞呈，并随即派马歇尔作为总统特使来华，调停国、共冲突。

对于马歇尔的到来，《大公报》表现出了极大的热情。1945 年 12 月 1 日渝版发表社评《美国远东政策的动向》，盛赞马歇尔"在这次大战里有绝大的功勋，在国内外都享有极高的声望，惟有他才能接任这难乎为继的职务，也惟有他才能来衡量当前的美国对华政策"。并且认为杜鲁门此举"显然关系重大，而将起决定性的作用"。① 20 日，马歇尔抵达中国，沪版于当日发表社评《欢迎马歇尔将军》（24 日津版转载），称赞其"在此次大战中功业彪炳，全球景仰，今兹衔命远来，任务重大，不仅关系中华民国之降替，抑且影响世界未来之和平"。文章回顾了史迪威与赫尔利时期美国对中国的援助及对国、共双方的态度，并云：

> 吾人敢于友邦重要使节进入中国之日，唤起国民，共同注意；要求各关系方面，觉悟愧悔，立止兵争，诚意团结，实现民主，砺行建设。不特以此欢迎马将军，告慰罗故总统，又庶几可以对抗战死难之无数先烈。国人更须知大战以后，世变方殷，不能自强，必作附庸，不能自立，祸且亡国。在未来的一二十年间，实为民族存亡之所判；天幸不可屡邀，时机不容再误。失今不回，则使节如马将军者殆不能再三至。故国人此际必当奋起！②

在马歇尔的调停下，1946 年 1 月 10 日，张群和周恩来分别代表国、共双方签署了《关于停止冲突恢复交通的命令与声明》，11 日，《大公报》渝版发表社评《欢庆停战令下！》，盛赞马歇尔："跨海天万里，来到中国，席不暇暖，卧不安枕，为中国的事情奔忙。……马歇尔元帅是中国

---

① 《美国远东政策的动向》，《大公报·渝版》1945 年 12 月 1 日第 2 版。
② 《欢迎马歇尔将军》，《大公报·沪版》1945 年 12 月 20 日第 2 版。

和平的收生婆，全中国人民都特别谢谢她！马歇尔元帅曾助世界赢得战争，现在又助中国赢得和平，真是盖世的功勋。"① 2 月 25 日，军事三人小组成员张治中、周恩来、马歇尔签署了《关于军队整编及统编中共部队为国军之基本方案》；28 日，张、周、马三人偕军调部三方委员开始巡视华北各地。3 月 1 日，津版发表社评《欢迎三人小组视察北方》，称赞马歇尔："在此次反侵略大战中为联合国家树立莫大的功勋，战后已因高龄退休；仍不辞跋涉，为中国内部问题奔走，先促成停战之协议，继又完成包括统辖中共军队之全中国整军方案，国际一般人士最初绝对不敢乐观的马将军来华任务，马将军终于圆满达成了。"并表示"中国老百姓绝不因美国过问我们内部问题而少减其钦敬"②。同日，沪版亦发表《马歇尔等抵平》，也称赞马"这一番努力，这一片友情，实在令人欣感"。③ 足见该报当时对马歇尔及美国的感激之情。

　　但是，1 月 10 日停战协定中有一个重大问题：由于国民党方面想要凭借优势兵力迅速占领东北，所以坚决拒绝将东北列入停战令规定的停止调动军队的范围之内，而马歇尔支持这一立场；中共则一方面对东北问题有更长远的考虑，另一方面也有苏联的因素，所以也同意这一观点，所以东北地区便未包括在停战令的范围之内。结果在马歇尔离开中国的一个多月里，双方在东北大打出手，《大公报》对此屡有申论，一再呼吁和平。4 月 17 日，马歇尔回到北平，双方重开谈判。《大公报》渝版于 18 日发表社评《马歇尔将军返华》，对马"表示慰劳敬佩之意"，并"寄以更大的期望"，认为他此次"必定会有更大更多的贡献"。④ 19 日，沪版亦发表社评《马歇尔将军归来》（20 日津版转载），称赞"马歇尔将军就是对中国最热心，最不愿意中国乱，而且以其睿智毅力而使中国不乱的一个人"。"自从马歇尔将军来华之后，在中国当前的国事上曾经产生了一串炫耀一时的奇迹。这就是：停战令，政协协议，整军方案，以及军事调处执行部的一串努力。"并认为："我们不是把一切希望都寄托在马歇尔的身上，但马将军却是当前中国问题治乱吉凶的一个象征。"⑤《大公报》对

---

① 《欢庆停战令下！》，《大公报·渝版》1946 年 1 月 11 日第 2 版。

② 《欢迎三人小组视察北方》，《大公报·津版》1946 年 3 月 1 日第 2 版。

③ 《马歇尔等抵平》，《大公报·沪版》1946 年 3 月 1 日第 2 版。

④ 《马歇尔将军返华》，《大公报·渝版》1946 年 4 月 18 日第 2 版。

⑤ 《马歇尔将军归来》，《大公报·沪版》1946 年 4 月 19 日第 2 版。

马歇尔的期待，可见一斑。

4. 由军调失败、驻军问题及《中美商约》导致的反美情绪

从 1946 年中开始，《大公报》逐渐经历了一个由亲美到反美的过程，这首先是由于对军调的失望。虽然该报对马歇尔寄予厚望并不吝美词，但他的调停并未收到预想的效果，反而逐渐引起了国、共双方的不满，所以《大公报》对马氏的态度也渐趋平淡。7 月 10 日，杜鲁门总统任命燕京大学校长司徒雷登为新任驻华大使，司氏出生于杭州，曾经在华多年，对中国和中国人民有深厚的感情，特别是他曾在第二次世界大战中借其美国公民身份保护了很多中国抗战志士，并于太平洋战争爆发后因拒绝与日军合作而被关进集中营，所有这些都使得中国人民对他深怀感激。这一任命又使得《大公报》对美国调停行动重燃希望。11 日，津版发表社评《司徒雷登的新使命》，称其为 "为中国人所熟悉而夙感亲切的美籍公民"，并认为这一任命 "意味着中美关系的亲切和友谊的深挚"，"这样一个人物此时出任美国在华使节，真是最适合最理想的人选了"。同时又认为："马歇尔先生太辛苦了，今天获得对中国各方具有友谊之司徒博士的合作，更可希望达成其蕲求中国和平的意愿。"①

然而，《大公报》这种愿望并未能成为现实，调停国、共冲突的主要角色，也逐渐从马歇尔与司徒雷登转到了以民主自由派知识分子为主的 "第三方势力" 手中，该报对美国调停的态度又渐趋平淡。12 月 4 日，董必武将周恩来电报转交马歇尔，提出立即解散 "国大"，恢复 1 月 13 日停战令时之军队原防线，则两党可重开谈判。9 日，沪版发表社评《从中共对马帅的答复说起》（10 日渝版转载），认为 "马帅对国共纠纷的调解，至此像似业已山穷水尽"。②18 日，杜鲁门发表对华政策声明，对一年来美国对华政策进行总结，表示：我们承认中国国民政府，并仍然希望该政府找到和平解决的路径；我们无意干涉中国内部事务；我们的立场是明确的，即将维持我们帮助中国人民在其国家内争取和平与经济复兴的政策，同时避免卷入他们的内部冲突③。20 日，沪版发表社评《杜鲁门总统

① 《司徒雷登的新使命》，《大公报·津版》1946 年 7 月 11 日第 2 版。
② 《从中共对马帅的答复说起》，《大公报·沪版》1946 年 12 月 9 日第 2 版。
③ *The China White Paper*, Vol. 2, p. 694, 载汪朝光《中华民国史·第十一卷》，中华书局 2011 年版，第 544 页。

对华政策声明》（21 日津版、23 日渝版转载），认为这一声明"主要的内容均属解释的性质，而少新的建设性的提示"。并提出几点感想：（1）"中美两国……应该合作，应该互助，以谋自身的进步，并以贡献于世界和平。在这范围内的一切行为，都是合于正义的。"（2）"美国要协助中国，自然通过国民政府的机构，这也是自然的。"（3）"美国善良动机的协助，必须使之不发生相反的影响。"（4）"美国希望中国和平民主，出于一片热诚；美国调停中国的内部冲突，也认真尽力；但有一点，就是要注意动机与影响。"（5）希望马歇尔"不放弃任何机会，以促成中国和平民主的实现"。（6）美国政府"应该考虑减少或撤退驻华的美军"。（7）希望"美国应把援助用于有效之途"。（8）"不要因为美国一种对华政策的决定与施行而使中国招致其他友邦的恶感。"① 可见此时该报对美国的总体态度已趋冷淡。1947 年 1 月 8 日，马歇尔结束在中国失败的调停工作，黯然回国接替刚刚辞职的贝尔纳斯担任国务卿，行前发表声明，对国共两党都有批评。《大公报》沪版于 9 日发表社评《马歇尔归国任国务卿》（10 日渝版、津版转载），对这一事件发表四点感想：（1）"此时贝氏之去，正象征国际问题将趋重东方"；（2）"杜鲁门总统选择马帅为国务卿，可以明显看出国际大势的重点转向东方，而东方外交将临重大阶段。中国问题极占重要，而中国的东北问题，尤为其中问题之一"；（3）"马歇尔将军在华的任务未成功。这真是天大的憾事！……但是，美国的对华政策，今后或小有修正，而根本原则是不会变的"；（4）"我们若不能和平息争，努力前程，中国必会有被世界厌弃的一天"②。

导致《大公报》转向反美的第二个原因，则是美国在华驻军及对华政策问题。抗战胜利后，美国以帮助中国受降及稳定地方等理由，在中国留有部分驻军，由于文化差异加之军纪问题，在华美军与中国军民之间常有冲突；同时，苏联在东北驻军及国、共冲突又使得美国在华驻军问题显得更为复杂。对于这一问题，《大公报》很早便有论及。1945 年 12 月 11 日沪版发表社评《上海的美国兵》，认为现在上海市民对美国兵的热情"似乎已冷淡得多"，而"最明显的原因，无疑是美兵的行动，有时过于豪放，酒后常常容易闯乱子"。又认为"美军当局，对于军风纪确实很注

---

① 《杜鲁门总统对华政策声明》，《大公报·沪版》1946 年 12 月 20 日第 2 版。
② 《马歇尔归国任国务卿》，《大公报·沪版》1947 年 1 月 9 日第 2 版。

意，而实在因为上海的地面大，情形复杂，耳目不容易周到"；"美国一定实爱中国人的友情，决不愿因为稍失检点，而使中国人的心目中，复活过去对于帝国主义的观念"。① 27 日，渝版发表《在华美军的任务及其去留》，表示对于美军驻华一事，"中国国民政府与多数的人民认为这是办理联合作战未了的任务，并非美军干涉中国的内政"。"在华北的美军，虽无期限的约束，我们愿意了解，他们必不干涉中国的内政，至任务完成时，必然撤退。假使到那时美军还不撤离中国，不但中国人民不赞成，美国人民也必然不答应。"②

总的来看，《大公报》这一时期对美国在华驻军问题的态度，远不如对苏联那样激烈，这当然首先是因为两国军队在华的表现不同，美国军队固然也有一些军纪问题，但较之苏军则要好了很多；同时，美国对华进行的大量援助也是一个重要原因，所以，这一时期该报对美国在华驻军虽有所不满，但真正让《大公报》对美国在华驻军表示愤怒的，则是"沈崇事件"。事件发生后，《大公报》沪版于 1947 年 1 月 6 日发表社评《从学生的抗议示威说起》（8 日渝版、9 日津版转载），直言："在华美军的去留与政府的外交政策，却是值得深长思之的了。""我们承认美军留华是盟邦的善意；但美军留华总应该是有任务有期限的。……在国民政府方面，今天应该已有自了己事的自信，在受降遣俘的任务下，如已无再使美军羁留的必要，便应自动请美军归去。中国绝对需要友邦的经济的技术的援助，但却不宜任任何的外国的军队长留中国。"③ 7 日渝版社评《学生游行有感》也指出"我们要坦白地说，美军污辱行为不自今日起，沈女生不过是不幸者之一而已"；并正告美国"你们真应该乘此时机，反躬自问，好好检讨一番了。今天事情还来得及，不必姑息一二害群之马，驻军异国也终非了局，盼望你们赶快有个尽快的措置"。④

导致《大公报》转向反美情绪的第三个原因，则是《中美商约》的签订。抗战期间，中国人民凭借自己不屈不挠的浴血奋战赢得了世界的尊重，英、美等国纷纷与中国改订新约，取消了原有的不平等条约体系。为

---

① 《上海的美国兵》，《大公报·沪版》1945 年 12 月 11 日第 2 版。

② 《在华美军的任务及其去留》，《大公报·渝版》1945 年 12 月 27 日第 2 版。

③ 《从学生的抗议示威说起》，《大公报·沪版》1947 年 1 月 6 日第 2 版。

④ 《学生游行有感》，《大公报·渝版》1947 年 1 月 7 日第 2 版。

了规范新体系下的两国经济关系，第二次世界大战结束前，美国开始准备与中国签订商约。1945 年 4 月 2 日，美方将商约草案交给中国外交部，外交部遂召集财、经、交、教、法、宣等各部讨论研究，经过几度内部讨论及两国非正式会谈，1946 年 2 月 5 日，两国谈判在重庆正式开始。

对于这一谈判，《大公报》从一开始便不支持，这首先是由于美国在此次谈判中坚持地要求中国"门户开放"的政策。2 月 8 日，美国国务卿贝尔纳斯对记者声称"美国过去与现在，一向主张门户开放政策，在此政策下，一切国家皆享有平等贸易机会"。《大公报》渝版于 15 日发表社评《"门户开放"与"势力范围"》（18 日沪版、22 日津版转载），回溯这一政策的由来，认为"这个'门户开放'并不是什么吉祥的名词，它是与'势力范围'相对待的。'势力范围'在中国，是中国被强霸宰割的象征"；并认为"今天的中国，是抗战已胜、不平等条约已经取消、为联合国一主要会员、与各联合国家都誓约和平互尊、也决不欺凌他人的国家"；所以该报要"郑重呐喊一声：'在今日的中国，绝不容再有所谓"势力范围"出现！'"11 月 4 日，中国外长王世杰、外交部条约司司长王化成与美国驻华大使司徒雷登、使馆参赞施麦斯在南京签订了《中美友好通商航海条约》，《大公报》沪版于 6 日发表社评《评中美商约》（7 日渝版、津版转载），明确声明："在实质上，我们觉得它几乎是一个新的不平等条约。""这是从前'最惠国待遇'的复活。"虽然这个"最惠国待遇""是双方的，自然是平等的了"，"但事实上中国的国力太差，于是所有的互惠都变成了单惠。凡是通商条约，其主要的内容必是贸易行船。谈贸易，中国甚少输出的货品；谈行船，更可怜，中国就没有一条大船。实情如此，于是所有相互的规定都成片面的了"。并认为这个条约与《南京条约》一样，"又将支配中国今后的百年命运"。①

5. 由反对冷战而导致的反美反苏倾向

在第二次世界大战中，英、美、苏等意识形态根本对立的国家团结起来，一致反对德、意、日法西斯集团，这让当时的许多中国知识分子看到了国家间超越意识形态冲突而和平共处的希望，而联合国的成立则更鼓舞了他们的信心，所以在抗战胜利之初，《大公报》对美、苏保持合作的前景相当乐观，并且认为中国作为联合国常任理事国之一，可以在美苏主导

---

① 《评中美商约》，《大公报·沪版》1946 年 11 月 6 日第 2 版。

的国际秩序下，在远东发挥重要的作用。但是，这种希望不久便被冷战的现实所打破。随着美、苏冷战格局的逐渐明晰，《大公报》对两国联手维护战后世界和平的希望也逐渐破灭，而对第三次世界大战的担心则逐渐增加。在这种情况下，自1947年年初开始，该报对美、苏两国同时表现出了一种批判的态度。

战后的美、苏冲突，始于1946年年初的伊朗危机①。这场危机虽然以苏联的让步而告终，但国际上两极对立的局面，业已初露端倪。1946年年初，为讨论与意大利、保加利亚、芬兰等国签订和约问题，盟国决定组织巴黎和会，此会原定于5月1日举行，但3月中旬传出延期的消息，《大公报》沪版于15日发表社评《巴黎和会延期举行》（22日渝版转载），对战后国际局势逐一分析，认为"欧洲，尤其是地中海的局势，毫无好转的希望，却越来越见紧张。这其中的症结，究竟是在那（哪）里？怎样才能加以挽救？这是当前值得研究的一个问题"。并且呼吁："我们仍希望三强能抓住眼前的机会，由三巨头再作一度坦白讨论的尝试。从战争到和平的过渡期间，我们不能全凭战略的眼光，来奠定安全的基础。倘使我们认定的前提，是任何一强可以宰制全世界，是强权政治可以最后成功，那么联合国的和平机构，我们尽可以不再过问，不然的话，我们将不惮烦渎，认为三巨头的促膝谈心。消除隔阂、实在是时候了。"②25日，安理会在纽约开会，斯大林发表声明，表示"深信联合国组织系保障世界和平及国际安全的重要工具，并深信各国及其军队均无意再事战争"。《大公报》对于这一表态非常欣赏，渝版于同日发表社评《安理会开会与

---

① 伊朗在第二次世界大战中采取了中立但亲德的政策，苏德战争爆发后，为保护唯一一条经波斯湾到巴库的援助苏联的战略通道，英、苏两国于1941年8月入侵伊朗，但在1942年苏、英、伊三国签订的同盟条约中，英、苏两国同时保证尊重伊朗的主权、独立和领土完整，并保证在对德战争结束六个月后完全撤军。战后，美、英分别于1945年6月10日和9月25日开始撤军，但苏联为了控制伊朗的油田，在阿塞拜疆及库尔德人聚居区分别扶植了"阿塞拜疆人民政府"和"马哈巴德共和国"两个傀儡政权，宣布脱离伊朗中央政府。11月24日，美国要求苏联撤军，停止干涉其内政，苏联表示拒绝，美、英遂停止撤军并再度增兵。1946年1月24日，伊朗驻英大使在联合国安理会正式对苏联提出控告，联合国通过第2、3、5号决议，要求苏联撤军。3月21日，杜鲁门向斯大林发出威胁性的口信，表示苏联如不履行诺言，则"面对强大的国家或国家集团的侵略或渐进侵略时，美国将一如既往地做出反应"。在美国的压力下，斯大林被迫于25日撤军，至5月25日全部撤离。

② 《巴黎和会延期举行》，《大公报·沪版》1946年3月15日第2版。

史达林声明》，认为此次会议"可以说是结束过去几个月世界神经战的和会"，"神经战毕竟是神经战，经过八年大战，决不会还有人愿意立刻又来一手的，所以这两天的大局显已紧极转松"。并云："在这错综复杂的局面中，苏联是一个重要的关键，许多问题都与苏联直接间接相关，所以斯大林这一个声明特别有力，无异结束最近的神经大战的一颗原子弹。它的发表非常适时，它道出了举世共同的愿望，实在值得欢迎赞许。"①津版也发表社评《史达林谈话与世界大局》，认为"大战的胜利，主要是几个大国的团结作战所获致；战后的和平，也就要看几个大国的关系如何"。而"（美英苏）三国都是土地广大，资源丰富，国防上有充分的安全保障；加以连年大战以后，元气损伤，现在大家需要的是和平，是安定，而不是战争。如果有人说资本主义国家与社会主义国家的战争是不可避免的，那一定是愚人，而为智者所不取"。并称赞斯大林的谈话"对于当前纷纷扰扰的世界是一大安定力"。②

4月25日，美、英、法、苏四国外长会议在巴黎开幕，至5月2日因意大利问题陷入僵局；15日，四外长决定休会延至6月15日重开；20日，美国国务卿贝尔纳斯发表讲话，提出"和平绝难建立于报复或贪婪的基础之上，惟有基于正义及公理上之和平，始能恒久存在"；21日，杜鲁门亦发表讲话，称："我们要'一面埋头工作，一面了解他人'。"27日，《大公报》渝版发表社评《目前的国际大局》，认为："现在和平谈判的症结，并不在对付战败国家，也不在畏惧战败国将来的重起与报复，而反在战胜国间形成了对立的局势。"又称赞贝、杜二氏讲话"真是对症下药，苦口婆心的忠告"。并对当前国际局势提出三点感想："一、当前国际形势的对立，实际就是美苏两阵垒的对立，应该寻出协调的途径。二、追求安全，应该是寻求整个世界的共同安全，而不是为求一个国家的安全，反而威胁世界的安全。三、大家的思想都应该再进步。左的右的，新的旧的，莫只看眼前的利益，而同陷于狭隘的国家主义的窠臼中。"7月11日，会议闭幕，沪版于当日发表社评《为和会而唏嘘》，感叹"上次大战后的'大使会议'谈判的主要鸽的是如何处理战败国，而这次胜利国心坎上第一个观念是如何巩固自身。仅从外长会议那些简略的公报，便

① 《安理会开会与史达林声明》，《大公报·渝版》1946年3月25日第2版。
② 《史达林谈话与世界大局》，《大公报·津版》1946年3月25日第2版。

可透见在现实外交之下，当前领导国间存在着怎样的矛盾与疑忌"。文章在分析了四强的要求后认为："本届和会的成败，在欧洲端在这四强基本欲望的协调与满足。如果这工作未做到，和会虽开成，也不会认真奠下和平基石的。"①

7月21日，中国外长王世杰一行自南京启程，27日抵达巴黎，参加巴黎和会。27年过去，同样的身份，同样的地点，同样的名称，《大公报》对此事颇感唏嘘。沪版于29日发表社评《展望和会》（30日渝版转载），对此次和会前景表示担忧："如果建立世界和平需要英美苏和谐为梁，而以战败国和约为柱，则今日梁还没有影子，而卢森堡宫所能贡献的最多不过是一根柱子。"并认为当前世界上"战败国自然发言无力了，战胜而疲乏的国家，大约也只好观望美苏的马首了"。又对欧洲局势表示担忧："今日无论从政治意识，国防体系，或经济政策论，欧洲都截然是两个欧洲。……如果介于这两大极端的国家经济上无办法，政治不清明，外交不平衡，则不出三十年，红的东欧必与白的西欧一斗。然而在更短期间，红的远东与白的远东便先作更大规模的死拼。白方重心的美国，在东西战事中都脱避不开。"②

前述社评可以非常明显地看出《大公报》当时对于战后世界格局的态度，即（1）美、苏主导世界；（2）担心两极冲突；（3）呼吁和平解决。而和平解决的关键，在当时的《大公报》看来，是掌握在美国手里。9月初，美国政治评论家李普曼在《纽约先锋论坛报》上发表文章，主张针对现存的许多国际问题，华盛顿应采取直接和莫斯科讨论解决的办法；12日，美国商务部长华莱士在纽约发表讲话称："美国外交政策如以英国为关键，则愚不可及。如果为了防止战争并保证我们生存在一个稳定世界里，我们应该用自己的眼睛，高瞻远瞩，放眼看全世界，不要用英国外交部或亲英反苏的目光。这是基本要点。"14日，杜鲁门在记者招待会表示此演说"非以其为美国外交政策之声明"。针对这一系列事件，《大公报》也发表了一系列社评予以评价。14日，沪版发表《美国应该积极贡献和平》（16日津版、渝版转载，渝版题目改为《美国与世界和平》）认为当前世界扰攘的原因是"美要防苏，苏要防美，再加上英国也千方百计维

---

① 《为和会而唏嘘》，《大公报·沪版》1946年7月11日第2版。

② 《展望和会》，《大公报·沪版》1946年7月29日第2版。

持其传统的殖民地政策"。而"以美国与苏联对比，苏联实在还不够强"；所以"苏联畏忌美国是有的，而美国却大可不必太重防苏的心理"。"美国今天最有贡献和平的资格。我们认为美国今天不必汲汲作防御或竞争之谋，军人、政治家以及言论家也不必尽着喊备战，而应该积极贡献和平。直接向莫斯科伸出和平的手，坦白提出美苏间的问题以至世界的问题，诚挚谈商，以求解决。"① 16 日，津版发表《评华莱士演说》，就此事件发表看法，认为华氏所言"都是极平实切近的看法"，"是很平凡的常识"。其用意"只是要实现美苏合作。而美国能够坦白恳挚的向这条大路迈进，则当然可以获得苏联之诚意合作。而这也就是安定今日国际大局唯一坦途"。并提醒美国："现在正须把握时机，消除猜忌戒备的心理，走入融洽合作的大道。倘不此之图，战备是竞，则世局迁流，靡知所届，那后果是可怕极了。"20 日沪版又发表《美苏关系的决定因素》（25 日渝版转载），认为"罗邱二氏在战时对苏的赞助，予取予求，所以能够建立了胜利的伟绩"；直到战后"苏联的主要要求，仍然被美国及其他国家所尊重与勉从。但美国对苏的政策，显然的是随着国际局势的演变而变更"，由是导致"美苏间的关系却因此愈搞愈坏"，"所以今天的美国外交政策，尤其是美苏关系，似仍有重加检讨的必要"。文章分析了美、苏在政治、经济、军事等方面的分歧，并表示"我们始终认定美国具有积极贡献和平的更大责任，我们更主张消除列强间无畏心理的任务，还需巨头会议来担负"。② 20 日，杜鲁门要求华莱士辞职，沪版于 23 日发表《一个政策两个世界》（24 日渝版、25 日津版转载），直言这一事件"明明告诉我们，由于美国政府一个政策的暂时胜利，今后的国际大势更将分道扬镳而成为两个世界了"。并认为："今天世界情势如此不安，前途展望如此黯淡，美国政策是有极大关系的。战后一年来的震荡不安，苏联的作风有重大刺激；但美国政策未曾积极从事直接谋取和谐的工作，而一步步走上防苏的路，也是显然的事实。"又感叹："美国政府今天这一个政策的稳定，就决定今后国际大势将走向两个世界：一个是美英集团的世界，另一个是苏联集团的世界。这两个世界最后是不是要来一个大碰撞，那就要看人类

---

① 《美国应该积极贡献和平》，《大公报·沪版》1946 年 9 月 14 日第 2 版。
② 《美苏关系的决定因素》，《大公报·沪版》1946 年 9 月 20 日第 2 版。

的命运如何了。"①

　　这篇社评,是笔者所见之《大公报》首次公开以"两个世界"来称呼两极格局,这表明该报此时对国际大势已有了明确的认识。但面对这种局面,《大公报》仍然想要做出自己的努力。10月1日,沪版发表《世界需要中道而行》(2日渝版、5日津版转载),认为当前"因人类尚属愚昧",所以世界"是倾向毁灭的危险的",而"毁灭的威胁,实产生于美苏的矛盾。这个矛盾不解开,不调合,世界将永久杌陧不安"。又主张:"我们相信美苏矛盾有一条中道可走,应走。由人类的欲望想,每个人对政治所要求的不外一张选举票,一碗饭。美国给人民一张选举票,苏联给人民一碗饭,聪明的人类应该选择美苏的中道,有票且有饭。……理想社会须兼有美苏之长。美苏以外的国家及其人民,都希望如此。我们认为这是中道。"并且认为:"聪明的中间国家,其正道也是中道,它不能倒入一边。……若中间国家都能觉悟,完全独立,而不偏于任何一个极端,新战争的危机是可以大大减少的。人类正在毁灭与繁荣的歧途,中道而行,可免毁灭,中道而行,更可走到'天下一家'的理想。"②

　　这篇社评,是《大公报》首次明确提出其对战后世界秩序的系统构想,而这种"中道而行"的观点,与其在国内主张的"中间道路",基本如出一辙。这时的《大公报》对世界秩序有两点基本认识:(1)世界需要中道而行;(2)问题关键在于美国。由于对美国政府就华莱士事件态度的失望,所以在一段时间里,该报表现出了一定的亲苏反美倾向,将维护战后世界和平、实现其理想的希望寄托在苏联身上。11月7日,沪版再发表《祝苏联国庆》③,称赞十月革命是"改造乾坤的煊赫伟迹";苏联的工业化工作"在短短时期间,把一个落伍羸弱的农业国变成了强大的工业国";计划经济体制"今日竟压倒了自由贸易、自由竞争等传统的经济学说,成为复兴的康庄大道";而苏联也是"第一个尊重中国主权,拥护中国独立,自动放弃以往那些特权的"。又对苏联提出希望:"在强权政治充满世界而巨强都在急图扩张的情势下,我们非但希望苏联不要沾染强权政治的腥污,并且

①　《一个政策两个世界》,《大公报·沪版》1946年9月23日第2版。
②　《世界需要中道而行》,《大公报·沪版》1946年10月1日第2版。
③　这是《大公报》在战后第二次发表这一题目的文章,与一年前沪、津、渝三版同时发表相比,此文仅在沪版发表,足见此时该报对苏联态度已趋冷淡;但对比之下,该报从来没有发表过《祝美国国庆》之类的文章,又可见该报此时在美苏之间更倾向于后者。

希望苏联善保其革命与正义的传统，给正义公道自由平等的新世界做一个精神领导者。"① 该报此时对苏联之期许，可见一斑。

但是现实却很快让《大公报》失望了。11 月 22 日，沪版发表《我们要求向"前"走》（26 日津版转载），批判当时的世界是"四分五裂，肥者更肥，卖过命的又复驱上了自相残杀的战场"；又将当时各国的当政者比作司机，将人民比作乘客，斥责"左是沟渠，右也是泥塘。大多数乘客，是只要求车向'前'走。然而今日开车的人们，为了天黑，为了比赛的疯狂心理，为了掌轮过久而疲倦，多忘记了那个'前'字，左右各分成了帮，不管乘客的性命，分途开去——笔直开向原子大毁灭的末途上去。向左开的车上，乘客们的嘴被封起；向右开去的车上，也有挂手枪的宪兵弹压"。美国"出钱出力，再准备一次大爆炸"；而苏联"过分的'安全感'与扩张会带来更多的危险"，并又感慨：

> 如果孙中山、列宁、罗斯福三先生有灵，他们将怎样隔了泪帘来看这个丑恶、阴黑、短见的世界呵！抚摸着他们缔造下的国家，他们将怎样为我们这群无力无助的搭客们而哀泣呢？抬头望望埋伏在不可知的人类前程旁的那一堆堆的原子弹，能把钢铁顷刻烧成为灰烬的原子弹，他们将怎样为我们担忧呢？②

这篇类似发牢骚的长文，乃是《大公报》对战后国际局势失望情绪的一次总爆发。面对反法西斯战争胜利及美、英、苏、法、中五大国联合的局势，《大公报》曾经对战后世界抱有美好的幻想，面对逐渐明显化的两极格局，《大公报》也曾先寄希望于美国，后寄希望于苏联，但残酷的现实一再击破了他们的设想，无奈之下，他们只能将希望寄托在空洞的"中间国家"身上，但却看不到任何实现梦想的可能。所以他们的情绪就只剩下了深深的失望、痛苦、彷徨与无奈。这一过程，与他们在国内问题上的经历，几乎如出一辙。自此以后，《大公报》便开始了对美苏两国同时批评的阶段。

1947 年 2 月，美国向联合国安理会提出单独托管太平洋前日本委任统

---

① 《祝苏联国庆》，《大公报·沪版》1946 年 11 月 7 日第 2 版。

② 《我们要求向"前"走》，《大公报·沪版》1946 年 11 月 22 日第 2 版。

治地的提议，引起了《大公报》的强烈不满。19 日，沪版发表社评《美要求托管太平洋岛屿》，认为美国此举"显然是违返（反）了美国在大西洋宪章和开罗宣言中担保不作领土扩充的诺言……美政府这次的提议是不能逃避世界舆论的指摘的"。并指出这一行为"无非是以亚洲的大陆为对象，换一句话说，就是要对付中苏"。并呼吁："美国是联合国理想倡导的国家，所以她的行为应该为国际表率，而不应该在这托管制度建立之始，就搁头给它致命的一棒。"① 4 月初，因 1946 年 9 月讲话事件下台的华莱士在英国连续发表演讲，谴责杜鲁门政策的帝国主义倾向，并敦促英国在美苏间坚守中立以发挥桥梁作用。这些演说引起了美国国内政客的强烈不满，指责其缺乏爱国心，甚至指其为叛国者。17 日，沪版就此事发表社评《为美国担忧》（19 日渝版、22 日津版转载），直言右翼政客是"想曲引法律，乱飞帽子，不惜糟塌（蹋）美国一百五十年来的司法尊严，以扼住一个孤独而勇敢的声音"。并表示："我们对美国爱自由重民主的传统一向是掬诚拥护的。……正因此，我们更不愿见大洋彼岸的民主火炬熄灭。" 又认为华氏所言"可说是世界每个善良平民所同情的：为和平而促世界合作。这是最平凡，最普通的真理"。再勉励"杜鲁门材具虽远不如罗斯福，然而我们相信他本意并不甘心破坏罗斯福'与人方便自己方便'的政治途径"；并对美国政局表示担忧："一个永恒的矛盾、是战争与民主，两种空气是势不两立的，而由最近美国种种特殊措施，以及华莱士演说所引起歇斯底里亚性的反应，我们可以体会美国是怎样为人造的战云密密笼罩起来了。"②

10 月 6 日，中航公司航班首飞美国，沪、津、渝三版联合发表社评《致美国人民》，对美国历史上给予中国的帮助表示感谢，但又表示近年来"中国人民对美国的热情却减低了，中国人民对美国的期望似乎也淡漠了"。其原因首先在于："你本是现成的世界老大哥，你却偏偏要找出一个'老二'来，与他将袖揎拳，要比比谁的胳膊粗。""美苏角逐，斗智斗力，而在中国也散播这纠纷种子，这是善良的中国人民所不能谅解的。"同时，"美国公然在扶植日本，优容日本的封建势力，放纵日本的好战份子，修复军港，创建基地，秘密培养日本武力，放宽日本的工业水平"的做法，也让中国人民不可接受；并寄望美国"我们愿意美国做一

———————————

① 《美要求托管太平洋岛屿》，《大公报·沪版》1947 年 2 月 19 日第 2 版。

② 《为美国担忧》，《大公报·沪版》1947 年 4 月 17 日第 2 版。

个名实相符的世界领袖，我们希望美国人懂得如何做一个世界老大哥。你们应该善自保持并发挥你们的民主传统，莫想以钱与力来做世界的霸主。你能不偏，则世界无可左右；你不造乱，世界将可保持和平"。① 25 日，沪版又发表《美国大选的前瞻》（28 日津版、29 日渝版转载），对即将进行的 1948 年美国大选进行评论，在对两党局势进行一番分析后，又以大篇幅论述所谓"第三党"出现的可能，并以英国工党赢得大选的例子鼓励之，认为"第三党的力量出山不足，破坏杜鲁门蝉联的力量却绰绰有余"。又表示"明年美国这场赛马，其结果不但将影响举世男女的中彩落彩，甚而关系到他们的安危存亡。这是个可笑的局势，但不幸却是个真实的局势。这是世界分成红与白两大壁垒的必然结果"。并寄望"我们希望的是一个不过分凭恃财力武力，继承罗斯福和平大业的美国，也即是代表基督教精神，道德上超过于极权国家的美国"。② 27 日，沪版又发表《进一步看杜鲁门演词》（30 日渝版、津版转载），对杜鲁门总统日前就马歇尔计划执行问题所发表之演讲进行评论，在对战后欧洲经济残破凋敝的现状进行一番描摹之后，认为："由于东西欧经济壁垒的划分，和西欧失掉了战前海外资源的供应。……所以救济的沉重负担，就不能不落到美国的肩上，而美国为了政治的原因，更不得不咬紧牙关，开始肩负起这份救济的重责。"从这个意义上来说，"马歇尔计划的成功，将是一个时代性的严重试验"。但"它只是战后和平失掉正常安排所促成的结果之一，这责任应该由奠立和平的世界政治家来共同肩负"。又认为"我们在欧洲方面，却发现了一线的新希望，那就是英苏关系间最近姿态的活跃。……我们应该真切认识英苏间互相需求的殷切，譬如英苏商业谈判的成功，就可以敞开东西欧经济关系交流的门户，就可以促进英苏战后复兴的各自进展"；"美援的计划是迂缓的，浪费的，它不免有人为的因素在作梗。倘使英国政府的当局今天能用明敏的政治家手腕，把欧洲的铁幕打开了，使英苏关系趋于融洽，同时再作成美苏关系间的一道桥梁，使东西两大势力真正能和平共处……这实在是世界和平奠立的一线新希望。"③

① 《致美国人民》，《大公报·沪版》1947 年 10 月 6 日第 2 版。
② 《美国大选的前瞻》，《大公报·沪版》1947 年 10 月 25 日第 2 版。
③ 《进一步看杜鲁门演词》，《大公报·沪版》1947 年 10 月 27 日第 2 版。

如果说这一时期的《大公报》对美国的态度虽有批评，但仍以寄望、建议、勉励为主的话，那么该报此时对苏联的态度，则是颇不友善。除了该报对两国实力评价的差别之外，首先是由于中、苏之间在新疆存在的领土争端①。1947年6月5日，蒙古骑兵进攻中国北疆白塔山驻军，苏联空军提供支援，《大公报》沪、津、渝三版于12日同时发表社评《北疆的警报》，认为："在中苏友好条约中，中国承认了外蒙古的独立。这在中国人民的感情上，实是一种克制，也是一种牺牲。然中国能如此克制，如此牺牲，满心希望由此换得汉蒙的相安，中苏的友好；而目前事实，是蒙骑入侵我新疆，且得苏方的实力鼓励，这就完全与中国的初愿相违了。这是中国人民所最感为遗憾的。"同时又质疑出现在东北战场上的"韩共"军队中有大量日俘，"在东北及北韩库页岛各地曾有一百多万日俘控制在苏方手里，未曾遣送回国。假使韩共军内的作战日俘是从这条路线溜过来的，那差不多就等于日本关东军又重新回到我们的东北耀武扬威了"。②25日，中国外交部就接收旅大问题交涉经过发表公报③，27日，沪版发表《论旅大

---

① 沙俄政府一直觊觎中国新疆地区，苏联建立后也没有改变这种做法。1933年盛世才攫取新疆军政大权后，采取亲苏政策，一度将新疆变成了中华民国治下的化外之地，苏联为盛世才提供了大量援助，并派兵驻守哈密，为其保卫新疆东大门，隔绝中央军的势力。苏德战争爆发后，苏联无力顾及新疆，盛世才突然变脸，投靠蒋介石；抗战胜利前，蒋将盛调任渝任农林部长，朱绍良代新疆省主席，总算解决了新疆的半独立问题。但抗战胜利后，苏联又开始在新疆制造麻烦。1944年8月，新疆叛匪在苏联支持下成立所谓"伊宁解放组织"，发动武装叛乱，是为"伊宁事件"。叛匪并于11月12日宣布成立"东突厥斯坦共和国"，公然分裂祖国，虽然其后经中苏谈判事态趋缓，但终国民政府在大陆统治之世，新疆问题始终未得真正解决。

② 《北疆的警报》，《大公报·沪版》1947年6月5日第2版。

③ 旅大问题的交涉非常复杂，简言之，此问题始于美英苏三国之《雅尔塔协定》中所规定的将旅顺军港及大连商港租借给苏联的协议，后经《中苏友好同盟条约》确定之。但苏联占领旅大地区后，对中共采取友好态度，中共遂在苏联支持下将山东地区的大批部队借大连登陆东北地区，并掌握了旅大地区实权，但美国借"门户开放政策"对此举表示不满，国民政府也试图通过交涉收回旅大地区行政权。1946年1月27日，国民政府外交部照会苏联外交会，提出中国政府已派定大连接收人员，请苏军协助维持秩序；3月7日，苏联照会中国政府，表示不仅同意中国接收大连行政，且同意接收整个旅大地区行政。但同期中苏东北经济合作谈判破裂，苏军实行"闪电撤军"，将东北大片地区交给了中共部队。翌年3月，国民政府决定自4月3—10日开始武装接收旅大地区，限20日接收完毕，但顾忌实力问题，最终还是绝对采取外交交涉，3月31日，国府外交部向苏方提交备忘录，通知其将"于最短期内"派员接收旅大；4月10日，苏联向中国提交备忘录，否定了国民政府的全部要求，并表示不允许国民党军队进入旅大地区；后经双方多次交涉，前驻苏军事代表团团长董彦平及东北特派员张剑非率团于6月2日视察旅大，但处处受苏军阻难，于12日草草收场。见薛衔天《民国时期中苏关系史（下）》，中共党史出版社2009年版，第104—112页。

问题》（28 日津版、29 日沪版转载），认为"于法于理，中国政府的观点皆属正确"。中苏友好同盟条约属"胜利而缔丧权条约"，所求者只为"换得邻邦苏联的友谊，以永建中苏友好关系，进而建立远东的和平"。但"中国所应付的代价均已付出，结果中苏关系仍弥漫着纠缠与不快"。所以希望政府"妥慎处理外交关系，尽可能避免中苏关系继续恶化；同时希望苏联尊重四亿五千万中国国民的友谊，顾念中苏邦交及远东和平，速使此问题得到合理的解决"。[①] 7 月 1 日，沪版发表《由东北局面说起》（2 日渝版、津版转载），痛陈东北"愁云惨淡之象"，并提醒国人注意"在东北，因有韩共出场，在北疆，因有蒙军入侵，因此使人憬然于中国内战之有国际性质的问题。尤其东北，是一直没有逃出国际的黑手"。又回顾东北问题争端的历史，批评美苏双方"一方谋虑重重，一方见难却步"，呼吁国人"应透视国际政治的现实而冷酷，而知所警惕；要面对现实，摒除幻象，以自力更生，自行解决自己的国事"。[②]

导致《大公报》对美苏态度差别的第二个原因，应当是该报对两国意识形态评价的不同。如前所述，《大公报》对美国所倡导的意识形态一直颇为向往，对罗斯福、林肯、华盛顿等人也从不吝溢美之词，并一直劝蒋效法之。1947 年 10 月 31 日，沪版专门发表社评《怀四大自由》（11 月 1 日渝版、3 日津版转载），对美国前总统罗斯福所提出之"言论与发表的自由、宗教信仰自由、免于匮乏的自由、无所恐惧的自由"的观点深表怀念，并其认为"这理想是崇高的，其实也是极其平实的。人类若有智慧，若有理想，就应该毫不踌躇的向这四大自由的世界迈步前进"。[③]足见该报对美式意识形态具有天然的亲近感。而对苏联，虽然该报对其实行计划经济所创造的工业奇迹深表羡慕，同时对其强大的战争动员能力及在第二次世界大战中的重大贡献颇有赞许，但对其所倡导的意识形态却始终观感不佳。该报对中共的态度已如前述，而其对苏共的真实态度，虽然一直小心隐藏，但也并非全不可知。1947 年 4 月 17 日沪版社评《为美国担忧》中便借评价华莱士讲话之际，提醒各国注意："世界防共专家可曾知道防共愈'严'，叛背势力愈地下化？因防共而造成之内战蔓延愈广，

① 《论旅大问题》，《大公报·沪版》1947 年 6 月 27 日第 2 版。
② 《由东北局面说起》，《大公报·沪版》1947 年 7 月 1 日第 2 版。
③ 《怀四大自由》，《大公报·沪版》1947 年 10 月 31 日第 2 版。

人民生活愈不能安定，从而共产思想也愈易传播？"同时，以笔者所见，该报也从未有过专门称颂马克思、列宁、斯大林之理论的文章，这一方面应当是由于该报身处国统区的原因，但另一方面的该报自己的向背，也不容忽视。

总之，从 1945 年 8 月抗战胜利至 1947 年年底的两年多时间里，《大公报》对于美、苏两国的态度经历了复杂的变化过程，这种变化一方面是由于局势的变化，另一方面也取决于该报对两国实力的判断，而该报主持人的政治倾向也是重要因素之一。总的来看，该报希望各大国维持第二次世界大战时合作的态势，共同维护战后世界和平的愿望逐渐破灭，代之以对两极对决可能导致第三次世界大战的担心。而其制约手段，除了一再空洞地呐喊呼吁之外，就是希望美国能出现"第三党"势力，改变与苏联对抗的政策。这一做法，与他们在国内问题上的态度如出一辙，其结局当然也毫无二致。

（二）处理日本问题

除了对美对苏关系之外，这一时期《大公报》对政府外交政策的另一个主要关注点，乃是处理日本问题。兹将自战后到 1948 年年初该报对处理日本问题的态度变化历程梳理如次。

1. 战后初期：呼吁严管日本，要求惩处天皇，期待盟国合作

呼吁严管日本，是《大公报》战后对日态度的第一个显著特征。由于太平洋战场的特殊性，日本本土并未被反攻破坏，所以日本保留了相当的军工实力，而战后日本也极力保全其工业能力，从而使得《大公报》对日本保持了相当的警惕。1945 年 9 月 8 日，该报发表社评《先惩办日本战争罪犯》，援第一次世界大战后德国审判战犯及纽伦堡国际法庭审判纳粹战犯为正反两例，提醒盟军"今天日本人还很宽舒。因此，政治上层充满着反动的空气，议会还为'神风队'热烈鼓掌，人民对战败与盟军登陆也若无其事，以为是'神意'在支配着一切。这种现象决非盟国之幸。盟军应该使日本知道'严重'，知道战败，知道不是一场球赛告终"。并比照纽伦堡法庭公布之纳粹战犯名单，列举日本战犯范围，并特别指出："我们不能不问麦克阿瑟将军：负政治的最高责任及为全军统帅的裕仁天皇是不是战争罪犯？"[1] 17 日社评《管理日本的两点》声明"我

---

[1]　《先惩办日本战争罪犯》，《大公报·渝版》1945 年 9 月 8 日第 2 版。

们主张管理日本要严厉，而其目的并非奴役日本民族，却在使日本改造成为一个和平民主的国家"；而最主要的任务便是"打破日本国家的神权政治，涤除日本民族的神道思想"。① 22 日社评《论处置日本经济》明确主张严厉处置日本经济，否则"今日允许日本保留的和平工业，会慢慢变成战争工业的；今日允许日本保留的商船队，会慢慢变成舰队的"。并提醒政府注意两点："（一）……中国对处置日本经济问题，应有自己的见解，不可随便苟同。我们要从建国立场考虑一切，盟国应谅解我们这个立场。""（二）将来赔偿数目，中国一定最多。我们应坚持一个原则，不要叫日本制造东西来赔偿我们，要拿日本制造东西的东西来抵偿赔偿。"②

　　要求惩处天皇，并在此基础上期待建设日本政治的民主化，是《大公报》战后对日态度的第二个显著特征。战后美国出于自身需要，决定放弃追究天皇的战争责任；同时，蒋介石在就抗战胜利致全国人民的演讲中，提到要以"不念旧恶"和"与人为善"的态度对待战后日本及中、日关系，所有这些，都使得《大公报》非常不满。9 月 6 日，该报发表社评《今后中日相处之道》，直言保留天皇"非但更加重了日本人神权政治的思想，由此也更深种了不肯悔祸的根苗，甚至在不悔祸不服输的心理上爬起来，将来又成为一个穷兵黩武的国家"。而蒋之表态，"像似中日关系将立即可能友好，而略一深思，就会知道决无如此之易"。并提出对日政策四点原则："第一，日本人由昭和到人民都应该勇敢承认一件事实，就是日本战败了"；"第二，日本必须悔祸"；"第三，中国的态度应当是严肃而宽厚"；"第四，中国人应该勿骄勿懈，勿以胜利者自居"。③ 19 日社评《由日本普选说起》对麦克阿瑟要求日本实施普选的方针表示赞同，但又认为此举略显操之过急，并提出五点建议："一、废止现行日本宪法；二、修改日本选举法；三、推迟全国普选日期，先实行地方自治；四、成立政党须向盟军备案，取得许可；五、普选时的候选人应经盟军总部审查合格。"④ 11 月 24 日日本战后首届议会开幕，渝版发表社评《日本最近的政情》（27 日沪版转载），指出战后日本旧统治者为"继续维持

① 《管理日本的两点》，《大公报·渝版》1945 年 9 月 17 日第 2 版。
② 《论处置日本经济》，《大公报·渝版》1945 年 9 月 22 日第 2 版。
③ 《今后中日相处之道》，《大公报·渝版》1945 年 9 月 6 日第 2 版。
④ 《由日本普选说起》，《大公报·渝版》1945 年 9 月 19 日第 2 版。

其统治权。……于是竭力装出倾心民主的姿态，玩弄许多貌似民主的花样，来欺蒙盟国及世人。最显著的证据，就是对天皇制的执拗维护。时至今日，这一工作的确已获了意外的成就"。同时认为："假如日本军国主义是一株树，则天皇制实为其根干……如果我们要真正消灭日本军国主义并防止其再起，唯一的方法只有连根铲拔。"① 12 月 4 日，渝版又发表《日本议会与日本政治》（7 日沪版转载），认为币原首相11 月 28 日演说："目的只在将战争责任加之于盟国，而诿卸了日本军国主义者对盟国及对日本人民应负的罪责。"而其政策则使"这一群东条所遴选豢养的法西斯政客，因能苟延数月议员……更显然证实如果让他们存在，就不会有民主日本的出现"。②

要求盟国在管制日本问题上加强合作，是这一时期《大公报》战后对日态度的第三个显著特征。1945 年 12 月 16 日，英、苏两国外长与美国务卿在莫斯科举行会议讨论共管日本问题，25 日会议闭幕，决定组成四国联合管制委员会。渝版于当日发表社评《共管日本行将开始》（28 日沪版、1946 年 1 月 5 日津版转载），明确指出："管制日本的成败，其影响于中国者至大；而欲保证管制日本的成功，就必须以美英苏中的合作一致为前提。"并严正声明："当此共管日本行将开始之日，关于共管日本的最高原则，我们在此愿重申其信念。就是必须以美英苏中四国政府所同意的波茨坦宣言为准。并且因为波茨坦宣言的广泛与弹性，在解释上，我们主张应力求严密，不可再超空泛。"③ 1946 年 1 月 3 日渝版社评《三外长会议后共管日本问题》（17 日津版转载）则认为"莫斯科三外长会议最大及最辉煌的成就，当推对日管制问题的协议"。并提出四点"可以注意的事"："第一，当共同管制时，意见的参差，当在所不免；不过，任何意见的参差没有不可协调的，却不能因意见不同，无意有意的被日本现政府所利用"；"第二，关于管制日本的时间，需要作一个最低时限的确切决定。我们认为至少应该规定为二十年，必要时且得延长"；"第三，关于教育，文化，思想方面，应该有通盘长期的改造计划"；"第四，一

① 《日本最近的政情》，《大公报·渝版》1945 年 11 月 24 日第 2 版。
② 《日本议会与日本政治》，《大公报·渝版》1945 年 12 月 4 日第 2 版。
③ 《共管日本行将开始》，《大公报·渝版》1945 年 12 月 25 日第 2 版。

切政策均应以铲除黩武势力及提高改良日本人民的生活为出发点"①。

2.1946 年上半年：关注日本国内局势，要求实行民主政治

1945 年 8 月 15 日，天皇宣布投降，铃木贯太郎内阁总辞职，由皇族东久迩宫稔彦接任首相，负责安定局势并保证军队解除武装。10 月 5 日，由于与盟军总部意见不合，东久迩内阁总辞职，由战前曾多次出任外相的政坛元老币原喜重郎组阁。其后，盟军总部开始对日本进行强力改革，并开始着手逮捕及处理战犯。12 月 6 日，盟军总部公布了对前首相近卫文麿、前内大臣木户幸一等人的逮捕令，木户于 10 日入狱；近卫于 16 日畏罪自杀。日本及世界舆论继而开始了对币原的批判，并认为其将于近期总辞职，但币原却于 1946 年 1 月 12 日宣布对内阁进行改组，拒绝辞职。15 日，《大公报》渝版发表社评《币原何必恋栈？》（21 日沪版、23 日津版转载），认为"今日的日本，今日的币原内阁，所表现的，只是民主在胎动在酝酿，而旧势力则在挣扎在苟延"；而其恋栈则是由于"币原也许觉得在今日的情势下，实在没有第二个人可以代替他或愿意代替他，来为日本统治者保存一点余力"。但"凡是币原所努力欲为日本保持的，绝非日本的精华，而为日本的渣滓与病菌。……币原苟认为对日本人民和其子孙还负有责任，则他所应循的途径，不是恋栈而是毅然辞职。这虽不能减轻其数月来的误国之咎，但至少可以终止了罪咎的增加。从世界大势看，从日本情形看，民主为其必然的途径，这决非币原或其他军国主义份子所能阻挠"。② 24 日，渝版又发表《改组后的币原内阁》（31 日津版转载），认为币原"与军阀唯一的不同，就是主张用杀人不见血的方法进行侵略。由他组成的内阁，无论如何变，也决不会变好，这次的变，不过是将内阁重行分赃"；并呼吁"麦帅能尽量设法让三月大选真能表示日本的民意"。③

3 月 6 日，日本公布了经天皇及内阁批准的新宪法草案；7 日，麦克阿瑟声明此案已获得他的完全同意；日本并开始着手准备于 4 月 10 日举行战后首次大选。针对这一系列事件，《大公报》频频发声，5 日渝版发表社评《大选前夕的日本》，对日本政局做一分析，认为："今日管制当

① 《三外长会议后共管日本问题》，《大公报·渝版》1946 年 1 月 3 日第 2 版。

② 《币原何必恋栈？》，《大公报·渝版》1946 年 1 月 15 日第 2 版。

③ 《改组后的币原内阁》，《大公报·渝版》1946 年 1 月 24 日第 2 版。

局对日本修宪和天皇制问题虽不便有所主张，但必须彻底执行肃清军国主义者的命令，则日本人民始能真正自由表示其意志。"① 13 日，又发表《论日本的新宪法草案》（23 日津版转载），认为"从新宪草案的精神看，是将主权在君的旧宪，改为主权在民的新宪"。而其中禁止日本拥有军队及国家交战权的规定，"对今日纷扰的世界局势，虽难立见其积极的作用，但至少是人类理性与智慧的正确方向"。但此宪草"关于经济的民主，却较少注意"。所以"我们如果不希望日本人民将来为争取经济民主而痛苦与混乱，则在新宪中作一劳永逸的规定，似乎较为得计"。② 14 日沪版亦发表《日本新宪法检讨》，认为此案"比现行宪法已有极大的进步"，但也提出几点问题："（一）对天皇的规定极为含糊"；"（二）（放弃保留军队及交战权）著于宪法是否合宜，颇有问题；能否忠实遵守，更成疑问"；"（三）关于国民权利义务一章，比较有确实内容"；"（四）（有关国会的规定）已将日本政治纳入普通代议制的正轨。……（但）关于选举的规定太简单"；"（五）（修宪原则的规定）是相当硬性的，为预防将来野心家出而擅为更改，对如何投票一层，还缺少具体规定"。并提醒各界"如表面无所不顺从，而内心逻辑不变，制定任何完善的宪法，都是徒劳的"。③

4 月 10 日，日本举行大选，渝版于当日发表社评《日本总选举剖视》（18 日津版转载），认为此次大选结果是"代表财阀贵族的保守势力，总选举取得胜利"；这证明"今后数年间，日本政治还是伪装的民主，无可期其进步"。并寄望"麦克阿瑟将军和远东委员会对于日本政局必将善为监视诱导，防止日本帝国主义的复活"。④ 15 日又发表《日本的总选》，认为"这次的总选，实在不能算日本真正民意的自主化，甚或为日本黩武主义保留再起的机会，盟国管制当局应该加以慎密的考虑"。⑤ 同日沪版亦发表社评《评日本总选举结果》，也认为此次选举"是日本支配阶级，右倾势力，玩弄了麦克阿瑟将军。选举仅告诉我们：日本帝国主义的萌蘖犹在"。大选结束后，币原于 4 月 22 日辞职，取得议会多数派的自由

---

① 《大选前夕的日本》，《大公报·渝版》1946 年 3 月 5 日第 2 版。
② 《论日本的新宪法草案》，《大公报·渝版》1946 年 3 月 13 日第 2 版。
③ 《日本新宪法检讨》，《大公报·沪版》1946 年 3 月 14 日第 2 版。
④ 《日本总选举剖视》，《大公报·渝版》1946 年 4 月 10 日第 2 版。
⑤ 《日本的总选》，《大公报·渝版》1946 年 4 月 15 日第 2 版。

党党魁鸠山一郎在行将组阁之际，被盟军司令部公职追放①。5月8日，沪版发表社评《日本组阁的风潮》（9日渝版、13日津版转载），认为鸠山之流"不但是地道官僚，还是无节操的党贩子。朝秦暮楚，到处钻营，有官即做，做官则依阿权势，擅作威福，原无所谓自由不自由，民主不民主。……麦帅对鸠山的措置，虽稍迟缓，但极贤明"。并预测："一个以社会党为中心的联合内阁，可能于日内出现。这将是日本政治史上最迂回最难产的一个内阁，也是最前进最动摇的一个内阁！"②14日，吉田茂接受鸠山委托出面组阁，沪版于18日发表《评吉田内阁》（19日渝版、22日津版转载），认为吉田"完全是被币原牵着鼻子走的"，而此事也证明了"（币原）已是一手遮天的人物，过去元老重臣操纵政治的原形在币原身上复活了"。以此观之，日本"选举白忙了一阵。政潮兜着圈子，看得眼昏，结果政权还是落入旧势力的旧圈套"。"我们认为日本大选已完全失败，盟国管制尚须努力，日本人民尤其应大彻大悟，为自己的利益而进行斗争！"③24日，又发表《再评吉田内阁》（25日渝版转载），认为"与其说新阁是政党内阁，不如说仍为官僚内阁"。又援第一次世界大战后处理德国失当而导致魏玛共和国崩溃，希特勒上台之旧例，认为"（日本）上有币原吉田把持政柄，下有顽固的两大政党，政党背后站着更多盲从的人民，熙熙攘攘，随决随流。右倾势力这样支配着政权，形式虽已变异，但其本质一如战前"。最终指出："日本社会尚须彻底改造，吉田币原之流不足取。美国也要更进一步求深刻了解日本，若蹈袭了过去英国对待德国的遗策，而使日本帝国主义的余孽复活，那就贻患无穷了。"④

3. 1946年下半年至1947年上半年：反对美国的扶日政策

随着冷战渐露端倪，美国对日本的政策也发生了变化，由胜利之初的主张坚决打击，转为扶植日本并使其成为在远东制约苏联的主要力量。对于美国的这一政策变化，《大公报》表现出了极大的愤慨，自1946年下半年起，该报便屡屡申论反对。

《大公报》对美国对日政策的不满始于胜利之初。1945年9月25日，

---

① 盟军总部于1946年1月公布《公职追放令》，规定一切战犯禁止出任公职，鸠山于是年4月被认定为战犯，故总部援此令禁止其组阁，并剥夺其议员身份。

② 《日本组阁的风潮》，《大公报·沪版》1946年5月8日第2版。

③ 《评吉田内阁》，《大公报·沪版》1946年5月18日第2版。

④ 《再评吉田内阁》，《大公报·沪版》1946年5月24日第2版。

渝版发表《评管制日本政策》，对美国政府发表的对日初步政策表示信任，但也指出其中一些漏洞，认为这样"就不是根据波茨坦宣言去改造事实，而是以宣言迁就事实，处置日本越来越宽了"。① 翌年 7 月 5 日，沪版发表《日本往何处去?》，认为"麦帅管制日本已造成了一种误会，已由管制进入保护阶段"。并提醒美国："我们相信美国作风不致蹈袭前次英法对德的政策，但日本统治阶级狡黠多诈，美国人竟和为怀，不记仇恨，上日本圈套，非无可能。"② 7 月 19 日夜，日本警察在东京开枪射击我旅日台胞，造成 4 人死亡，20 余人重伤，沪版于 23 日发表《抗议日警枪杀我台胞》（25 日渝版转载），认为此事"是未死的日本法西斯向中国人民开枪"，并质疑"由此事看，麦帅改造日本的目的能否达到，管制日本的政策是否正确，认识日本是否深刻，实属疑问"。③ 30 日，沪版又发表《关于审讯日战犯》（8 月 1 日渝版、9 月 4 日津版转载），质疑远东国际军事法庭程序烦琐、文牍浩繁，且举东条英机美籍律师窝伦为例，认为这种做法"对一般政治认识浅薄的日本人反会引起原谅甚至同情战犯的心理"；又直接批评"美国不把日皇列为战争罪犯，是大错而特错的"。④

如果说前述文章中对美国的批评还是间接、隐晦的话，那么到 1946 年下半年，随着美国扶植日本政策的逐渐明晰，这种批评也逐渐公开化、表面化。9 月 3 日，占领军总司令麦克阿瑟在纪念日本投降一周年之际发表演说，称"日本将成为战争的跳板"，并强调"公开而未宣布之战争"的存在。10 月 4 日，沪版发表社评《怀疑美国的对日政策》（7 日渝版、津版转载），开门见山云："美国在保护日本，且是扶植日本腐朽的反动势力。这已是公开的秘密，用不着加以证实，而且是越来越露骨了。"并质疑麦氏讲话"显然是把管制日本这一任务带入另一个新的世界斗争了"。"美国为她的一种世界政策，不惜培养日本的反动势力。我们认为这是美国的损失，尤其对中国不利，日本军国主义，正以美国政策为温床，在滋生潜长。……美国对日本的统治阶级，温存体贴，无微不至，而对盟国尤其中国的利益不加考虑。这怎么可以?"文末更云：

---

① 《评管制日本政策》，《大公报·渝版》1945 年 9 月 25 日第 2 版。

② 《日本往何处去?》，《大公报·沪版》1946 年 7 月 5 日第 2 版。

③ 《抗议日警枪杀我台胞》，《大公报·沪版》1946 年 7 月 23 日第 2 版。

④ 《关于审讯日战犯》，《大公报·沪版》1946 年 7 月 30 日第 2 版。

近一世纪来，中国受了七十多年的日本侵略。这次打倒日本帝国主义，我们以为历史已经清算了；现在看来，实令人不胜杞忧。……美国希望中国强盛，则不能强盛日本。若强盛日本，则中国人民只好走另一条路了。我们怀疑美国的对日政策与其对华政策互相矛盾。中国人民，对日本军阀丑恶的记忆太深，现已感觉美国在帮助我们的敌人，甚至在培养其重行侵略的可能，这是中国人民认为万万不可的。①

10月24日，沪版再发表社评《日本赔偿问题》（25日渝版、28日津版转载），质疑："麦帅理想改造的日本，还是一个拥有庞大输出力（纺织业）及庞大商船的工业国家……这个国家在远东还是首屈一指的强国。一朝有事，和平工业转入军需工业，商船变成军舰，海陆俱足以侵战。承平时代，则其轻巧低廉的商品，可以驰骋无阻于东方市场。"而"这样一个日本，并无害于美国的商业利益，也许正符合其远东的战略要求。但对中国却不然"。② 1947年1月28日，吉田内阁在50万人的示威声中宣布总辞职，但麦克阿瑟同时发布禁止罢工令，从而使得吉田避免下台，仅改组内阁了事。沪版于次日发表《日本吉田内阁的倒塌》（2月1日渝版、5日津版转载），认为此事具有三点意义："第一，倒阁的形式迥异寻常。……这回倒阁是由下而上的，觉醒的人民力量，已非反动的统治者所能镇压。""第二，纯粹保守势力的内阁，已不能统治日本。""第三，外国势力不能强迫日本人民接受。"并提醒："麦帅应及时反省，重新修订其管制政策。须知美国顽强的敌人，并不是日本人民，而是反动的日本统治阶级。"2月11日社评《动荡中的日本政局》（12日渝版、3月5日津版转载）则开宗明义："麦帅一道禁止罢工手令，给吉田茂渡过了一个难关。他仅以改组内阁敷衍局面，使倒阁事寝。但其稳定是一时的，改组已带来了更大的危机。"文章在分析了这一事件对日本政局的影响以及日本各界对吉田内阁的不满后，引孔子"天之道，裁者培之，倾者覆之"古训再度表明态度，并明确声明："我们认为麦帅支持日本保守势力是错误

---

① 《怀疑美国的对日政策》，《大公报·沪版》1946年10月4日第2版。
② 《日本赔偿问题》，《大公报·沪版》1946年10月24日第2版。

的，势将遭到失败的。"① 22 日社评《日本经济诸问题》（24 日渝版转载）在对中日经济情况进行比较后认为日本经济状况比中国要好得多，而赔偿问题的关键在于"在美国看来，让日本保存若干战争潜力，并不可怕"。但是"在中国看来，很自然的，日本工业对我们是一个威胁。这个威胁是国防的，也是建国的"。② 4 月 23 日，沪版发表社评《战败国可成天堂》，感慨："东条及日本军国主义对日本功德不朽，日本是上帝的新宠儿，美国正准备把日本国造成天堂。"文章认为："日本人民所需要的是进步自由，选举自由与思想自由。但这些自由，却为麦帅领导'反共产主义'所抵消了。"而"远东委员会决定日本的工业标准，是给日本复兴留下雄厚的基础"。并质问："如战败国可成天堂，如日本应受如此优渥的待遇，则日本战败就是战胜，东条们何乐不为？亚洲其他国家，尤其中国，战胜仍然战败，我们何苦长期抗战，忍受牺牲？"又分析造成这种现象的原因乃是"美国所关心的日本政治与日本工业，纯然基于美国的战略要求；而这种要求又是受了一种现人类最不幸的政治意识——美苏对立——所支配"。③

4. 1946 年年初至 1948 年年初：呼吁政府庄敬自强，停止内战，在对日问题上发挥重要作用

如前所述，自 1946 年年中起，《大公报》在美国对日问题上，一直保持批判的态度，但批则批矣，却不见什么效果，讲究实力和利益的大国间的纵横捭阖，本无所谓几个文人的几支秃笔。与此同时，该报也对国民政府一切紧跟美国的政策非常不满，屡屡申论，希望当局能够庄敬自强，不要对美国唯命是从，而应该在对日问题上阐明立场，发挥作用，同时应该尽快停止内战，开始建设。从该报实际表现来看，从 1946 年年初至 1947 年年底，批评美国与批评国府便是并行的两条线，且呈现此消彼长的态势：1947 年之前，该报以批评美国为主；而 1947 年之后，由于对美国的批评毫无效果且冷战大格局已成，所以该报便逐渐由责人转为责己。

《大公报》对当局对日政策的批评，始于 1946 年年初。是年 3 月，适逢盟国对日管制委员会即将成立之际，渝版于 29 日发表社评《管制日

---

① 《动荡中的日本政局》，《大公报·沪版》1947 年 2 月 11 日第 2 版。

② 《日本经济诸问题》，《大公报·沪版》1947 年 2 月 22 日第 2 版。

③ 《战败国可成天堂》，《大公报·沪版》1947 年 4 月 23 日第 2 版。

本与我国外交》（4 月 1 日沪版、8 日津版转载），批评当局："虽然我们
对日作战最久，损失最大，也许对日认识较深，可是半年来对管制日本的
工作，既未表示过积极的态度，也未发表过具体的政策。从表面上看，我
们对于管制日本的态度是消极的，观望的，似乎没有给以应有的重视。"
又就管制日本基本政策提出三条建议，认为"如果从这三方面出发研究，
进而厘定我们对于管制日本问题的主张与方案，无论提出与否或能否被盟
国所同意，总较徘徊观望为佳"。并勉励当局："我们希望在对日管制问
题上，中国能表现有主张，有原则的积极性的外交新姿。"10 月 24 日，
沪版又发表《日本赔偿问题》，直斥当局"在日本赔偿问题上……表现了
无主张，无力量"；并要求当局迅速改变做法，否则"假使我们唯唯诺
诺，亦步亦趋，则八年抗战便注定输却了。从此国家安全成了问题，建国
已面临大敌"。[①] 29 日社评《看战后日本怎么样？》（30 日渝版、11 月 5
日津版转载）则明确指出："舆论指责麦帅，批评美国的外交政策。当
然，那是应该批评的。但以中国的地位，除了批评，我们不要忘记：美国
对日怀柔宽大，中国与有责任。事实上，美国对日的基调虽然不变，而每
次把好意的尺度放宽，都是为了看见扶植中国无望。"文末呼吁："国际
环境对中国之有利，去年此时是空前的。但我们并没有好好运用，只是埋
头摧残自己。……虽然如此，今天我们若能猛醒，停止内讧，合力建国，
回头是岸，外界环境尚可改观。世界瞬息万变，和平时候无多，我们应该
觉悟了。再不觉悟，日本帝国主义就卷土重来了。"[②] 11 月 13 日，沪版又
发表《日本赔偿与中国工业》，揶揄日本对华赔偿中的怪象："战败国是
赔偿不忘建设，在催促着我们早早接收，希望'无债一身轻'的东山再
起。我们呢，我们倒反不感觉兴趣似的，表现了慌乱与束手无策。"并斥
责当局"国家没有自己的工业政策，更谈不到有确实可行的建设计划。
因此，只见他想当买办，你想坐着揩油享受。社会完全没有生产的环境，
没有工业的精神"。文末呼吁：

　　我们希望国家努力建设，建设的时候无多，稍纵即逝，希望把日
本赔偿全部用于工业化中国，希望节省军费政费把日本机器搬运过

---

① 《日本赔偿问题》，《大公报·沪版》1946 年 10 月 24 日第 2 版。
② 《看战后日本怎么样？》，《大公报·沪版》1946 年 10 月 29 日第 2 版。

来，尤希望确立一个工业政策，创造一个工业条件，勿再那样摧残本
国工业了，勿再昏天黑地，以十七世纪的生产，作美国式的享受了。
大家应该觉悟：莫难于工业建设，莫易于勇敢自杀。民族存亡，在一
念之间！①

　　进入 1947 年，随着对日和约等一系列现实问题被提上议事日程，也
由于对美国改变对日政策可能性的逐渐失望，《大公报》对当局对日政策
的批评也逐渐频繁。3 月 17 日，麦克阿瑟在东京发表谈话，认为商讨对
日和约的时机已经成熟。21 日，沪版发表社评《对日早订和约的呼声》
(22 日津版、24 日渝版转载)，在对日本局势及美日关系进行一番分析后
认为，麦氏此言"有两种可能的动机：一是认为盟军占领与管制日本业
已成功，民主的日本，和平的日本，大致业已诞生长成；二是鉴于日本经
济情况的暗淡，若不早订和约，开放日本的对外贸易，将会加重美国的负
担"。而"我们认为麦帅的动机是由于后者，而非前者"。又诘问当局：
"外交部发言人说：'中国政府现正缜密准备处理对日和约一事，尤注意
于赔偿一项问题。'不知究已准备到什么程度？"同时寄望："我们的政
府，在清算中日关系及确立今后国家生存基础的大眼光下，速作一个远大
的打算与准备。"② 4 月，日本各项主要选举结果连续揭晓，沪版于 29 日
发表社评《日本人的思想如此》(30 日津版、5 月 1 日渝版转载)，就日
本选举情况发表意见，认为虽然麦氏对此次选举十分满意，但对中国来
说，"一个可怕的远景，清清楚楚摆在我们的眼前"。文章在分析了日本
此次选举后复杂的国内局势后指出："日本政权在反动派手中，对外侵略
将来必不可免"；而"侵略一旦发生，中国又必然首当其冲"。所以"我
们请求政府对日本问题，不再默尔而息，切不可事事唯他人的马首是瞻。
也希望国人提高警觉性，正视未来的演变"。③ 5 月 3 日，日本制定的战后
新宪法开始施行，沪版发表社评《正视今天的日本》(5 日渝版、津版转
载)，指出两个基本事实："第一，日本人的思想没有多大改变"；"第二，
日本资本主义是必然要对外侵略的，今日日本却在培植着强大的资本主

---

① 《日本赔偿与中国工业》，《大公报·沪版》1946 年 11 月 13 日第 2 版。
② 《对日早订和约的呼声》，《大公报·沪版》1947 年 3 月 21 日第 2 版。
③ 《日本人的思想如此》，《大公报·沪版》1947 年 4 月 29 日第 2 版。

义"。由此警告国人："请正视日本问题。尤其该向麦帅暨美国朝野提高他们的警觉性。日本这个毒瘤还在生长。新宪法，旧人民，我们都不能遽认为满意。管制应加严，整肃应彻底，工业不可多为保留。"① 6月初，日本通过法国新闻处对外发出收回南千岛群岛（即日本所谓之"北方四岛"）、共管琉球及移民台湾的要求；9日，外相芦田均又再度申论此事，认为此举并不违背《波茨坦宣言》。11日，沪版发表社评《看日本的领土野心》（14日渝版转载），对日本上述要求之无理荒谬之处条分缕析，并且认为"日本之所以敢悍然提出领土要求，谁都明白，那是在利用着美国的对日政策。美国对日政策，是保护日本帝国，扶植日本的保守势力。这个动向，昭然若揭，妇孺皆知。日本政府当然要利用美国这个弱点"。同时呼吁政府"拿出独立自主的外交，对日本问题严正发言。为国家百年大计，不该因小失大，因近失远，唯他国的马首是瞻"。又批评当局："自日本投降后，我们默无一言。对麦帅在日本的施策，官方也永远缄默，不作一声。中国有发言权而不发言，战胜国竟不如战败国，我们实在太客气了。"② 21日，麦克阿瑟对法新社记者发表谈话，称赞日本"已完成了一大革命"，并且认为日本已永不能准备新的战争，且大众均已醉心自由思想，在心理上已彻底解除武装。28日，沪版发表《对日认识的歧途》（30日津版转载），认为麦氏所云，中国"无论如何，不能承认"。在精神上，日本"既没有推翻什么，也无所建立，战前战后，一仍旧观"；在物质上，"麦帅极力扶植日本，——保护其战争水平的工业，恢复其纵横远东市场的对外贸易"。而"麦帅之所以不顾远东各国利益，一味宠护日本，人人皆知，那是美国假想在对苏战争时，以日本为美国战略之一环，而施行的政策"。所以"中国对日本问题，不应袖手旁观，更不可惟美国之马首是瞻。宽大是一回事，谋国又是一回事。宽大是对过去的，对未来可能的威胁，实无宽大之理"。"日本消长，关系中国百年大计。我们应以理智来判断一切，莫冲动，莫偏执，要时时警惕，把握正确的认识。"③

6月中，美国宣布日本对外私人贸易将于8月15日开放，此举引发

---

① 《正视今天的日本》，《大公报·沪版》1947年5月3日第2版。

② 《看日本的领土野心》，《大公报·沪版》1947年6月11日第2版。

③ 《对日认识的歧途》，《大公报·沪版》1947年6月28日第2版。

了《大公报》的极大忧虑。7月19日，沪版发表社评《中国不要开放对日贸易》（22日渝版、津版转载），开篇即云："八月十五日转瞬将届，日本经济像一只出柙的老虎，饿过一个短期，猛扑过来了。中国毫无准备，但见打个欠伸，直一直懒腰，待进虎口而已。"文章在对当时中日两国生产力及进出口货品种类进行分析后认为："（中国）今后仍将被捆绑在这个殖民地典型的贸易框里，一筹莫展。日货活像一个金光箍，箍得中国紧紧，一点不肯放松。""八年的中日大战，到此已全盘输却。输在日本保有战争水平的工业，输在日本轻工业仍独霸远东市场。"同时积极赞同监察委员万灿等人提出的停止考虑开放对日贸易并中止派遣商务代表团赴日的建议，又提醒当局："中国无基本政策，而仅作技术上的周旋，说兴说跪，悉听人家口令，不啻自陷国运于战前中日关系的圈套中去。请国民政府注意，在对日和约未签订之前，中国有权拒绝与日本贸易。"① 30日，沪版再发表《再论对日贸易不应开放》（31日津版转载），在对中、日贸易前景进行分析后认为："总之，中国贸易情形是：我要卖的他不买。他要买的我不该卖。我要买的他没有。他要卖的我不该要。有百害而无一利，当然中国不能开放对日贸易。他国利害与我纯然不同，当然我们不能盲从，跟人家瞎跑。"所以建议"此时我们自无心去做日本生意，当然更不该去做尽是损己利人的生意"。②

虽然《大公报》一再呼吁，但当局仍然一意孤行，8月1日，国务会议决定开放对日贸易。7日，沪版发表社评《望政府慎重处理对日问题》（8日津版转载），历数当局在对日问题上一味迎合美国，毫无作为的现实，认为"若都循着这个公式弄下去，那么以后真不必全国人民操心，也不烦我们外交部伤脑筋，一切听麦帅摆布，一切跟着美国走好了。但是，中国的利害怎样呢？和约未结，赔偿未定，我们就又以全国人民的血汗供日本老虎吮吸，又要与日本货打交道了，这样把日本老虎喂肥了怎样呢？"又质疑："看政府不慌不忙，不动声色，像一切胸有成竹似的。这问题是关系今后中华民族百年兴衰的大问题，这时候是中国八年抗战待收胜利之果的时候，政府究竟作何打算，也请大概说个明白，以便全国人民

---

① 《中国不要开放对日贸易》，《大公报·沪版》1947年7月19日第2版。
② 《再论对日贸易不应开放》，《大公报·沪版》1947年7月30日第2版。

共知共晓。"① 15 日，日本私人对外贸易正式开放，沪版发表社评《对日
贸易商品观》（16 日津版转载），批评当局对此事态度："反对纷纷，一
概无效。成事不说，说也无用。"并在分析了对日输入及输出两方面情况
后认为："试作远眺，我们将看到一幅'工业日本，农业中国'的远景。
这是两方面的，一面中国的工业市场被蚕食侵略，一面中国的国外市场被
日本占据。"②

　　7 月 11 日，美国向远东十国发出邀请，建议初步商谈对日和约问题，
这一问题也引起了《大公报》的密切关注。22 日，沪版发表社评《对日
和约起草形式》，在分析了当时的国际形势后认为："这十一国里面，中
国最为孤弱，又与对日和约利害关系最大。"并建议当局："在谈判对日
和约时，我们最须谨慎严正，必要着眼于今后的百年国运，忠实运用独立
外交。不论政策或技术，我们在美苏之间，天然有一条中间道路可
走。……若舍此而做美国的尾巴，一切点头诺诺，则他日摊开了牌，人为
刀俎，我为鱼肉，和约对我将面目全非，贻患无穷。"又明确要求："我
们认为政府应公开而严正的声明中国立场，不论参加会议与否，在商讨对
日和约的形式上，中国必须反对三分之二表决制，保留否决权。"③ 31 日，
沪版再发表《中国应明确表示对日和会态度》（8 月 1 日津版转载），指
责两年来外交"一味软弱，一味从顺，事事无主，唯人是瞻。……可怜
中国外交，宛若一尊泥菩萨，无声无嗅。中国的抗战胜利，已不翼而飞。
胜利所得四强的地位与权利，曾几何时，全无声光了"。并要求政府"认
真研讨对日和会的对策，公开对日的态度，广征民间意见，切实准备一个
符合本国利益的和约草案"。"对日和会中国要拿出明确的态度来。堂堂
的拿出来。战胜国应像战胜国的样子，不要闪闪躲躲，一无作为。现在貌
似沉着，若实际并无好好准备，结果只是点头画诺，胜利之后，输却和
平，那才是罪过呢！"④

　　由于美国坚持初始原则，故苏联基本决定放弃参会，8 月 20 日，沪
版发表社评《对日和会几个问题》（22 日津版转载），对中国应持立场提

---

① 《望政府慎重处理对日问题》，《大公报·沪版》1947 年 8 月 7 日第 2 版。
② 《对日贸易商品观》，《大公报·沪版》1947 年 8 月 15 日第 2 版。
③ 《对日和约起草形式》，《大公报·沪版》1947 年 7 月 22 日第 2 版。
④ 《中国应明确表示对日和会态度》，《大公报·沪版》1947 年 7 月 31 日第 2 版。

出几项建议：（1）"中国应该反对苏联除外的媾和"；（2）中国应坚持保有否决权；（3）和约草案审议必须集思广益，且需有坚定不移的外交政策。同时寄望当局："我们所要求于外交政策者，是光荣独立，谋国以忠，不是仅为政府便利，或为暂时之利，必须有远大眼光，为国家的安全与繁荣，赢得'和平'的永久胜利。"①9月12日，沪版再发表《对日和约的几个原则》（14日渝版、15日津版转载），就对日和约问题提出八项基本原则："（一）中国不愿与日本结仇"；"（二）完全保有否决权"；"（三）遵守盟国过去宣言，贯彻争取和平"；"（四）领土民族原则"；"（五）废除天皇制"；"（六）两个经济原则：（一）消减军事潜力。（二）保持不超过远东国家的生活水准"；"（七）为建国而争取赔偿"；"（八）保障远东安全"。并要求当局"在国际关系上，要赢得公正而真实的和平。对内，和约必须经过全体人民的同意"。②《大公报》的一再呼吁终于起到了一定的效果。9月5日，国府外长王世杰发表谈话，表示"对日和会，不轻放弃某些国家之合作而单独媾和"；15日，王又在美对《大公报》记者表示，四强应保留否决权，凡欲利用日本为对付任何假想敌人的根据地的任何企图，中国均认为极其危险，必须予以慎重考虑。17日，沪版发表《我们的外交》（19日渝版、津版转载），列举政府近来就对日和约问题的一系列表态，认为："这态度都是相当正确的。只要政府的态度能更坚定，更明朗，而继以明确的步骤，则政府的外交必能得到全国人民的拥护，而中国的外交就必不会失败。"又批评美国："这两年的美国外交态度，很不幸的是陷于傲慢偏狭的气氛之中。这傲慢与偏狭，特别表现于轻视中国及嫉恶苏联上。"同时勉励当局："美国实在太不把中国放在眼里了，我们又何必事事追随其后，而受其白眼呢？中国再不行，我们还是胜利大国，我们还有我们的地位，我们更有我们的立场。我们除淬厉奋发，自立自强之外，在外交上，必要坚定我们的立场。放稳我们的步骤，争取我们国家的百年利益，而不必俯仰因人，反给人家看不起。"③

　　此后，在对日和约问题上，《大公报》一直积极支持当局立场，即一定要坚持两条原则：要求苏联参加、要求保持否决权；但同时也不断呼吁

---

①　《对日和会几个问题》，《大公报·沪版》1947年8月20日第2版。
②　《对日和约的几个原则》，《大公报·沪版》1947年9月12日第2版。
③　《我们的外交》，《大公报·沪版》1947年9月17日第2版。

当局要在制定条约草案时开放讨论，听取民间意见。但随着国内局势的变化，该报关注的重点逐渐离开这一问题，而该报所期待的公平、公正、公开的对日和会，也最终没能成为现实。1951 年 9 月 8 日，美国终于主导签订了所谓"旧金山对日和约"，但当时中国已经山河变色，苏联也最终没有签署这一条约，而这些则非当时的《大公报》人所能预料的了。

（三）东南亚各国的政策问题

除了前述两点之外，《大公报》在这一时期外交问题上所关注的第三个重点，乃是中国与东南亚各国关系问题。这些国家当时被统称作"南洋"，包括缅甸、暹罗（今泰国）、马来亚（今马来西亚、新加坡）、荷属东印度（今印度尼西亚）、菲律宾、英属婆罗洲（今马来西亚一部）及葡属帝汶岛（今东帝汶共和国）。这些国家与中国的关系非常特殊：它们大多在历史上是中国的藩属国，在政治、经济、文化等因素上受到过中国或深或浅的影响；又多在近代沦为帝国主义国家的殖民地或半殖民地，特别是在第二次世界大战期间都曾遭到过日本的侵略蹂躏（泰国除外）；同时，这些国家都有大量华侨居留，这些华侨在当地多具有较高的经济地位，但政治地位较为低下，种族原因、经济地位差异加上殖民者别有用心地煽动，使得这些国家经常发生盲目的排华运动。抗战胜利后，从建设一个新的东亚秩序出发，《大公报》对中国与这些国家间关系问题也屡有申论，其观点大体可以概括为三点：（1）建立一个以中国为领导者的东亚新秩序；（2）维持与东南亚各国的和平，并呼吁各国联合防卫日本；（3）谴责各国排华暴行，并要求政府保护华侨利益。

《大公报》对这一领域的关注，始于 1946 年年初。是年 1 月 23 日，中国访问暹罗①代表团团长兼首任驻暹大使李铁铮与暹罗国务总理兼外长普拉莫特签订《中暹友好条约》，两国正式建立大使级外交关系。这一条约的签订颇不寻常，泰国在第二次世界大战时期由陆军元帅銮披汶·颂堪领导，于太平洋战争爆发后与日本签订攻守同盟条约，后对盟国宣战，并曾派遣军队进攻云南。虽然暹罗在第二次世界大战后期也曾疏远日本并主动示好重庆政府，但其与日本的正式关系仍然维持到了第二次世界大战末。1945 年 9 月，披汶被捕并被宣布为甲级战犯，暹罗作为战败国之一

---

① 1939 年 6 月 24 日，暹罗国民议会决定将国名由"暹罗"改为"泰国"并沿用至今，但当时中国仍习惯上沿用其旧称，为行文方便，本书使用"暹罗"这一名称。

被列为战后东亚和约体系的一环。所以中暹定约，在当时的人们看来，应当是建立战后东亚新秩序的一个开端。同时，作为东南亚华侨主要聚居地之一，暹罗在第二次世界大战时还开展有计划的排华运动，政府要员曾经在演说中公开暗示将以希特勒对付犹太人的方法对付华人，当局还立法禁止华人担任一些职务，强制要求华人进行户口登记，并大幅减少华文报刊数量，同时对华人教师进行严格的泰语培训及考试。而暹罗作为东南亚地区主要国家之一，其战后对待华人的态度对于其他各国来说具有示范效应。凡此种种，都使得这一条约的签订成为当时社会关注的热点。26日，《大公报》渝版发表社评《中暹订交了》，对这一事件表示谨慎乐观，认为"这个条约多少带来了我们对中暹友谊进一步的期待。尤其在一大串不愉快事情发生过的今天，它多少给与（予）大家一些欣慰"。文章回顾了暹罗历史上的种种排华行为，又分析了条约的各项要点，认为"条文是呆板的东西，需要一种真的精神灌注进去，否则罅隙之间仍然可以玩出花样"。又对暹罗提出三点期望："第一，今天国际需要和平……中暹两国都要自觉使命的重大，努力分担世界和平的责任，为远东其他民族做个榜样，彼此间首先不要闹别扭"；"第二，中国对暹罗只有一片好心，别无不合理的想头"；"第三，中国在暹的侨民都是天字第一号良善人民，以他们和平勤劳的性行，必能对暹罗今后经济发展作更多的贡献。"并最终祝愿"我们愿把这次友好条约作为中暹新邦交的起点，两国人民由此更加努力向前求发展"①。

但是，《大公报》的祝愿并没能成为现实。友好条约墨迹未干，中国代表团便于27日在纳康巴棠遭遇反华示威活动，纳城华侨遭到枪击，曼谷附近亦接连发生暴动。《大公报》渝版2月8日发表社评《暹罗的排华丑剧》（12日津版转载），谴责此事"是中暹邦交的大污点，也是国际外交上的大丑剧"。并质问暹罗："你们打算跟中国有一种什么样的关系？"又提出三点意见："（一）我们呼吁政府对于外交不要太过萎缩"；"（二）暹罗的政府……必须证明是有能力履行国际条约，维持国内治安及保护侨民安全才行"；"（三）……我们应随时有自行护侨的准备。这是作为一个政府对侨民应有的职责。"②《大公报》这篇社评中所谓"自行

①　《中暹订交了》，《大公报·渝版》1946年1月26日第2版。

②　《暹罗的排华丑剧》，《大公报·渝版》1946年2月8日第2版。

护侨"云云，则无异于暗示政府应在危急时刻直接出兵暹罗，其口气之强硬，在该报历来社评中非常少见。这表现了抗战胜利之后该报民族自尊心及自信心的提升，同时也折射出了国人对暹罗一直奉行的排华政策的愤怒。

暹罗一波未平，印尼一波又起。1946 年 6 月，印尼当局制造"文登惨案"，3 天时间里便有 600 余名华侨被杀害，近千人受伤或失踪，两万余人流离失所，沦为难民。13 日，沪版发表社评《保护东印华侨！》（14日渝版、18 日津版转载），愤怒地谴责："盟军当局竟忍坐视不救，中国外交的抗议则徒托空言，但见华侨在那里挣扎图存，出生入死的自相救援，真是太惨，也太可怜了！"又警告印尼当局："中国对你们的独立要求是同情的……但是你们的运动，要出发于民族的自由意志，不可接受日本的恶意挑拨及毒素宣传。"再谴责盟军当局坐视不管，见死不救。最后痛陈南洋华侨遭受迫害歧视之惨状，又回忆华侨对革命之巨大贡献，进而批评政府："外交的基础在内政，是不易之理，如此祖国，何望护侨？战前中国外交软弱，侨众失望，现今交涉抗议，又能拿什么后盾出来？我们要以非常沈痛的情感，呼吁国人转移目光，努力自强！"[①]

但是，空洞地呼吁也好，愤怒地呐喊也罢，都无法真正阻止印尼当局挥向华侨的屠刀，而在内战中泥足深陷的国民政府，除了几声无力地抗议之外，也不可能真正实行什么护侨政策。文登惨案血迹未干，印尼当局又再度于 8 月及 9 月相继制造了山口洋惨案与巴眼亚底惨案。消息传来，《大公报》出离愤怒。24 日，沪版发表《为荷印侨胞紧急呼吁》（26 日渝版、30 日津版转载），痛陈华侨的悲惨境遇，痛斥印尼当局的丑恶嘴脸及险恶用心，并"于此要求文明的荷兰，禁止野蛮的暴行，要求送还货物，赔偿损失，及正式道歉。否则我们将响应侨胞，号召全国，抵制荷货"。又"于此提出紧急呼吁，请求盟军当局制止印度尼西亚军队的暴行，切实保护华侨"，并"要求立即行动"。最后泣告荷印侨胞：

　　侨胞们！我们为你们的悲遇，已震动了国内同胞的整个心灵，时刻在增长着不安。我们在紧急呐喊，督促政府赶快采取行动，做你们

---

① 《保护东印华侨！》，《大公报·沪版》1946 年 6 月 14 日第 2 版。

的后援！①

相较于暹罗与印尼，中国与菲律宾之间的关系则相对较为缓和。菲律宾在战前是美国的殖民地，太平洋战争爆发后被日本占领，日本在菲扶植了傀儡政权——菲律宾第二共和国，但菲律宾国内抵抗势力一直在坚持抗日斗争。第二次世界大战结束后，菲律宾重新成为美国殖民地，1946年年初，美国同意菲律宾独立；5月底，菲律宾总统罗哈斯就职，并确定将于7月4日举行独立庆典，并邀请蒋出席。6月12日，《大公报》沪版发表社评《菲律宾的展望》（15日渝版、17日津版转载），称："我们以为中菲间的关系，较确切的来比方，实在是相亲相爱的弟兄。在今天，这位饱经忧患的老大哥，眼看着一位从战斗中起来的幼弟，就要成年授室，他怎能不喜溢眉宇呢？"文章又回顾了菲律宾人民争取民族独立的历史以及当前菲律宾国内复杂的政治局势，并对菲律宾提出希望：

> 我们恳挚的希望菲岛秩序的安定，以免我万千侨胞的生命与财产受到了无辜的殃及。我们更愿把菲律宾看作中美关系的桥梁，使这三个民主国家的亲交更可持久。在太平洋的远景中，我们憧憬着一幅自由与民主的美丽图画，而以中菲两国为其最先的基础。不过当前的局势真是艰难极了，黑暗极了。为了趋向光明，我们希望中菲的人民能够一齐努力！②

7月4日，正值菲律宾独立庆典日，又逢战后美国第一个国庆日，沪版发表社评《菲列宾独立庆典》③（9日渝版转载），盛赞菲律宾的独立，标志着"自由平等和民主的大纛，今天从新大陆移植到菲列宾，象征着太平洋时代的开始"。文章热情赞颂美国允许菲律宾和平独立的动机，足以使"从今不应再有人指斥'山姆大叔'是帝国主义者，也没人会怀疑他包藏着扩张的野心"。并且歌颂"这是自由主义的伟大，这也是民主制

---

①　《为荷印侨胞紧急呼吁》，《大公报·沪版》1946年9月24日第2版。

②　《菲律宾的展望》，《大公报·沪版》1946年6月12日第2版。

③　当时对于菲国国名译后并不统一，《大公报》亦如是，"菲律宾"与"菲列宾"混用，为尊重原文计，凡引文均从原文。

度的伟大"。文章更分析了独立后的菲律宾所面对的国际国内的挑战以及中非关系中存在的种种合作的可能，并借菲律宾以推中国，指出："一个国家的稳定建立，并不从一个政府的形式产生开始。……惟有一个人民能团结一致的国家，方才能够安定与兴盛，这一点是我们愿与我们新建立的友邦所共勉的。"①

　　这篇社评，代表了《大公报》对战后东南亚民族独立运动的态度——支持民族独立，呼吁和平解决，赞美政治民主。这种态度，不独对当时对华侨态度较为友善的菲律宾为然，对于其他国家也一概如此。1947 年 3 月，曾因排华活动多次被该报谴责的印尼（荷属东印度，当时该报或称为"荷印"）政府与荷兰殖民者在巴达维亚签订协议，荷兰承认印尼政府在爪哇马都拉岛及苏门答腊岛事实上的政权，并承诺荷军占领区至迟在 1949 年 1 月 1 日前将逐渐并入印尼国境。28 日，沪版发表社评《印尼新国的诞生》（29 日渝版、31 日津版转载），盛赞这一事件"在远东民族奋斗史上展开辉煌的一页，对于尚未获得独立自主的其他民族，更有良好的启示与影响"。并且认为："民族平等与政治民主是世界政治中两股巨潮，潮流所趋，尽管会遭遇礁石的阻激与逆流的过荡，经过波波折折，终不致因而止息。……任何国家的统治者都不能忽视这股潮流，顺之则和平安定，有合作进步的希望；逆之则纠缠不清，必至焦头烂额而后已。……这是时代潮流的顺向，而英荷政治家之当机立断，洞察时机，尤表现出无比的睿智。"又寄望印尼当局："负起责任，使有关各方均尽力保证华侨的安全，增进他们的福利。同时散在印度尼西亚的几百万侨胞，也必须力求自身的进步，配合当地人民的努力，以期对新印度尼西亚共和国作更大的贡献，促进其繁荣，加强彼此间的友谊与合作。"② 同年 12 月，英国议会宣布批准缅甸独立法案，沪版亦于 13 日发表社评《祝缅甸共和国诞生》（16 日渝版转载），对新独立的缅甸致以热情的祝福："祝它健强万长，一帆风顺，避开一般新旧交替间的暗礁。"文章在回顾了缅甸争取民族独立斗争的历史后，称赞"工党政府之毅然还给缅人自由，其气魄雄大可敬，其政治机智也虽能可贵"。又"虔诚盼望缅甸弟兄们在狂喜政体变换之余，要牢记六十年来辛苦奋斗的经过，不忘政纲，不忘理想，脚踏实地

---

　　① 《菲列宾独立庆典》，《大公报·沪版》1946 年 7 月 4 日第 2 版。
　　② 《印尼新国的诞生》，《大公报·沪版》1947 年 3 月 28 日第 2 版。

往民主方向迈进！"①

　　虽然《大公报》对东南亚国家民族独立运动抱有同情和赞赏的态度，但对于这些国家的排华运动以及华侨的悲惨生活，该报也是无时或忘，并一再谴责政府之外交不作为。1947 年 2 月 4 日，沪版发表社评《为千万华侨呼吁》（7 日渝版、9 日津版转载），哀叹中国"八年抗战积储起来的胜利与国际地位，已为内战的豪赌输光"。而华侨则"等于无祖国，是孤儿，像弃儿"；他们的"生命财产毫无保障。危险，耻辱，痛苦，无依的绝望，更甚于战前"。文章历数暹罗、荷印、马来、越南、菲律宾等地蜂起的排华行动，质问政府："南洋近千万华侨，现正遭遇着总攻击，孤军绝域，可能被各个歼灭。这一严重的事实，不知道政府看到了没有？那一片哀切呼救碎心断肠的声音，不知道政府听见了没有？假定看见与听见了，不知道政府有无对策？有无伸援的心思？"又斥责当局："老是商议救侨办法，准备抗议，永远是石沉大海的抗议，可以免了。老是把党争做侨运的骨骼，到处出丑。那一套思想统制，特务作风，只问是否党派爪牙，不问为国之奸忠，可以罢休了。"文末更大声疾呼：

　　　　我们为千万侨胞呼吁，要求政府对南洋及护侨拿出政策来！时机迫切，官样文章，无济于事，要拿出有力有效的政策来！②

　　如果说此时《大公报》对依靠国民政府解决东南亚各国排华问题还存有一线希望的话，那么随着局势的发展，这种希望也在逐渐破灭。1948 年 4 月 16 日，津版发表社评《看南洋，念侨胞》（30 日渝版转载），同样是对暹、缅、越、印、马、新、菲等国排华活动一一历数，却已经没有了一年多以前那种怒斥当局的口气，转而希望各国"放大眼光，发扬理智，认识华侨的贡献，永远携手合作"；并劝"华侨本身也要知己知彼，看清环境，追随时代，以新的观念，作新的努力，不可故步自封，而存任何侥幸或依赖的心理"。对于政府方面，仅仅提醒其"护侨是不可推卸的责任，对于海外侨胞的生活，自应痛痒相关，保障侨民利益，不容遗力"。

---

　　① 《祝缅甸共和国诞生》，《大公报·沪版》1947 年 12 月 13 日第 2 版。
　　② 《为千万华侨呼吁》，《大公报·沪版》1947 年 2 月 4 日第 2 版。

并建议其"对于华侨的国籍问题，应作一番高瞻远瞩的考虑①"而已。一年前的疾言厉色、金刚怒目，至此已近乎荡然无存。这从一个侧面表现出了该报对当局已逐渐彻底失望——虽屡屡呼吁，但均石沉大海，再看国内物价腾贵直至匪夷所思，内战战场"国军"节节失利，特务政治、暗杀破坏、钳制舆论、压制民主则干得不亦乐乎——这样的政府，又怎么能指望它能够奋起建设，以一个强大的国家为华侨之后盾，进而解决华侨问题呢？

总之，通过对《大公报》自1945年8月至1948年间言论的梳理，我们不难发现，该报在内政外交的几乎所有重大问题上，都表现出与政府的分歧——《大公报》呼吁和平，政府却要内战；《大公报》要求惩治腐败，政府却难以处理官僚裙带；《大公报》呼吁严惩汉奸，政府却总有许多顾忌；《大公报》要求稳定金融与物价，政府却要靠滥发纸币来维持内战；《大公报》要求提高公教人员待遇、党派退出学校并保证青年出路，政府却要强化统一思想加强党化教育；《大公报》要求新闻自由，政府却以"戡乱"为名一直严控舆论；《大公报》呼吁在美苏之间"中道而行"，政府却要唯美国马首是瞻；《大公报》要求严管日本，政府却只能坐视日本保守势力上台、工业迅速恢复；《大公报》要求保障华侨利益并在必要时主动护侨，政府却只能提供几声软弱的抗议。总之，在这两年多的时间里，《大公报》虽然仍然保持了一种支持政府的基本态势，但其与政府之间在几乎所有问题上都存在分歧，而这种分歧随着国内国际局势的变化愈加严重，从而造成了双方间裂痕愈拉愈大，直至不可调和。笔者以为，这乃是该报最终与政府决裂的最主要原因。

第三节　呼吁民主，中道而行——
《大公报》的政治态度

如前所述，虽然《大公报》在这段时间里与政府的矛盾逐渐明朗，但这并不意味着二者的决裂，更加不意味着该报就此投身中共阵营。综观这一时期《大公报》的言论，笔者以为，在1947—1948年间，该报所秉持的政治态度乃是要在国内调和国、共，在国际调和美、苏，既不

---

① 《看南洋，念侨胞》，《大公报·津版》1948年4月16日第2版。

"左"，又不"右"，"天下大势，中道而行"，通过这种调和政策，在中国建立真正的宪政民主制度，实现自由、平等、民主，从而达到孙中山所理想的三民主义的社会，这也就是通常所说的"第三条道路"或"中间道路"。

虽然《大公报》通常被认为是"第三条道路"的主要舆论阵地之一，但该报在这一问题上的态度经历了一个变化的过程。具体来说，在战后初期，该报坚决支持在国民党领导下的宪政政治体制，要求各党各派放弃武装，同时要求国民党开放政权，组成欧美式的代议制政府；但内战爆发及国民党口心不一的现实使得他们的这一理想破灭，所以该报开始倾向于中间道路，从言论上来看，1946年10月1日发表《世界需要中道而行》代表该报在国际问题上提出"中间道路"的观点；而在国内问题上，该报则坚持呼吁停止内战，但同时又关注国统区的内政建设，即国民大会及制宪问题，并屡屡就民主、自由等概念发论，这时该报虽仍坚持支持蒋政府的态度，但其角色已由之前的"谏臣"转变为"诤友"，这以该报1946年11月4日发表《做一个现实的梦》为标志，且该报此时对蒋政府压制自由破坏民主的恶行也屡有批评；以1948年1月8日发表《自由主义者的信念》为标志，《大公报》正式提出了自己系统的政治观，这标志着该报完全倒向"第三条道路"。兹依照这一顺序，对《大公报》自战后至1948年的言论变化梳理如下。

一 战后初期：支持在国民党领导下的宪政政治

抗战结束，国共两极决斗迅即登场。从抗战胜利到全面内战爆发这段时间里，《大公报》的政治态度基本可以用"拥蒋、反共、要民主、反内战"来概括，同时该报对国家政治制度的设计，也在这一时期初步形成，关于该报对国共双方的态度问题，前文已有详述，本部分主要探讨该报对国家政治制度的设计。

"双十协定"签订后，国府本计划于1945年11月1日召开政治协商会议，并于其后召开国民大会，启动制宪、普选等程序，但由于国共双方争执不下，直至原定召开政协会议之时，中共尚未提出代表名单，《大公报》渝版于11月2日发表社评《中国政治之路》（6日沪版转载），呼吁"政治解决，和平解决"，并且认为"在今天的中国，无论什么人，都应该向民主方面想，而不必叮叮当当于枪杆与地盘的问题"。并代蒋、毛二人谋划云：

为讨论便利并较易了解起见，记者谨作一个极其冒昧的譬喻。假如我是蒋主席，我是中国第一大党中国国民党的总裁，我是中华民国国民政府的主席，我领导国家抗战，得到最后胜利。在今天举国为胜利欢欣之时，我决心把国家引导上民主宪政之路。我立刻宣布国民党不再专政，我决定使国民政府结束训政，还政于民。我邀请一个全国性的会议（如同拟议中的政治协商会议），协商国事。我决定召开国民大会，选举政府，制颁宪法。我不考虑个人是否能继续执政，我也不计算国民党是否能得到多数，我不坚持国民大会的旧代表必然有效，我总不使关系国家民主前途的国民大会留有可以使人议论之处，我愿意重选国民大会代表，以问经过八年大战以后的全国民意。我愿意重订国民大会的组织法，充实国民大会的职权，务使国民大会成为一个名符其实能够充分行使民权的国会。我愿意把五五宪草彻底修改，务使中华民国的宪法是一部崭新的民主宪法。我主张军队国家化，民选政府产生，即改组全国军队，不使留有任何党的形式及在何党的痕迹。我极钦佩华盛顿，华盛顿领导美国的独立的战争，手创北美合众国，胜利之后，绝对是国家的领袖，他召集了一个完全民选的国会，制定了一部完全属于人民的民主宪法。（读美国的宪法，几乎没有一条不是人民限制政府的，其中绝没有一条是华盛顿为他的党或他个人地位打算的。）他当选大总统，连任一次之后，即宣布不再连任，创立了一个优美的民主传统。我今天既已领导国家抗战胜利，更决心促成国家政治民主。以上几点，我都不计个人权位，不计党的得失，一切问民意，一切遵民主。这一切都确定了，都明朗了。但在民选政府产生之前，我是国家的元首，我对政治隆污国家安危负有重责。我必用人唯贤，我必痛关民生疾苦，务使政治清明有效。同时，我坚持国家统一，坚持国家法纪，凡有形同割据障碍国家统一以至破坏地方秩序的现象，我都不忍见其存在。

为讨论便利并较易了解起见，记者谨再作一个极其冒昧的譬喻。假如我是毛先生，我是中国第二大党中国共产党的领袖，我会领导我的同志参加国家的抗战，建有功勋。我有群众，我有主张，我对当前的国事有发言权。我虽然是中国共产党的领袖，我经过研究，确知中国尚不能实行共产主义，也不能组织共产社会。我早经告诉国人，中国的革命还是国民革命，应该实行三民主义。我绝没有打碎国家的形式而组织一种类似苏维埃政权的野心。今天国家抗战胜利了，我为国家为人民争民主，务使国家走上民主的大路。在民主的原则上，我一切争，一切不让。我要求国民党结束训政，但并不必由共产党专政。我要求重选国民大会代表，我将号召我的同志及人民，与国民党及其他党派公开竞选，以问全国的民意。我主张修改国民大会组织法，充实国民大会的职权，务使国民大会成为一个能够充分使民权的国会。我主张彻底修改五五宪草，务使中华民国的宪法成为一部属于人民的民主宪法。我争党的地位公开，我争各种基本的人权自由。这一切，都是民主的原则，我都必争，我都不让。这一切得到保证，我即宣布取消边区政府，我即宣布改组我党的军队，使之一律国家化。①

这篇文章，可以说是《大公报》在战后初期对政治制度问题的一次纲领性表态，从中我们不难看出该报此时的态度：（1）对国民党：拥护中央统治，要求开放政权，反对一党专政；（2）对共产党：反对武装割据，反对共产主义，呼吁和平竞选；（3）对中国政治之路：赞美美式民主，要求民选政府，政党退出军队。一言以蔽之，此时《大公报》对中国时局的态度是：政治民主化、军队国家化，而这也恰恰是国、共双方争论的中心问题，从这一点上来说，该报倒确实是抓住了当时中国政治问题的症结所在。对于这两"化"孰先孰后这一问题，仅就这篇社评来看，《大公报》的态度似乎应当是：先政治民主化，再军队国家化，但政治民主化有一前提，即中共不能有"打碎国家的形式而组织一种类似苏维埃政权的野心"，而中央则不能允许任何"形同割据障碍国家统一以至破坏地方秩序的现象"存在。易言之，在当时的《大公报》看来，应当在中共停止武装斗争的基础上由国民党开放政权，在完成政协、修宪、国大、选举等一系列工作，建立全国性的民选政府（这个政府当然包括中共占领的解放区）之后，再整编全国军队，国、共两党退出军队，实现军队国家化。

在这种态度的指导下，《大公报》对于政协会议给予了极大的期望。

① 《中国政治之路》，《大公报·渝版》1945年11月2日第2版。

1946 年 1 月 10—31 日，政协会议在重庆举行，《大公报》在会议期间发表多篇社评予以评论。开幕当天、渝、沪、津版联合发表《勉政治协商会议》，分析国内国际大势，并提出两点原则："第一，我们之所谓解决问题，不是苟且弥缝，非一时停战，乃永久弭战。……军队国家化，政治民主化，尤其非做到不可。""第二，我们特别警告政治协商会议的各位代表，无论你代表的是哪党哪派，都必须一切以国家为重，不得执拗于各自党派的利益。"① 19 日渝版再发表《进行中的政治协商会议》（24 日津版转载），就政协会上各方代表议论提出两点意见："第一，第这个会议……是要在协商中求得妥协，而不是在斗争上分胜败"；"第二，既是政治协商……虽不可能事事求得其折衷，但为求得解决，任何方面都应体会有取必有予的原则"。② 21 日，渝版发表《纲领·政府·国大·宪草》（24 日沪版、28 日津版转载），就施政纲领、改组政府、国民大会、宪法草案四个政协议题提出操作性建议：（1）"施政纲领应该愈简明愈好"。（2）改组政府的三点意见："第一，前提应该是在蒋主席的领导之下改组国民政府，不是就现状请党外一部分人士参加国民政府。第二，改组后的国民政府应该是政治最高指导机关，而不另受党的控制。……第三，改组后的国民政府，国府会议应定例常开，至少每月举行一次，揽用钱用人之权。"（3）首次国大应"为单纯制宪会议"且"代表应该重选"。（4）"五五宪草缺点太多，只可作为参考，不可用为蓝本。需要多多听取人民的意见，需要专家们从头研究。"③ 2 月 1 日，渝版又发表《政治协商会议的成就》（2 日沪版、3 日津版转载），认为"这个会确实未曾失败，而且成功了"。并特别"向国民党道贺"，认为它"现在卸了一肩，减轻了责任，别的党派相对的分了责任。以后国事若搞不好，国人就不能专责国民党了"。并且勉励"由今天起，各党派都要痛感责任，忠实于其本身的任务"。④ 纵观这些社评，该报对政协会议的乐观情绪，对未来中国社会民主政治的热切期待，可谓跃然纸上。

3 月 1—17 日，国民党举行六届二中全会，这次会议"是在政协会议

---

① 《勉政治协商会议》，《大公报·渝版》1946 年 1 月 10 日第 2 版。
② 《进行中的政治协商会议》，《大公报·渝版》1946 年 1 月 19 日第 2 版。
③ 《纲领·政府·国大·宪草》，《大公报·渝版》1946 年 1 月 21 日第 2 版。
④ 《政治协商会议的成就》，《大公报·渝版》1946 年 2 月 1 日第 2 版。

通过改组政府的决议之后，在训政体制行将瓦解的政治背景下，在反苏游行的社会背景下召开的。大权即将旁落的危机感，东北受阻的愤耻感，使国民党内的情绪普遍地激动起来"。在这种情绪的作用下，"被中共列为合作对象的人士和政学系，在二中全会上几乎遭到全面打击，地位受到严重削弱"；而在周恩来看来，"二中全会对政协决议，一方面赞成……另一方面却又通过许多决议，企图推翻政协决议"①。这次会议标志着国、共谈判的基础削弱，从而也为后来的政协决议流产、两党冲突扩大直至全面内战爆发埋下了伏笔。《大公报》虽然不能全面了解此会真相，但仍颇为敏感地意识到风向的变化。18日，渝版发表社评《对二中全会的观感》（19日津版、沪版转载），以"和平、安定、民主、进步"的标准衡量二中全会，认为"大致方向不差，而其精细与强度似乎稍嫌不足"。文章认为此会"发言自由，不必客气，这是民主的作风，但若这种气氛太浓厚了，只见表现情绪，少见深入议题，则感情与理智使难于保持平衡"。文章对"二中全会对政协会议的协义有异议"表示了一定的担心，提醒就宪草问题，"希望各党派就学理与国情再作协商，莫为将来的国民大会留下祸根"。但又保持了一定的乐观："我们需要和平、安定、民主、进步。我们虔诚祝祷一切为此努力，一致向此前进。"②

　　不幸的是，《大公报》的担心，终于还是变成了现实。根据政协协议，将于5月5日在南京召开制宪国大，但由于各方就代表名额及宪草等问题争执不下，所以中共及民盟迟迟没有提出代表名单。4月23日，沪版发表社评《国民大会可以缓开》，对局势进行分析，认为如果政府仍然坚持按期开会，那么就会要么"成了流会"，要么就会使制成的宪法"不足为举国共认的大法"，并特别强调国大"不可在内战恐怖之下举行"，由是呼吁"国民大会和暂缓举行"③。24日，国府宣布国大延期。25日沪版发表《国大宣告延期之后》（27日津版、渝版转载），认为此举"可以看出政府确有力图打开政治僵局的决心"，并使人"不禁油然兴起一股强烈的希望"。文章指出中国"更应该坚决的走向和平民主之路"，并表示坚决反对内战，认为"假使今天国事必要武力解决，无论是政府打胜了，

①　邓野：《国民党六届二中全会研究》，《历史研究》2000年第1期。
②　《对二中全会的观感》，《大公报·渝版》1946年3月18日第2版。
③　《国民大会可以缓开》，《大公报·沪版》1946年4月23日第2版。

或是共产党打胜了，其结论是一样的，就是国家与人民失败了"。并呼吁："国民大会宣告延期了，我们更应该坚决的走向和平协商之路。怎样协商？停战令，政治协商，整军方案，都是现成的道路。在这条道路上，国家就可能达到安定与民主之境。"①

　　尽管《大公报》一再呼吁，内战终于还是不可遏制，而随着内战的爆发，国民党当局对社会的控制也越发严酷，这引起了《大公报》的极大不满。5月2日，沪版发表社评《政治·党派·人物》（6日津版、7日渝版转载），声明："我们对于整个国家的局势并不悲观。但对于我国政治的作风，党派的姿态，与人物的风格，却都使我们对于国家的前途怀着绝大的隐忧。"就政治作风而言："我们现在作政争的人们，却都抱着甚深的入主出奴之见，而缺乏廓然大公的心。所争的大都是私利，而不是国家人民的公益。因为蔽于偏私，所以总是抹煞对方，没有尊重敌方的运动家精神。"就党派姿态而言："我们的党，大都是将自党的利益放在国家的利益之上。于是所争的，也便是在彼而不在此。党与党之间，都具有强烈的排他性与固执的自私性。看见他党都无有是处，而自己则无处不是。这种护短门户的积习，便为我国种下了无穷的祸根，更为政治的协调上增加无数的困难。"就政治人物而言："我们的政治人物的陶成，多年以来都是先讲关系，次讲才力，再次才说到技术学问。至于品格道德的标准，则早在被摈除之列。这恰恰是一个反淘汰：为幸进的人开路，使自好之士闭塞。"所以"归结来说，我们的政治党派与人物，都不免呈现着非常强烈的变态"。② 13日社评《莫忘记了人民！》则更直斥："今天的风云人物，尽管把人民挂在嘴边，而他们的所作所为，却何曾把人民摆在心上？脑筋里又何曾真真想到人民？"并质问："人民本是热情爱国的，为什么又弄打手丢砖弄瓦以寒人民之心？南北各大城市，常在抄靶子，查户口，现在又要实行什么'警管制'，以备随时侵入民居。把人民都看做匪徒宵小，那于政府又有什么光荣？"并引"水能载舟，亦能覆舟"的古训，警告"广大的人民力量，是会埋葬一切反民主反人民的恶势力的。因为所谓有权有力者，他们的权或力实无一不是得诸人民。人民觉醒了，他们就

① 《国大宣告延期之后》，《大公报·沪版》1946年4月27日第2版。
② 《政治·党派·人物》，《大公报·沪版》1946年5月2日第2版。

不肯再受欺骗或劫持了"。① 这两篇社评，标志着《大公报》开始由原来单纯地拥蒋反共转向同时批判国、共双方，同时也表明该报此时对国民政府的不满情绪逐渐加剧。

7月11日晚，李公朴在昆明被国民党特务暗杀；15日，闻一多在李公朴追悼会上拍案而起，慷慨激昂地发表了《最后一次演讲》，在散会回家途中，又遭国民党特务暗杀。李、闻这两桩血案，极大地震动了《大公报》。18日，渝版发表《李公朴闻一多案感言》（19日津版转载），直言"此两人而遭此祸，给人一个直感，恐怕是政治的罪恶"。并直斥："身处暗陬，背后打人，使被打者无躲避或抵抗的余地，那是最卑怯可耻的行为。"又称赞："李公朴闻一多都是无拳无勇的文人，假如说两个人本如鸿毛之轻，而遭如此凶死，其意义却有如泰山之重。"② 8月26日，闻案在昆明宣判，津版于次日发表《闻一多案的判决》，认为闻"在李公朴追悼会上，'拍桌蹬脚'，发牢骚，骂政府，这并不是什么不得了的事"；而"李汤都是现役军人，手持武器，一'气愤'就可以杀人，多么危险！中国人这样没有听话的雅量，中国社会也就根本无言论的自由了。无言论自由，也就无民主了。在中国社会，像李文山汤时亮这种人，恐怕很多。这是中国政治真正危险及可悲之处，我们实在不能原谅这个杀人的动机"。文章虽然认为政府的处置尚属"允当"，但又质疑顾祝同谈话，认为顾之言论"好像是对批评政府的人提出警告，对汤李二凶手则寄与同情，我们实在不同意这种态度"。文末呼吁：

> 我们以为不幸的闻案，其判决，应该作为言论自由的教育，应该在政治上扩大有听敌对言论的雅量；如产生相反的效果，对汤李两个人处以极刑，不过执行杀人偿命的法律而已，那就无甚意义了。③

"李闻血案"在中国近代史上是一件具有分水岭意义的大事，经过这一事件，许多原来仍对蒋政府抱有幻想的自由派知识分子开始对其彻底失望。从《大公报》的言论来看，该报虽然对此案也表示了相当的关注，

---

① 《莫忘记了人民！》，《大公报·沪版》1946年5月13日第2版。
② 《李公朴闻一多案感言》，《大公报·渝版》1946年7月18日第2版。
③ 《闻一多案的判决》，《大公报·津版》1946年8月27日第2版。

对当局的处理方法也表示了不满，但其关注的中心却仍然是希望当局表现对异议的雅量，以咨诹善道、察纳雅言，其立论的中心，仍然是从维护蒋政府统治出发，可见此案对该报虽有冲击，但并没有使其放弃支持中央的一贯态度。

二　《大公报》转向"中间道路"

虽然《大公报》并未根本改变态度，但接二连三的打击，仍然使得该报逐渐意识到依靠蒋政府实现其政治理想乃是不可能的事情，所以该报开始寻求新的途径。10月1日，沪版发表社评《世界需要中道而行》，此文虽然是表述对冷战格局下的世界局势的态度，但笔者以为，这篇社评也同时表明了该报对国内问题态度的转向。一个突出的证明是：自此开始，该报社评中开始频繁出现"第三方面人士"，同时对这一群体的地位与作用的评价也逐渐提高。10月11日，傅作义部攻克张家口，同时国府下达了国大召集令，试图借军事胜利解决政治僵局，以民盟为代表的中间势力人士认为此举不妥，并积极在双方之间奔走调解。18日，沪版发表社评《时局关键千钧一发》（19日渝版、津版转载），称赞："这几天，第三方面人士的努力，太可感了。大局能否旋转，就看第三方面的努力能否有效为定了。"并寄望他们："依照人民的意思，本着国家的利益，努力斡旋，务使当前的危局转为祥和。挽国运，救民命，就系于这几天的不破裂，而和平！"① 21日，中共代表周恩来在中间人士陪同下飞宁，国共谈判重开。22日，沪、津两版同时发表《周恩来返南京》（23日渝版转载），称赞"政府与中共彼此的条件距离是很远的，第三方面一群人，无拳无勇，赤心热肠，有见有识，却是代表了人民的希望与意见"。并认为："第三方面人士能够始终坚定勇敢的站在人民意见的方面，对于国事前途一定会发生重大而良好的影响。"② 25日，沪版发表《南京和谈消息如何？》（26日渝版、津版转载），对南京谈判的纠缠表示不满，并质问国共双方："政府不相信中共，中共也不相信政府，难道今天对无拳无勇的第三方面也怀疑了吗？"并热情勉励："在南京和谈的关头，第三方面参与着和谈成败国运兴废的关键，要有'代表人民，舍我其谁'的气概，忠实的代表人

---

① 《时局关键千钧一发》，《大公报·沪版》1946年10月18日第2版。

② 《周恩来返南京》，《大公报·沪版》1946年10月22日第2版。

民，英勇的争取和平，必要做到立即停战，实行政协的决议！人民在做你们的后盾，其勿馁！"①

　　这几篇社评的发表，意味着《大公报》开始重视"第三方人士"的力量，开始把他们当成一股可以与国共双方平行对等的政治力量，并且在很大程度上将解开内战局面死结的希望寄托在他们身上，笔者以为，这标志着该报开始逐渐转变之前一概依靠中央的态度。在"第三方人士"的奔走协调下，国府于11月8日晚下达命令要求关内外一律停战，并同时声明国大不再延期，决于12日召开，中共及民盟等党派均对此表示强烈不满，经再度斡旋，国府最终于11日宣布国大再延期三天，至15日召开。12日，渝版发表社评《国大召开延期》，称赞"蒋主席的容忍大度，第三方面的为国操劳，都是值得异常钦佩的"。又感叹国共双方"过去恩怨重重，现在疑惧交深，这是商谈复商谈长久得不到圆满结果的症结，第三方面又都是热心有余而力量不足的，纵然尽力苦劝，终于不容易得着预期的效果"。但又"愿对第三方面寄予殷望，最近二十天来的努力辛劳，人所共仰，国大的延期三天，也是第三方面恳切呼吁所得来；人民感谢在心里，还要请求于口头……相信第三方面的再接再厉，婆口苦心，一定能消除双方成见与意气，使国家实现和平局面。"② 同日，沪、津两版亦同时发表社评《国民大会延期三天》，认为此次国大延期"是第三方面奔走努力的结果"；但同时又认为："过去一个月第三方面的奔走调停，实际评价，实在无所成就。现在国大展期三天，还不能算是成就。必须在这三天内真能获得解决时局的办法，才算有成就。"并勉励："这三天，极可贵，也极不可靠，第三方面还要做更大的努力，以争取大局的转圜。"③

　　虽然《大公报》对"第三方人士"寄予厚望，虽然"第三方人士"也不辞奔劳，但他们仍旧没能真正左右大局，国民党一党主导的"国民大会"还是于15日召开，"国大"通过的宪草修正案也还是以"五五宪草"为蓝本。所有这些，都证明了政府的一意孤行，也使得《大公报》对政府更加失望。在这种情况下，该报开始由身处国、共、"第三方"之间的身份转而完全倒向"第三方"，并且开始提出自己系统的政治理念。

　　① 《南京和谈消息如何？》，《大公报·沪版》1946年10月25日第2版。

　　② 《国大召开延期》，《大公报·渝版》1946年11月12日第2版。

　　③ 《国民大会延期三天》，《大公报·沪版》1946年11月12日第2版。

三　《自由主义者的信念》与《政党·和平·填土工作》

1947 年是动荡的一年：这一年以各地学生游行抗议"沈崇事件"开始；继之以马歇尔归国宣布调停失败，内战全面爆发；国民政府在战场上节节失利，国统区滥发纸币，通货膨胀；7 月 4 日，第六次国务会议通过了蒋提出的《戡乱动员案》，宣布为"戡平共匪叛乱"实行全国总动员，国民政府的独裁统治达到顶点；战场失利、通货膨胀及压制民主三管齐下，使得国统区民主运动此起彼伏；11 月 6 日，民盟宣布解散，"第三方人士"遭到重大打击；12 月 25 日，由国民党一党主导的"国大"制定的"中华民国宪法"正式开始实施，国民政府宣布进入"宪政"阶段。在这一年里，《大公报》除了在一系列问题上批评当局之外，还经常就一些民主政治的概念性问题申论，如《多表现些民主作风》（4 月 29 日津版社评）、《泛论民主与自由》（6 月 13 日沪版、16 日渝版津版社评）、《怀四大自由》（10 月 31 日沪版、11 月 1 日渝版、3 日津版社评）等，其总体态度虽仍然是支持政府，但批评的语气已愈加强烈。民盟的解散给了该报一个重大的打击，自此该报基本放弃了通过"中间人士"调停国共冲突的希望，转而公开提出自己的政治理念。1948 年 1 月 8 日，沪版发表著名社评《自由主义者的信念》（10 日津版转载），将自己界定为"白不够白，红不够红，对两个极端都不热中，而暗里依然默祷着红白迟早合拢"；"主张不趋极端"，"既没有口号标语吸引群众，连其本身也没有组织"且"本质上不崇信武力，挨起打来连手都不会搏"的"灰色人物"，并声明这批人物与"妥协骑墙者"有着本质的不同，同时公开声明自己的五项基本信念："（一）政治自由与经济平等并重的"；"（二）相信理性与公平，也即是反对意气、霸气与武器"；"（三）我们以大多数的幸福为前提"；"（四）赞成民主的多党竞争制，也即是反对任何一党专政"；"（五）我们认为任何革命必须与改造并驾齐驱；否则一定无济于事。"①

这篇社评，是《大公报》首次公开提出自己系统的政治理念，也标志着该报完全转向"中间道路"，并且已经将其看作可以与国、共双方并立的一股政治势力。这是该报历史上一次重要的转变，这标志着《大公报》虽然尚未与蒋政府彻底决裂，但业已对其基本失望。这篇社评发表

---

① 《自由主义者的信念》，《大公报·沪版》1948 年 1 月 8 日第 2 版。

后引起了巨大的社会反响。2月7日，沪版再发表长篇社评《政党·和平·填土工作》（9日津版转载）再度申论。此文首先提出所谓"凑成一党"论乃是"没有比这个距我们理想更远，或比我们原有抱负更渺小的了"。又强调自由主义"没有固定的书本"，其训练"须由摇篮以至幼儿园开始。这训练不假借黑板粉笔或风雨操场，而是散播在大气中，沁入心脾"。自由主义者是"为无党无派的代名词"，"是在建设心情下所有善良人的主张"。并声明："我们不但否认中国已进入政党政治阶段，甚而对西人骂我们尚不够'现代国家'条件也有同感。"又再度表明反对一党专制的立场："在腐败然而有限期的政府与健全而无限期的政府之间，我们是愿选前者的。"并最终再度强调自己"论政而不从政"的基本立场，表示"大公报有自由主义的传统作风，大公报同人信奉自由主义，我们无大野心，却有极大热情，愿为国家建设做些填土的工作。"①

前述两篇社评，乃是《大公报》史上两篇具有里程碑意义的文献，就在《自由主义者的信念》发表后几天，胡政之面见司徒雷登，试图借美国的力量促蒋下野，该报与蒋政府正式决裂的过程，也由此开始。

第四节　逝将去汝，何处乐土？——《大公报》与蒋政府的决裂

一　"请蒋主席下野"事件与蒋胡决裂

（一）1947年中期以后国统区民主党派的反蒋运动

随着战局逐渐向不利的局面发展，国民政府的独裁统治也愈加强烈，1947年10月27日，国民政府内政部指控中国民主同盟"勾结共匪，参加叛乱"，宣布其为"非法组织"，11月6日，在政府的压力下，中国民主同盟主席张澜被迫签署了民盟解散的公告，宣告这一当时中国的第三大政党"自即日起一律停止政治活动，本盟总部同人即日起总辞职，总部亦即日解散"。② 民盟的被迫解散，乃是中国近代政治史上的一件大事，正如周恩来所指出的那样，这一事件标志着"全国性的第三大党运动已

---

① 《政党·和平·填土工作》，《大公报·沪版》1948年2月7日第2版。

② 中国民主同盟中央文史资料委员会编：《中国民主同盟历史文献（1941—1949）》，文史资料出版社1983年版，第356页。

经失败，第三条道路的想法已经破产"。①

民盟虽然解散了，但民主党派和各界人士争取和平民主的斗争并未就此停止。残酷的现实使他们越发认识到专制独裁的蒋介石政府乃是阻碍中国走向民主共和的最大障碍，所以 1947 年中期之后，他们越来越明确地将斗争的矛头指向蒋本人，试图通过种种方式使蒋"下野"，继而推动国、共谈判，实现国内和平。1948 年 1 月 1 日，中国国民党革命委员会在香港宣布成立，在成立大会上通过的《中国国民党革命委员会行动纲领》中明确指出："本会当前之革命任务为推翻蒋介石卖国独裁政权，实现中国之独立、民主与和平。"② 同年 1 月 5 日，民盟第一届中央委员会第三次会议也在香港召开，在会上发表的《紧急声明》中，也称南京政府为"反动独裁政府"，并对去年 11 月发表的所谓"解散声明"表示"不能接受"。③ 可见在国统区内，反对蒋介石独裁统治的呼声已经渐成潮流。

（二）胡政之"请蒋主席下野"事件及蒋的评价

在这种情况之下，一向"无党无派"的胡政之也加入了反蒋的队伍。1948 年 1 月 13 日，胡面见美国驻华大使司徒雷登，欲借美国的力量促蒋下野，会见经过由毛人凤于次日函呈蒋介石，文云：

> 本（十四）日下午八时据傅泾波面告郑次长介民称："昨（十三）晨胡霖用电话请求司徒大使定时晤谈，司徒大使即邀胡至美大使官舍午餐，在座除司徒及胡外仅傅一人。胡告司徒大使称：'本人代表上海六十余人（大部份在教育文化界服务，并有银行界及商界人士）建议：值兹全盘混乱，局势动荡之时，同人等不愿共产党成功，但因目睹政府环境恶劣，拟请蒋主席下野，以六个月为期，在此期间政府由张岳军负责支撑，未识大使意见如何'等语。司徒大使答称：'此事须本人请示美国政府，并请将此项意见用书面写出，俾作根据。至本人私人意见，蒋主席断不能下野，下野则全国必混乱不

---

① 周恩来：《关于当前民主党派工作的意见》，载《周恩来选集·上卷》，人民出版社 1980 年版，第 283 页。

② 朱宗震、陶文钊：《中华民国史·第十二卷》，中华书局 2011 年版，第 159 页。

③ 《中国民主同盟一届三中全会紧急声明》，载中国民主同盟中央文史资料委员会编《中国民主同盟历史文献（1941—1949）》，文史资料出版社 1983 年版，第 363 页。

可收拾。'胡定明（十五）日返沪，或将送一书面建议"等语。①

对于胡的这一举动，蒋表现出了极大的愤怒，19 日《事略稿本》中记载蒋对此事的评论云：

> 公曰："胡本阴险之政客，却不料其卑劣无耻至此，是诚媚外成性，不知国家为何物。然一般知识份子与所谓社会名流，大都切以洋人为神圣，国事皆以外国为转移，民族自信心之丧失至此，若不积极奋斗图强，何以保种与立国也？对于此种阴谋，惟有置之不理。"②

直到第二天，蒋仍余怒未消，当日《事略稿本》记载云：

> 下午，公×（字不清）感曰："近日共匪猖獗……国内士气民心，皆为之动摇，战事有风声鹤唳，朝不保夕之状态。尤以外侨与外国使馆人员，更轻信共匪之宣传，以为中国政府三个月内必崩溃，而且东北与华北为匪完全占领，仅为时间问题，不能超过三个月以上。故上海一般所谓实业家与知识份子，如胡霖等辈，一面求得共匪之谅解，一面对美国告洋状，急欲推倒中央政府，以为自保地步。甚至文武官吏，亦全为此种空气所笼罩威胁，而现悲观瘫痪之象。余乃正告以共匪并不足畏，而且必有把握，保证必可平定匪乱，然皆不我信，殊可痛心。"③

（三）蒋胡决裂的原因分析

上述记载，乃是"蒋档"中有关胡政之最后的记录，也是蒋对胡的最为严厉的评价。笔者以为，这基本上标志了胡、蒋之间的决裂。造成双方最终决裂的原因非常复杂，除了前述的国民政府自身与蒋本人的诸多问

---

① 《毛人凤呈蒋介石函》，1948 年 1 月 14 日，台北"国史馆"藏蒋介石档案，档案号：002—080102—00038—011。

② 《事略稿本》，1948 年 1 月 19 日，台北"国史馆"藏蒋介石档案，档案号：002—060100—00233—004。

③ 《事略稿本》，1948 年 1 月 20 日，台北"国史馆"藏蒋介石档案，档案号：002—060100—00233—005。

题之外，胡自身的特点也是重要的因素之一。抗战胜利前后，原来的
《大公报》"三驾马车"中的张季鸾已于 1941 年 9 月作古，吴鼎昌则更早
已于 1935 年出任"人才内阁"的实业部部长后便登报声明辞去该报社长
一职，所以硕果仅存的胡政之的态度便显得至关重要。而胡与蒋的关系，
一直是若即若离。如前所述，与张相比，胡受传统思想束缚较少。抗战爆
发前，胡便曾支持范长江的西北之行，并且于 1937 年 2 月 15 日 "违检"
发表范对毛泽东的采访稿，从侧面宣传中共的抗日民族统一战线政策。抗
战中，胡虽出于团结御侮的需要，支持张的"国家中心论"，但整个抗战
期间，胡先是在上海"孤岛"主持沪版，后赴港主持港版，又在香港沦
陷后赴桂林主持桂版，直至 1944 年 9 月湘桂大溃退后才自桂赴渝，基本
上一直游离于"中央"之外。张季鸾去世后，为了拉近与胡政之的关系，
蒋除了批准其所申请的 20 万美元官价外汇之外，还在政治上给了胡极高
的待遇。1942 年，胡补缺出任国民参政员，次年 11 月又参加参政会延安
视察团，同年年底作为国民参政会访英团员出访英国，特别是 1945 年 4
月，胡作为中国代表团团员之一，赴旧金山参加联合国成立大会，都不乏
此意。但是，所有这些举动并没有能够改变胡对蒋政府的观感。作为一个
饱经风雨的政治老手，对于蒋政府即将覆灭的现实，胡自然是心知肚明
的。所以虽然他在蒋的压力下于 1946 年 11 月参加了蒋主导下的国民大
会，但实际上对蒋的观感却一直不佳。从政治上来看，胡虽在抗战结束之
初的一段时间里比较亲蒋，但其思想上仍然是倾向于自由派更多一些，他
对于《大公报》作用的认识，也更接近于西方"独立报业"的概念。早
在 1935 年的《作报与看报》中，胡便指出："报纸是文化的工具，乃天
下之公器，非作报的人所可得而私，同时政府与国民对于报纸也应当尽力
调护，使它能够生存发达，无忝于文化工具的使命。"[1] 1944 年 4 月 24 日
所作的题为《宪政风度》的广播讲话中，胡更提出"从政府以至于国
民"，大家都要养成"服从法律""尊重自由""公道竞争""容纳异己"
的"宪政风度"[2]。内战开始后，《大公报》一直坚持反战立场，与蒋政
府摩擦渐多，对此胡也屡有表述。1947 年 6 月，《大公报》9 位同人被当

---

① 胡政之：《作报与看报》，《国闻周报》第 12 卷第 1 期，1935 年 1 月 1 日。

② 胡政之：《宪政风度》，载王瑾、胡玫编《胡政之文集·下》，天津人民出版社 2007 年
版，第 1085—1088 页。

局逮捕，经多方努力营救最终获释，胡在 18 日对沪馆编辑部成员的讲话中言道："我们的时代还没有民主自由。假如中国是英国美国，那我们还用得着'争取'民主，'争取'自由吗？"①　同年 7 月 21 日在对津馆同人的讲话中，胡更明确指出：《大公报》"对政府既没有亦步亦趋的必要，更没有与其必不一致的企图"，"在党治之下，全国各大报均趋统一，变成青（清）一色，在当局看来惟有本报是个例外，不肯听话。许多不利于本报的宣传都由是产生，于是我们便陷于孤立而危险的境地"。但是"倘使为了言论，我们可以堂堂正正写文章，纵使牺牲了这个事业，我们也心安理得，对过去的同仁可告无罪"。②　很明显，秉承这种思想的胡政之，与坚持"一个主义、一个政党、一个领袖"的蒋介石，必然是格格不入。同时，如前所述，如果说张带有浓厚的文人气息的话，胡更像是一个商人，"三驾马车"中，他在《大公报》工作时间最久，对该报的感情也最深。在两极决斗的大背景下，作为无力左右大局的报人，如何"存大公报这份事业"，一直是他所最关心的问题。参加"国大"后，他在沪馆社评委员会会议上说："为了大公报的存在，我个人只好牺牲，没有别的办法。希望你们了解我的苦衷，参加国民大会不是我的本意。我是被迫的。"③　1947 年 11 月 27 日，在对渝馆编辑部人员的讲话中，胡更言道："我已是退休之年了，可以撒手。可是过去二十余年来积多少同人心血而成的事业，谁也不能因求一时的痛快而毁掉它！我们必须细水长流，顽强努力。试想《大公报》如垮台，中国可有第二个《大公报》？痛快要能济事，不妨杀身成仁。如其不然，还是往远处看为是！"④　所以为了"存大公报这份事业"，在抗战胜利之初，他主动靠拢蒋政府，而在蒋政府即将崩溃之时，他自然不愿意这份凝聚了他无数心血的事业与之偕亡，而要努力为《大公报》寻求新的生存空间。所以胡、蒋之间的决裂，也是自然的事情了。

---

①　胡政之：《对沪馆编辑部人员的讲话》，载王瑾、胡玫编《胡政之文集·下》，天津人民出版社 2007 年版，第 1099 页。

②　胡政之：《对津馆编辑部人员的讲话》，载王瑾、胡玫编《胡政之文集·下》，天津人民出版社 2007 年版，第 1104—1105 页。

③　周雨：《大公报史》，江苏古籍出版社 1993 年版，第 220 页。

④　胡政之：《对渝馆编辑部人员的讲话》，载王瑾、胡玫编《胡政之文集·下》，天津人民出版社 2007 年版，第 1119 页。

二　"三查王芸生"

如前所述，在 1946 年年底到 1947 年年初之间，《大公报》与蒋政府的矛盾开始逐渐表面化。1947 年 12 月 16 日，该报沪版发表《何必防闲学生活动》，批评国府教育部颁布的《学生自治会规则》，此举引发了当局极大的不满，双方笔战由此爆发。20 日，《中央日报》发表社论《爱护学校，爱护自己!》，认为该报的"这种言论与行动，淆乱是非，颠倒黑白，危害青年，破坏学术研究"。并且认为学生运动"不过欲乘势在政府后方造成第二战线，以响应共党匪徒目前正在疯狂进行的毁灭祖国之武装叛乱而已"。文末更对王芸生进行点名批判："至于大公报王芸生之流，其主义为民族失败主义，其方略为国家分裂主义。主义与方略俱备，现在有行动了。他的行动就是继以所谓的'劝募寒衣运动'为烟幕，这一行动之后而起的是掀动学潮。"[1] 面对这种对王芸生的直接指责，德高望重的胡政之于 1948 年 1 月 1 日在《大公报》发表署名文章《两点说明》为王开脱，声称"大公报原是书生论政的组织……我们的社评是由社评委员开会共同讨论的意见，根据结果，指定一人执笔。……大公报社评言责在于报社的本身。"[2] 此次笔战暂时平息了下来。

但是，暂时的平息并不等于双方的和解，很快，随着政府查封《新民报》事件，双方的笔战再燃战火且进一步升级。1948 年 7 月 8 日，政府援引《出版法》中所谓"不得为损害中华民国利益及破坏公共秩序之宣传或记载"的规定，勒令南京《新民报》"永久停刊"。对于政府这一公然钳制舆论、压迫异己的做法，同为报人的王芸生表现出了极大的愤慨。7 月 10 日，《大公报》沪版发表王执笔的社评《由新民报停刊谈出版法》，声称这一事件乃是"不幸事件"，"我们既属同业，实不胜关切与惶悚之情"。认为："严格说，一个国家不需要有汗牛充栋多不胜记的法律，只要有三部法律便可治国。一部宪法……一部民法……一部刑法……出版法，是个枝节性质的法律，我们敢冒昧的说，其有不如其无。"文章更进一步指出：现行出版法"是袁（世凯）时代的产物"，其立意"乃在限制言论与发表的自由，这与保障民权的精神是不合的"，所

---

① 《爱护学校，爱护自己!》，《中央日报·宁版》1947 年 12 月 20 日第 1 版。

② 胡政之：《两点说明》，《大公报·沪版》1948 年 1 月 1 日第 1 版。

以此法"有不如无",乃是"应该加以清理的法规之一"。文章更认为"现代民主宪政国家,人民可以公开抨击政府施政,在野党在宪政轨道中尤其以推翻政府为其能事,那非但不犯法,且是一种特权"。而此法的条文许多"属于国民党特权",其规定"极其宽泛容易罗织",文末大声疾呼:

> 中国应该进步了!报纸,应该是进步中国里的不可少的一种要素。我们要求废止与宪法抵触的出版法,给新闻界以言论出版的自由;新闻言论如有出轨,应引刑法制裁。我们也宁愿立法院制订一种诽谤法,以防止新闻界滥用自由。①

这篇言辞激烈的文章一出,立即引起了政府的强烈反应,双方笔战由此升级。16日,《中央日报》发表社论《在野党的特权》,认为王所谓"三部法律可以治国""作为玄学家的幻想是可以的,作为民主政治的理论,是不对的"。同时"在野党以推翻政府为特权,这一妙论,在政治学说和实际政治上都没有基础。……改组内阁,并不是推翻政府,在野党出面组阁,更不是什么特权"。并以新华社常骂蒋政府为袁世凯政府,且王此文亦称现行出版法为"袁时代的产物"为由,斥王芸生为"新华社广播的应声虫"②。18日,王在《大公报》发表署名文章《答南京中央日报两点》进行辩护,称:"大公报向有一种气度,就是挨骂不还嘴,我个人也从来不与人打笔墨官司",但《中央日报》此文"极险辣的罗织了大公报,并扯出我个人的名字,实在不能不辨几句了"。文章提出两点辩护意见:(1)"大公报社评是代表报社的,不是代表个人的。(中央日报)把报社与个人相混,是可以不必的。"(2)"大公报社评原文既有'在宪政轨道中'六个字,则与南京中央日报社论所指责的实不相干。"③次日,《中央日报》再度发表社论《王芸生之第三查》,称"在王芸生君主持下之大公报,至少未曾把美国外交政策与苏联外交政策视为同一。至少未曾以对待美国的态度对待苏联,这是王芸生君可以告慰于共产国际的"。并

---

① 《由新民报停刊谈出版法》,《大公报·沪版》1948年7月10日第2版。
② 《在野党的特权》,《中央日报·宁版》1948年7月16日第1版。
③ 王芸生:《答南京中央日报两点》,《大公报·沪版》1948年6月18日第2版。

叫嚷要发起"三查王芸生运动"，称1946年7月—1947年3月王"致力于国际干涉运动，为莫斯科会议做准备"，是为"第一查"；1947年2月至今王"响应共匪新华社的广播，为共产国际策动的反美扶日运动努力"，是为"第二查"；并且等着瞧王发表谴责南斯拉夫狄托（即铁托）的文章，以"作为他效忠共产国际的证明"。同时宣称"只这两查，已足证明他是双料的新华社应声虫，如果他再发表谴责狄托与南共的论文和通讯，即将证明他的双料之上，还须再加上一料！读者们，大家等着瞧吧！"①

三　最后一根稻草——《政府放弃了限价政策》

应当说，"三查王芸生"事件，是王主政时期《大公报》与当局最激烈的对抗之一，但从该报后来的表现来看，还不能说此事最终导致双方的决裂，发生在一个月以后的金圆券事件，才真正是压垮"骆驼"的最后一根稻草。

1947年7月，国共和谈最终破裂，内战全面爆发，内战造成了军费的进一步膨胀，政府此时别无良策，只有靠增发货币来维持，由是更加剧了增发—通胀—再增发—再通胀的恶性循环；同时，战场的失利也打击了人民对于政府的信心，从而更加剧了财经形势的恶化。到了1948年下半年，国民政府发行的法币、关金券等货币已不如废纸，城市里普遍使用美元或黄金作为流通单位，农村则普遍使用银元，甚至恢复了以物易物的交易方式。为了挽救危局，国民政府1948年8月19日以总统命令发布《财政经济紧急处分令》，规定自即日起以金圆券为本位币，废止法币流通，发行总限额为20亿元，限11月20日前以法币300万元折合金圆券一元、东北流通券30万元折合金圆券一元的比率，收兑已发行之法币及东北流通券；限期收兑人民所有黄金、白银、银币及外国币券；限期登记管理本国人民存放国外之外汇资产。同时又派出经济督导员到各大城市监督金圆券的发行，"太子爷"蒋经国被派到上海，规定所有物价必须维持8月19日的市价，不准上涨，同时打击投机奸商，声言"只打老虎，不拍苍蝇"，是为"上海打老虎"及"八·一九防线"。

对于当局此次币制改革，《大公报》沪版于8月21日发表社评《币

---

① 《王芸生之第三查》，《中央日报·宁版》1948年7月19日第1版。

制实行改革了》（22 日津版、渝版转载），认为"政府此次废弃原来币制，重新树立币制基础，进而求物价与人民生活的安定，这一份决心是很大的"。同时指出金圆券改革的五点好处，又提醒"要期待这改革有大成就，必须政府锐意设法做到财政收支的接近平衡，不使新币重蹈恶性膨胀的覆辙，那就好了"。① 25 日，沪版又发表《读加强经济管制办法》（26日津版、28 日渝版转载），对"八·一九防线"进行评论，认为"改革币制的唯一目标，莫重要于安定币值；而币值安定的表现，大体上应为物价的稳定"。政府管制物价初衷向好，但仍需注意"各种物价不一定就悉数与战前标准相合"；"进出口汇率的变动，品目的性质，数量的多少"；"物价与劳务悉照八月十九日价格折合，即使一切条件不变，究竟太嫌硬性"及"金融机关，现在勒令增足，且为取舍的标准，甚失考核金融业务的本意"等四项问题。同时希望"趁此币制革新之际，政府把握了骨干之后，大有把管制法令整理一下的必要"。② 9 月 15 日，沪版再发表《经济管制应该再进一步》（16 日津版、港版，17 日渝版转载），称赞经济管制"尤其在上海，因有蒋经国氏督导，很收了雷厉风行之效……虽然还有种种参差凌乱的现象，物价是相当镇定了。这成绩，已算不容易"。又提出三点建议：（1）"全国的经济是相通的，若各地未尽妥善，上海纵使深沟高垒，最后也必不能独善其身"；（2）"由生产到分配，都需要有一套革命性精密计划，以及切实执行的技术"；（3）"这次币制改革能否完满成功，最重要关键要看豪门的钱是否能够真正拿出来"。③ 24日，沪版发表社评《币制改革以来》（同日港版、25 日津版、27 日渝版转载），称赞"币制改革已实行了一个月，大体说，初步相当成功"。但现在又面临："（一）游资压迫物价"；"（二）全国压迫上海"；"（三）生产事业转见停滞"等新问题，需要当局"正视现实，迅速勇敢的拿出补充办法来"。同时，"另一重大问题是改制的政治意义"，"今天所做的仍有美中不足者；众目昭昭，真正的豪门，仍逍遥自在"。"改制最终的成败，与此辈豪门是否爱国及拥护政府有关。此关打过，则人民无话，工商心服。若打虎至牛而止，不进山林虎穴，精神一松，功亏一篑，

---

① 《币制实行改革了》，《大公报·沪版》1948 年 8 月 21 日第 2 版。
② 《读加强经济管制办法》，《大公报·沪版》1948 年 8 月 25 日第 2 版。
③ 《经济管制应该再进一步》，《大公报·沪版》1948 年 9 月 15 日第 2 版。

那就太可惜了。"①

　　不幸的是，《大公报》的担心全都变成了现实。"八·一九防线"是借政府的行政命令强行稳定物价，是根本违背经济规律的行为，在这条"防线"面前，生产者要么赔本出售，要么只能放弃生产，其结果只能是导致经济进一步萎缩；上海并不是孤立的，它处在全国经济大环境当中，仅靠上海一地的物价稳定，对全国来说无济于事，反而造成了上海与外地巨大的价格差，这给了投机者以无限的机会，于是，上海的物资大量外流，而外地的物资却不再流入，这对于上海这样一个几乎全靠外来资源维持运转的城市来说几乎是致命的；更重要的是，"八·一九防线"和"打老虎"的行动，极大地打击了江浙财团的利益，而他们是国民党特别是蒋介石背后最大的金主，同时，国民党高层的官僚资本也深深地卷入投机生意当中，孔、宋两家控制的杨子公司、孚中公司都是当时市场上囤积的主力，这些"老虎"都是连蒋介石也要投鼠忌器的人物，小蒋要处理他们根本就是不可能的事情。所以，这条所谓的"防线"，仅靠个别人的努力和决心，是根本不可能守住的。

　　果然，就在《大公报》称赞小蒋"相当成功"后不久，上海市场上就出现了严重的物资短缺，从而导致恐慌性的大抢购，几乎一切生活必需品全告有价无市，而大批工厂也以原料短缺为由宣布停产，上海的经济形势急剧恶化。10月7日，《大公报》沪版发表社评《最近的抢购现象》（8日津版、港版，12日渝版转载），认为："现在限价的办法，乃是用人为的力量，限制上述价格上涨来均衡供需的作用，而反过来限价实际是剥削生产来津贴消费，结果会更刺激购买量增加。尤其在人民预期限价不能长期维持时，就必发生抢购风潮。"又建议政府可以采取向厂家凭证供应原料、商家凭证进货、人民凭证购买的办法，"这样只要政府能掌握原料，控制厂商生产，就可真正达成定量配售的目标了"。同时指出："这次抢购现象的发生，其最大的原因，是由于货币数量的增多。据币制改革当时王财长云五的谈话，所有法币的数量，只须二亿金圆券便可全部收回，现在法币尚有流通，而金圆券已发出近十亿圆，偌大货币数量的增加，当然给物价增加了重压。"并最终建议："政府首先应该绝对勿使未发的金圆券再继续流出；其次应该以种种方法吸收游资回笼。这是最基本

---

①　《币制改革以来》，《大公报·沪版》1948年9月24日第2版。

的治本之道，至于物价管制，实在其次。"①

到了 10 月底，局势已近乎不可收拾，30 日，沪版发表社评《政府应该感觉责任了》（31 日津版、港版、渝版转载），直言"币制改革这一套办法是政府办的，今天把局面弄成这种样子，何以善其后，政府也有它的责任，不能一拖了事"。并且批评此次币制改革的结果是："（一）豪门巨富未曾撼动毫毛，可能又在浑水里摸了大鱼。（二）中下产阶层被解决，他们纷纷兑了金钞，把频年的一些可怜积蓄，换得金圆券，却已得不到政府所保证的'八一九'限价物品。（三）真真苦了绝大多数的勤劳贫苦的大众。""一个政策，弄到放纵了豪富，解决了中下产阶层，苦害了勤劳贫苦大众，还能再坏吗？"最终质问当局：

> 有一个基本观念，在中国还应该深刻传播，念兹在兹。这观念是：政府是为人民服务的，国家是人民的。搞政治，谈国家，一切均须以人民为主。这道理本是天经地义的，但人们一居高位或高谈阔论时，往往有意无意的会骑在人民的脖子上，甚至根本忘掉人民。……今天的情形，人民如此痛苦，如此不安，政府若是为人民服务，它服务的成绩如此，还不应该感觉责任吗？②

从上述言论可见，虽然这时局势已极为恶化，虽然《大公报》与政府间矛盾已经很深，但该报此时对当局仍未完全失望，其言论也基本采取了一种批评建议的态度，还是"恨铁不成钢"。但是，当局非但没能像该报所希望的那样"感觉责任"，反而放弃了责任。就在《大公报》这篇社评发表后的第三天，11 月 1 日，行政院发布公告，宣布取消限价令，这等于公开宣布金圆券改革的失败。同日，《大公报》沪、渝、津三版同时发表社评《政府放弃了限价政策》（2 日港版转载），认为此事"完全是以非经济的办法处理经济问题所闯出来的乱子"。政府的错误在于"第一、以金圆券换法币，迫兑金钞，而不于此时机冻结游资，以致突然放出五六倍于旧法币的通货，有如洪水泛滥，这是最大的错误。第二、万万不该强力限价'八一九'。"并且提出多项建议，最终认为：

---

①　《最近的抢购现象》，《大公报·沪版》1948 年 10 月 7 日第 2 版。

②　《政府应该感觉责任了》，《大公报·沪版》1948 年 10 月 30 日第 2 版。

放弃限价，是应急之策，可免更乱下去；但事势至此，币制改革所预期的目标是大半失败了。今后怎样呢？瞩目北望，烽火连天，人人忧闷，何日才得太平？那不仅是经济财政的关键，而人民的生存，国家的命运，都将由此决定。①

由内战造成的军费负担，是导致恶性通货膨胀的根本原因，而不可遏制的通货膨胀必将导致国统区财政经济的全面崩溃，最终导致国民政府这座大厦的彻底倒塌。对于这一问题，所有人都是心知肚明。从抗战胜利之初两党剑拔弩张开始，《大公报》便试图解开这个死结，但一次次地呼吁，不仅没能换来两党罢兵息争，局势反而愈演愈烈。《大公报》此举，颇有些知其不可为而为之的意思，但是一次次地徒劳无功，必然导致其对当局逐渐失望。同时，战场局势的恶化，经济形势的惨淡，"第三条道路"的失败，政府的指责，桩桩件件，都不断地加深着二者间已经存在的裂痕，都不断地加强着《大公报》对政府的离心力；而金圆券事件，则是放在"骆驼"身上的最后一根稻草。

四 从《和平无望》到《大公报新生宣言》
（一）王芸生的苦闷彷徨与《和平无望》

金圆券改革的失败，导致《大公报》对蒋政府的彻底失望，这一点从该报对公教人员待遇问题的态度上便可见一斑。如前所述，从抗战胜利以来，《大公报》一直在坚持不懈地为提高公教人员待遇问题呼吁，但一直收效甚微。1948 年 8 月 27 日，正值国民政府规定的教师节之际，又适逢国府刚刚开始实行金圆券改革，沪、津、渝、港四版《大公报》罕见地联合发表社评《教师节感言》，感叹："我们的教师，尤以国民教育的教师，其所受的待遇，不能与一个普通工人相比。不但供家养口说不上，就连个人的生活也难于维持。但无论如何的呼吁与声援，仍然得不着相当合理的解决办法。"并认为："在这样的苦难状况之下，我们的教师们还能够而且愿意牢守自己的岗位。使教育还能勉强的维持，我们的青年子弟还有书可读，这是十分难能可贵的。我们于充分同情之外，实在应当深致

① 《政府放弃了限价政策》，《大公报·沪版》1948 年 11 月 1 日第 2 版。

敬意。"① 这篇社评，少见地没有再向政府呼吁或建议，而仅是表示敬意，足见当时该报对政府解决这一问题的可能性已经失望。但金圆券改革初期的成绩，似乎又给了《大公报》希望，9 月 11 日，沪版发表《改币后的公教人员待遇》（13 日渝版、21 日津版转载），对当局规定之公教人员以金圆券支付薪水方法提出意见，认为这一标准"离战前的水平太远了"，质问："如果说，税收和国营事业的收费应该恢复战前的标准，公教人员的待遇就不该恢复战前的标准吗？"并提醒当局："经此十年通货膨胀，社会经济各方面的水平都较战前低落了，现在要恢复，必须严防脱节的现象，尤不可任令公教人员特别偏枯。"② 这足见该报当时对政府所谓"结束十年的通货膨胀，恢复战前的经济水准"的表态尚有一定信心。但好景不长，随着"八一九防线"的失守，金圆券的神话瞬间崩塌，10 月 24 日，北大 82 名教授发表联合宣言，宣布"为进行借贷，暂维生活，自今日（25 日）起停教三天"。25 日，津版发表《北大教授停教三天》，直言："今日为饥寒所迫而不能安心工作的人们真是太多了。即以近日北平小学教员请假及北大教授停教论，其事自不能看做是局部性的。这是非常严重的问题，由此更可以看出当前普遍的危机。"③ 11 月 8 日，沪版发表社评《教者的责任》（9 日津版、10 日渝版转载），痛陈："在限价政策更改，金圆价值贬低以后，公教人员的困苦时期又加深了。……他们曾经仅有的一点点小量的金钞都已被币制改革政策吸收去了。手里所换得的金圆又蹈法币的覆辙，一贬再贬，已经解决了他们的财富。"并批判："我们知道当前的一切现实都是在讥嘲正义。便是说先生们所说应做的，和学生所见在做的，差不多都是恰恰相反。"④

从前述两篇社评中，我们不难发现，当金圆券改革失败后，《大公报》已经不再呼吁政府提高公教人员待遇，因为他们已经对这个政府彻底失望，也看不到任何可以让它重新起死回生的可能。对公教人员待遇问题的态度，是《大公报》在这个时候对蒋政府态度的一个缩影。哀莫大于心死，在这种局面下，《大公报》与王芸生的转向，就是一个自然而然

① 《教师节感言》，《大公报·沪版》1947 年 8 月 27 日第 2 版。
② 《改币后的公教人员待遇》，《大公报·沪版》1947 年 9 月 11 日第 2 版。
③ 《北大教授停教三天》，《大公报·津版》1948 年 10 月 25 日第 2 版。
④ 《教者的责任》，《大公报·沪版》1948 年 11 月 8 日第 2 版。

的事情了。

在王芸生带领《大公报》实现最终转向的过程中，周雨有一段记述颇为重要，特录如下：

1948 年仲冬，正当王芸生思想陷于彷徨苦闷，无计适从之际。大公报的社评委员、地下党员李纯青奉命到家看望他。王喟然长叹："没有出路了！"李劝他"想想办法嘛"。又一次，王说："国民党完了！"李跟着说："为什么不找共产党呢？"王听后感到奇怪，视而不答。又一次，王自悲自叹地说："共产党不会要我这样的人。"李说："不见得吧！"建议王仔细想一想，过去大公报做得对不对，今后走什么道路好，王听着表示不耐烦，对李的游说不感兴趣。经过几次交谈后，再次去时李便开门见山地说："王先生，你愿不愿意到解放区去？"王猛一听此话，表示一楞（愣），随即露出疑惑神色，问："谁叫你来问的？"李答："这你就不用管了。"王仍旧说那一句："共产党可不要我啊！""如果共产党要你呢？""那绝不会，不可能的事。"最后一次，李又去看望王，这时郑重其事地向王提出："王先生，有人要我正式通知你，邀请你参加新政协会议。"王望着李，显示一种绝处逢生的狂喜从心头冲到脸颊，绽露出抑制不住的笑容，轻声地问："你说，是谁邀请我的？""毛泽东主席。"李直截了当地告诉他。1948 年 10 月 30 日，王芸生见到了中国共产党毛泽东主席给他的亲笔信，通知他尽早离开上海，去北平参加新的政治协商会议，王芸生深知个人已经获得人民的宽大待遇，同时也使大公报继续存在于解放后的新中国有了可能，万分高兴！唯恐消息泄漏，发生阻挠，向报社请假，说要到台湾休息游览，同年 11 月 5 日飞离上海，途经台湾到达香港，不久便转道北平参加新政治协商会议。[1]

王芸生一直以"自由派知识分子"自命，在他主持下的《大公报》，的确与国共双方都有过激烈的笔战，正如该报自己所言"说来可怜，大公报一非'国特'，二不'尾巴'，在这天下滔滔，不归于杨则归于墨的

---

[1]　周雨：《王芸生的幸遇——大公报杂忆之二》，《新闻记者》1990 年第 4 期，着重号系笔者所加。

情势之下，大公报实在落于一条极狭极狭的夹缝当中。我们诅咒内战，愤恨内战，要安定，要进步。同一立场，两面受攻。一面飞来红帽子，使我们苦笑。另一面又骂你是'帮闲'，骂你是'法西斯帮凶'，更使我们莫明其妙。"[1] 但是，正如笔者一再说明的那样，他们所主张的建立欧美式宪政民主制度的梦想，在当时的中国是无法实现的。在当时两极决斗的大背景下，作为一无政权、二无地盘、三无军队的知识分子，他们所能够选择的，也只能是"良禽择木而栖，良臣择主而事"而已。但是，大势终不可逆。就在王芸生接到毛泽东信之后的第三天，沈阳、营口解放，辽沈战役胜利结束。在这场国共双方之间的第一场战略大决战中，东北野战军在52天的时间里歼灭东北"剿总"及所属4个兵团部、11个军部、36个整师及地方部队计47.2万人，解放了东北全境。更重要的是，经过这场战役，解放军首次在兵力数量方面超过"国军"，且国府丢失了全国唯一的重工业基地，至此，内战局势已发生了对中共方面有利的重大变化，国民党政府之大厦将倾，已是一望可知的事实了。在这种情况下，王芸生面前只有三条路：其一，洗心革面，投身中共；其二，追随"中央"，去往台湾；其三，背井离乡，出国流亡。而对于王芸生这样一个极具家国情怀的知识分子来说，他首先不能接受的是第三种选择；而三年多以来，他也已经对"中央"彻底失望，特别是当时那种局面下，就连美国也不看好蒋政权能在台湾长期坚持[2]，更何况对国民党政府之腐败、军队之无能认识得非常清楚的王芸生呢？前往台湾，在当时的许多人看来，只不过是一个暂时的中转站而已，一旦解放军继续"宜将剩勇追穷寇"，那么凭国民党这些残兵败将，再来一个"天翻地覆慨而慷"也是自然的事情。所以在王芸生的面前似乎只剩下了一条路，但这却是一条他很难选择的路。且不论他是否赞同中共的政治主张，单以双方的关系而论，就不能不使王

---

　　① 《论宣传休战》，《大公报·沪版》1946年5月29日第2版。

　　② 美国政府当时的对华外交战略，就是所谓的"等待尘埃落定"政策，即不再介入国共争斗，等待中国内战结果再决定其外交政策。在这种战略的指导下，美国拒绝再向蒋政府提供任何援助。1948年11月9日，蒋介石致函杜鲁门，要求其"迅速给予并增加军事援助，并发表关于美国政策之坚定的声明，支持我国政府从事奋斗之目的"；并请其"尽速派遣一高级军官与本政府共商有关军事援助之具体计划，包括美国军事顾问参加指挥作战"。但杜鲁门11月12日复函中并未正面回答蒋的要求，只是说一切行动按照援助计划会继续援助，并希望中国维持和平，这实际上等于拒绝了蒋的要求。见《中美关系资料汇编·第一辑》，世界知识出版社1960年版，第901—902页。

心存忐忑。在这种时候，毛泽东向他伸出了温暖之手，王心中的兴奋与感激自然可想而知。于是 11 月 5 日，王芸生离沪赴台，又于 8 日离台赴港。10 日，王在《大公报》港版发表著名的《和平无望》，声言："事势如此，和平无望。在此情况之下，政府自然要尽一切可能，以加强军事，继续打下去，经济自然也尚难好转，人民自然还要吃苦。这一串，好像是命运注定，无可如何。但是，我们若于极端沉痛中追思下去，国家情况之所以演至如此情况，并非无故。"并指出："要知道，真正的历史创造者，并不是稀世的英雄，而是亿万生民。亿万生民的求生力量，才是人类历史的真正动力。违逆了人民大众的生存轨道，必无治，摧折人民大众的求生欲望，必乱；明白了这基本的道理，则如何拨乱以返治，自可不言而喻。看目前中国的乱局，人民真是痛苦极了，目前纵然和平无望，人民大众终会走上合理生存之路。我们挥泪跋涉，总希望这条真实而持久的和平之路已不在远！"①

《大公报》这篇社评，乃是该报首次正式宣布放弃通过蒋政府获得和平的希望，同时所谓"希望真实而持久的和平之路已不在远"云云，则无异于宣布该报的就此转向。所以，论者皆以此文作为《大公报》立场转变的标志，笔者以为此说甚当。

对于王芸生及《大公报》可能发生的转变，蒋并非毫无察觉。1948年 12 月 13 日，保密局交蒋一份呈文云：

> 上海大公报总编辑王芸生，十一月八日自台北赴香港，表示香港大公报将改变态度，并拟将徐盈子冈等调港工作。又谓胡政之将不久于人世，继任者为周太玄氏。共匪现正谋拉拢王氏，盖王芸生之政治态度，向极暧昧，月来言论益显激烈，并与李济深等有密切联系。②

徐盈、子冈都是《大公报》社的著名记者，同时也是中共地下党员。在当时的情况下，王对二人的真实身份应当不会毫无觉察，而特调此二人到港工作，个中意义，不难体会。至此，王芸生已正式与蒋政府决裂，而

---

① 《和平无望》，《大公报·港版》1948 年 11 月 10 日第 2 版。
② 《保密局呈蒋介石报告》，1948 年 12 月 13 日，台北"国史馆"藏蒋介石档案，档案号：002—020400—00011—133，文中加着重号部分为原文红蓝铅笔标注处。

《大公报》其他各版，也陆续开始了其艰难的转向。

（二）《大公报》各版的转向

自《和平无望》发表后，《大公报》在大陆各版，随着解放军兵锋所至，渐次开始转向。

《大公报》渝、沪、津、港四版中，转向最早也最典型的是津版。1948 年 12 月，平津战役开始，14 日，平、津两城被围，由于困守孤城，津版自此便很少再与其他各版共享社评，而是体现出了相当的独立性。而从这段时间里津版言论来看，也体现出了明显的变化。

这段时间里津版社评的第一个主要特点，就是揶揄嘲讽那些"南飞鸿雁"。随着平津地区解放在即，大批达官显贵开始规划南逃事宜，对于这些人，《大公报》表示了相当的嘲讽。25 日社评《去吧，社会的渣滓!》直斥他们"都是今天社会的渣滓"! 并批判其"平时腰缠累累，事急鸿飞冥冥。而其中有些竟是若干机构中各部门的首长，日常擅作威福，恣意享受，垄断把持，排挤倾轧，以保禄位，用私人，现在那一副神情，却如丧家之犬，漏网之鱼，千方百计的争先逃跑"①。29 日社评《送文教界名流南飞》则批评"南飞"的"若干院校馆会的首长""论工作，华而不实；对职掌，包而不办"；他们与那些"与教育当轴有关的文教人士"，"虽可被看做廊庙重器，却不必是民族瑰宝。平日浮沉求容，哗世取宠，现在炮火逼来，正可乘风飞去"。而南飞者中的"中央研究院院士"则大多"早与学术绝缘，尸居余气，徒拥名号"，政府此举"亦徒资粉饰，无裨文化学术。而似此胶柱鼓瑟以求，还难免买椟还珠之诮"。而其中的"学术界有贡献人士"则"似为陪衬，不足深论"。总之，"其事固早在意料中，而倘着眼现实，此举也不见得就使北平学术界减重量，失光彩"。②《大公报》对南逃人员的态度，足见一斑。

这段时间里津版社评的第二个主要特点，就是勉励留守者并安定社会秩序。16 日社评《勖大学教师学生》（28 日港版转载）对"北方各大学绝不南迁"的决定表示"衷心崇敬"，并称赞："今日大学的领导人物实在无愧职守，而克尽其庄严的任务。有此认识，具此风度，才可以与青年大群同呼吸，共休戚，而真正感着这时代的脉搏，并真正负担起国家的将

---

① 《去吧，社会的渣滓!》，《大公报·津版》1948 年 12 月 25 日第 2 版。
② 《送文教界名流南飞》，《大公报·津版》1948 年 12 月 29 日第 2 版。

来命运。"又"呼吁工商各界人士：丁此时会，也能忍耐步趋，支撑现局，以期与平津各大学师生所表现的精神，应弦合拍，互相媲美"。①1949年1月5日社评《给平津教师的公开信》，力赞留城的平津中、小学教师"俯仰无怍，内省不疚，依然堂堂地做顶天立地继往开来的一个人"。又进而勉励："现在笼城中若干部门的工作人员及勤劳大众，也正在艰苦中默默工作。这些斗士，都给你们以精神的支持，你们应该不感寂寞，而更沉着迈进！"②8日社评《寒夜炮声中所感》则劝慰因受"市内落有炮弹"宣传而惶恐不安的市民"今天市面当可一切照常，毋须忧虑"。又"祈祷我们市民清梦不扰，天明照常工作，并郑重以大家镇静，市面正常为祝！"③

　　这段时间里津版社评的第三个主要特点，就是不断暗示"新希望"即将到来。1948年12月31日，津版发表社评《送岁之辞》，寄望同胞"常识昭示，所谓'录极而复'，'否极泰来'，不仅是一种祝祷或自慰的惯语；而在或种条件之下，常基于因果律，有其必然性。……黎明之前，天黑如盘，而倘能忍耐度过这个阶段，就可以逐渐望见熹征的晨光吐放出来。所以大家虽在痛苦中，而切莫绝望，切莫悲观！"又以"小儿生牙，还须经过三天发烧"来类比"社会真在走向革新进步的境域"所经历的痛苦，勉励大家："过去的听它过去。我们今夕且涤除忧虑，打扫烦恼，愉快兴奋的迎接一九四九年的元旦！"④1日社评《迎岁之辞》则明白预测"今年可能是中国历史的转折点"，并提出"求生""善生"两点基本要求，又勖勉国人："世间无一夕筑成的罗马，惟有坚苦努力，忍耐步趋，然后可终达于光明自由之路。"⑤这两篇社评，一送一迎之间，辞旧迎新之意已渐露端倪。10日社评《披读吁和文电感言》更明言"大家的论点已在蜕变"，并明确指出："这蜕变，纵然迂回曲折，而确有一个不易的方向：走向真正的人民世纪！在这二十世纪的五十年代，大家当然可以深切体认：不能逆着时代潮流以自封，真理是不可抗拒的，人民的意思是不可违弃的。一向被看做蠢鲁愚昧的老百姓，其实自有他们的智慧，有

---

① 《勖大学教师学生》，《大公报·津版》1948年12月16日第2版。
② 《给平津教师的公开信》，《大公报·津版》1949年1月5日第2版。
③ 《寒夜炮声中所感》，《大公报·津版》1949年1月8日第2版。
④ 《送岁之辞》，《大公报·津版》1948年12月31日第2版。
⑤ 《迎岁之辞》，《大公报·津版》1949年1月1日第2版。

他们的判断，他们终将能够表现自己的真意，而主宰自己的命运。"① 14
日，解放军对天津发起总攻，当日津版社评《可惊怖的一日》勉励市民：
"时至今日，只须大家有希望，有信心，还可以看出有一片明朗的远景。
今天所遭的种种苦难，都可以看做应该支付的一种代价。基于这个看法，
大家要镇定，要咬紧牙关，接受当前这个严重的考验。"文末又云：

> 我们愿告慰全市市民：苦难的日子不会延长！油灯下草此文，炮
> 声似已疏稀，敬祝市民且安睡一宵，今日再报道让大家安心的
> 消息！②

港版《大公报》地处香港，国府鞭长莫及，其言论自由度要大得多，
所以港版的转向，从时间上来看基本与津版同时。1949 年年初，港版便
已表露出明显的反美、反蒋倾向。1 月 11 日，港版发表社评《将军国务
卿》，对刚刚辞去国务卿职务的马歇尔及其所主导的马歇尔计划百般揶
揄，甚至称其为"割掉一只腰子的马歇尔"③，这种几近戏谑的口吻，与
当初马氏来华调停之初的论调，可谓相去霄壤。22 日，蒋介石宣布"引
退"；港版 27 日发表社评《时局在急速发展中》，对蒋氏直呼其名，这在
该报历史上除了蒋早期地位尚未稳固时之外，从未见过。此文更认为：
"现在中共大军业已压监江表，京沪武汉俱已在望，恐怕不待谈妥停战便
已易手了。"④ 且文中全用"解放""革命"等词，其态度转向已非常明
确。此后港版在国内国际问题的评论中也基本延续了这一做法，检视从
1949 年 2 月起的港版《大公报》，"美帝"（如 3 月 7 日社评《美帝与台
湾》、3 月 21 日社评《美帝的圈套》）、"蒋朝"（如 2 月 7 日社评《渡江
前夕看"蒋朝"》、5 月 2 日社评《蒋系的分崩离析》）、"解放区"（如 2
月 24 日社评《香港与解放区贸易问题》、5 月 13 日社评《香港与解放区
应即通电通邮》）、"新中国"（如 3 月 3 日社评《新中国经济的远景》、5
月 7 日社评《应当认识新中国》）等。

---

① 《披读吁和文电感言》，《大公报·津版》1949 年 1 月 10 日第 2 版。
② 《可惊怖的一日》，《大公报·津版》1949 年 1 月 14 日第 2 版。
③ 《将军国务卿》，《大公报·港版》1949 年 1 月 11 日第 2 版。
④ 《时局在急速发展中》，《大公报·港版》1949 年 1 月 27 日第 2 版。

作为在大陆三版的中心，与津版的渐变不同，沪版则呈现出一种突变的态势，这应当是由于该报地处上海，靠近南京，所以言论不得不更加谨慎，同时也与战局发展密切相关：4 月 20 日晚，解放军百万雄师过大江；5 月 23 日，上海市区总攻开始，至 27 日战斗便已结束，上海解放。在此期间，上海从未经历过如平津那种围城战，于是沪版的转向是伴随着战局的突变而发生的。平津战役结束后，沪版一度寄望于国共双方的再度和谈并屡有申论，如 2 月 9 日社评《和谈濡滞中看江南》、3 月 4 日社评《如何实现和平？》、27 日社评《和谈下月开始》、4 月 1 日社评《和谈代表团北上》、11 日社评《和谈进行中》及 13 日社评《对和谈的一点意见》等；和谈破裂后，沪版再无任何幻想，此后一月间便大多谈论国际问题，对国内问题则仅对财经、教育及民生等问题发表一些老生常谈式的看法，其"看守内阁"之势已非常明显；5 月 26 日上海尚未全部解放之时，沪版已迫不及待地发表《迎上海解放！》欢迎新政权；此后沪版言论风向彻底扭转，直至 6 月 17 日发表《大公报新生宣言》，沪版转向彻底完成。

作为大陆三馆之一的渝馆，其转向过程又与津、沪版不同。从言论上来看，渝版《大公报》之体现出去蒋倾向，并不晚于津、港两版，而要早于沪版。1949 年 1 月 22 日，渝版就蒋介石引退一事发表社评《蒋总统引退了》，直言："到现在，打了三年，旧的腐败崩溃，不可收拾，新的蓬勃而起，锐不可当。中国大势已注定了要新陈代谢，无法强阻。"又批评："八年艰苦抗战，人民忍受长期牺牲，好容易得到胜利。百年耻辱，一旦洗雪。不平等条约表面废除，国际地位一跃而为四强之一。若能从此专心建设，努力培养国力，则中华民族早成远东稳定力，进而维护世界和平。竟因少数人迷信外援力量，不惜同室操戈，苦害人民。"[①] 同日，李宗仁以代总统身份发表文告，宣称"自今以后，政府工作目标在集中于争取和平之实现；个人服务方针，亦夙以人民意志为归依"。又宣布："政府将从事扫除一切和平障碍，凡过去一切有碍人民自由及不合民主原则之法令与行动，悉将分别迅速予以撤销或停止，冀能培育国内和平空气。使和谈工作得以顺利进行。"渝版于 27 日发表社评《我们的建议》，认为李的这一声明"具有相当诚挚与开朗的风度，人民听了，一定感到欣慰"。同时提出恢复言论自由、释放政治犯、释放被捕学生及停止逮捕

---

① 《蒋总统引退了》，《大公报·渝版》1949 年 1 月 22 日第 2 版。

行动四项建议，又勖李"此时只有认清现实，对症下药，用迅速的手腕，抓住这机会，说做就做，不必犹豫"。① 渝版"左转"之意，至此可谓甚明。但重庆地处西南腹地，不比津沪，春来甚迟，而蒋在失掉南京后，又拟以重庆为中心，建立所谓"西南反共复国基地"，于是更加强了对渝版的管控。8 月，西南军政长官张群在与国民党中宣部副部长任卓宣商量后，确定了对该报实行"温和接管"的方针；20 日，当局邀渝版社长王文彬、副总经理段继达等赴"鸿门宴"，逼其表态与已经转向的津、沪、港各馆脱离关系；9 月 1 日，渝版发表社评《信条与愿望》，借记者节之际对新闻界提出几点期许，并于文末声称："至于本社事业，已因战局转移而割裂，各自独立经营。无论经济与人事，均已经完全隔绝。但本报同人仍遵循'不私不盲'的社训，坚守民间报业的立场，只论社会公是公非，绝不攻击个人隐私，也不特别讨好任何人。对于国家前途，仍本多年一贯主张，热望国家独立，人民自由，政治上走向民主，经济上力求平等，建设上不断进步，以复兴国族光荣，改善人民生活。"② 试图以此交代，但张群却并不买账；17 日，国民党当局接收《大公报》，由原国民党中宣部新闻处处长彭革陈及中央社编辑主任唐际清分任社长与总编，原社长王文彬挂冠而去。至此，渝版便进入了由当局操控的时期，直至 11 月 30 日重庆解放才得重光。

---

① 《我们的建议》，《大公报·渝版》1949 年 1 月 27 日第 2 版。
② 《信条与愿望》，《大公报·渝版》1949 年 9 月 1 日第 2 版。

第 六 章

结　　论

行文至此，我们已经可以对《大公报》的历史作一总结。本章将首先对海峡两岸《大公报》研究学术史作一总结，然后对该报24年历史上对国共双方的态度变化进行定量分析，最后将对该报历史上一些重要理论问题，如"小骂大帮忙""文人论政""新闻专业主义"等问题作一结论。

第一节　海峡两岸《大公报》学术史总结

如前所述，《大公报》乃是海峡两岸新闻史研究领域最被关注的话题之一，所以在对《大公报》的历史进行总结之先，我们有必要对两岸该领域学术史进行一番总结。本节将首先探讨两岸在这一领域研究的异同，进而对其进行分析评价。

一　海峡两岸《大公报》研究异同

纵观50年来两岸《大公报》研究史，笔者以为，两岸研究至少在以下三个方面极为相似，但在其具体表现上又有所不同。

（一）意识形态观影响下泛政治化的历史书写

纵观自1949年以来海峡两岸的《大公报》研究史，一个非常明显的共同点在于：两岸在最初的很长一段时间里，都经历了一个在强烈的意识形态观影响下的泛政治化的历史书写过程。这种影响，在大陆一方，具体表现为20世纪80年代中期以前的对该报及其主要干部的彻底否定；在台湾一方，则具体表现为70年代中期以前的对该报及张季鸾在历史上"拥护中央、拥护领袖"的贡献的大书特书以及对该报最后"失身投共"的痛惜。造成这种现象的原因，自然是因为自1949年国民党政府迁台直至1987年台湾开放大陆老兵回乡探亲之间两岸长达近40年的对峙和隔离状态。在这段时间里，双方互相敌对仇视，一边要"解放"，另一边要"反攻"，在这种状态下，学术研究自然无法摆脱意识形态化的影响。这种情况，从某种意义上来说，可以看作战后世界冷战格局的一个缩影。

但是，在这种共同的泛政治化的历史书写中，两岸却又体现出了不同的特点，最明显的表现，便是台湾没有经历大陆这种从彻底否定到完全肯定的"大转弯"，这主要是由于以下两个原因。

首先，台湾地区并没有经历大陆彻底否定《大公报》的阶段。这主要是由于该报具体的历史情况所致。台湾学者最感兴趣的，乃是该报在张季鸾主持下的15年的历史，而在这段时间内，该报与政府及"领袖"的关系一直良好，并无否定的必要。虽然自王芸生接手之后，该报与政府摩擦和分歧日增，但对于这段历史，长期以来台湾学界似乎一直缺乏兴趣，所论不多，即使偶有提及，也大多是一带而过。与大陆在很长时间里将张季鸾及其主持下的《大公报》视为对蒋政府"小骂大帮忙"的典型代表而大加挞责不同，台湾并没有将王芸生时期视为该报"拥护共匪"的"罪证"而口诛笔伐。所以在台湾学界，《大公报》一直是以一个基本正面的形象出现的，本来就没有彻底否定的阶段，自然也就无所谓"转向"的问题了。

其次，就整体而言，笔者以为，在研究的前期，台湾地区对《大公报》的评价，虽然也受到了意识形态化的影响，但较之大陆地区，仍然更为客观。这主要是因为政治环境的不同。1949年前后，无论是迁往台湾的"国民政府"，还是在大陆地区新建立起来的中华人民共和国，所需要共同面对的一个问题便是如何评价对方。笔者以为，在这一点上，大陆比台湾的需要更为紧迫，因为台湾的"国民政府"坚持自1912年以来的法统，只要"中华民国"政府的合法性不受质疑，那么台湾当局统治的合法性自然也不会受到质疑。所以台湾当局在1949年以后，基本沿袭了大陆时代的态度，将共产党政权称为"窃国匪徒"，大力褒扬"拥护领袖""忠于党国"的"前辈先哲"，同时宣扬"汉贼不两立，王业不偏安"。而大陆地区则需要解释自己以武力推翻前政府的合法性问题。中国传统的"皇帝轮流做，明年到我家"的理论显然不能适用于现代社会，所以为了解决这一问题，就必须与"前朝"做出区隔，从正义性上彻底否定"国民政府"，以此证明自身的正义性和先进性。所以自新中国成立至"文革"，我们对于"国民政府"特别是"南京政府"从内政到外交等方方面面的作为，几乎予以彻底否定，而《大公报》因其历史上与蒋政府的密切关系，自然也难逃被否定的下场。这种做法，是特定历史条件下的产物，以现在的眼光来看，是不够客观的。而随着政治空气的逐渐转向，特别是两岸关系的逐渐缓和，我们开始逐渐客观地看待那段历史，伴随着各个方面对于"南京政府"的评价的转向，《大公报》研究倾向的逆转也是很自然的事情。

（二）回归历史研究本源

随着经济的发展，两岸关系的缓和，海峡两岸的《大公报》研究在经历了初期的泛政治化的历史书写时期之后，都出现了向历史研究本源的回归。这种回归，在台湾地区表现为 70 年代中期以后研究中意识形态色彩的逐渐淡化以及"解禁"后历史学研究者的加入；在大陆地区则表现为 90 年代以后对《大公报》评价的逐渐转向以及 21 世纪以来研究范围的不断拓展。笔者以为，出现这种情况的原因，主要是由于随着经济的发展，学界开始逐渐对以前那种泛意识形态化的研究取向的抛弃。如前所述，早期那种泛意识形态化的研究取向乃是特定历史条件下的特殊产物，以学术研究的标准来衡量，这种做法是非常不客观的。那种充斥着口号和批判乃至谩骂的做法甚至很难被称为研究。随着时间的推移，这种做法必将得到改变。就台湾地区而言，70 年代以后，"反攻大陆"已经成了事实上的迷梦，"建设台湾"的口号开始逐渐取代"反共复国"；随着经济的不断发展，原来建立在"反共文艺体制"之下的传统的叙事结构开始逐渐瓦解。就大陆地区来看，80 年代以来，两岸敌对的状态开始逐渐改变，"解放台湾"的口号逐渐被"和平统一"所取代，特别是伴随着对"文革"中"左"倾错误的反思，学界开始检讨之前研究取向中的误区，原来建立在"革命"和"解放"体系下的格局也开始慢慢崩塌。笔者以为，这种转变乃是两岸学界在经历了长期异化的话语体系之后，向正常化的研究取向的一种回归，而这种转变，则是伴随着冷战结束的国际大背景而逐渐实现的。如果没有两极格局的解体，战争思维的转变，和平发展成为世界主流等国际大环境的转换，这种转变也很难实现。

但是，在这种转变的过程中，两岸却又体现出了不同的特点，最明显的区别就在于无论从成果的数量还是研究者的投入程度来看，大陆都要远远超过台湾。这主要是由于台湾地区自"解禁"以来特别是 2000 年政党轮替之后在思想上出现的混乱。如前所述，"解禁"以来，"台独"思潮甚器尘上，所谓"本土化思维"在台湾地区学界影响甚巨，再加上商业化等因素的影响，使得中国近代史的相关研究工作在台湾地区真正成了"冷门"。而虽然这种冷落历史研究的倾向在大陆地区同样也存在，但从整体来看，大陆地区从事历史研究的学者仍然要远远多于台湾地区，特别是近年来随着历史研究取向的转向和"民国热"的兴起，民国史的研究工作在大陆地区又重新得到了重视，所以海峡两岸的相关成果数量才会出现如此之大的反差。

（三）"中国文人传统"话语体系下的解读

海峡两岸《大公报》研究的第三个共同点，就是两岸学者都是在"中国文人传统"这一共同的话语体系之下对该报的历史进行解读。就台湾地区而言，对于"文人论政"传统的推崇，乃是一以贯之地贯穿于整个《大公报》研究的历史，虽然自70年代中期以后，在对于该报的解读中，开始加入有关西方"社会责任论"的内容，但是这种加入，并非为了以这一理论解释该报的作用，而是以这种理论与该报的办报理念相对照，从而凸显《大公报》"具有更高的精神境界"。就大陆地区来看，在经历了初期的一概否定之后，80年代中期以来，"文人论政"的精神也开始逐渐被重视和强调。而海峡两岸的学者对这一问题的论述，则都是从中国传统的士人精神出发，在台湾学者看来，这种精神乃是由于"我国现代报业之观念及经营方法虽来自西方，惟敢称为中国报人者，莫不承继了我国先秦时代历史家的精神，张正气、辟邪说，虽死不惧"①；在大陆学者看来，则是他们"在弱势地位下的以攻为守，是在自行承诺从此退出主导中枢，以不谋求参政、主政为代价来换取能够继续议政"②，但无论如何，这种精神都是中国传统文化中"士志于道""天下有道，以道殉身；天下无道，以身殉道""位卑未敢忘忧国"等精神的集中体现。这种共同的研究取向，乃是由于海峡两岸根本就是同种同文，共同的文化基因早已深植于我们共同的血脉之中，是任何力量也无法否认和割裂的。

但是，细细检视两岸学者在这一问题上的论述，我们不难发现这样一个现象：台湾地区对于所谓"文人论政"的论述，在90年代后期以后逐

---

① 王洪钧：《新闻理论的中国历史观》，远流出版事业股份有限公司1998年版，第437页。

② 朱至刚：《试论"文人论政"的流变——以报人的自我期许为中心》，《新闻与传播研究》2010年第3期。

渐消沉，而大陆地区对于这一问题的研究则正方兴未艾。笔者以为，造成这种现象的原因，乃是海峡两岸不同的社会背景所致。就台湾地区来看，除了前述"台独"思想以及商业化浪潮的影响之外，还有一个非常重要的方面：在"解禁"之前，"报禁"乃是千夫所指的恶政。在当时的台湾学者看来，当务之急便是要赶紧去掉束缚在媒体身上的"紧箍咒"，一旦这一目标达成，报业自然会向着更加自由、公平的方向发展，从而也更能促进社会民主化的进程；而《大公报》作为近代史上"民间""独立"的著名报纸，自然成了最好的例证。但是"解禁"之后的媒体乱象却让他们始料未及。在这种情况下，众多有识之士开始思考：那种经济独立、政治独立的"文人论政"的媒体，是否真的存在？或者说，是否真的可以出现于现今社会？而思考的结果，使得台湾社会在这一问题上出现泾渭分明的两极分化：相信其存在者面对无奈的现实，只能更加积极地呼吁大家回归传统，追慕先哲；而更多的人则开始对此报以怀疑的态度，正如曾任台湾"行政院新闻局"局长、"中央社"董事长的苏正平所言：

> 1991 年我……利用三个月时间到日本、德国和俄罗斯，所研究的便是媒体产业的机构和机制的问题。而当时我在研究报告里所指出来，"新闻"具有"意识形态商品"的特质，以及由此引申出来"专业"与"商业"的关系，至今仍是理解各种媒体现象的重要关键。①

承认新闻的意识形态属性，承认"专业"离不开"商业"，承认媒体离不开政治，这本是马克思主义新闻学的经典理论。台湾社会在经历了40 年的"报禁"和近 30 年的"报放"之后，终于认识到了这一理论的重要意义。也正是出于这种认识，台湾学界开始逐渐改变之前那种高唱"独立报业"论调的做法，转而从现实出发，承认《大公报》与政府之间存在的密切联系，如李茂政先生云：

> 虽然他们（指"另一些自由主义下报人"）也认为报业有其自主权，但认为媒介与政府不应该对立，而应该是好朋友，并且要相互合

---

① 苏正平：《一个非典型新闻人看报禁解除二十年》，载卓越新闻奖基金会主编《关键力量的沉沦——回首报禁解除二十年》，巨流图书公司 2008 年版，第 23 页。

作，其关系基本上是和谐、交融的，媒介应该配合政府的运作，来遂行其功能。所以有的报人与政府官员走得很近，并为政府服务。或不"为民请命"，其理想的做法是做人民和政府之间的桥梁而已。但是这种关系形态亦（有）危险之处，有时媒介会受到政府的利用而不自知；尤其是由于政府掌握很多资源，报人容易被政府人员收买，而失去独立性。能够与政府官员走得很近又能保持独立人格的报人并不多，像美国的李普曼和中国的张季鸾，可能是少数的典型。如能坚持典型，此种也不失为一合理之关系。①

从上述论断中我们可以看出，在李茂政看来，张季鸾与《大公报》乃是"能够与政府官员走得很近又能保持独立人格"的报人和报纸的典型代表。虽然李的认识，并未能超过自陈纪滢以降台湾学者一脉相承的所谓"诤友"论，但较之前人片面强调该报的"独立"，明确承认该报"与政府官员走得很近，并为政府服务"，的确是一大突破。更重要的是，笔者以为，所谓"服务政府"和"保持独立"之间的界限，根本非常模糊，试图在两者中间寻找平衡的报人，无异于在深渊之上走钢丝，稍不留神，便会出现偏差。如前所述，在近代中国内忧外患的社会大背景下，作为无权无枪无钱的报人，要想实现自己改造社会的政治追求，就必须依附于某一派政治势力，即便是在经济上能够实现某种程度的"独立"，在政治上也绝不可能脱开所依附阵营的影响。所以《大公报》的所谓"独立"，不过是张季鸾等人在残酷的社会环境下聊以自慰的一种精神追求，事实上则是根本不可能实现的。

二　海峡两岸《大公报》研究史的启示
（一）历史研究无法脱离时代背景而孤立地存在

"人们的观念、观点和概念，一句话，人们的意识，随着人们的生活条件、人们的社会关系、人们的社会存在的改变而改变。"② 马克思和恩格斯在《共产党宣言》中的这一论断，很好地诠释了海峡两岸在不同

---

① 李茂政：《新闻学新论》，风云论坛有限公司 2005 年版，第 320 页。
② 马克思、恩格斯：《共产党宣言》，载《马克思恩格斯选集·第一卷》，人民出版社 1995 年版，第 291 页。

的历史时期在《大公报》研究这一共同问题上所体现出的共性与个性。70 年代之前，在冷战的国际大背景下，两岸隔绝对峙，你喊"解放台湾"，我嚷"反攻大陆"，在这样的大背景下，无论大陆或是台湾，社会生活的各个方面都被纳入到战时轨道，当局出于政治的需要，强制性地将社会思维纳入官方主导的一元化意识形态下，任何不符合这种意识形态的思想都会被压制，无论大陆的"文化大革命"，还是台湾的"反共文艺体制"，概莫能外。而随着国际形势的逐渐转化，首先是台湾在 60 年代末，然后是大陆在 80 年代初，相继将政府工作的重心转移到经济建设上来，于是台湾由"反共复国"转向"建设台湾"；大陆由"不断革命"转向"改革开放"。在这一过程中，两岸又先后经历了几乎类似的过程：首先是对外开放的程度逐渐增加，来自外界的，在官方主导的主流话语体系之外的观念开始逐渐传入；同时经济腾飞，提高了人民的平均文化水平，也造就了大量中产阶级。在以上两个因素的共同作用下，原有的由官方主导的主流话语体系开始受到质疑。这种质疑首先来自于少数知识分子群体，继而范围不断扩大，造成了知识分子群体以致民众中普遍地对于过往历史的反思和扬弃。就《大公报》研究而言，这一过程，在台湾表现为 1972年以后对意识形态色彩的淡化，在大陆则表现为 80 年代中期以来对《大公报》评价的逐渐转向。

（二）"一个中国原则下的各自书写"乃是两岸《大公报》研究的共同原则

> 言者，用今天的解释，就是媒介的意见、言论。而说话之人，今日除一般凡夫俗子，媒介组织中的主笔、记者、专业评论人员皆是。由于这些人较常人曾多读几年书，这些人也有一定专长领域，一般可称之为知识份子，这与古代知识份子、士人其实是相同的。既是知识份子，他对社会就负有一定的社会责任。在中国社会里……不论是那（哪）一个体制下的成员、负责人，大体皆秉持了知识份子为民前锋的传统。①

---

① 潘家庆：《知识份子的责任：读〈新闻理论的中国历史观〉心得》，《新闻学研究》1999年 1 月。

　　这段话，乃是潘家庆教授于 1999 年为王洪钧先生主编的《新闻理论的中国历史观》一书所作书评中的一部分。笔者以为，这段话很好地诠释了两岸《大公报》研究的共同原则——一个中国原则下的各自书写。

　　这种原则，首先表现在两岸学者对于《大公报》的评价上。就台湾地区而言，虽然各个时期的侧重点有所不同，但是对于《大公报》和张季鸾所倡导的"文人论政""国士精神"的推崇，却是一以贯之的。而大陆学者在经历了 80 年代之前的泛意识形态化和 80 年代的转型之后，在这一问题上也与台湾实现了基本的一致。从整体上来看，虽然两岸学者在一些具体问题的认识上仍存在差异，但是在《大公报》和张季鸾的思想与中国传统文化的关系以及这种思想对于当前海峡两岸新闻工作的现实意义这两个根本的问题上的认识却是逐渐趋同的。对比两岸的《大公报》研究史，我们不难发现，台湾地区《大公报》研究的勃兴时期，恰恰是与岛内新闻媒体商业化加剧和民权运动兴起相重叠的。而无论赖光临、李瞻，还是王洪钧、郑贞铭，他们同时也是"较常人曾多读几年书"，"有一定专长领域"的知识分子。从这个意义上来说，他们同时也属于"对社会负有一定社会责任"的"士"的范畴。所以当他们为媒体过度商业化而导致的社会责任缺失而痛心的时候，当他们为争取言论自由而疾呼的时候，当他们为"解禁"以后"台独"言论甚嚣尘上而担忧的时候，他们就会挺身而出，"为民前锋"，而他们的最好的武器，便是深植于中国知识分子基因中的士人传统，所以他们不约而同地选中了张季鸾和《大公报》这一中国近代史上"独立报业"的典型代表作为最好的榜样。可惜的是，"其曲愈高，其和愈寡"，在商业化大潮的冲击下，在"解禁"以后纷扰嘈杂的声音中，他们的意见没有得到重视，所以我们看到了近年来台湾媒体业乃至整个社会的种种乱象。虽然我们不能将产生这种现象的原因完全归咎于台湾各界有意无意地对士人传统的漠视，但是这一问题却应当是重要的原因之一。

　　（三）解读《大公报》"独立"的问题乃是两岸研究所共同存在的问题

　　纵观半个多世纪以来的两岸《大公报》研究，笔者以为，两岸所共同存在的一个问题，乃是如何解读《大公报》的"独立"问题。在这一点上，两岸学者颇有些殊途同归的意思。就台湾而言，对于《大公报》"独立""不党"的推崇，乃是一以贯之的，这一点从不同时期的学者对于"四不主义"的论断上便可以很明显地看出来；而就大陆而言，在经历了早期的"党蒋论"和中期的"偏蒋论"之后,学者们越来越倾向于就《大公报》的"不偏不倚论"达成共识,直至为其戴上"新闻专业主义"的桂冠。但笔者以为这种认识似乎有失偏颇,这一问题也是《大公报》研究中最重要的问题,笔者将就此于本章第三节中详细分析。

第二节 对《大公报》言论倾向变化的定量分析

为了更好地分析《大公报》言论倾向的变化,笔者对该报 1926—1949 年间的报纸进行了抽样,并制定了编码表,以图通过量化的形式来更直观地表现这一过程。

一 抽样方法

由于《大公报》每日出版且每每同时有多个版别存在,故为可操作性考虑,笔者采用构造周抽样法,即在从 1926 年该报复刊至 1949 年转向的 24 年中,每年随机选择 1 天作为该年度样本中点,以这一天为界,前后各追溯 3 天,由此构成一周的报纸,作为本年度样本(表6—1)。

表6—1 新记《大公报》年度抽样时间

年份	1926	1927	1928	1929	1930	1931	1932	1933
中点	9.3	4.12	6.7	5.28	5.10	9.18	7.10	11.6
时段	9.1—6	4.9—15	6.4—10	5.25—31	5.7—13	9.15—21	7.7—13	11.3—9
年份	1934	1935	1936	1937	1938	1939	1940	1941
中点	4.1	4.11	7.4	6.8	8.11	8.27	10.17	6.27
时段	3.29—4.4	4.8—14	7.1—7	6.5—11	8.8—14	8.24—30	10.14—20	6.24—30
年份	1942	1943	1944	1945	1946	1947	1948	1949
中点	8.5	9.10	7.31	5.19	8.2	2.14	1.14	1.11
时段	8.2—8	9.7—13	7.28—8.3	5.16—22	7.30—8.5	2.11—17	1.11—17	1.8—15

二 样本选择

本书所采用的《大公报》系人民出版社 1982 年影印版,其具体版别为:1926.9.1—1936.3.31,津版;1936.4.1—1937.12.14,沪版;1938.12.1—1945.11.30,渝版;1945.12.1—1949.1.15,津版。

三　编码表

本书主要分析上述抽样时间段内《大公报》对国、共双方态度，采用概念组分析法，对社评及国内要闻进行分析，分为态度及编辑手段两个部分打分，其具体操作规则如下。

（一）态度打分规则

第一，如文章主题是表示对某一方"英明、伟大、超卓"的"统帅、领袖"的"坚决拥护"；或是对"国府英明决策"的"坚决拥护"；或是对"国军、我军"将士作战的"英勇顽强，艰苦牺牲"精神的"热情歌颂"，则可以给 +3。

第二，如文章主题是表示对"恭聆、敬颂"的"统帅、领袖"的"重要讲话"；或是对"国府英明决策"的"拥护"；或是对"国军、我军"作战的"英勇、牺牲"的"赞颂"，则可以给 +2。

第三，如文章主题是表示对"统帅、领袖、中心"的"拥护、赞成"；或是对"国府决策"的"拥护"；或是对"我军、国军"作战的"赞颂"，可给 +1。

第四，如文章不涉及国共双方的任一方，则可给 0 分。

第五，如文章主题是表示对"统帅、领袖、中心"的批评；或是对"国府决策"的"不满、建议"；或是对"我军、国军"作战不力的批评；或是对共方某说法的轻微批评，可给 -1。

第六，如文章主题是表示对"国府决策"或"某要人"的"强烈不满、迫切要求、强烈建议"；或是对"国军、我军"作战不力的"强烈批评"；或是对共方某说法的强烈批评；或是对"剿匪"的建议或拥护，可给 -2。

第七，如文章主题是表示对"国府决策"或"某要人"的"极度不满"，甚至力求"撤职以肃官箴"；或是对"国军、我军"丧师失地，护国无方，扰民有术的强烈揭露或批判；或是对"共匪"祸国或对"国军""剿匪"战绩的强烈赞扬；"共匪""荼毒生灵"的批判，可给 -3。

（二）编辑手段打分规则

第一，如上述分数为社评题目中部分，则在态度分的基础上 ×3。

第二，如上述分数为社评内容中部分，则在态度分的基础上 ×2。

第三，如上述分数为头条新闻主标题中部分，则在态度分的基础上 ×3。

第四，如上述分数为头条新闻副题中部分，则在态度分的基础上 ×2.5。

第五，如上述分数为头条新闻内容中加大字号或加着重号部分，或为其他主要新闻标题中部分，则在态度分的基础上 ×2。

第六，如上述分数为头条新闻内容中非加大字号或加着重号部分，或其他主要新闻内容中加大字号或加着重号部分，则在态度分的基础上 ×2。

第七，如上述分数为其他主要新闻内容中非加大字号或加着重号部分，则在态度分的基础上 ×1。

第八，如某条新闻采用特殊编辑手段（如加框、加双框、留白、加花边等），则在第 7 条得到分数基础上 ×2。

（三）打分举例

例 1：1935.4.8 国内要闻版新闻：《川匪续渡嘉陵江，湘西各军逼近永顺，何键嘉奖李宗保率部投诚》

第一，对国民党方态度：此条新闻标题中"嘉奖""投诚"带有明显的对国民党方面的褒义色彩，文中亦有"残匪决难辗转流窜"云云的表述，故判断其对国民党方态度为 +2；又由于上述表述于标题中出现，故在基本分基础上 ×2，此外本条新闻并非要闻头条，亦无其他特殊编辑手段，故此条新闻对国民党方面的态度分定为 +2×2 = +4。

第二，对共产党方态度：此条新闻中"川匪"明显对共产党持负面态度，文中"残匪窜逃"云云亦表明了这一态度，根据其态度强烈程度判定其基本态度分为 −1；又由于标题中出现"川匪"字样，故在基本分基础上 ×2，此外本条新闻并非要闻头条，亦无其他特殊编辑手段，故此条新闻对共产党的态度分定为 −1×2 = −2。

例 2：1931.9.18 社评：《和平救灾》

第一，对国民党方态度：文中提道"请求我政府事实上尽力为人民去除一切平和障碍，固不得仅作打不得打不得之哀呼为已足也"。由此可见文章主题表现出对"国府决策"的迫切要求和不满，故判定其基本态度分为 −2；又因此部分属社评内容部分，故在基本态度分基础上 ×2，故此篇社评对国民党方态度分定为 −2×2 = −4。

第二，对共产党方态度：文中提道"中央因剿赤事亟"，体现出对共产党的轻微不满，故判定其基本态度分为 −1；又因此部分属社评内容部分，故在基本态度分基础上 ×2，故此篇社评对共产党方态度分定为 −1×2 = −2。

（四）几点说明

第一，本书所分析的内容，仅限《大公报》每日国内要闻版新闻及社评部分内容，"星期论文"等内容，不纳入分析范畴。

第二，最终分析结果分为社评与新闻两个分数，每个分数均为抽样时间段内总的社评或新闻的平均分，比如若在某一抽样构造周内7天的社评中，每天针对国民党方的最终态度分分别为 − 4、+ 6、+ 3、+ 7、− 2、+ 8、− 3，则本周针对国民党方的最终社评分即为前述7项分值相加后除以7，即 + 2.14分（最终分数计算保留小数点后两位，第三位四舍五入）。

第三，所抽样各周报纸中的社评与新闻并非每条均与国共双方有关，若遇到与国共双方均无关的内容，则此条新闻或社评计0分，并在最终平均分统计时减掉所有分值为0的条数。

四　统计结果

根据上述原则，笔者得出了历年《大公报》对国共双方的社评及新闻态度分变化趋势图（表6—2、图6—1、图6—2）。

表6—2　　1926—1949年《大公报》对国共双方新闻与社评态度分值

年份		1926	1927	1928	1929	1930	1931	1932	1933
对国	社评	− 0.33	− 2	1.6	5.6	− 1	0.25	− 7.33	− 5.67
民党	新闻	− 2.38	0.3	4.3	5.52	1.29	1.87	3.31	2.49
对共	社评	− 6	− 3	无	− 4	无	− 2	无	− 15
产党	新闻	无①	− 1.87	− 1	− 12.68	− 8.75	− 3.46	− 4.79	− 6.2
年份		1934	1935	1936	1937	1938	1939	1940	1941
对国	社评	1.17	2.67	1	2.71	4	8	1	0.67
民党	新闻	1.48	4.41	3.39	1.93	3.81	2.16	6.89	4.01
对共	社评	− 10	无	无	− 3.33	无	无	无	无
产党	新闻	− 8.83	− 7.62	− 6.67	− 5.5	无	0.12	无	无
年份		1942	1943	1944	1945	1946	1947	1948	1949
对国	社评	1.5	4.5	0.5	− 1	− 3	− 5.42	− 4.88	− 3.4
民党	新闻	5.8	4.81	7.04	5.87	1.34	1.69	1.44	1.48
对共	社评	无	无	无	无	− 6	− 2	无	3
产党	新闻	无	− 5	4.5	无	− 2.45	− 2.46	− 2.32	− 1.96

① "无"即代表本年度所有样本中此项目均无与共产党或国民党有关内容，故无法判断此项态度分值，下同。

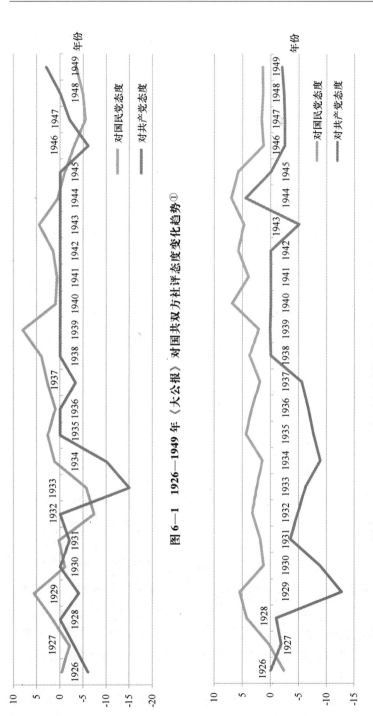

图 6—1　1926—1949 年《大公报》对国共双方社评态度变化趋势①

图 6—2　1926—1949 年《大公报》对国共双方新闻态度变化趋势

① 图中凡该年数据为"无"的年份则以 0 代替，图 9 同。

五　分析结论

从前述图与表中，我们不难发现《大公报》对国、共双方态度变化的几个特点。

（一）《大公报》对国民党态度的变化

总的来看，《大公报》对国民党方面态度的变化可以分为以下几个阶段。

1. 1926—1928 年

这三年里，《大公报》对国民党方面的态度经历了从负面转向正面的过程，无论社评还是新闻都是如此。这主要是由于该报复刊时国民党尚未能控制北方，身处北洋政府控制下的《大公报》自然难以对与当局作战的国民党阵营有什么好态度；而当 1928 年南军底定平津地区之后，该报态度便随即转为正面，表现出该报急于向新政权表示归服的心态。

2. 1929—1931 年

1929 年《大公报》的态度延续了之前的上升趋势，其后的两年里虽数值有所下降，但仍保持了正态度，联系到此时该报与蒋尚未建立关系，笔者以为这说明了该报在这一时期对新政权的施政尚表满意，这也奠定了后来该报与蒋密切合作的基础。

3. 1932—1933 年

这两年《大公报》对当局态度急剧跳水，并在 1932 年达到最低，而造成这一现象的原因，首先是由于对当局处理"九·一八"问题的不满所致。1932 年该报与蒋之间的关系刚刚建立，对蒋的政策并没有明确的把握，该报当时虽持"缓抗"论，但"缓抗"并不等于"不抗"，所以在该年样本的社评中，《中国岂坐以待毙乎?》（1932.7.11）、《日本决心承认伪国》（1932.7.12）等都对当局处理东北问题的态度表示了强烈不满。而 1933 年后虽然双方关系渐趋密切，但此时国民党内部斗争严重，在《大公报》看来，大敌当前却只顾内斗，无异于开门揖盗；同时，当时严重的财政危机也使该报忧心忡忡，所以该年样本中《政局之忠告》（1933.11.3）、《今日之财政》（1933.11.6）等篇对上述问题多有批评。

4. 1934—1937 年

这四年里，《大公报》对国民党当局基本保持平稳的正态度，而此时双方也已经建立了良好的互动关系，表明双方关系已经进入一个稳定期。

5. 1938—1939 年

这两年是《大公报》对国民党当局正态度达到峰值的时期，这首先是由于该报对国军英勇抗战的大力褒扬，同时也由于该报所主张的"国家中心论"在这一时期达到顶峰。

6. 1940—1944 年

这五年里，《大公报》对国民党当局虽仍保持了正态度，但较之此前两年已大幅下降，这首先是由于该报实际主持人的转变。同时这一时期新闻的正态度分要大大高于社评，这主要是因为新闻多为报道战况，社评则多为评价政策，而该报对抗战中后期当局在处理腐败、管理金融、统制经济等一系列内政问题上均有不满，这也导致分值的下降。

7. 1945—1949 年

这五年里，《大公报》对当局一直保持负态度，且数值不断升高，这表明该报对当局的不满逐渐加深，也表明了双方间的分歧逐渐加大。

（二）《大公报》对共产党态度的变化

总的来看，《大公报》对共产党方面态度的变化表现出以下两个特点。

①对共产党的关注远低于国民党。在所有 24 年的样本中，对共产党无态度的数量分别为 14 年（社评）与 6 年（新闻），分别占总样本量的 58.33% 和 25%，作为唯一以独立武装与国民党并肩抗战的一大主要政治力量，该报对共产党方面的忽视不能不说是非常不正常的。特别是在全面抗战期间，该报不仅在社评中对中共只字不提，更在新闻中也对八路军、新四军与中共领导的敌后武装的抗日斗争近乎视而不见，却在 1943 年样本的新闻中指责第十八集团军攻击友军，破坏抗战，该报对中共的态度自可见一斑。

②对共产党的态度基本为负面。与对国民党方面态度的波动不同，该报对共产党的态度一直基本稳定为负值，并且经常出现 -10 以上的极端负态度，其中只有两次例外：首先是 1944 年，其时正值孔昭恺参加重庆记者延安访问团，在该报连载《西北纪行》系列通讯，对延安颇有好评；其次则是 1949 年，其时天津解放在即，《大公报》态度转变，从某种意义上来说似乎可以视为继 1928 年之后的又一次"跳空归服"。

总之，纵观整个《大公报》对国民党方面态度数值变化的过程，与笔者对该报与蒋政府关系四个时期的划分基本合拍，这也证明了这一分期方法具有一定合理性。而综合对比该报对国共双方的态度，笔者以为，该报应当是经历了从"疑蒋反共"到"拥蒋反共"再到"反蒋反共"的过程，对蒋政府的态度虽有变化，但反共却是一贯的。

第三节 《大公报》历史上几个
重要问题的分析结论

一 几个重要问题的分析

（一）"小骂大帮忙"

"小骂大帮忙"一直是扣在《大公报》头上的一顶帽子，对这一问题争论的历史，前文已详，不再赘述。笔者以为，之所以在此问题上会存在如此之久的争论，主要在于两个原因：首先是对于"小"和"大"的标准问题；其次则是对于"骂"和"帮忙"的界定问题。纲举方可目张，为了能够对这一重要问题做出结论，笔者在此尝试对"小骂大帮忙"做出如下界定。

第一，频率问题："骂"和"帮忙"的频率越高，相对而言自然越"大"。

第二，语义强度问题："骂"或"帮忙"的用词越强烈，自然也相对越"大"。

第三，对象问题：被"骂"或"帮忙"的对象级别越高，相对越"大"。

第四，目的问题："骂"的究竟是具体行动，还是其背后的意识形态；易言之，其"骂"的目的究竟是为了帮助被"骂"者改正错误，还是从根本上反对其理论基础。

第五，动机问题："骂"者与被"骂"者之间是否存在主动联络，双方是否会就"骂"的具体对象进行讨论，"骂"者的行为是否出于被"骂"者的授意。

以上述五个标准衡量《大公报》的历史，我们不难发现，除了在第一个问题上之外，《大公报》对国民党方面的观照，都要远高于对共产党：如前述抽样结论显示，在该报24年历史上的绝大部分时间里，《大公报》关注国民党方面的频率要远高于中共；该报对中共的负态度也远高于对国民党；中共阵营中，毛、周、朱等人物都曾被"骂"，而国民党方面的蒋介石却始终幸免；《大公报》对国民党的批评，多针对具体政策，且多是出于一种"恨铁不成钢"的心态，而对中共则多次声明反对其意识形态，并一再宣称共产主义不适于中国；至少在1933—1940年，《大公报》与蒋介石之间一直存在密切互动，双方就该报言论问题多有探讨，而中共则从未有类似待遇。

基于以上分析，笔者认为，我们似乎可以得出如下结论。

第一，就"骂"而言，《大公报》骂国民党比骂共产党更频繁，但这并非是由于该报对中共更加友善，而是由于其对中共的轻视与漠视；同时，《大公报》骂共产党人物的级别更高、用词更狠，且直指其意识形态基础。

第二，就"帮忙"而言，除了最后很短的一段时间之外，《大公报》一直在积极地向国民党当局提出建议，同时在很长一段时间里与其最高层人物保持密切互动，甚至主动要求其对言论方针加以指导。

第三，基于前述两点，笔者认为，所谓"小骂大帮忙"，在《大公报》历史上的绝大部分时间里确实存在。

（二）"论政而不参政"

"论政而不参政"是《大公报》一直以来揭标的重要原则之一，所谓"文人论政"云云，也恰是由此生发而来。对于这一问题，胡政之于1943年10月21日在重庆《大公报》编辑会议上的一次讲话中的表述最具代表性：

> 中国素来做报的方法有两种，一种是商业性的，与政治没有关系，且以不闻政治为标榜，专从生意经上打算；另一种是政治性的，自然与政治有了联系，为某党某派作宣传，但办报的人并不将报纸本身当作一种事业，等到宣传目的达到了以后，报纸也就跟着衰歇了。但自从我们接办了大公报之后，为中国报界开辟了一条新路径。我们的报纸与政治有联系，尤其是抗战一起，我们的报纸和国家的命运几乎联在一块，报纸和政治的密切关系可谓达到极点。但同时我们把报纸当作营业做，并没有和实际政治发生分外的联系。我们的最高目的是要使报纸有政治意识而不参加实际政治，要当营业做而不单是大家混饭吃就算了事。这样努力一二十年之后，使报纸真正代表国民

说话。①

但是，要判断该报是否真正"论政而不参政"，我们仍然首先需要确定一个标准：如果简单地以是否做官为判断标准，那么除吴鼎昌外，《大公报》基本算是做到了这一点；但如果把标准略微放宽，以报纸及其主持人是否曾参与实际政治活动观之，笔者以为，最起码在 1933—1940 年，该报实在未能做到"使报纸有政治意识而不参加实际政治"。热河事变、福建事变、华北事变等一系列重要事件中，《大公报》都利用其舆论地位配合了蒋的政策；而抗战期间张、胡更直接参与蒋主导之中日和谈，同时张也向蒋多次推荐人才②并就内政外交重大问题提出建议。凡此种种，恐怕都很难说是"不参加实际政治"。

（三）"四不原则"

"不党、不卖、不私、不盲"的"四不原则"是《大公报》自复刊起便一再标榜的办报宗旨，也是该报最为人称道的一点。对于"四不"的标准，《本社同人之旨趣》中说得明白：

> 第一不党。党非可鄙之辞。各国皆有党，亦皆有党报。不党云者，特声明本社对于中国各党阀派系，一切无连带关系已耳。惟不党非中立之意，亦非敌视党系之谓。今者土崩瓦解，国且不国，吾人安有中立袖手之余地？而各党系皆中国之人，吾人既不党，故原则上等视各党，纯以公民之地位发表意见，此外无成见，无背景。凡其行为利于国者，吾人拥护之；其害国者，纠弹之。勉附清议之末，以彰是非之公，区区之愿，在于是矣。
>
> 第二不卖。欲言论独立，贵经济自存。故吾人声明不以言论作交

---

① 方汉奇等著：《〈大公报〉百年史》，中国人民大学出版社 2004 年版，第 317—318 页。

② 张向蒋推荐人才，除前文已提到之 1941 年 4 月 19 日推荐雷宝华等人外，至少还有一次，即 1938 年 2 月 2 日应蒋之"钧谕"推荐黄少谷，张认为黄"熟识军政及外交，长于文字，为人精细和平，留欧数年，颇有进步，思想健全而交游广泛"；并告蒋"其景仰钧座，愿效驰驱"，认为"若使其供职军会，当有成绩表现"。黄系冯玉祥旧部，本不见重于蒋，在张写此函之前本已赋闲三年余，而在得张推荐后当月便被任命为湖南省第八区行政督察专员，此后一路升迁，至抗战胜利前夕已升为国民政府政治部副部长兼国民党中央监察委员会委员。黄之重获起用及步步高升自然有其能力的因素，但张的推荐也是至关重要。见《张季鸾致蒋介石函》，1938 年 2 月 2 日，台北"国史馆"藏国民政府档案，档案号：001—016142—0048。

易。换言之，不受一切带有政治性质之金钱补助，义不接受政治方面之入股投资是也。是以吾人之言论，或不免困于知识及感情，而断不为金钱所左右。本社之于全国人士，除同胞关系一点外，一切等于白纸，惟愿赖社会公众之同情，使之继续成长发达而已。

第三不私。本社同人，除愿忠于报纸固有之职务外，并无私图。易言之，对于报纸并无私用，愿向全国开放，使为公众喉舌。

第四不盲。不盲者，非自朔其明，乃自勉之词。夫随声附和，是谓盲从；一知半解，是谓盲信；感情冲动，不事详求，是谓盲动；评诋激烈，昧于事实，是谓盲争。吾人诚不明，而不愿自陷于盲。[①]

但是，审视《大公报》的实际表现，我们不难发现，至少在"不党""不卖"这两点上，该报似乎很难那么理直气壮。就"不党"言，自1933—1940年，该报基本以蒋的意志为意志，而张季鸾更主动要求蒋示其"今后大计之概略"，以便"作言论上之切磋与呼应也"，这很难说是"纯以公民之地位发表意见"；抗战期间张、胡二人以蒋代表身份参与中、日"和谈"，对蒋拟放弃东北地区这种明显的"害于国"的做法，非但不"纠弹之"，反而积极为其奔走，甚至主动表示赞同[②]；而王芸生主笔政后，对同样在与日寇浴血奋战的中共武装少有关注，恐怕也很难说是"原则上等视各党"。就"不卖"言，胡政之接受20万美元官价外汇，虽然不能说就是"以言论作交易"，但该报通过这笔外汇获得的巨大利益以及接受外汇前后该报的表现，都不能不说似乎有瓜田李下之嫌；而对政府在白报纸、铸字稀有金属等稀缺资源方面对该报的特殊关照，《大公报》也都安然受之。所以胡政之在1943年9月宣布《大公报同人公约》时将"四不"改为"不私不盲"的"二不"，个中似乎确有深意。

二　如何评价《大公报》与蒋政府之关系

如何评价《大公报》与蒋政府的关系，乃是本书最后的，也是最为

---

① 《本社同人之旨趣》，《大公报·津版》1926年9月1日第1版。
② 1938年8月9日晚，张季鸾在与神尾茂会谈中表示，其本人对陶德曼调停时提出的条件"无异议"，而陶德曼条件之一便是"在华北建立一个沿'满洲国'国境线的非军事区"，事实上等于要求中国承认伪"满洲国"。见神尾茂《香港日记》，精文堂1957年版，第43页。

关键的一个问题。如前所述，在很长一段时间里，学界都把《大公报》视为"党蒋"的"反动报纸"；而近年来对这一问题的评价却发生了戏剧性的转变，学界开始普遍认为该报是"公正""独立"的代名词，并将其与"新闻专业主义"这一舶来概念相比附。所以，评价该报与蒋政府之关系问题，实际上也就是评价"新闻专业主义"与近代中国报业的问题，从这个意义上来讲，这一问题又具有强烈的现实意义。

何为"新闻专业主义"呢？根据陆晔教授与潘忠党教授的定义，所谓"新闻专业主义"应当包括以下五个方面。

> 1. 传媒是社会的公器，新闻工作必须服务于公众利益，而不是仅仅服务于任何政治或经济利益集团；
> 2. 新闻从业者是社会的观察者、事实的报道者，而不是某一利益集团的宣传员；
> 3. 他们是信息流通的"把关人"，采纳的基准是以中产阶级为主体的主流社会的价值观念，而不是政治、经济利益冲突的参与者或鼓动者；
> 4. 他们以实证科学的理性标准评判事实的真伪，服从于事实这一最高权威，而不是臣服于任何政治权力或经济势力；
> 5. 他们受制于建立在上述原则之上的专业规范，接受专业社区的自律，而不接受在此之外的任何权力或权威的控制。①

以上述标准对照"四不原则"，我们不难发现二者存在良好的契合性，这也正是该报被推崇为"新闻专业主义"代表的原因。但是很可惜，《大公报》并未能如其所标榜的那样严格遵循"四不"，该报与蒋政府，在大部分时间里，是一种良性互动的关系：在言论上，该报凭借其主持人与蒋的私人关系获得信息，再以其民营媒体的"独立"身份对蒋政府的政策提出建议、进行宣传乃至开展批评，而这种做法也得到了蒋的认可乃至鼓励，为其提供获取信息的便利，双方甚至会就某些特别重要的问题的言论倾向进行交流，一旦发生龃龉，它便会及时调整自己的言论倾向，尽

---

① 陆晔、潘忠党：《成名的想像：中国社会转型过程中新闻从业者的专业主义话语建构》，《新闻学研究》2002 年 4 月。

快跟上；在经济上，该报主要依靠自己的独立经营维持其运作及发展，而蒋则在一些关键物资上为其提供支持。如此，双方便各自获得了自己所需要的东西：《大公报》获得了重要新闻和权威地位，而蒋政府则获得了一个"独立"的宣传机构。这种关系，不同于简单的金钱和物资收买，而是一种报纸主持人自觉的行为，在很大程度上，这种关系是靠该报主持人特别是张季鸾与蒋之间的私人关系来维持的，而这显然与"新闻专业主义"的五条原则不甚合拍。

那么，我们是否可以就此认为《大公报》实际上是一份披着"独立"的外衣，实际上行"党蒋"之实的反动报纸呢？笔者以为也不能如此简单地定论。在讨论这一问题之先，我们首先需要确定这样一个原则，那就是绝不能简单地以是否支持蒋政府及蒋本人来作为判断《大公报》是否"反动"的标志。因为蒋及其领导的国民党与国民政府绝不是一直黑暗腐朽的，蒋本人的专制独裁、国民政府的腐败堕落，都有一个发展变化的过程，在近代史上的某些时候，他们还曾表现出较为强烈的革命性。所以要对《大公报》与蒋政府的关系问题做出尽可能客观公正的评价，就需要我们采取具体问题具体分析的方法，结合不同时期的国际国内大背景与该报及国民政府的具体表现，来对系统梳理该报与蒋政府这 24 年的历史。如果把"支持中央、依附政府"和"代表民意、保持独立"作为天平左右两极的话，我们可以很明显地看出它在中间摇摆的轨迹。

从 1926 年 9 月 1 日复刊至 1928 年 6 月平津易帜，乃是第一个阶段。这段时间里，面对中国事实上的"南北朝"，《大公报》一方面高唱反战论调，另一方面又对南方态度不佳，这当然是因为当时的社会空气下，反战乃是人心所向，而该报地处北京政府治下，"人在矮檐下，不得不低头"。而 1928 年 6 月该报言论的"大幅跳空"则是其急欲向新政权输诚的最好证明。

从 1928 年 6 月至 1933 年年初，乃是第二个阶段。这段时间里，《大公报》的摇摆因政治环境的变化体现得更为明显。中原大战之前，南京政府对平津地区的控制力相对较弱，实际控制这一地区的则是与南京貌合神离的阎锡山。所以在蒋、冯、阎发生激烈冲突的时候，《大公报》会发表冯的"复蒋皓电"；而当中原大战之后，特别是蒋二次复职之后，平津局势变化，南京政府的控制力加强，它又会为蒋澄清"法西斯蒂组织"

问题，客观上帮蒋一个大忙。

从 1933 年年初至全面抗战爆发，乃是第三个阶段。这一时期，随着吴鼎昌、张季鸾与蒋介石关系的渐趋密切，《大公报》依附政府的倾向也愈加明显。同时，这一时期正值日本发动全面侵华战争的前夜，亡国灭种之祸迫在眉睫，在《大公报》的主持人来看，国家最重要的任务就是如何抵御日本的侵略，要达此目的，就必须有一个坚定的"国家中心"，而这个"中心"只能是蒋介石。所以这段时间里，在包括"攘外必先安内"、建立抗日民族统一战线等一系列关键问题上，该报始终坚定地站在蒋的立场上，而对当时举国上下的汹汹之议无动于衷。

从全面抗战爆发至 1941 年 9 月张季鸾去世，乃是第四个阶段。这一时期，《大公报》大大加强了前一个时期对政府的依附倾向。但与前一个时期不同的是，此时抗日民族统一战线已经在事实上建立，抵抗日本帝国主义的侵略成了举国上下最重要、最核心的问题，而在这一点上，蒋政府与国家和民族的根本利益达成了一致。所以在这段时间里，虽然《大公报》对政府的支持达到了顶峰，但由于上述原因，《大公报》的声望也同时达到了顶峰。

从 1941 年 9 月张季鸾去世到抗战胜利，乃是第五个阶段。这一时期，该报在天平上开始逐渐右倾。这当然是因为该报主持人的变更所致，但是更重要的则是这一时期国民政府的许多问题开始凸显。抗战四年来，国民政府虽然一直坚持抗战，决不妥协，但是在处理内政方面却乏善可陈，政府的独裁本质不断显露，官僚集团腐败程度不断加剧，而大后方广大人民却生活愈加困苦。所有这些，都使得在许多问题上政府行为与《大公报》人的理想渐行渐远。所以这段时间里，该报与政府逐渐离心，自我独立性逐渐显露。但是由于此时仍处于抗战期间，在抵抗日寇这一根本大前提下，双方仍然保持着一种合作的态势。

从抗战胜利到 1947 年年底，乃是第六个阶段。这一时期，该报右倾的倾向更加明显。其原因则是因为双方政治观点分歧的不断加剧，《大公报》人所秉持的建立资产阶级代议制民主共和国的理想，与蒋"戡乱剿匪""以党治国"的行动，越来越显得格格不入；而由于抗战已经胜利，没有了抵抗日寇这个根本前提，双方的矛盾也开始逐渐明显化，摩擦日渐增多，程度不断加深。虽然在这段时间里，由于思维的惯性，更由于对国、共双方实力对比的判断和《大公报》人的阶级本质与共产党的根本冲突，使得该报仍然保持了与政府合作的态势，也在包括重庆谈判、国、共东北冲突等问题上支持了政府，但是它对于政府的批评也开始逐渐增多，并且逐渐由"小骂"转为"大骂"，独立性大大增强，《欧洲这面镜子》和《军事形势鸟瞰》的发表，便是最好的证明。

从 1948 年年初到 1949 年 6 月，乃是最后一个阶段。这段时间里，随着该报与政府的逐渐决裂，其独立性也达到了顶峰。这种独立性，一方面表现为对蒋政府的彻底失望直至绝望，另一方面表现为对共产党阵营的固有敌视和怀疑。表现在言论上，则是一方面对政府由"大骂"转为"怒骂"，另一方面又高调宣布"自由主义者的身份"，高唱"第三条道路"。但是，正如笔者一再强调的那样，在当时中国的现实情况下，他们的这种理想是注定不可能实现的。所以在这段时间里，《大公报》和王芸生的苦闷和彷徨也达到了顶峰。但是，依附于某一个政治派别乃是他们的阶级本质所决定的，所以当国民党政府对王芸生发动"三查运动"、当金圆券的崩溃使他对蒋政府彻底失望、当毛泽东向他伸出了友谊之手的时候，王芸生便毅然脱离了国民党阵营，投入新政权的怀抱，一如 1928 年 6 月该报对北洋政府和南京政府的态度。

总之，作为想要"以其道易天下"的知识分子，无论是张季鸾、胡政之还是其后的王芸生都对改造中国社会有着自己的意见和设计，但是在近代中国残酷的环境下，他们不可能仅凭一己之力实现自己的抱负，而只能依附于某一个政治派别。所以笔者以为，《大公报》所呈现出的，乃是一种特殊的"独立性"：在大部分时间里，为实现自己的政治理想，它坚定地依附于当时的中央政府，希望通过对它的建议、批评、扶掖来实现中国的独立、自强和复兴，从而实现自己"文人论政"的理想追求。正是由于这一原因，该报才会与蒋政府进行密切的言论互动，在重要的问题上接受其指示，以"民营报纸"的"独立"身份，为其鼓与呼，在事实上成为政府的附庸。但是作为一家民营报纸，该报又有自己相对的独立性，当政府的行为超过它所能容忍的极限时，就会引起它的愤怒、反击乃至绝望，他们对政府的希望有多强烈，这种绝望就有多彻底。这种在"依附"与"独立"之间的左右摇摆，乃是贯穿《大公报》整个历史的。而这种摇摆的特点，乃是由于《大公报》人的阶级本质所决定的。"他们（王芸生等）对中共的疑虑根深蒂固，对此他们毫不隐瞒。在很大程度上，他们并不拥护共产党领导的革命，也不赞成一个由中共主持的政府。事实上，他们一直真心诚意地与中共争辩，直至推行自由主义折中方案的一切希望均告破灭，才转而投奔中共。"[①] 这一评论，恰是对这种关系的最好注脚。他们对于新政权的效忠，乃是建立在对旧政权的彻底绝望的基础之上的。

同时，《大公报》也很难被视为"新闻专业主义"的典型代表。"新闻专业主义"的标准是新闻学者及从业人员所追求的最为完美的目标，它应当是所有新闻人所不懈努力的理想，但在迈向这一理想的道路上，我们更应该看到现实因素的作用，考虑到新闻事业的多重属性，从现实出发，综合考虑多种因素的作用，才能给历史一个尽可能客观、公正的评价，因为只有脚踏实地，才能仰望星空。

---

① 胡素珊著，王海良等译：《中国的内战——1945—1949 年的政治斗争》，中国青年出版社 1997 年版，第 257 页。

后　记

对《大公报》的兴趣始于我接触新闻学之始，作为一个从数学专业跨到新闻学专业的学生，懵懂无知的我开始对《大公报》产生了浓厚的兴趣，这首先是由于我从幼年时便开始的对近代史的热爱，同时也由于我心目中那一点朦胧的新闻理想，于是便开始了我对这份报纸长达13年的关注，直到今天才拿出这一份难说满意的答卷。

完稿之日，除了如释重负的轻快，心中所感，唯有"感谢"二字：

感谢我的导师许清茂教授，13年的时间，先生带我入门，教我做人，师恩难忘。

感谢方汉奇先生的鼓励与期许，感谢吴廷俊先生的关照以及对我这个不知天高地厚的后辈小子的宽容，何谓学者风范，学生今日知矣。

感谢李彬教授、吴飞教授等前辈师长，你们一直以来的鼓励，是促我前行的动力。

感谢唐绪军教授以及《新闻与传播研究》的张满丽、钱莲生、刘瑞生与《国际新闻界》的各位编辑老师。

感谢我所供职的中国海洋大学文科处的各位领导：文科处金天宇处长、文学与新闻传播学院修斌院长、刘中富副院长、罗怡荣副院长、傅根清教授、郭香莲主任，感谢你们为我的写作提供各种方便。

感谢向芬、朱至刚、王咏梅、刘宪阁、邓绍根、王明亮等各位同辈学友的砥砺。

感谢我的研究生孙晓丽、余柯两位同学帮我进行校对工作。

特别感谢中国社会科学出版社李炳青、闫苹二位老师的认真工作。

最后，也是最重要的，感谢我的家人，感谢我的妻子陈芬女士，感谢我的母亲，她们承担了几乎所有的家务工作；感谢我的女儿能够容忍爸爸几乎没有时间陪伴；感谢在天国里的父亲，虽然父亲没能看到这本书的出版，我想他也一定会感到很欣慰。

真的，所有爱我的人们，谢谢你们！

"十年磨一剑"，我今天交出的这份答卷，当然不是干将莫邪之类的神兵利器，但也是凝结了我十余年的心血。但这只是一个新阶段的开始，我会努力，为了你们的关心和爱。

路漫漫其修远兮，吾将上下而求索。

是为记。

俞　凡

2015 年 5 月 30 日晨 3 时于蜗居书斋